广州市第六届中小学
德育创新成果集

广州市教育研究院　编

华南理工大学出版社
SOUTH CHINA UNIVERSITY OF TECHNOLOGY PRESS
·广州·

图书在版编目（CIP）数据

广州市第六届中小学德育创新成果集/广州市教育研究院编. —广州：华南理工大学出版社，2022. 12

ISBN 978 - 7 - 5623 - 7038 - 3

Ⅰ. ①广… Ⅱ. ①广… Ⅲ. ①中小学 - 德育工作 - 广州 Ⅳ. ①G631

中国版本图书馆 CIP 数据核字（2022）第 068470 号

GUANGZHOU SHI DI-LIU JIE ZHONGXIAOXUE DEYU CHUANGXIN CHENGGUO JI

广州市第六届中小学德育创新成果集

广州市教育研究院　编

出 版 人：柯　宁

出版发行：华南理工大学出版社

（广州五山华南理工大学 17 号楼，邮编 510640）

http://hg. cb. scut. edu. cn　E-mail：scutc13@ scut. edu. cn

营销部电话：020 - 87113487　87111048（传真）

策划编辑：庄　严

责任编辑：王昱靖

责任校对：周　秦　梁晓艾

印 刷 者：广州一龙印刷有限公司

开　　本：787mm × 1092mm　1/16　**印张**：21. 25　**字数**：540 千

版　　次：2022 年 12 月第 1 版　2022 年 12 月第 1 次印刷

定　　价：42. 80 元

编　委　会

主　　编：方晓波

副 主 编：蒋亚辉　戴育红

参　　编：黄　利　万　华　刘丽萍　徐胜阳

自序

深化成果内涵　创新德育亮点

广州市的中小学德育工作秉承注重内涵、敢于创新、引领示范的优良传统，在历届中小学德育创新成果的基础上，不断推陈出新，硕果累累。广大德育工作者紧紧围绕“立德树人”的根本任务，发挥个人和团体的智慧，有力地推动了我市中小学德育工作。

2020年9—12月，广州市教育局组织开展了“广州市第六届中小学德育创新成果展示活动”，各区教育局及市局属各学校踊跃参加。本成果集是对广州市中小学校（含中等职业学校）遵循教育规律、体现创新精神、反映时代特征、取得显著实效的德育工作优秀成果的集中展示。总体来看，广州市中小学德育创新成果展示活动的评选机制不断优化：一是奖项设置多元化，由原来单一类别的一、二、三等奖，演变为综合类、德育课程类和德育活动类分别设立奖项，优化了成果分类；二是评选标准严格化，表现为评选材料更充分、评选范围更明确。

本届中小学德育创新成果展示活动具有以下四大亮点。一是夯实德育基础，勇于突破创新。如广州市番禺区教育局基于丰富的优秀文化资源和学校发展历史，总结提炼出“文化德育”理念，打造“文化德育”品牌，推进区域德育创新发展。在此基础上，该区从德育管理一体化、德育课程一体化和德育评建一体化三方面进一步提出区域德育一体化建设，落实和深化了区域现代化大思政、大德育格局和立德树人的根本任务。二是整合德育资源，增强育人实效。如广州市天河区昌乐小学整合家校资源，在推动父亲参与、优化家校共育的基础上探索出“两为主”协同管理的家长学校德育实践。以学校为主导、以家委会为主体的协同管理提升了家委们作为家长学校管理的主体意识，也将家庭的优质资源和社区资源融入校园、课堂，促进立德树人的协同性和共生性。三是锤炼文化品牌，拓展社会影响。“文化”在德育创新成果中出现的频次越来越多，且在历届德育成果总数中占比也逐步增加。这反映出学校德育建设紧紧围绕习近平总书记关于弘扬传统文化、坚定文化自信的重要讲话精神，积极挖掘和沉淀学校文化，注重学校文化建设。四是锚定现实问题，凸显时代特色。各个学校基于自身面临的薄弱环节和现实问题，探索和实践德育课程或活动。这些问题不仅是学校自身发展带来的问题，也是时代发展带来的问题，如随迁子女教育、农村教育、爱国主义教育、心理健康教育等。如广州市越秀区建设大马路小学以传统文化中的风筝为载体，响应“立德树人，五育并举”的时代诉求，开发综合实践活动课程，培育时代新人。

党的十九届五中全会强调“坚持创新在我国现代化建设全局中的核心地位”，将“创新”视为“民族进步的灵魂”。在“十四五”开局之年，“创新”也是习近平总书记谋划布局“十四五”系列活动中高频出现的关键词。这本成果集是对中小学德育创新工作的凝练和认可，具有激励、总结、宣传和引领作用，也为进一步落实“立德树人”根本任务奠定了坚实的基础。这本成果集反映出中小学德育工作者面对德育难题时，运用教育智慧、展现创新意识、借助科学方法、遵循育人规律，用行动引领德育工作创新发展，不断提升中小学德育工作的水平，打造具有本土特色的德育品牌。

编　者

2021 年 5 月

目 录

综 合 类

一等奖

二等奖

三等奖

德育活动类

一等奖

二等奖

三等奖

德育课程类

一等奖

二等奖

三等奖

附　录

综合类

新高考背景下的高中生涯教育课程设计与实践研究

广州市执信中学

主要贡献者：林间开　何院琴　林少惠　卢　雷　黄泽锋　欧阳怡

广州市执信中学是孙中山先生于1921年为纪念朱执信而亲手创办的一所纪念性学校，是广东省重点中学、国家级示范性普通高中。建校百年来，学校秉承“崇德瀹智”校训，坚持立德树人，致力培养“改造未来社会之人才”，培养了数以万计的优秀毕业生。学校以“还师生完整的教育生活，促进学生主动发展”为理念，建设多样化课程，满足学生全面发展、多元发展、特长发展的需求。近年来，学校非常关注生涯教育，努力在高中阶段建立体系完整的立体化、形象化、多元化的生涯教育课程，满足不同年级、不同兴趣、不同特长、不同性格、不同能力的学生的多元化需要，促进学生对生涯发展的主动思考与有效行动。

一、研究背景

《国务院关于深化考试招生制度改革的实施意见》指出：2014年启动考试招生制度改革试点，2017年全面推进，到2020年基本建立中国特色现代教育考试招生制度，形成分类考试、综合评价、多元录取的考试招生模式，给予学生选择的机会，这不仅要求学生提高选择能力，尽早为确定选考科目、明确未来发展方向做准备，而且要求学校要帮助学生为他们自己做出明智决定，为他们更好步入社会、适应社会奠定基础。这表明新高考改革面临的挑战之一就是如何开展学生的生涯教育。新高考政策在多省份的试行和推广，标志着个体所需要应对的决策信息愈发丰富，决策难度愈发增加，但同时个体也能够更大可能地进入匹配自身兴趣、能力、价值观的专业方向。在这一背景下，中学个体的关键问题在于是否有足够的适应能力以应对快速多元的外部环境和变化，并最终做出合适的与生涯相关的决策。

中学阶段是个体生涯发展的重要时期。中学生涯教育是在尊重学生个性的基础上，培养学生认识自我、了解自我、管理自我和适应社会等多重能力，以推动学生自身发展的教育。由于学生对自我探索不全面、对外部世界认识不足，不管是学生个人层面、学校层面还是社会层面都充分表现了对生涯教育的迫切需求。本研究希望制定一套适合我校学生特点和需求，同时能对学生生涯规划有客观而全面指导意义的生涯教育体系。

本研究在高考改革的背景下实施，利用校友资源、社会资源、学校影响力等资源，开发相应的课程，在高中不同学段构建具有校本特色、符合学生心理发展特点的生涯教育校本课程体系。

二、研究内容

（一）顶层设计生涯教育课程

为落实《国家中长期教育改革和发展规划纲要（2010—2020 年）》精神，更好地促进学生全面、有个性地发展，我校在已有生涯教育课程的基础上，构建适应新高考的生涯教育课程体系。

1. 课程建构理念

我校生涯教育课程建构主要依据美国 STC 理念展开。在吸收 STC 理念的基础上，课程建构理念进一步发展：更注重为学生创造各种职业体验环境，帮助学生全面接触不同的学习经历，为未来的学习、生活和工作做好准备；帮助学生了解个人的能力，进行多元化的选择；帮助学生探索自己在职业方面的取向和能力，树立职业理想；培养学生乐学好学的精神品质和对社会的责任感。

2. 课程目标

认识生涯规划对人生发展的重要意义有：树立积极的生涯信念，形成对自己人生负责的态度和主动发展的观念；客观、全面地认识自我，不断挖掘自我潜能，促进自我的完善与发展；了解社会发展变化和环境中的有效资源，把个人发展与社会发展需要相结合，提高社会适应能力；掌握利用相关资源进行生涯规划的基本方法，学会自我管理、自我监控、自我反思和调整，提高生涯管理与决策能力。

3. 课程内容

我校生涯教育课程内容包含四大模块，分别是认识与发展自我、培养生涯管理与决策能力、探索环境与社会方法、掌握生涯规划技能。

4. 课程体系

中学生涯规划教育有其自身的教育规律。它由生涯启蒙、生涯探索、自我探索、学业规划、职业探索、生涯规划、教育探索等七个渐进阶段构成，每个阶段都不可或缺。我校生涯规划课程体系在调研学生需要和借鉴微软公司的“721”职业发展模型的基础上，分为以下三个层面五个系列，如表 1 所示。

表 1　执信中学生涯规划课程体系

系列	群体层面	部分层面	个体层面
系列一 生涯辅导课程	课程一　基础型课程 课程二　学科渗透课程	课程一　拓展型课程 课程二　研究型课程 课程三　团体生涯辅导	课程一　生涯测评 课程二　个体咨询
系列二 生涯体验课程	课程一　模拟人才招聘会 课程二　名校面对面课程 课程三　生涯展播课程 课程四　跳蚤市场活动课程 课程五　领导力开发课程 课程六　特色人才培养课程 课程七　学生社团发展课程	课程一　模拟联合国课程 课程二　模拟政协课程 课程三　模拟法庭课程 课程四　学生公司课程 课程五　学生思辨论坛课程 课程六　模拟商业大赛课程	

续表

系列	群体层面	部分层面	个体层面
系列三 生涯实践活动	课程一　走进社会　规划未来 课程二　元培拔尖人才培养课程 课程三　志愿服务活动 课程四　军旅生活体验 课程五　务农生活体验	课程一　香港名校生涯探索 课程二　人生远足　境外研学	课程一　青草服务成长课程
系列四 生涯精英讲座	课程一　执信大讲堂 课程二　职业大百科：老爸老妈的真人图书馆职业分享 课程三　优秀校友生涯故事分享课程	课程一　高中毕业礼杰出校友演讲 课程二　元培讲座	课程一　老爸老妈的中学时代 课程二　生涯人物访谈
系列五 生涯规划课程	课程一　入门礼课程 课程二　成人礼课程 课程三　壮行礼课程 课程四　毕业礼课程	课程一　职业梦工场 课程二　执面人生	

5. 课时安排

本课程每学期不少于10课时（包括涉及生涯规划教育内容的心理健康课与班会等课时），原则上从学校课程教学时间中安排，与学校各类活动相结合进行落实。每学年计1学分，三年共计3学分。

课时安排坚持课内与课外相结合的原则，根据学生活动或探究主题的特点和需要灵活安排，集中和分散使用生涯教育课程时间。

6. 课程评价

本课程采取多样化的评价方式：通过观察、记录和描述学生在活动过程中的表现，并以此作为评价学生的基础；运用测评工具，做到定量评价与定性评价相结合；运用“成长记录评价”“协商研讨式评价”等评价方式；结合学生的表现写出描述性评语；学校将生涯教育课程中学生的发展状况纳入学生综合素质评价相关内容之中；教师鼓励每个学生建立自己的生涯教育课程学习记录，学会与他人分享活动的体会；指导学生对课程学习过程的收获进行总结；对课程学习过程中的提高和变化做出自我评价。

（二）全面实践生涯教育课程

在我校生涯教育课程顶层设计完成之后，生涯实践课程就全面铺开，在实践中不断检验和修订，力求提升学生的生涯素养。通过课程三个层面、五个系列的全面实践，我们在实践中检验到该课程具有以下特点。

1. 体现综合性、实践性的特点

课程既有知识的传授，也有技能的培养，还有态度、价值观的引领。课程根据学生的需要以及学校已有的课程资源，将心理健康教育、社会实践、社区服务、研究性学习、职业体验、学习指导、生活指导等融合在一起，使各个内容要素彼此渗透，体现课程的综合性。课程内容结合学生的实际需要，注重实用性，致力于解决学生生涯发展过程中面临的实际问题。

2. 突出体验式的教学方式

课程充分利用体验式的活动，如参观、调查、研究、见习、实习、访谈、讨论、游学等，拓展学生的视野，丰富学生的人生阅历，提升学生的社会适应能力，使学生在真实或模拟的情境中，开展探索自我、体验职业、获取信息、利用资源、生涯决策等活动，避免了单纯的知识讲授，实现学生在认知、情感、行为和观念等多方面的发展变化。

3. 教师有效指导与学生的自主选择、主动实践相统一

课程实施过程中，教师通过创设问题情境，引导学生从生活情境中选择适合自己的活动或体验主题，指导学生认识自我、认识外部世界的方法；通过提供升学、就业等信息，引导学生树立积极的人生观和价值观。教师在指导过程中始终把鼓励学生自主选择、主动实践置于核心地位，把集体教育与个体辅导相结合，根据学生的个性特点，为学生提供个性化和全面的生涯发展指导；帮助学生找到适合自己的学习方式和实践方式，鼓励学生主动将生涯规划落实到日常学习和生活中。

4. 整合学校多种资源，探索学校、社会和家庭三结合的课程实施模式

课程注重生涯教育全员化。课程充分发挥学科教师、班主任和心理健康教育教师等人员的专业优势，协同实施生涯规划教育课程，发挥团队的指导作用；开发与整合学校、社会和家庭教育资源，构建校内外生涯规划教育课程体系，与各类企业、政府部门、高校、公益组织等机构进行合作，开展社区服务、社会实践等活动，为学生搭建生涯体验和学习实践平台。

三、实践成果

我校生涯教育课程在实践中不断完善，也取得了一些成果。

（一）建立学生生涯档案，助推学生生涯发展

通过开展生涯规划行动研究，为学生提供个体化生涯测评和个性化生涯指导，每位学生都建立了生涯发展档案。在高考改革的背景下进行课程实施，帮助学生客观、全面地认识了自我，不断挖掘自我潜能，掌握利用相关资源进行生涯规划的基本方法，促进自我的完善与发展。在全体老师的共同助力下，绝大多数执信学子都能在在校期间培养自己的人生“志趣”，找到适合自己的生涯方向，播下生涯梦想的种子，储备生涯所需技能，为未来生涯目标而主动努力。

（二）形成生涯教育品牌，产生良好社会效应

在生涯指导体系下，学校全员帮助学生生涯探索与发展，打造了一些执信生涯教育的品牌项目。例如：生涯系列基础型辅导课程（班会系列生涯指导课），“执信猎场，未来职掌”及模拟三组织（联合国、政协、法庭）等生涯体验课程，建立了高端实践基地，开展走进企业深入生涯探索及志愿服务等生涯实践活动，以及“职业大百科：老爸老妈的真人图书馆职业分享”、优秀校友生涯故事分享会等，在社会上获得了良好的口碑，产生了良好的社会效应。

（三）完成生涯教育课题，出版生涯课程书籍

本课程实施中，广州市教育科学“十三五”规划重点课题“基于预演未来721法则下

的高中学生生涯规划教育研究”（立项编号：201811761）于2021年8月顺利结题，专家组给予了高度的评价，认为该课题在文献研究及借鉴与反思同行实践经验的基础上，开展行动研究，课题研究和管理推进扎实，贴近实际。其中，生涯规划课程体系的架构和学生实践方面都具有本校的独特性和创新性，具有参考意义和应用价值。此外，《执信中学生涯规划课程设计与实践》由广东高等教育出版社于2021年8月出版，较全面地总结了我校生涯教育成果。

四、创新之处

我校生涯教育课程是结合校情和学情等而制定的一套生涯教育体系，是在高考改革的背景下，在高中不同学段构建的具有校本特色的、符合学生心理发展特点的生涯教育校本课程体系。

课程根据学生的需要以及学校已有的课程资源，将心理健康教育、社会实践、社区服务、研究性学习、职业体验、学习指导、生活指导等融合在一起，整合学校多种资源，探索学校、社会和家庭三结合的课程实施模式。课程内容结合学生的实际需要，注重实用性，致力于解决学生生涯发展过程中面临的实际问题。这在我国高中生涯教育中是新的探索。

本项目成果可以对新高考制度下的中学生涯教育理论与实践提供重要的支持与补充。课程案例基于新高考背景下的高中学校，所研发的生涯系列课程可以应用于不同类型的高中学校，课程模式及内容具有较高的社会效益。

基于“教育创新成果评价体系（SERVE模型）”视野下的广大附中“活动德育”课程实践

广州大学附属中学

主要贡献者：黄翠婉　左　虹　杨长军　郑伟河　袁伟军　郑　娟

“着力构建方向正确、内容完善、学段衔接、载体丰富、常态开展的德育工作体系，努力形成全员育人、全程育人、全方位育人的德育工作格局”是《中小学德育工作指南》明确提出的学校德育工作目标，也是深入贯彻落实立德树人根本任务的重要举措，更是学校德育工作的中心与重点。学校德育工作在新时代、面对新形势，如何出新、出彩、出实效是每一所学校都需要认真思考与探索的问题。广州大学附属中学在2006年提出了“活动德育”的理念，经过十多年的不断探索，构建形成了一门体系完整的“活动德育”课程，初步实现了德育工作出新、出彩、出实效的愿景。从2015年开始，广附德育人开始尝试运用教育创新成果评价体系（SERVE模型）对“活动德育”课程进行升级完善，再实施、提炼及总结，形成独具特色的教育创新成果名片，以其可操作、可复制、易推广、效果明显的特点，被省内外多所兄弟学校直接引进并实践。

一、教育创新成果评价体系（SERVE模型）概述

2015年首届中国教育创新成果公益博览会上，北京师范大学中国教育创新研究院院长刘坚教授率先提出SERVE模型，以回答“什么是好的教育创新成果”的问题——优秀的教育创新成果需要具有系统的解决方案（S）、成功的实践案例（E）、明确的标准规则（R）、正确的价值理念（V）、服务教育现实（E）等核心要素。

教育创新成果评价体系（SERVE模型）的建立（图1），有助于形成教育创新领域内共同遵循的、制度化的框架，可以全面而有效地提升教育创新成果的专业品质。

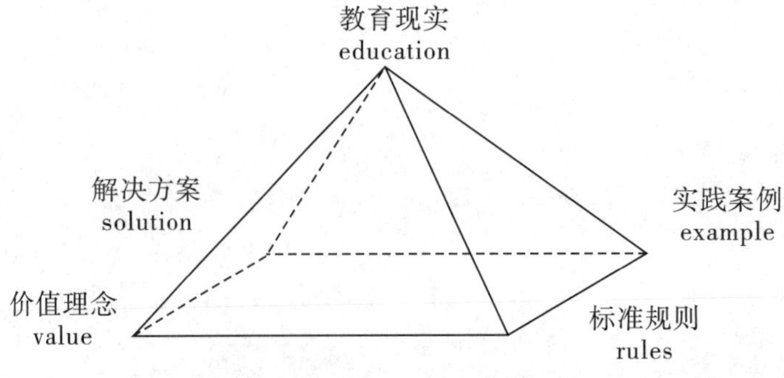

图1　教育创新成果评价体系（SERVE模型）

基于SERVE模型的教育创新成果的评价标准举办的中国教育创新成果公益博览会，

从2015年至今，已成功举办5届。对中国教育创新成果的发现与遴选、培育与优化提供了强有力的指导和帮助。2019年，广州大学附属中学提交的“广大附中‘活动德育’课程包”在博览会现场公开展示，深受参展及参观学校好评。

二、“活动德育”SERVE模型

（一）价值理念

好的教育创新成果应有正确的价值导向与核心理念，即正确的价值理念（value，简称V）。教育价值观一方面表现为教育的价值取向和追求，以及凝聚教育价值的目标；另一方面表现为教育价值的尺度和准则，是人们评判教育价值有无和大小的标准。

“以生为本”是“活动德育”的内核，是广大附中办学理念的价值体现，也是学校“把学生放在首位”的具体实践。“高度尊重学生”是“以生为本”教育理念的伦理观，它要求我们从内部和外部了解学生，尊重学生的独立人格、独立的精神生命和独特的内部自然规律。“全面依靠学生”是“以生为本”教育理念的行为观，它要求我们不仅把学生看成教育的对象，更看成教育教学的重要资源，即“以教定学”，根据学情决定教法；在课程设置方面，主张小立课程、大作功夫，为学生搭建充分的成长平台，全方位拓展学生的发展空间，加强学生的综合素质。

（二）解决方案

好的教育创新成果应有系统的解决方案（solution，简称S）。它是针对某些已经出现的，或者可以预期的问题、不足、缺陷、需求等，所提出的解决整体问题的“产品”和服务体系。

针对德育实施中知行合一实效性不够的现状，广大附中“活动德育”课程在“以生为本”理念的基础上，提出以师生为主体、内容贴近生活实际、方式多元立体、评价管理灵活高效的活动设计诉求，以期达到最大程度调动师生参与的积极性、培养好习惯、砥砺好品行、提高好素养的目的。具体构建起如下四大德育目标及实践活动。

1. 德育常规活动浸润学生品德教育

初中恰逢青春期，学生面临着人格再造的“第二次诞生”。这个阶段的学生品德、习惯、能力迅速发展，处于伦理形成时期；同时，学生也正在经历着错综复杂的矛盾和激烈震荡的内心世界。遵循这一阶段的教育规律和学生的成长规律，学校构建了浸润式的常规班级、年级主题教育活动，旨在落实中学生核心素养教育，培养具有“人文底蕴、科学精神、学会学习、健康生活、责任担当、实践创新”的面向未来的人才。

（1）班级主题活动课程奠基品德习惯

围绕“知礼仪、惜生命、重诚信、会学习、善合作、勇创新、懂感恩、有梦想、敢担当”九个关键词，构建初中三个年级有机衔接、相互协调、科学合理的班级主题活动课程体系，形成多方参与、齐心协力、互相配合的育人工作格局，帮助学生成为最好的自己，以适应自我成长和发展的需要（图2）。

（2）年级特色活动课程赋能理想信念

根据各年级学生身心发展的特点，组织各具特色、丰富多彩的年级特色活动课程，展示各班的精神风貌和才华，充分调动每个班、每个学生的积极性和创造性，也是学校德育课程的重要形式（图3）。

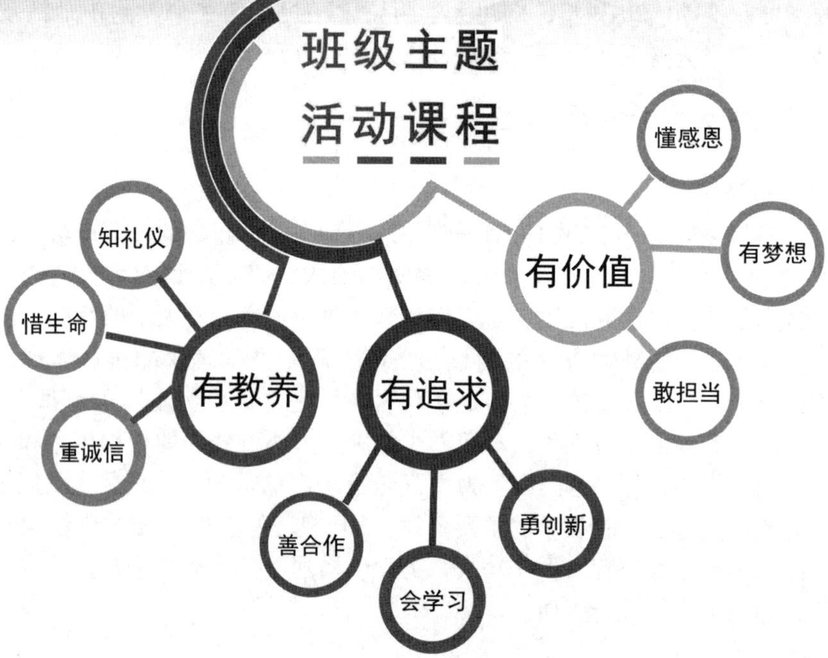

图 2　班级主题活动课程目标

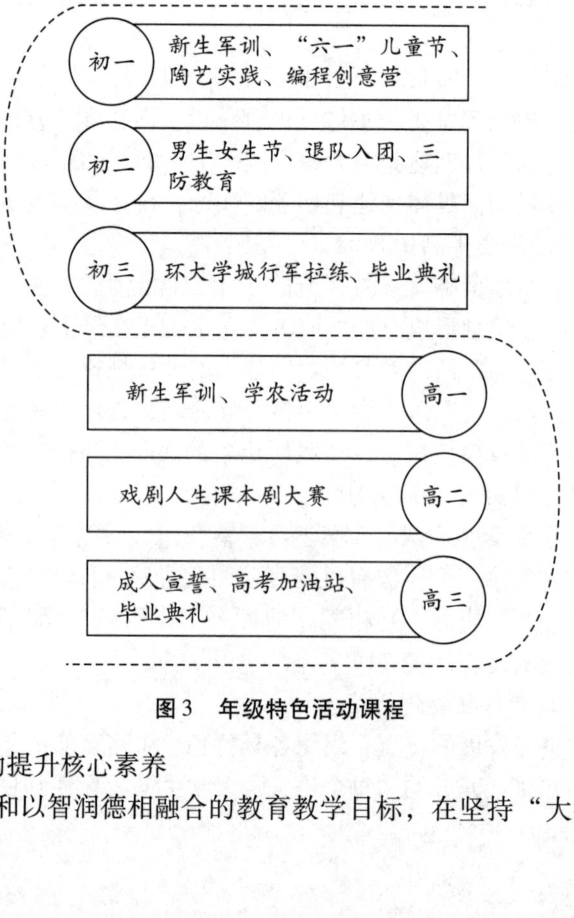

图 3　年级特色活动课程

2. 德育特色活动提升核心素养

为实现以德启智和以智润德相融合的教育教学目标，在坚持“大德育”观念前提下，我校开拓了一条学科实践与德育活动融合发展的道路，定期举办“九节一坛三营”相关活动，凸显“活动德育”的特色。“九节一坛三营”既是学校德育品牌活动，也是独具特色的多学科综合实践活动课程（图4）。

图4 学校德育活动发展树

3．德育拓展活动助力品格培养教育

为丰富学生的课余生活，培养学生的学习兴趣和意志品质，学校坚持开展一系列德育拓展活动，如“环大学城行军拉练”活动、国防班学子“重走长征路”活动、“冬夏令营”远足活动、“探秘大自然研学活动”、社区义工服务等，让学生在社会活动中领略自然的奥秘，感受社会的多元、科技的神奇、文化的强大，实现提能增品，历练意志品格，增强爱国情怀。

4．家校共育课程助推学生健康成长

家校共育是一项系统的工程，家校合作更是新时代学校教育和家庭教育的共同诉求。坚持开展家庭教育学习、研究与指导，一直以来是我校德育工作的重心之一。广大附中家长学校成立于2001年，始终坚持“与孩子一起成长”的教育理念，以“打造高合力团队，为孩子成长护航”为目标，以“活动中育人”为教学主要载体，聚焦“双师”家庭教育素养提升，以“课题引领研究与实践”的科学路径，实现家长学校制度、课程、师资和平台四优化，实现全方位探索协同赋能、助力孩子阳光成长的家校共育目标。

（三）标准规则

好的教育创新成果应有明确的标准规则（rules，简称R），标准是为了在一定范围内获得最佳秩序而制定的共同规则。学校在德育工作开展过程中，建立了模式化、可复制、可推广的活动德育课程体系标准（图5），还构建了金字塔式的分层明确又协同合作的德育课程实施共同体操作标准（图6），来保障德育课程的贯彻和实施。

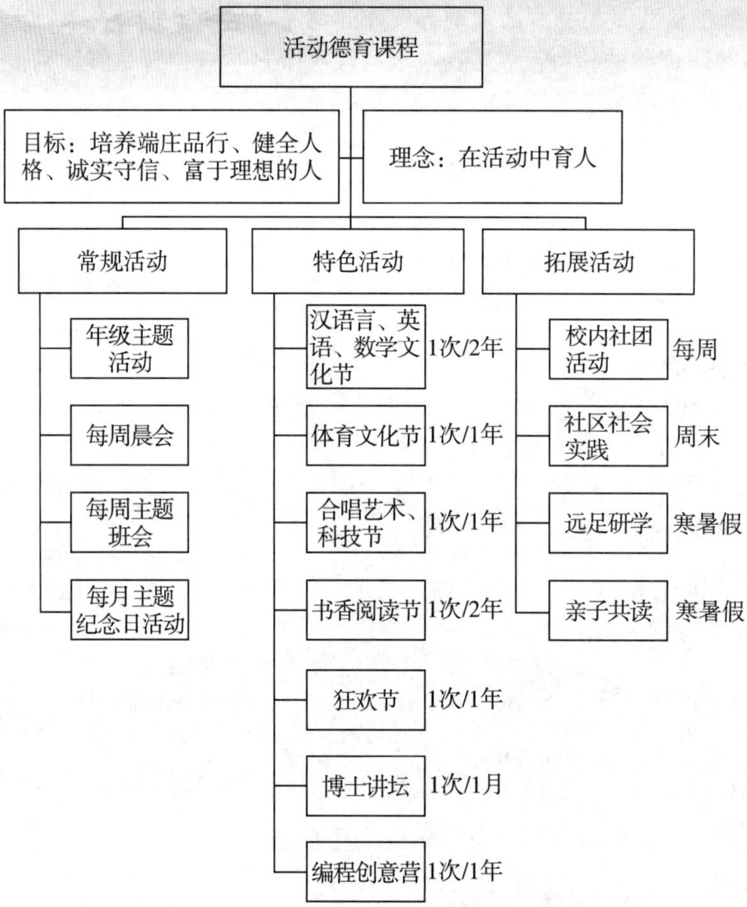

图5　学校活动德育课程体系

图6　学校德育课程实施共同体

（四）实践案例

好的教育创新成果必须有成功的实践案例（example，简称E）。案例在特定条件或特定群体中有代表性，对教育创新成果的推广应用起着示范、诠释和指导作用，既是验证教育创新产品是否优秀的关键证据，也是创新成果应用与推广的重要支撑。广大附中“活动德育”课程在实践中产生了很多具有代表性的案例，每一个案例都具备明显的价值导向意义，凸显“以生为本”和“在活动中育人”的教育理念。

1.“广马”——广大附中教育集团阅读马拉松

“广马”——广大附中教育集团阅读马拉松已经成为广大附中教育集团的常规大阅读盛事。该活动以时间跨度长、内容多且形式丰富、参与学生人数多、影响辐射广等优势已成为国内较有影响力的大型阅读推广活动，图书馆不断通过创新阅读推广模式，努力提升学生综合素养。

首届“广马”以科普阅读为主题，历时一个月。在总决赛中，11 所学校的参赛学生在长达三个半小时的挑战中完成阅读、理解和创作（续写科幻故事）。第二届“广马”以“阅读，与经典同行”为主题，历时近三个月，13 名教授学者、14 个主题、19 场次讲座，参与学生近 21 万人次。同时，发布初中生必读中国经典 10 本核心读物及 10 本拓展读物，引领学生阅读经典。由此节选印制的经典阅读比赛本，供 200 名初中生现场进行阅读及创作决赛。

2.“小小程序员”袭来，创新驱动学习力

“与时俱进”是广附人的特质。学习紧跟时代步伐，学中做、做中学、学做结合是广大附中活动德育课程的实践理论。由腾讯主办的 2019 首届全国青少年微信小程序编程创意营最终选址广大附中，即源于举办方对广大附中创新驱动学习力素养培育的洞察。

全国青少年微信小程序编程创意营是微信搭建的帮助青少年学习编程、使用编程、提升编程能力、产出编程作品的平台，主题为“让创造产生价值”。来自广东省的 100 余位初中生历时两个月进行编程开发，并角逐优胜奖。该项活动受到《人民日报》、中央电视台、央广网、《南方日报》、广东广播电视台、《广州日报》等各级各类媒体报道近 60 次，创意营学生共产出创意小程序 32 个。

三、课程实践创新之处及成效

面对德育工作中存在理念保守落后、内容陈旧空洞、方式简单说教、评价机械教条等问题，我校创新性地提出“活动德育”理念，即创设各种真实生动的活动情境，激发师生自觉投身到德育活动中，在活动实践中达到强能提质的目的。“活动德育”课程秉持“以生为本”的价值理念，把学生的成长与发展放在首位，凸显学生的主体地位，真正把“育人”摆在举足轻重的位置上。三位一体的德育常规课、德育特色课和德育拓展课等系列课程，打破了过去德育课的藩篱。

学校通过“活动德育”理念与实践，既提升了学校的知名度和美誉度，也增强了学生的内在素质，让学生在丰富的活动中端庄品行，健全人格，诚实守信，富于理想。一方面，优良学风建设进一步加强，学校先后获得“省德育示范学校”“省红领巾示范校”“省书香校园”等十多项重大荣誉称号。另一方面，学生的综合素质在显著提高，学生在数学、物理、生物、化学、天文、信息学等学科奥赛中稳居省前茅、市前两名；在模拟联合国大赛、语文素养大赛、创新作文大赛、书法绘画比赛等各个领域屡获大奖；高三毕业生入读“双一流”大学人数逐年攀升。

聚焦文化德育：创新推进区域德育一体化发展

广州市番禺区教育局
主要贡献者：伍清文　陈燕专　徐高岭　唐恩莹

一、研究背景

（一）国家层面

2017 年，中共中央办公厅、国务院办公厅印发《关于深化教育体制机制改革的意见》，首次提出要构建以社会主义核心价值观为引领的大中小幼一体化的德育体系。2018 年，习近平总书记在全国教育大会上强调，要把立德树人融入思想道德教育、文化知识教育、社会实践教育各环节，贯穿基础教育、职业教育、高等教育各领域，学科体系、教学体系、教材体系、管理体系都要围绕这个目标来进行设计。健全立德树人系统化落实机制已成为德育工作重点。

（二）区域层面

番禺是岭南文化的重要发源地之一，2200 多年凝聚而成的厚重文化具有极大的教育价值。2009 年，番禺以“上品教化”教育理念实施“一体两翼”发展策略，以岭南校园文化建设推动中小学德育一体化发展。但番禺城乡接合特色明显，辖区中小学数量众多，体制、文化差异明显，发展水平不一，区域教育均衡发展受到一定制约。如何继续发挥文化育人价值，深化德育一体化机制改革成为番禺教育优质均衡发展的关键。

（三）学生层面

青少年教育强调尊重儿童身心发展需求和年龄阶段特点，强调遵循育人规律，循序渐进，螺旋上升。一体化德育体系建设正是体现以人为本的教育理念，注重将大中小幼各个阶段的德育工作进行统筹，形成纵向衔接、横向协同的绿色教育生态系统。各教育主体只有彼此合作、相互协同，才能真正培养德智体美劳全面发展的社会主义建设者和接班人，这是人才培养的战略选择。

二、解决策略

文化德育的核心，就是立足中华优秀文化，基于提升文化自信，培育学生主体性自觉的国家认同、文化认同和价值观认同。

（一）理论研究

2017—2019 年，广州市番禺区教育局主持完成了广东省教育科学规划课题“基于文化自信的中小学文化德育策略研究”（党的十九大精神研究专项），提出番禺文化德育是基于优秀文化的思想道德教育，是站在文化高度、遵循文化规律、运用文化方式、用优秀文化熏陶人、用时代内涵引领人，从而实现立德树人根本任务的德育。

（二）策略研究

2017 年，区教育局印发《广州市番禺区教育局关于加强中小学文化德育工作的指导意见》《广州市番禺区中小学文化德育工作实施方案》，提出文化德育一体化“1234 推进策略”，即构建一个文化德育课程体系，发展班主任和德育骨干教师两支队伍，优化“评价、联动、科研”三大机制，开发“人文德育、生活德育、风雅德育、幸福德育”四大途径。

（三）行动研究

通过建构文化德育课程体系、培养高素质的管理队伍、整合区域文化德育资源、建设完善的协同育人环境等行动，构建以培育和践行社会主义核心价值观为主线，以优秀文化为核心的纵向衔接、横向贯通、线上线下兼并、螺旋上升的一体化德育体系，增强中小学生的文化自信、文化自觉和文化追求。

三、具体措施

抓住“文化育人”主线，以“优秀文化”为育人源头，以“文化的方式”落实行动，从管理一体化、课程一体化和评建一体化这三大途径具体实施（图 1）。

图 1　番禺文化德育一体化建设体系

（一）管理一体化

1．一体建立管理机制

建立以德育骨干教师为主体的“区—镇街（片）—校”三级德育研究会、名德育干部工作室和名班主任工作室等，统筹开展德育教研、课程开发、教师培训等，突破区校间层级管理和校际间沟通交流的壁垒。现已成立区级德育研究会 4 个、名德育干部工作室 6 个、省市区级名班主任工作室 17 个，校级名班主任工作坊 130 个。

2．一体开发培训课程

从解决区域教育问题和促进区域教育改革角度出发，开发 30 多个德育培训课程，内容涉及新班主任入职培训、德育工作指导等。课程开发遵循主体性、系统性、引领性、时代性和有效性五原则，注重实地调研、整体规划、反馈运用。《新班主任入门》《初中体悟式主题班会》等书现已出版，《文化润泽　立德树人——广州市番禺区中小学德育工作指导手册》已在全区推广使用。

3. 创新一体培训模式

依托三级德育研究会、名德育干部工作室、名班主任工作室，建立培训基地，实现培训的布局网络化、管理扁平化、手段信息化、服务精细化。将培训重心下移和阵地前移。建立培训资源库，为学校提供个性化“课程菜单”。建立培训支持网络，实现培训“众筹”“众创”和“众包”。近两年，组织教师培训超300多场次，辐射德育教师近5000人。2020年至今，已联合区融媒体中心、区红领巾成长教育中心为家长开设“云课堂”100多节。

（二）课程一体化

1. 一体规划课程目标

根据教育部《中小学德育工作指南》及番禺区文化德育“指导纲要”和“实施方案”，以立德树人为根本任务，以培育和践行社会主义核心价值观为根本要求，以培养具有人文情怀、有责任担当、有优雅气质、能乐观豁达的现代公民为总体目标，从“人文德育、生活德育、风雅德育、幸福德育”四个维度，规划和设置文化德育课程目标，推进课程建设与实施。

“人文德育”课程目标体系如图2所示。

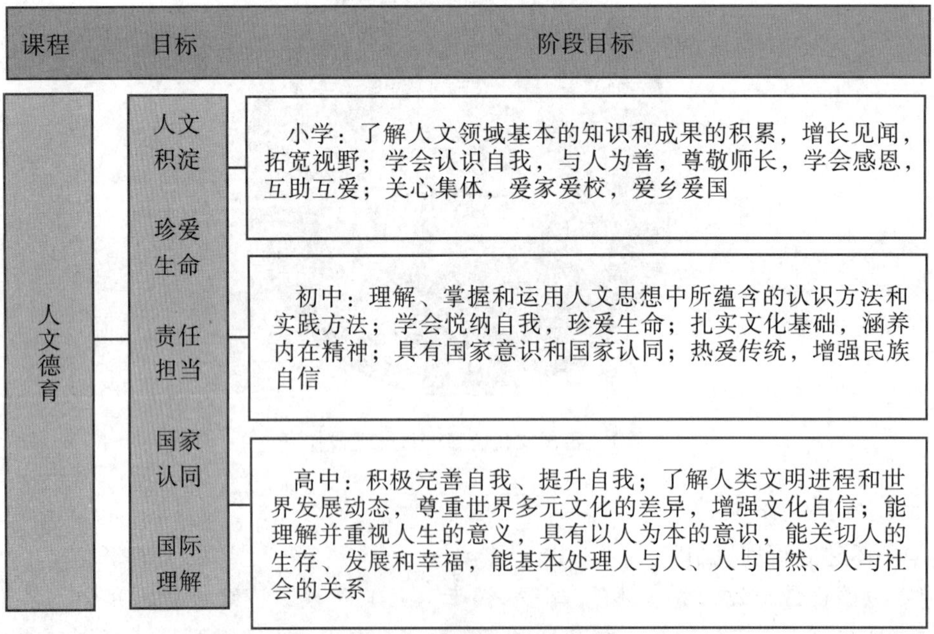

图2　“人文德育”课程目标体系

2. 一体研发课程内容

围绕《中小学德育工作指南》，综合优秀文化的德育内涵和教育教化中的功能价值共性，把“政治认同”“国家意识”“文化自信”“人格养成”“道德成长”作为顶层设计的重点内容。如区教育局研发的《文化德育》课程就以“理想信念教育、社会主义核心价值观教育、中华优秀传统文化教育、生态文明教育、心理健康教育”为五大单元内容，融入大量乡土文化、时事新闻、民生案例等，让学生在优秀文化的学习中培植家国情怀，坚定走中国特色社会主义道路。

表 1 为初中阶段“践行社会主义核心价值观”单元之“自由、平等、公正、法治”主题课程设计。

表 1 《文化德育》课程示例

主题	学习内容与学习活动
自由	①了解开国将军广州人李资平获“独立自由勋章”的由来。
平等	②结合番禺区率先在广州市实行“积分制”解决来穗人员子女免费入读的新闻事件，说说你是怎么理解党的十九大提出的“城乡义务教育一体化发展”的主张的。
公正	③从“广州模式”庭审网络直播现象，说说公开与公正执法存在怎样的关系、公正执法对社会公正有何作用。
法治	④保障番禺区人民饮用水安全。作为中学生，我们应当怎样践行法治？ ⑤班里准备举行法治文化节，请你写一个活动方案。

3. 创新一体实施途径

主要采取“三轮驱动”策略：一是依托家庭、社会打造“文化 +”课程教育模式，让优秀文化在德育课程里真正“立起来”“走起来”“动起来”“连起来”。二是依托学校结对，开展文化德育课程“五度”研究（即课程合度、目标高度、内容厚度、方法活度、评价适度），让课程实现育人与知识传授、育人与能力培养的“无缝对接”。三是依托德育研究会、名德育干部工作室、名班主任工作室开展教师培训（简称“育德赋能”），打造有慧眼、能力强、勇担当的综合型德育教师（图 3）。

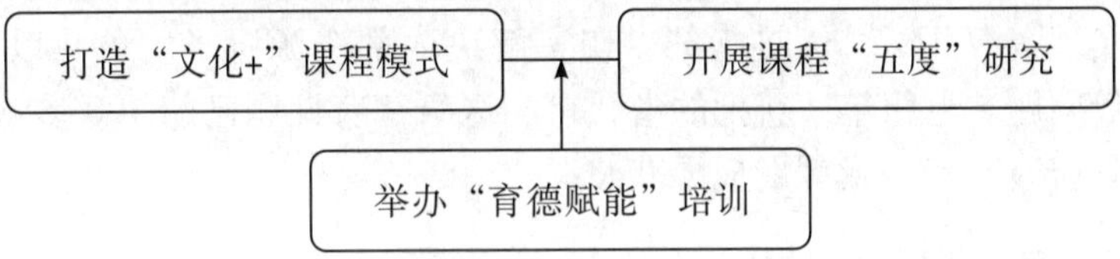

图 3 “三轮驱动”策略

（三）评建一体化

1. 一体建构评价体系

建立“四环上升”文化德育评价体系（图 4），在全面调研、反复论证和充分讨论的前提下，从“理念”“保障”“途径”“特色”“效果”五个维度制定评价指标，内容对应《中小学德育工作指南》。该体系是区教育局推动学校具体落实《中小学德育工作指南》的行动指引，“以评促建”，让学校在落实“一校一案”过程中有纲可依、方向正确。

2. 分级开展视导检查

成立区级视导小组，以差异性、发展性、及时性为原则，开展“区级抽检——镇级定额检——校级常态检”三级视导。2019—2020 年两年间，共对 80 多所学校展开视导，内容涉及防治校园欺凌、心理健康教育、普惠性民办教育、后疫情时期学生思想政治工作

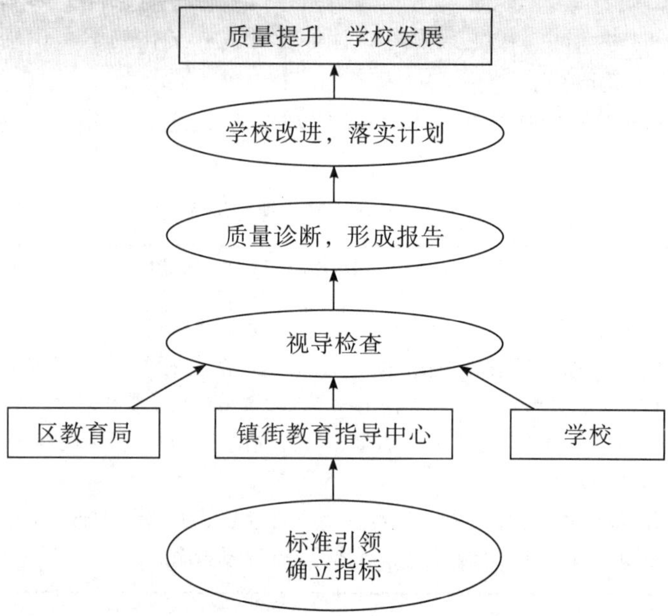

图4　“四环上升”文化德育评价体系

等。对部分需整改的单位还采取“回头看”视导，评价结果均达“良好”以上。2019年，广州市番禺区教育局被评为国家义务教育监测实施“优秀组织单位”。

3．联盟合作整体提升

以三级德育研究会、名德育干部工作室、名班主任工作室为牵头，按照同质性原则开展德育教科研，提升学校科研兴校实力。按照异质性原则实施“填谷造峰”，成立23所文化德育实验学校与35所结对学校，通过城乡地域结合、规模大小结合以及公办与民办体制学校结合，实现资源共享、优势互补，切实解决内部资源匮乏、单一以及研究力量薄弱、动力不足等问题。近两年，获批的省、市、区级德育课题已超100多项，“疍家棚建筑与地方文化的研究”等一批课题成果获奖。

四、主要成果及创新之处

（一）主要成果

1．形成区域德育一体化发展实践样本

番禺连续两年在广东省德育管理干部培训班上作“聚焦文化德育，创新推进区域德育一体化发展”相关主题经验分享，反响热烈。《人民日报》《中国教育报》《中国德育》《羊城晚报》《广州日报》及“学习强国”全国平台等多家媒体都做过报道。番禺区先后获评国家义务教育发展基本均衡区、全国中小学校责任督学挂牌督导创新区（广州市首个）、广东省促进义务教育均衡发展区等。

2．区域中小学多元文化样态已形成

近三年已评出“文化德育优秀项目”300多项，灰塑、龙狮、楹联、广东音乐等一批传统文化项目已成为学校品牌项目。现有省市区级优秀文化传承学校18所。2020年评出“红色文化”研学线路及课程设计300多项。申报的教育部重点课题“基于积极心理品质培养的中小学幸福课程实践研究”成果获广东省教学成果奖一等奖，省级课题“基于文化自信的中小学文化德育策略研究”成果获广州市第五届中小学德育创新成果一等奖。

3. 已形成区域大思政大德育格局

“文化 +”德育模式极大推进了优秀文化引领学校思政课程建设、地方优秀文化与思政教育深度融合的进程。以优秀文化为源头、以社会生活为教材的立体思政教育方式，突破了教材的局限，打破了学科边界、课堂边界、学校边界。2020 年共推出 240 多节抗疫思政“云课程”，2018 年至今举办多场文化德育现场会，《南方日报》、广东电视台、广州文明网等多家媒体进行了报道。

（二）创新之处

1. 以一体管理提升队伍内驱力

三级一体的管理机制有效促进了三级骨干队伍、三级德育联盟的共同体建设。网络化、扁平化、信息化和精细化的管理与培训方式，实现了对教师的“输血”和“造血”。

2. 以一体课程提升资源整合力

“实践基地”“思政讲师团”“家长云课堂”加大了校内外、线上线下的文化资源整合，促进文化资源要素在区域内乃至区域外充分流动和合理配置，为区域德育一体化发展奠定坚实的文化基础、教育基础和创新基础。

3. 以一体评建提升核心竞争力

以“合作大于竞争”的发展理念不断营建平台合作、项目合作、载体合作、成果合作等教育环境，放大“借用效应”“溢出效应”和“网络效应”，消除教育不均衡，全面提升区域教育的核心竞争力和发展水平。

幸福是奋斗出来的

——七星小学“以绳育人”的探索与实践

广州市花都区花东镇七星小学

主要贡献者：张有连　赖宣治　王国钊　江永滔　彭嘉敏　冯天佑

五育融合是培养时代新人的重要途径，而体育在当代的素质教育中起着至关重要的作用。七星小学结合农村学校特色，以跳绳为突破口，先后培养出30多名世界跳绳冠军，打破20多次世界跳绳纪录。学校打造“悦动和乐·绳文化”特色品牌，于荆棘丛中劈开一条“强校”“强生”的改革发展之路，创造令世界都为之惊叹的“中国速度，七星奇迹”。正如习近平总书记在庆祝改革开放40周年大会上指出：“一切伟大成就都是接续奋斗的结果。”而“中国速度，七星奇迹”就是七星教育人拼搏奋斗的丰硕成果。

一、形成背景

七星小学是一所偏远的乡村小学，生源大多为进城务工人员子女或当地花农、菜农子女，学生的身心发展环境存在缺陷，非常容易产生自卑等不良心理，普遍表现为比较内向、不愿意交流。而学校在地理位置、教育资源、师资力量等方面，存在场地不足、经费有限、发展迟缓等困境。学校不断探索如何办人民满意的好教育，提高教育品质，培养好时代新人。

在探索新农村教育发展的过程中，我们实现五育融合，在体育中找到了一个很好的抓手，即“跳绳育人”。首先，跳绳有器材少、开展便捷的特点，在农村学校易于铺开。其次，跳绳运动简单易学、形式多样，有个人、集体项目，还有令人赏心悦目的花样跳绳，具有体育和美育双重功能。第三，跳绳运动的开展，不仅帮助学生在体育锻炼中享受乐趣、增强体质、锤炼意志，还能促进学生五育融合的发展。第四，与其他国家和地区的青少年同台竞技获得荣誉，极大地激发学生的自信心，提振他们的精气神。同时，学校建立“悦动和乐·绳文化”特色品牌，不断彰显“绳魅力”。

二、实施过程

（一）第一阶段（2013—2014年）：梳理学校发展遇到的瓶颈与困难，选取跳绳作为突破方向

党的十九大提出落实立德树人是教育的根本任务。项目组明确“为谁培养人，培养什么样的人，怎样培养人”的思想。在以“如何发展硬实力，开发软实力”为校本课题研究的过程中，我们发现农村小学场地不足，经费有限。高质量发展的最有效方式是因地制宜。结合实际情况，学校选择顺势而为开发“跳绳”运动。

学校利用优质师资成立教科研团队。我们成功申报“悦动和乐·绳文化教育特色的校本研究”课题。学校对实践开展全面诊断，找出学校发展存在的优劣势，以问题为导向，整合学校多方面资源，提出“以绳育人”的跳绳理念，明确以跳绳作为突破口实现五育并举。

（二）第二阶段（2015—2019 年）：全面开展“以绳育人”研究，奋斗铸就七星奇迹

1. 强化相关理论学习，创新跳绳技术

体育老师通过观看、研究国内外跳绳相关视频，创新技巧和花式，完善技术动作体系，发明半蹲跳的新式跳法，设计出钢丝绳、极速绳把，在花样跳绳中融入体操、舞蹈、武术等元素。七星小学的花样跳绳现有 120 种以上的招式，推动了花样跳绳运动的发展。

2. 落实“以绳育人”模式，提振学生精神面貌

教师运用科学的训练方法，进行分类、分阶段的精心培养。通过有效的训练过程，学生跳绳水平大大提升，积极性和参与性明显提高。绳子的魔力使孩子们变得自信开朗，学习成绩突飞猛进。近五年，我校学生获奖情况如下：区级 639 项，市级 280 项，省级 157 项，国家级 205 项，国际级 162 项。

3. 跳绳引领方向，打造绳文化特色品牌

跳绳运动屡创佳绩，改变了学校的面貌。学校决定顺势而上，积极打造以绳文化为核心的“悦动和乐”教育特色品牌。

（三）第三阶段（2019—2020 年）：跳绳文化育人初见成效，彰显“以绳育人”特色

学校以“绳”为媒，以“自信·责任·合作·创新·精彩”的精神文化编织成环境育人、情智育人、课程育人的三个育人网络，营造了“以绳育德、以绳增智、以绳健体、以绳织美、以绳促劳”的育人氛围。对项目实施前后学生的发展状况进行比较，发现存在的问题以及优缺点，进而完善改进跳绳课程，确定以“悦动和乐·绳文化”为主题的特色办学之路。经过几年的改革创新，一所条件优良、质量优异、影响力大的“以绳育人”的新时代校园得以呈现在世人面前。

（四）第四阶段（2020 年至今）：以绳文化为突破口，促进“五育并举”发展

学校以跳绳课程为抓手，实施五育并举的育人目标（图 1）。在教学中，学校让立德树人和“五育”并举落实，培养全面发展的担当民族复兴大任的时代新人，实现跳绳课程的整体育人效果。

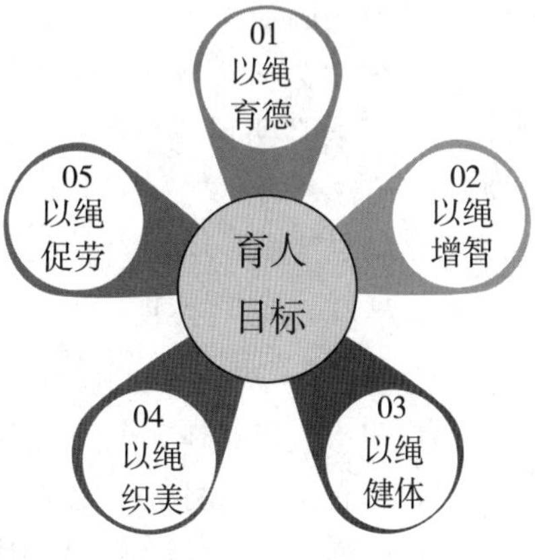

图 1　育人目标

学校的办学特色与办学效果得到了社会和家长的高度认可。自 2014 年起，学校到省内外、港澳等地区开展跳绳展示活动、参加重要展演 100 余次；项目负责人应邀在各级各类会议、培训班做专主题讲座 100 余场，学习者达上万人次；学校在开展跳绳课程过程中得到中央电视台《东方时空》《信息时报》等重要媒体的追踪报道；学校跳绳队还受邀参加了“一

带一路”连中巴巴拿马城跳绳展示活动。

三、主要成效

（一）以体育引领，实现五育融合

七星小学的体育特色在花都区、广州市、广东省乃至全国有引领示范作用，同时开展德育、智育、美育、劳育等教育，营造了“以绳育德、以绳增智、以绳健体、以绳织美、以绳促劳”的育人氛围，打造能促进学生全面发展的特色教育品牌。不拘泥于某一学科领域，充分唤醒学生的潜能，让每一个学生不断超越自我、成就自我，构建出百花齐放的育人格局。以绳的团结和坚韧的精神渗入学生各学科的学习和生活当中。如综合实践科开展绳编创作，让学生掌握绳编结艺技术；美术科创作绳画，开展“同心协力”编绳活动。

（二）小小的绳子，大大的改变

发展体育特色项目，可以让师生获取更多元的成功体验，大大地增强自信心，进而打造办学特色，使之成为学校品牌内核。

1. 学生综合素质有了很大提高

耀眼的成绩让七星小学名声大噪，但跳绳带给孩子们由内而外的改变才是最重要的。学生在省、市、区德育方面获奖率之高令人赞叹：钟炜锋同学被评为广东省优秀少先队员、广州国际友好交流小使者，茹锶琪同学获广州市优秀少先队员、广州市新时代好少年荣誉称号，张茂雪等 2 名同学获“最美羊城少年”之“活力好少年”称号，李荣欢等 7 名同学获得“最美南粤少年”之“活力好少年”称号，陈雨茜等 36 名同学在 2019 广东广播电视台春节联欢晚会荣获最佳小演员奖。

2. 教师专业素养有了很大提升

七星小学要求教师根据所教学科的特点，融入绳文化，为特色教学实现高质量发展提供坚实的人才保障。多名体育教师被评为国家、省、市、区优秀教练员；赖宣治老师先后被评为“全国优秀教师”“第 20 届全国青年岗位能手”“全国群众体育先进个人”“广东好人”，连续三年获得由国家体育总局颁发的“优秀国家教练员”称号，并成为 2019 年“感动中国”年度人物候选人；张有连校长获全国跳绳运动突出贡献个人、广州市三八红旗手等。

赖宣治老师的论文《跳绳运动对小学生体质与身体自尊影响的研究》被第九届中国学校体育科学大会学术委员会收录并进行大会报告。张有连校长的论文《让德育之花绽放魅力校园》发表在期刊《教育》上，论文《成功教育的实践与探索》发表在期刊《生活教育》上，《播美德良种　育时代英才》在 2019 年“更新教育观念，实施素质教育”全国论文评选活动中获一等奖。

（三）以“绳”兴校，创农村教育特色品牌

通过多年的艰辛探索与实践，七星小学的校风、教风、学风发生巨大转变，学校先后被评为广州市先进集体、广州市巾帼文明岗、广州市文明校园、广州市义务教育阶段特色学校、广东省义务教育标准化学校、广东省跳绳运动特色项目学校、全国跳绳优秀贡献单位、全国跳绳运动最佳团队、全国高水平跳绳优秀示范学校等。新闻访谈节目《“冠军教练”——赖宣治》荣获第三十届中国新闻奖三等奖，学校参加的《幸福从奋斗中来》公益广告荣获国家“白兰杯”一等奖，以我校跳绳队为真实原型的儿童励志电影《点点星光》获第十四届中国国际儿童电影节“小学生最喜欢的儿童片”及第33届金鸡奖最佳儿童片。

（四）以体育人，发挥体育学科的综合功能

赖宣治老师是学校首位专业体育教师，他用创新的跳法和跳绳工具帮助跳绳队训练，使成绩突飞猛进，在全国及世界性赛事中独占鳌头。他把一条废弃刹车线改良成跳绳，引发全国各地厂家大量生产。在一遍遍的尝试中，赖宣治老师和学生们还打造出自己独门的秘诀——弓着腰的半蹲式跳法。学校还加强教师的专业化培训，深化教师对“以绳育人”教学理念的认识，为有特色、高质量的教学奠定坚实的智力支撑。

四、创新点

（一）育人方式创新

为使学生健康成长和学校可持续发展，七星小学选择最适合农村学生发展的跳绳项目，既帮助学生提升身体素质，也让他们更自信。张有连校长还把跳绳体育项目与德育密切结合，提炼出“以绳育德、以绳增智、以绳健体、以绳织美、以绳促劳、以绳怡心”的教育方略，营造“悦动和乐，为孩子一生幸福奠基”的育人氛围，实现五育并举。

（二）心理塑造创新

在校园跳绳之星等比赛中，学生学会互相合作、挑战创新，锤炼坚韧不拔的意志，享受了成功的喜悦。从普通的“跳绳”活动到“花样跳绳”“绳操绳舞”，再到“绳文化”，我们用实际行动诠释“以绳启智，以绳育德”的育人理念，塑造学生阳光、健康的心态。

（三）评价方式创新

评价不只关注学生的学业成绩，非学业因素不断增加，还能发现和发展学生多方面的潜能，帮助学生认识自我，建立自信。以体育学科为风向标，各学科改变以往单一的评价方式，以鼓励、表扬等积极的评价为主，采用激励性的评语，发挥评价的教育功能，促进学生在原有水平上的提高。以积极、正面的评价为主，让乡村学子走出自卑，找回信心，让一所乡村小学迎来了新的生机。

（四）发展模式创新

七星小学以体育为突破点，以办高质量、人民满意的教育为目标。作为一所原来全校师生不足150人的农村小学，学校谱写了“世界冠军”“打破世界纪录”“打破吉尼斯纪录”“挑战不可能”“光速少年”等传奇。作为花都区教育的领头羊品牌，为充分发挥强大的四方辐射带动效应，花都区成立七星教育集团。纵观当前农村学校发展现状，七星小学的发展创造了农村教育发展的新奇迹，是特色教育品牌的典范。

创新班级管理：构建团队制班级管理模式

广州石化中学

主要贡献者：朱穗清　叶园园　张　科　林洁霞　陈华晴　廖庆新

广州市中小学名班主任朱穗清工作室于2016年4月由广州市教育局批准在广州石化中学成立，是广州市第二批中小学名班主任工作室之一。工作室由来自市内18所学校的46位优秀班主任组成，涵盖小学、初中、高中、职中、特殊教育，是学段最为丰富的工作室之一。一班一世界，一叶一追求，如何构建起适合自己的班级管理模式？工作室以此作为研究方向，根据每个成员的个性特长、学科特点、与学生的亲密度等，构建具有个人特色的个性化班级管理模式，形成自己的育人风格和育人思想。其中"构建团队制班级管理模式研究"成功通过2017年度广东省中小学德育课题的申报，于2020年6月通过评审并以优秀等级结题。工作室多次被邀请到省内外及市、区级各类班主任培训上分享团队制班级管理模式，团队制班级管理模式被多地区多学校推广，打响了工作室的品牌。

一、成果形成背景

学生成长为班级管理的主人是新课程下的主旋律。工作室构建了以学生为主体、以团队建设为核心的团队制班级管理模式（图1）。通过团队的自主管理，利用团队的力量形成聚力，学生影响学生，群体影响群体，让学生在相互竞争、相互合作中学习、生活、发展，形成成长共同体，促进学生个性化发展，实现团队目标及班级的教育和管理目标，打破传统"保姆式"班级管理模式，使班级管理更高效。

以团队为基础的组织和工作方式，已经取得了越来越多的长远效果。尝试进行团队制管理在班级管理的实践具有可操作性，并符合新时代德育的要求。

二、项目实施过程

我们以"构建团队制班级管理模式研究"课题为契机组建研究团队，研究团队包括了黄埔区内各层次、各学段的学校，其中高中班主任5人、初中班主任5人、小学班主任2人，为班级管理研究提供了丰富的一线实践资源。

1. 开题论证，确定内容

2017年10月，组织"构建团队制班级管理模式研究"开题论证，经过现场专家集体的论证，讨论并通过了开题报告和实施方案，对研究目标和内容进行了确定。

研究目标：构建出班级学生团队的管理运行机制，在目标、原则、途径、策略、评价等方面形成一些本土化、特色化的基础性理论。

研究内容：设计出一套具有价值性、有效性、主导性的学生班级团队制操作系统，在运行过程中巩固为班级管理模式。

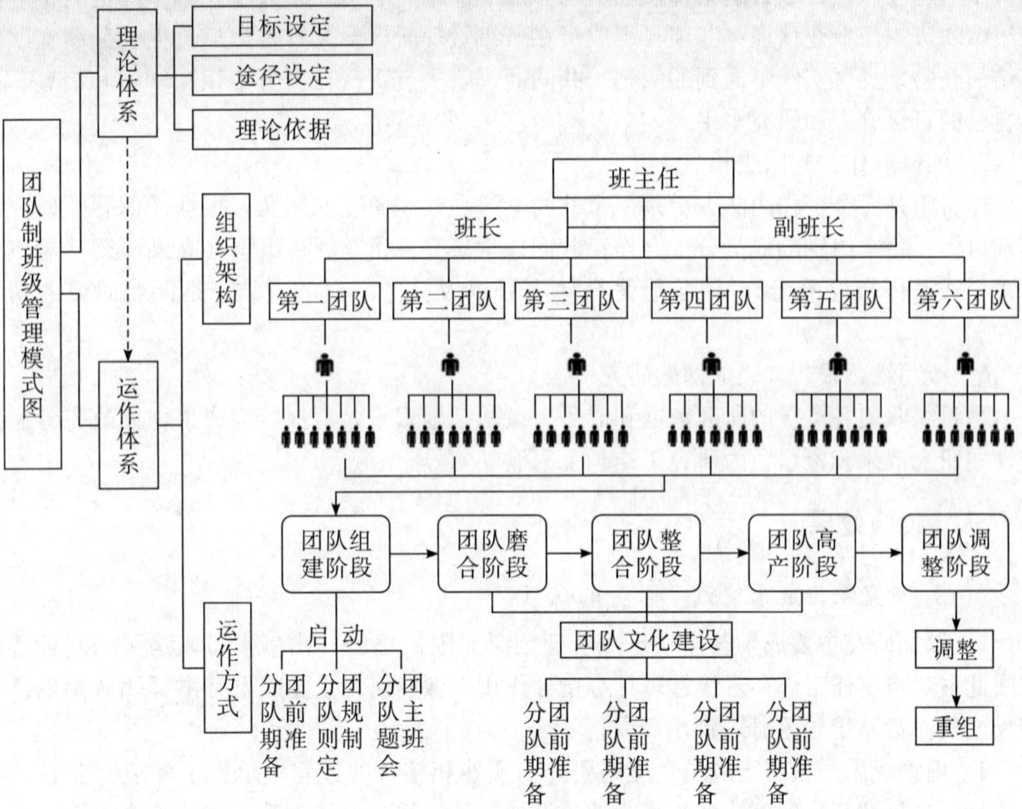

图1 团队制班级管理模式

2. 理论奠基，更新观念

项目组阅读关于班级管理、心理学、教育学、人格心理学等主题的书刊，提升专业理论素养。通过网络了解目前国内外班级管理和团队管理的研究的过去、现在和未来的研究方向，学习有关问题转化的教育教学理论。倡导项目组成员积极撰写阅读心得，积累教育智慧，用以指导自己的班级管理行为，实现班级管理教育思想、教育观念的转变。

3. 调查研究，精准行动

（1）问卷调查。课题实施前编制调查问卷，并选择200个样本进行调查，了解班主任当前实际的班级管理问题及存在的问题，根据调查结果，分析制约班主任管理能力形成的主要因素。

（2）解决策略。根据调查分析，我们初步提出的解决策略有：①以满足学生的发展需要为目的，让学生的潜能得到尽可能的开发；②确立学生在班级中的主体地位，让学生成为班级管理的参与者，提高班级管理的有效性；③锻炼学生自我管理班级的能力，让班级集体成为学生自我教育的主体；④遵循“PDCA”原则，拟定个人的行动计划，即计划（P）—实施（D）—检查（C）—方向（A），不断反思实践，减少研究的盲目性。通过定期反思，在践行中修正，在修正中再践行。

4. 专家引领，同伴分享

课题研究采用走出去、引进来相结合的方式：①积极组织项目组成员参加广州市教育局为名班主任工作室精心打造的相关培训；②邀请省、市、区各级专家及企业高管进行专场讲座。迄今为止，项目组中每位成员均参加了清华大学、北京大学、华东师范大学等高校组织的班主任专业培训；③项目组成员在班级管理研讨会及日常微信群上，分享实践中总结的经验，反思实践中遇到的问题，共同商议解决方案，在交流中相互学习和借鉴，提升自己的班级管理和研究水平。

5. 团队合作，共同成长

项目组是一个工作团队，更是一个共同学习、共同研究的团队。根据子课题的研究内容和目标，每个组别的成员分工合作，共同探索研究，撰写项目组重点成果《团队制班级管理模式操作指导手册》，该手册是全体项目组成员的心血的凝结，是课题研究的精华所在。

6. 撰写结题报告，完成课题研究

项目组收集各成员的研究数据和成果，撰写结题报告，汇报研究成果，修改完善后上交课题研究成果和资料，为研究工作画上完满的句号。

三、实施效果

（一）研究理论成果得到了社会的认可

1. 课题研究主要成果著作《班级管理创意无限》已公开出版发行。购买的同行普遍反映此书对班主任工作和班级管理具有指导作用。课题研究主要成果著作《团队制班级管理模式操作策略指导手册》拟出版发行。

2. 理论成果。项目组成员在理论研究与实践相结合的过程中承担了多项专业教育改革项目，在公开刊物发表论文 9 篇、教学设计 1 篇、教育专访 1 篇，部分论文被引用，获得区级以上论文奖励 2 篇。

（二）研究实践成果促进班级管理水平提高

本项目研究成果在广州市黄埔区多所小学、初中和高中验证，在省内外多所学校推广，使用此模式的学校及班级管理水平都得到了提高，为工作室树立了品牌。这说明此模式结构合理，指标体系可行，具有推广性，能对班级管理产生积极的指导作用。

（三）研究成果取得良好的社会效益

1. 积极创造条件，推广现有成果与经验

课题各阶段研究成果都产生了积极的影响，项目组受邀跨省、市、区所做的班主任专题培训讲座共 30 场，培训对象涉及贵州省及广东省珠海市、韶关市、东莞市、广州市等各类市、区、校级班主任培训，市内多所学校相当一部分老师已将此模式进行实践，收到良好的效果。

课题主持人朱穗清老师的团队制班级管理模式被《信息时报》报道，受《学校品牌管理》杂志邀请进行了专访。

2. 组织跨省、市、区和校级团队制班级管理主题班会展示课

借助朱穗清工作室和市、区、校德育工作各类平台，项目组先后有 7 节团队建设主题班会在各类班主任交流研讨中展示，通过班会展示课及专题研讨会推广团队制主题班会。其中，黄志君老师为贵州独山二中同行以《团结共筑中国梦》展示课进行交流；叶园园老师在广州市中小学班主任教研活动中，以一节《我的国・我的家》获得好评；杨山老师的

《竞争与合作》和张科老师的《激发潜能、砥砺前行》在黄埔区德育研讨课上进行交流和展示。

四、项目理论成果及创新之处

（一）理论成果

1. 建构团队制班级管理模式

挖掘学生的内在潜能，强化学生间的整体合作，整合班级各种管理项目，设计出一套具有价值性、有效性、主导性的操作系统，并在模式的系统化、结构化、操作的分享等方面进行研究，丰富和完善团队制班级管理模式。

（1）团队制班级管理模式（前文图1）：朱穗清老师早在2012年（本研究课题之前）已就团队制班级管理模式进行实践和理论的探索，发表2篇与本课题相关的论文：《初中班级团队评价的实践探索》《班级管理新模式：建构学生团队》。

（2）团队制班级管理创新模式（图2）：随着实践和研究深入，引导团体制班级管理模式与研究性学习相结合，尤其在高中阶段，研究性学习团队、任务性工作团队应运而生。项目组创新设计“双轨式团队管理模式”，第一轨项目团队以班级常规管理为目标，在第一轨的基础上建立双轨研究性项目团队，学生根据自己的兴趣，加入不同的研究项目小团队，以推动学生的综合性学习为目标。以此模式为基础，可以根据班级的任务需要组建任务团队。

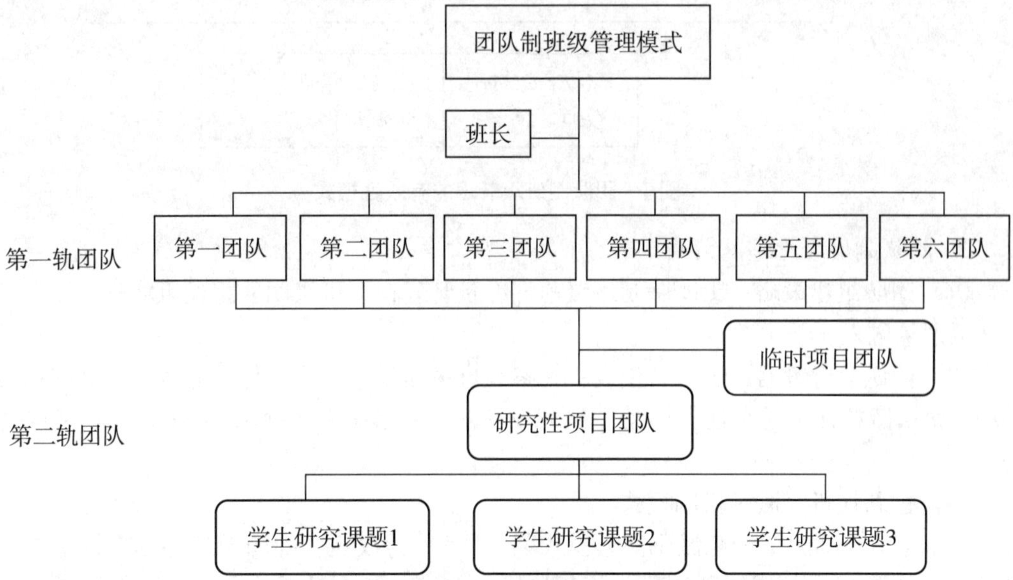

图2　团队制班级管理创新模式

（3）创新性建构团队制班级管理的有效性模式

探索影响团队绩效的因素，并根据这些因素的具体方面诊断团队，在每个因素上的管理状况能够帮助我们有效判断出自己班级团队的发展状况，并采取相应措施以改进不足，具有现实意义。创新性建构团队制班级管理的有效性模式如图3所示。

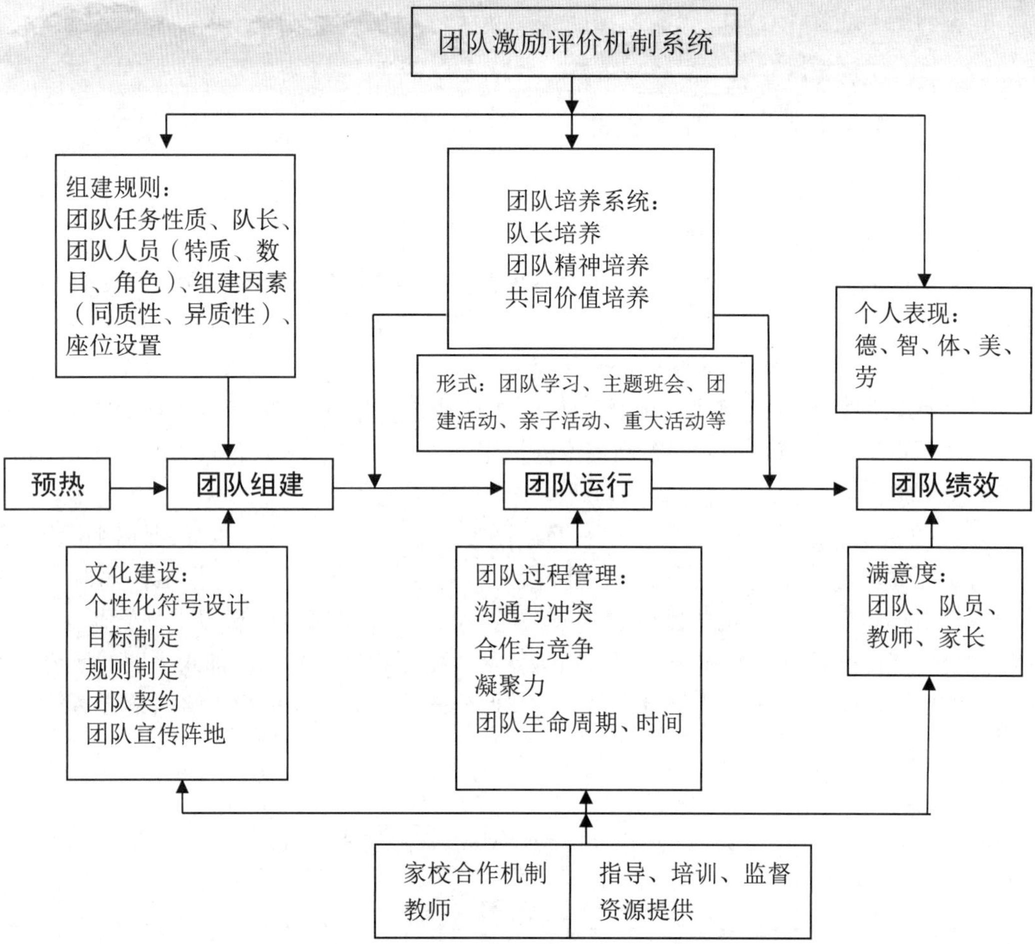

图 3　团队制班级管理的有效性模式

2. 团队制班级管理的策略

（1）团队组建策略：①团队制班级前期准备管理；②班级团队组建策略——制衡和分工；③团队融入。

（2）团队运行策略：①平台创设：在参与班级建设中成为更优秀的自己；②在拓展活动中感悟团队精神；③在任务驱动中践行团队精神；④在冲突解决中升华团队精神（图4）。

（3）创新性班级激励机制模式

以朱穗清老师的“团队激励能力模式”（图 5）为模板，叶园园老师创新性建立班级激励机制（图 6）。这是团队制班级管理制度的关键，是调动学生积极性、促进团队合作竞争、促进良好班风形成、推动学生全面与自主发展的重要手段。

3. 团队管理存在的问题与突破

（1）团队制班级管理常见问题：因过于关注竞争产生的功利思想；因过度强调“团队”奖惩产生的“连坐制”；因团队之间竞争产生的“马太效应”；因团队内部的“踢猫效应”使个别学生与团队脱离；因长期实施同一管理机制产生的心理疲劳。

（2）完善班级团队管理的突破点：①重视学生的素质教育，端正班主任的治班理念；

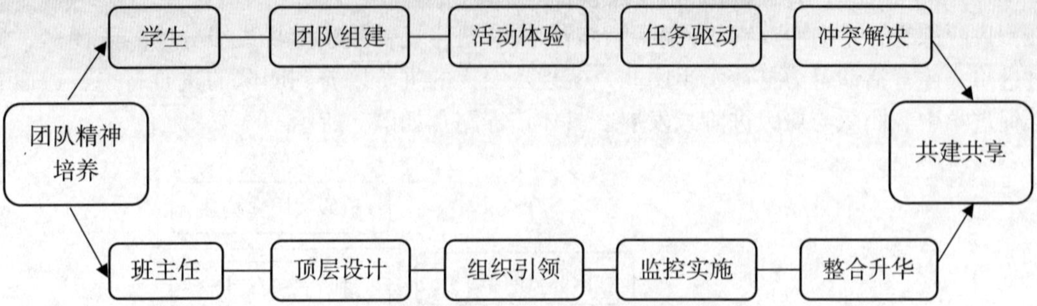

图4　培养团队精神活动设计方案模式

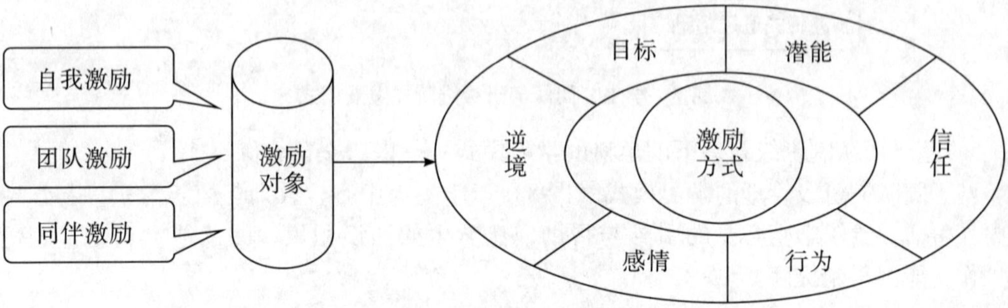

图5　团队激励能力模式

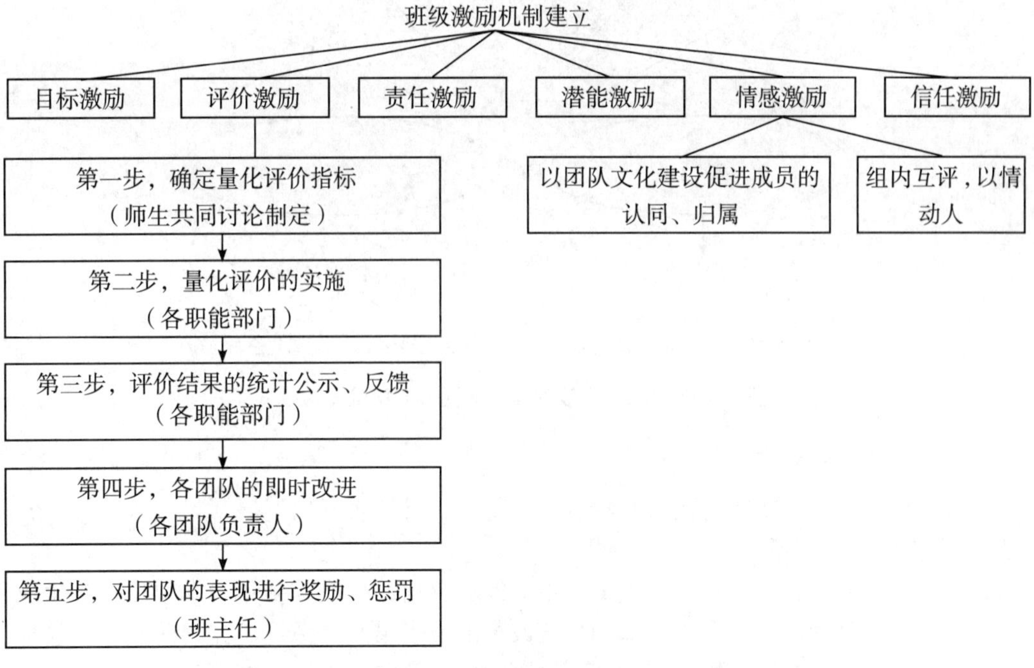

图6　班级激励机制模式

②强化对学生的情感关怀，弱化竞争奖惩产生的功利化思想；③运用“鲶鱼效应”，增加团队执行力的持久性；④运用“张弓效应”，关注后进团队和困难生。

4. 学生、团队与班级进阶式发展模式

进阶德育，是初中德育工作的一种新探索。班主任带领学生将班级分为若干团队，通过进阶式德育活动着力打造学生团队，实现从个人的进阶培养到团队的进阶打造，进而有效促进学生、团队与班级进阶式发展。具体培养路径如图7所示。

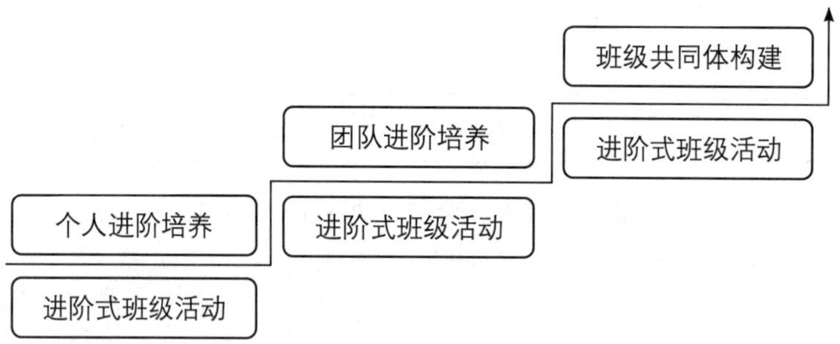

图7 学生、团队与班级进阶式发展模式

5. 基于团队制班级管理下的学科的学习模式——以语文科为例

基于团队制班级管理的学习模式（图8）以学生为中心，教师与家长分别参与学生的校内外生活，给予学生必要的引导与帮助，让学生的知识积累、阅读能力、语言表达能力、作文能力得到提高。

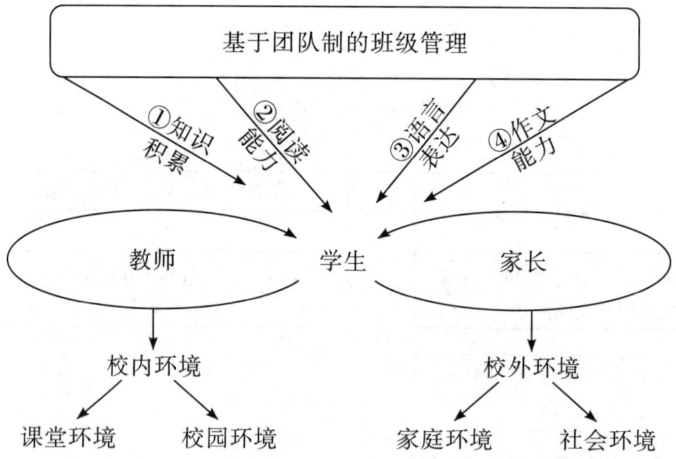

图8 基于团队制班级管理下的语文学科的学习模式

（二）项目创新之处

本成果历经3年的实践与完善，具有推广价值，具体表现如下。

1. 研究内容的创新

把企业的团队模式引入班级管理中，不能简单移植，应取其精华。本项目从学生成长规律、班级自主管理的发展和国家基础教育改革的要求出发，系统研究团队制班级管理的内涵、职能、模式、策略，构建了适合班级管理的团队制班级管理模式。

2. 研究实践价值

为当下的德育改革，尤其倡导学生自主管理、促进学生成长的班级管理提供可借鉴的模式，促进班主任的专业化成长。

广州外国语学校“雅育”的研究和实践

广州外国语学校

主要贡献者：刘红梅　郭坤峰　郝琳琳　丁　妍　曾文平　陈　芳

广州外国语学校（简称“广州外校”）根据“博学、雅正、融和”的校训，提出“雅育”的途径。自学校创办以来，德育工作紧紧围绕“雅育”，进行相关的研究和实践，建立了“雅育”的体系，完成了广州市德育课题“多元文化背景下雅育之研究”，构建了博雅表彰体系和“家校携手，正向驱动”的家校合作模式，形成了“雅育”的课程体系，取得了较好的德育效果。

一、探索总结出广州外校的雅育内涵

广州外国语学校以“博学、雅正、融和”为校训，坚持“为培养具有中国灵魂和世界眼光的国际化复合型创新人才奠基”的育人目标，践行“中学为体，西学为用，国语大成，外语大通”的办学理念。根据学校的办学思想和培养目标，学校德育团队确定以“雅育”为抓手，以课程为载体，以活动为平台，家校合作，共育英才。

“雅育”理念有三层含义。一是规则教育：使学生遵章守纪，有很强的纪律和规则意识，使学生的言行规范符合场合和身份等；二是风度教育：使学生的言谈举止和仪态在符合规则的基础上，具有优美、文雅的特点；三是品格教育：使学生形成正直的品格、高尚的思想、文雅的气质，具有良好的思想品德，正直善良、乐观豁达、胸怀博大，具有中国品质和国际视野等。“雅”是一个人的内涵，是一个人综合素质的外显，是一个人做事做人的风范。为了更好地诠释雅育的内涵，学校还推出了《凤凰赋》《学子湖赋》《同文阁铭》三篇文章及校歌《凤凰从这里起飞》。

二、构建形成了广州外校的雅育课程体系

（一）以“雅育”为核心的军训课程和班会课程

我们围绕规范、规则，创建了“军训课程”和“雅育”班会课程。

新生入学之初，精心设计军训课程，编写《新生入校手册》，将军事训练与规章制度学习结合起来，将纪律学习与学习方法的讲座结合起来，培养学生的纪律意识、规范意识，使学生明确学校的要求，遵守相关的纪律和规范。

我们坚守班会课这一德育的主阵地，统筹规划六年的班会课。课程分“雅之始”“雅之成”“雅之固”三个系列，根据学生的心理特点及不同阶段教育目标，设定不同的主题。雅育系列班会课设计见表1。

表1 “雅育”系列班会课

序号	主题	年级	具体内容	
1	“雅”之始	初一 高一	不以规矩，不成方圆	学会包容，适应环境
			文明从问好开始	我很重要和我最重要
			好习惯造就好人生	交流消除隔阂
			博雅，从欣赏开始	诚信是一种美德
2	“雅”之成	初二 高二	广博和精深	个人色彩和集体风格
			细大不捐，积学储宝	坚持，成就梦想 拼搏，铸造辉煌
			尽孝要趁早	正直，我追求的品质
			融和方能和谐	生命是那么美好
3	“雅”之固	初三 高三	没有绝对的自由	创新成就未来
			人生能得几回搏	守望理想，不忘本真
			我们的中国灵魂	我们的世界眼光
			热爱母校，学会感恩	友情真挚，师恩难忘

（二）培养学生活动能力和综合素质的“雅育”活动课程

我校每学年有四大节日——体育节、读书节、外语文化艺术节、科技节。这些具有外国语学校特色的活动，活动内容之丰富、教学手段之多样、展现形式之新颖，都是课堂教学不能替代的，是贯彻我们“博学、雅正、融和”校训的大好契机，能够充分体现“主动、互动、灵动”的教学理念。

（三）拓宽学生视野、激发学生兴趣的社团课程

社团课程也是我校“雅育”课程的一个重要的方面。从初中到高中，同学们自发组织了爱心接力社、动漫社、墨痕文学社、街舞社、拉丁舞社等80多个学生社团。

针对社团的管理，制订了详细的规定，每个社团有辅导教师，这些辅导教师是学生根据自己社团的需要而选择的。社团教学活动每周至少一次，一次两节课，要有明确的教学目标、教学内容，以及合理的教学方法。社团课程的教材是社团根据自己的需求选择的，社团课程上课的形式多样。

学校的拉丁舞社荣获广州市教育局系统“十大社团”荣誉称号，杂音社荣获广州市流行音乐“优秀社团”荣誉称号，摄影社当选广州市媒介素养联盟成员，墨痕文学社被评为“全国优秀文学社团”。

（四）促进学生走向社会、服务社会的综合实践课程

我们拟写了《广州外国语学校综合实践活动方案》，构建了广州外国语学校综合实践活动课程，形成了三个主题、六条线路的综合实践活动课程体系。“博学”主题：以考察探究、职业体验、设计制作为主，将课堂延伸到生活中去；“雅正”主题：以考察参观红色经典、社区服务为主；“融和”主题：主要是支教活动、国外研学等。

这些综合实践活动，是我校一种比较好的教育实践，不仅让学生体验了丰富的生活，

而且培养了他们的奉献意识、实践精神。

三、构建了广州外校六环节“雅育班会课模式”

经过努力，我们研究出了“雅育班会课”的模式，其模式如下。

（一）依据理念，确定主题

根据雅育的理念，设置了雅育班会课的系列主题，分为“雅之始”“雅之成”“雅之固”。主题的确定，不仅要依据理念，还要结合学生的实际，符合学生的心理特点。主题从生活中来，融入雅育的内容，这样就保证了班会课的效果。

（二）营造情境，导入新课

情境的营造，对于雅育班会课有着很大的作用，要通过情景，激发学生的兴趣，导入班会主题。如果这个环节的形式为学生喜闻乐见，符合学生的心理特点，引起学生的共鸣和思考，并且能够自然而然地引入新课，那么这一步就是成功的。为了达到这个效果，可以采用多种形式，如一段视频、一首歌曲、一幕短剧、一个故事、一种游戏皆可。

（三）教师激疑，课堂讨论

教师要提出问题让学生思考讨论，问题不是随意设定的，是学生在第一环节存疑的，在这里教师要把这种疑惑强化。

（四）课堂活动，推进课程

上一环节是思想的活动、大脑的风暴，而这一环节是身体的践行、理念的落实。这一环节在所有环节中最具有创造空间，完全可以突破课堂空间的局限，戏剧、小品、舞蹈、音乐、书法、绘画等要素皆可以选择。

（五）总结规律，形成理念

前四个环节都保证了质量，那么这个环节就会水到渠成，教师总结也好，学生概括也罢，都会形成符合雅育的理念，这个理念和最初的预设不一定完全吻合，但方向是一致的，观念是正确的。规律和理念的表述要精炼、精彩、精辟，言简意赅，适合记忆和操作，便于张贴和推广。

（六）拓展延伸，巩固所得

班会课的时间是有限的，但是班会课的空间应该是开放的。最后，雅育班会课要由点及面，由表及里，由近及远，拓展延伸，蔓延深化。最后的总结要如文章的结尾，余音袅袅，不绝如缕，给学生留下想象和反思的空间。

四、形成了家校“双方正向驱动”的立体化教育网络

践行雅育，“家校携手，形成合力”必不可少，因此家校合作的理念确定为“融和”，具体来说就是“双向驱动聚合力，家校携手育英才”。这个理念和学校德育的“雅育”珠联璧合。在实际工作中，我们一直贯彻这个理念，如学校重视对学生“中国灵魂”的培育，那么家长讲师团就着力推进“多元文化背景下家校合作培育学生中国灵魂的研究”。

（一）建立两支队伍，携手实施雅育

我们探索具有广州外校特色的家长学校的办学途径，建立了家长讲师团、学生支教队

两支队伍，形成了教学的特色。尤其是家长讲师团的成员有学校的校级领导和中层领导，还有在某些领域有专业知识的家长代表。家长讲师团成立以后，我们围绕着学校的育人目标，开设了系统的课程，讲师们积极主动地参与到教育教学活动中来，极大地推动了我校的雅育。

（二）课题引领，家校共建

2012 年，我们申报了家长学校研究课题“凸显广外家庭教育特色，培养学生具有国际视野的国际公民意识”，已顺利结题。2015 年，我校被评为广州市示范家长学校。

2014 年，我们申报立项课题“多元文化背景下家校合作培养学生中国灵魂的研究”，探究“中国灵魂”对于学生的重要意义，编写《中国灵魂》读本。此课题不仅顺利结题，其成果还获得广州市三等奖。

2016 年，我们申报的课题“学校、家庭、社区三结合培养学生中国灵魂的研究”获立项，已顺利结题，其成果获得广州市一等奖。

（三）创新模式，多元途径

现在是网络时代、信息时代，雅育实践中，我们与时俱进，创新家长学校的教学模式和家校沟通的模式，携手推进雅育。利用官网、官方微信等多种形式进行沟通、教学，对于孩子的教育起到了很好的作用。我们还举行网上教学活动，利用家长讲师团的 QQ 群、家长主席团的 QQ 群进行教学活动，最后把教学的内容进行总结。尤其是在疫情防控期间这样的活动成了常态，由于以前有这样的基础，所以我们得以十分顺利地度过了疫情防控时期。

五、“雅育”的研究和实践成果的创新点、先进性

经过近十年的“雅育”研究和实践，广州外校德育工作有了长足进步，我们取得了一定的成绩。如：培养出五名广州市名班主任、优秀班主任，锻造出一支有战斗力的德育队伍；学校先后获得“广州市示范家长学校”“广州市安全文明校园”“广州市教育系统书香校园”“广州市社会主义核心价值观教育示范学校”“广州市学校垃圾分类教育示范基地”等称号；市级德育课题“多元文化背景下雅育模式研究”以优秀等级顺利结题；培养出了一大批博雅学子，如考上康奈尔大学的秦梓源，考上加利福尼亚大学伯克利分校的陆烨，考上北京大学的李彦熙，考上清华大学的李子越等；广州外校中、高考成绩优异，成为广州市名校。

广州外校“雅育”的研究和实践，丰富了我国“雅育”的内涵，将雅育范围从“雅行”扩展到思想雅、行为雅、环境雅等诸多方面，厘清了三个层面的雅育内涵：规则教育、风度教育、品格教育；而且和国际接轨，将多元文化和“雅育”紧密结合，具有很强的现实性和针对性。

成果的学术价值在于将多元文化和“雅育”紧密结合，有利于引导人们深入思考多元文化对于德育的积极意义和消极影响，为研究多元文化背景下的德育理论探究和实践提供了一条途径。“雅育”成果的应用前景非常广泛，尤其是对于开放城市的学校德育以及外国语学校的思想品德教育大有裨益，可提升学校德育工作的效果。

新时代背景下传统文化综合实践活动课程的创新性实施

广州市越秀区建设大马路小学

主要贡献者：叶丽诗　马颖琳　曾立衡　林小玲　张皓莹　林　鸿

一、背景分析

2017 年 1 月，中共中央办公厅、国务院办公厅联合印发《关于实施中华优秀传统文化传承发展工程的意见》，以中央文件形式推动延续中华文脉，传承中华文化基因。2017 年 9 月，中共中央办公厅、国务院办公厅印发《关于深化教育体制机制改革的意见》，指出“加强中华优秀传统文化和革命文化、社会主义先进文化教育”。同期，教育部印发《中小学综合实践活动课程指导纲要》，强调综合实践活动的设计与实施要关注和引导学生在活动中体会、认知、践行社会主义核心价值观，让青少年通过综合实践活动形成以爱国主义为核心的民族精神和以改革创新为核心的时代精神具有重要的现实意义。习近平总书记更是在多个场合强调传承中华优秀传统文化。2020 年 10 月，中共中央、国务院印发《深化新时代教育评价改革总体方案》，从国家层面提出“坚决克服唯分数、唯升学、唯文凭、唯论文、唯帽子的顽瘴痼疾”，真正把着眼点落实到学生综合素质发展的科学评价中。

新时代传统文化综合实践活动课程，需紧密贴合国家教育要求和文化自信总基调，充分挖掘地域文化积淀和优势，以传统文化项目为抓手，以特色活动为推进器，创新整合校内外各方资源，倡导传统文化校园传承的新时代理念，重视跨学科学习、主题性引领及校内外联动，鼓励符合学生身心特点和时代特色的传统文化校园原创作品及跨界融创，以不断充盈课程内涵。

二、新时代传统文化综合实践活动课程的创新性实施

2017 年起，建设大马路小学在结合校情、地域历史的基础上，全校师生每年围绕一个主题开展传统文化综合实践活动课程：2018 年“旗开得胜”中国旗、2019 年“为善至美”中国扇、2020 年“筝育青云志”中国风筝主题综合实践活动。在活动中结合博物馆、国香文化等校本活动课程及粤剧、押花、童谣等传统文化项目的综合多元推进，取得良好教育效果和社会影响。

下面以融入“学先锋　争先锋”时代精神的《“筝”育青云志——中国风筝综合实践活动》开展过程为例，提取出新时代传统文化综合实践活动课程的理念、特征及实施策略。

（一）新时代背景下《“筝”育青云志——中国风筝综合实践活动》

风筝运动在中国有着两千多年的历史，作为传统体育与民俗活动，深受人民群众的喜

爱。中国传统风筝发展过程也是中国文明历史的一个小小缩影，凝聚了人民的传统智慧，更代表着不畏艰辛、迎难而上的精神。

2020 年极不平凡。年初新冠肺炎疫情发生后，我国大批抗疫英雄心怀大爱、勇敢逆行，守护人民群众的生命安全和身体健康。逆行者的善举传递希望，奋斗者如风筝般不畏艰难，他们的无畏和拼搏恰恰与风筝迎难而上的精神不谋而合。

在新时代“立德树人、五育并举”及少先队改革方案指导下，学校少先队大队部、艺术、道德与法治、综合实践等学科在 2019 年底就以中国风筝为载体，结合风筝精神、历史、艺术、品鉴、放飞等策划系列综合实践活动。新冠肺炎疫情发生后，学校将活动融入迎难而上、“学先锋　做先锋”的时代精神，少先队雏鹰争章活动也因此被赋予更丰富的文化与时代内涵。

1．实施过程

2019 年底，学校结合新时代传统文化综合实践活动课程实践方向，将“‘筝’育青云志”定为 2020 年活动主题，以风筝积极向上的精神引领少先队雏鹰争章活动，融合风筝历史、图案、放飞等传统文化，多学科融合学习，让综合实践活动变得更加立体、丰满，实现“立德树人、五育并举”的教育目标。

学校通过微官网发布活动方案、开展雏鹰争章倡议、美术课风筝作品鉴赏、音乐课童谣学唱、科学课程中渗透风筝制作、放飞科学知识、其他学科融合风筝知识点元素等内容。2020 年春节假期，全体学生创作“中国风筝”艺术和科技作品，让“风筝”这一载体既有传统文化的渗透，也融入德育抓手及时代精神。

虽然 2020 年因为疫情，线上居家教学让学校取消“校园庙会”大型活动，但居家教学期间，我们依托云端开展“致敬抗疫先锋”等系列活动，复课后学校通过美育节、“学先锋　做先锋”各类主题活动，让学生风筝学习成果更加丰富及有时代特色。

2．拓展与成果展示

（1）学校开展“从小学先锋　长大做先锋”主题活动，以致敬抗疫英雄、雏鹰争章、大队委竞选、学科竞赛等活动，落实“风筝”主题活动中的“勇争先”思想内涵，通过活动引导、微官网喜报等方式树立先进典型。

（2）越秀区图书馆举办“‘扇’耀中华　勇‘筝’先——建设大马路小学迎国庆中国扇/中国风筝学生作品展”。借“风筝”寄语新一代有“‘筝’育青云志”的远大抱负和“力争上游”的决心行动；期盼扇文化引领孩子们的“善言善行”，友善友爱。展览上，还进行了抗疫大型风筝作品的创作分享——“筝”言真语之“祖国妈妈我想对你说”留言等环节，在中华人民共和国成立 71 周年前为祖国送上童真的祝福。

（3）建设街文化站举办“‘筝筝’日上——建设大马路小学‘从小学先锋　长大做先锋’主题活动暨美育节学习成果展”。2020 年下半年，学校美育节围绕“中国风筝”开展各种主题学习和教育活动，赋予“风筝”文化以新的时代内涵。借“风筝”寄语新一代要有“‘筝’育青云志”的远大抱负；同时也是越秀区“从小学先锋　长大做先锋”立德树人主题活动的学校特色化、个性化落实，寄望学生们像风筝一样树立“力争上游勇争先”的决心。

3．效果评估

虽然受疫情影响，部分活动取消，其他活动规模也相对缩小，但学校融合时代精神和传统文化元素的综合实践活动“扬中华之扇（善），筝（争）民族之光”的“中国扇/中国风筝学生作品展”依旧引起社会各方关注，10 多个媒体平台进行采访报道。学生通过活动，从校内到校外、从学校到家庭、从个人到集体，都对中国风筝有了全新认识。不少家庭利用节假日进行亲子风筝活动，开展体育锻炼，或者进行风筝的亲子制作、创作活动。

（二）新时代传统文化综合实践活动课程的理念及特征

1. 活动课程理念

学校注重优秀传统文化与学生认知、综合实践的关联，发掘新时代背景下传统文化元素中的积极历史意义和时代价值。活动课程目标指向多元性、综合性、时代性，课程结构上重视可操作性、活动性、开放性、多元性，课程内容上重视中国风、时代感、创新性。课程实施上提倡跨学科、跨项目的融合与互动，课程评价上强调开放式、个性化、展示性、特长性评价。

2. 活动课程特征

传统文化的传承教育不仅仅是单一活动或者单一学科，可根据学校发展总基调，确定年度活动主题，与综合实践、艺术、道德与法治、科技、语文、数学、英语等学科教学紧密结合。其课程具有活动课程品牌特色化、活动课程系列主题化、活动课程整合项目化等特征。

（三）新时代传统文化综合实践活动课程有效的实施策略

1. 课程载体的诗意物象化，是传统文化综合实践活动课程的外显标志。
2. 课程主题的活动综合化，是传统文化综合实践活动课程特色发展的重要基础。
3. 课程方向的个性特色化，是传统文化综合实践活动课程可持续的必要条件。
4. 社区资源的共赢整合化，是传统文化综合实践活动课程推进的有力保证。
5. 品牌构建的区域特色化，是传统文化综合实践活动课程彰显的必备元素。
6. 特色活动的主题持续化，是传统文化综合实践活动课程建设的关键环节。

新时代传统文化综合实践活动课程的实施策略如图 1 所示。

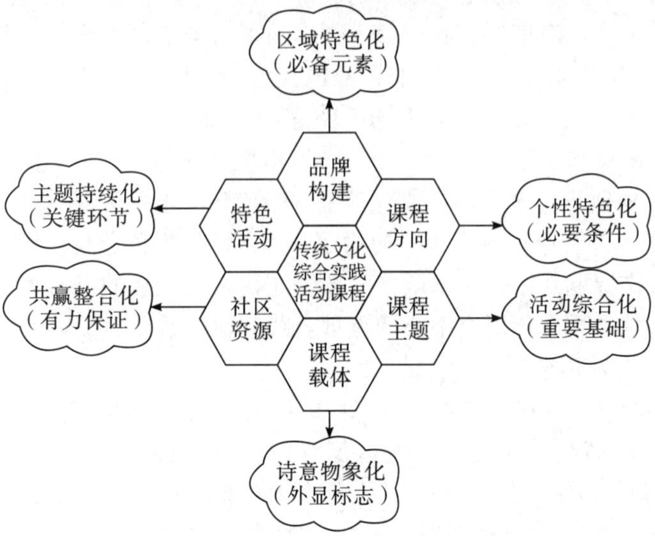

图 1 新时代传统文化综合实践活动课程实施策略

三、实施成效

（一）学术成果

2018年，活动负责人叶丽诗编著的国家出版基金项目《绘声绘色看方言：广府童谣氹氹转》由新世纪出版社出版，入选2020年广东省教育厅暑期推荐好书。其版权输向香港，2020年中文繁体版《广府童谣氹氹转》出版。

2019年，学校和南越王宫博物馆合作，正式出版南越王宫博物馆读物《乐游南越国》（广东教育出版社出版）和课程资源图书各一本。

活动负责人参与《学生发展核心素养课程体系建构与实施·小学》中“地方文化特色课程”章节的编写，该图书已由广东高等教育出版社于2020年出版。

活动负责人担任《中华香文化》编委，《中华香文化》是省内第一本向青少年普及中国传统香文化的传统读物，于2020年底由广东人民出版社出版。

活动负责人编写“十三五”国家出版规划项目《至美岭南文化巡礼·岭南传统童谣》中的《广府童谣》一书，于2020年由广东语言音像电子出版社出版。

（二）实践成果

1. 特色成果的社会化展示

2018—2020年，分别以“童心映古韵”“闪耀中华”“扇人善语尽善尽美”“‘扇’耀中华　勇‘筝’先”为主题在广州市少儿图书馆、越秀区图书馆、建设街文化站等地开展5次主题展览。教育部“国培计划”专家、广东省教育厅关心下一代工作委员会常务副主任吴惟粤主任于2020年11月23日专门撰写一篇《2.0版的传统文化进校园啥模样？——看这所学校怎样“完善”》的文章，他写道：“建设大马路小学的传承活动，既煽得红红火火，又做得扎扎实实；既熏陶得古色浓浓，又充满着生机勃勃；既真真切切是民族的，又融融洽洽是世界的。”对学校开展多年的传统文化活动课程给予高度评价。

《广府特色综合实践活动课程的设计与实施》入选“2019年广东教育创新十大优秀案例”，在发布会上现场宣读及展板、视频推介。

持续引导师生关注广府童谣，我校师生创作的第一本童谣作品《“粤”玩越好玩》在2019年3月21日世界儿歌日发布。广东广播电视台4K超高清大型全景式三集系列纪录片《月光光》跟踪采访拍摄，“南方+”同步网络直播。童谣作品《百花开满城》进入广东最美校园歌曲大赛半决赛。活动负责人参与国家出版基金项目《广府童谣氹氹转》、“十三五”国家出版规划项目《至美岭南文化巡礼·岭南传统童谣》编写。

2018—2019年，开展中华香文化、博物馆、通草画等特色课程。博物馆课程是广州市教育局首批馆校合作课题并结题，出版《乐游南越国》历史读物及校本教材各一本。学校是南方软实力研究院国香文化研究中心的首批实践基地，活动负责人参与广东人民出版社出版的《中华香文化》传统文化读物的编写。

创意校园庙会活动。学校在2018年、2019年被广州市越秀区委宣传部、广州市越秀区教育局选定为广府庙会分会场，代表区域学校开展校园庙会活动（2020年因疫情暂停），通过不同主题的传统文化综合性学习，以校园庙会为展示口，对外展示学校传统文化主题性创意活动成果。学生学习成果多次在图书馆、文化馆进行主题展览。

关注粤剧作品的校园化、儿童化、时代性。原创校园粤剧小品《八仙贺羊城》被推荐参加2019年广府庙会广府嘉年华展演。2019年6月，全新原创粤剧样板戏《红灯记》参加“粤唱悦响广府情——粤韵传统艺术进校园成果展”获一等奖并展演。2020年11月，原创粤艺作品《山立五羊仙》应邀参加第八届羊城粤剧节展演。

2. 特色成果的社会影响

2018—2020年，学校特色活动引起社会广泛关注，纸媒、网媒、电媒报道共101篇，其中2018年41篇，2019年45篇，2020年25篇。

四、创新之处

新时代背景下的传统文化综合实践活动课程，主题引领注入时代精神，综合性整合地域、文化、人文资源，让学校教育与校外资源大平台对接，以跨学科、跨项目的融合发展为基础，关注学生个性培养，创设真实情景，让学生在活动中培养综合能力及创新精神，有效拓展校内外教育资源的深度和广度，成效显著。

课程“创作”与“创新”发展理念符合中央及各级部门对优秀传统文化传承的“两创”要求，凸显其发展的时代性、创新性、本土性、传承性、融合性，让传统文化综合实践活动课程实现“立德树人”目标要求，其操作和策略具有一定的借鉴意义和推广价值。

密集商圈地区小学生财商教育实施策略研究

广州市越秀区养正小学
主要贡献者：李燕红　谭燕葵　廖金连　林惜卿　谢燕玲　许柏林

一、研究背景

近年来，“校园借贷”新闻屡见不鲜，不少高利贷团伙利用网络借贷平台，向学生提供“裸条”借贷，从事非法活动。可见，对青少年进行财商教育是十分必要的。财商和智商、情商一起被当代教育学家列入青少年的“三商”教育。财商教育是青少年素质教育的重要内容。

越秀区养正小学位于广州火车站附近，周围有钟表城、鞋城、美博城、服装城等。而我校在校学生中有相当一部分学生来自外来经商家庭或者个体户家庭。经商家庭的孩子有更多的机会接受财商教育。

中国教育学会于 2014 年 10 月成立了财商教育中心，他们的研究成果《走进神奇的财商大门》为我们的研究提供了很好的实践材料。特别是 2018 年 1 月由中国财经素养教育协同创新中心首次正式发布《中国财经素养教育标准框架》后，将各地开展财商教育推上一个新的台阶。

我们认为，独特的地理位置、家长群体，为我校进行财商教育提供了很好的资源，家校合作的财商教育体系增强了财商教育实践功能，更容易取得明显的教育成效。于是，在中国教育学会、广州市教育研究院和越秀区教师发展中心科研部的帮助下，我们积极开展了财商教育的探索。

二、实施过程

（一）制定研究目标

通过课题研究，探索小学财商教育在学科渗透、德育融合、家校合作等方面的实施策略，并在学科教学、主题研究、社会实践的过程中，培养和发展小学生的财商。

（二）明确研究内容

1. 探讨在数学、道德与法治、综合实践活动等学科教学中渗透财商教育的实施策略。
2. 探讨通过班级活动、少先队活动等德育活动与财商教育融合的实施策略。
3. 探讨利用家长经商的优势资源，把财商教育与家庭教育相结合的实施策略。

三、项目主要内容和创新之处

（一）形成了学科课程渗透财商教育的策略

财商教育要取得成效，非常重要的一个途径是学科渗透。数学课、道德与法治课、综合实践课等都是学生学习财经知识的重要阵地。

1．数学课的渗透

小学数学课程的特点决定了其在小学生财商教育上有着独特的优势。首先，从数学学科的目标来看，《数学课程标准（2011 版）》提出“数学是人们生活、劳动和学习必不可少的工具”“人人都能获得必需的数学”“获得适应未来社会生活和进一步发展所必需的重要数学知识（包括数学事实、数学活动经验），以及基本的数学思想方法和必需的应用技能”。从简单的大小比较到统计、概率、折扣、百分比等数学知识，都跟财商有着密切的联系。

我们以四年级数学教材为例，列举数学知识与财商教育结合的渗透点。从表 1 可见，在数学四年级上下两册教材中与金钱相关的内容，就可以完全归属到财商教育的三大方面，即财商意识、财商知识、财商能力。我们通过在课堂教学中渗透财商意识，在习题拓展中强化财商知识，更迭学生的消费观，丰富财商知识，提高财商能力，在做好数学知识和技能传授的同时，提升学生的财经素养。

表 1　数学课程中的财商渗透

财商素养		教学内容或习题	具体内容	教材页码
财商意识	节约习惯	与节约相关的问题	1．某市郊外的森林公园里有 124 公顷森林。1 公顷森林一年可滞尘 32 吨，一天可从地下吸出 85 吨水。这个公园的森林一年可滞尘多少吨？ 2．我厂今年换装了 1000 只节能灯，每天可少用电 320 千瓦时。1 只节能灯 1 天可以少用电多少千瓦时？	四上 P49 四下 P47
	消费观	以购物、价格为主题的问题	1．学校要为图书馆增添两种新书，每种买 3 套。一共要花多少钱？ 2．篮球每个 80 元，买 3 个要多少钱？ 3．鱼每千克 10 元，买 4 千克要多少钱？ 4．一个足球 30 元，用 75 元钱可以买几个小足球？还剩多少钱？ 5．一个笔袋 21 元，84 元可以买几个？ 6．刘叔叔带 700 元买化肥。买了 16 袋同一种化肥，剩 60 元。每袋化肥的价钱是多少？ 7．王老师一共买了多少个羽毛球？每支羽毛球拍多少钱？	四上 P50 四上 P52 四上 P74 四上 P76 四上 P86
	劳动观	劳动获得报酬相关的问题	1．张叔叔种植了品种繁多的观赏蔬菜。其中一部分蔬菜的价格和卖出的盆数如下表，每种蔬菜卖了多少钱？一共收入多少元？ 2．12 箱蜜蜂一年可以酿 900 千克蜂蜜。小林家养了这样的 5 箱蜜蜂，一年可以酿多少千克蜂蜜？	四上 P50 四上 P92
…………				

2．道德与法治课的渗透

《道德与法治》是一门综合性较强的课程，生活性、活动性、开放性是教材的特点。我们在原教学内容的基础上融入财商教育，进行相关内容的渗透、提升。

表2是我校以二年级道德与法治教材为例列出的融合点。

表2 道德与法治课程中的财商渗透

教材目录		融合财经素养内容
1. 假期有收获	用心过，有收获（去家长的工作地点）	劳动与个人收入：不同职业和岗位所需的劳动付出
	有打算，不忙乱	无论做什么事，做好规划，可以节省时间、资源，还可以把事情做得更好
9. 这些是大家的	学校里的公物	公物是大家的，受规则的约束和法律保护
	身边的公物还好吗？	公物从哪来？国家对公共物品的投入以及对个人生活的影响
	我和公物的故事	教育优先发展，国家高度重视对教育的投入
10. 我们不乱扔	不只是为了干净	1. 垃圾是放错地方的资源 2. 垃圾分类可以是资源循环再用，也可以减少浪费
14. 家乡物产养育我	我的家乡产什么（家乡物产博览会）	1. 一些地区的优势产品，结合文化能形成独特的商品，产值更高 2. 遵守交易规则，讲究自愿、公平、诚信等交易准则，做一个文明的消费者
	家乡物产惹人爱	1. 财富与生命自然，环保节约 2. 稀缺资源
15. 可亲可敬的家乡人	生活在我身边的人	不同职业和岗位所需的劳动付出

3. 综合实践活动课的渗透

在综合实践活动课开题阶段，利用经商家长的优势资源，请家长志愿者进入课堂给学生上财经素养课，开拓学生金融视野，激发学生财经思维，进而形成自己感兴趣的财经探究主题。在综合实践活动课实施阶段，探索依托校外环境资源，拓展课堂空间的财经素养教育模式。例如，我们开展了“晒晒我的小账本”“秋游理财娱乐”“管好我们的小钱袋”“我当小老板”等财商活动课研究主题，引导学生从学校走向社会、从财商读本走向生动的金融生活的活教材，学生在家长的商铺里体验与顾客的交易过程。

（二）找出了德育活动融合财商教育的策略

我校将财商教育融入丰富多彩的、体验式的、全员式的德育活动中，在活动中向学生传授财经知识，培养公益之心、诚信之心、节律之心。

1. 班级活动

班级活动是学生活动的主要形式，也是财商教育的重要阵地。学校课题组成员依托中国教育学会财商教育中心编写了“‘金钥匙’财商教育系列丛书”中的“儿童财商系列”，我们分别以“走进神奇的财商大门”“探究金钱的语言”“与金钱约会的好习惯”“我有一个财富梦想”为四大主题，设计不同的财商知识点，由各班班主任主讲，召开主题班会，培养孩子们的财商意识、良好的理财习惯以及正确的财富观念。

2. 少先队活动

学校利用少先队的德育活动主阵地，结合春游、秋游、义卖活动、种植节等开展财商活动，培养孩子们的营销策略能力、合作能力和零花钱消费观等。

前后共四次的春秋游研学活动，循序渐进，让同学们在多次的活动中体验了“精打细算”后的快乐，体验自己的钱怎么花，让自己的钱充分发挥应有的价值，发扬勤俭节约的优良传统，培养孩子们进行合理购物的消费观念，以及初步了解需要和想要的消费观。

义卖活动让学生在实践中接触到计划预算、定价、记账、沟通、还价等财商知识，提升表达和沟通能力、团队协作能力，培养了孩子们的爱心、责任心、乐于助人的品质。

种植节活动和寒暑假家务劳动，让学生体验付出的劳动与收获的差异。从寒假开始，引导孩子们在寒假期间通过小队制作、个人制作、家庭制作等多种方式，制作小盆栽，把制作过程以拍摄、写日记等形式记录下来。同时，让孩子们在寒暑假主动承担力所能及的家务劳动，并跟父母讨论一下其他挣零用钱的方法，争做“家务小超人”，在“小鬼当家”记录表上登记日期和记录做了什么家务活、获得的奖励，从小培养孩子的劳动价值观。

（三）形成了家校合作延伸财商教育的策略

在学校教育之外，我们也重视家庭生活的财经素材。我们利用家长会、个别谈话、家访、专家介绍等形式，宣传财商教育对孩子成长的重要性，让家长认识到财商教育刻不容缓，从而实现家校相互配合、同步教育。

我们利用商圈家长群体的多种资源，设计每个学期一次的“家长志愿者进课堂”，以达到对家长资源的有效利用。学校邀请家长讲师团为孩子们带来了 36 节不同主题的财商课，如“钱的来源”“各国的钱币”“如何管理零花钱”“职业与财富”“认识不同职业如何创造财富”等。其中低年级“认识钱币”一课，最受孩子们欢迎。

（四）取得了一批研究成果

1. 近两年，我们有 5 篇关于财商教育的论文发表在《广东教学报》上。

2. 编撰了学校教师论文集一本。教师们对财商教育从初识到了解到深入，学科教师也有了自己学科或者自己负责方面的点滴体会，我们并不是简单进行金融、理财知识的教育，而是着重培养学生对财富的理解能力。

3. 编撰了教师教学设计集一本。教学设计集收集了数学科、道德与法治科、综合实践活动科教师的教学设计，这些学科的教师注重在常规教学中找出财商知识渗透点，在日常教学中渗透财商教育，提高学生的财经素养。

4. 编撰了学生作品集一本。我们在财商教育的过程中非常注重学生的感受，结合学生的感受不断调整教育的内容与方法。

5. 编撰了家长经商育儿经验集一本。我们把家长们平时对孩子进行理财知识教育或者财富观培养等的经验总结筛选后整理成文，家长们的文章为学校深化家校合作、提升孩子们的财经素养起了很好的借鉴作用。

6. 学校于 2019 年 3 月被广东省教育研究院评为广东省财商教育实践研究课题学校；立项课题为“财经素养教育与小学学科课程融合策略研究”；李燕红被广东省教育研究院聘请为广东省财经素养教育实践研究指导专家。

课题引领，实践驱动

——以“名师工作坊”领航学校德育工作建设

广州市海珠区晓港湾小学

主要贡献者：方燕玲　金乐云　房金义

一、研究背景

当前，教师的德育专业成长已成为德育研究的重要课题。小学班主任在实现“立德树人”这一教育目标中发挥着巨大作用。十余年前，广州市教育局启动“广州市优秀班主任”评选活动，我校陆续有六位班主任获此荣誉称号。与此同时，我校班主任队伍缺乏科研意识、优秀的班主任经验难以得到迁移等问题亟待解决。因此，推广应用我校 2013—2016 年开展的广东省中小学德育重点课题“社区德育资源的开发和利用研究”的优秀研究成果，常态化开展“课题引领，实践驱动”的班主任专业化成长活动，以各具发展特色的两个“名师工作坊”护航学校德育工作建设，为我校德育团队建设和发展提供驱动力。

二、实施过程

党的十九大报告明确提出要“培养德智体美劳全面发展的社会主义建设者和接班人”，为新时代学校德育工作指明了方向。近年来，我校在方燕玲副校长的引领下，紧贴“活动育人”的德育理念，先后成立“幸福港湾班主任工作坊”和“领航班主任工作坊”两个校级工作坊，依托学校的“启航教育”理念，以“润养德育”体系为指引，开展一系列丰富多彩的德育实践活动，为教师和学生搭建幸福发展的多元平台。

“幸福港湾班主任工作坊”成立于 2018 年 4 月，由广州市优秀班主任房金义老师主持，这是广东省名班主任胡灵莉工作室授牌设立的一个校级工作坊，成员是 5 位有朝气、热爱班主任工作的年轻班主任。工作坊立足“环境育人，阵地育人，活动育人”的特色，本着“合作、创新、发展”的理念，引导工作坊成员分析个人特色，找准发展优势，制定个人德育专业发展规划，推动新入职班主任队伍的成长。

“领航班主任工作坊”成立于 2019 年 7 月，广州市名班主任金乐云老师主持，集结我校 16 位各年龄段班主任为工作坊核心成员。工作坊以触发我校班主任专业发展的内驱力为切入点，以各级课题研究为突破口，激励各发展阶段的班主任实现自我更新，促使班主任团队从“事务型”走向“科研型”，从“经验型”走向“智慧型”，实现我校德育共同体加速成长。

三、实践效果

实践证明，“专业化学习、常态化研修、团队化成长”的工作路径对我校班主任专业成长具有重要意义。

（一）教师的成长

2013 学年，方燕玲副校长接管德育工作，举办了第一届的“晓港湾小学班主任工作沙龙”（后每年一届），至今已是第七届。她积极推广和应用广东省中小学德育重点课题的优秀科研成果，引入大量德育资源，在常态化的研修中发掘了一大批积极肯干、锐意进取的优秀班主任。在她的推动下，学校班主任的专业成长之路越走越宽广。

1.“名班主任”“优秀班主任”的示范带动作用

广州市优秀班主任金乐云老师于 2016 年 3 月被评为“广州市名班主任”。其带领“领航班主任工作坊”团队积极探索，勇于实践，在班主任专业发展的方式和机制上不断创新。其所带领的快乐蚂蚁中队被评为“广东省少先队先进中队”，蓝精灵中队被评为“全国动感中队”和“首届广州市中小学班级文化建设示范班”，金乐云老师被评为海珠区优秀少先队辅导员。2020 年 11 月，金老师主持的教学成果《以“3OA”模式建构引领班主任专业化成长——来自海珠区晓港湾小学的实践探索》被评为 2020 年海珠区优秀教学成果（基础教育）二等奖（育苗项目）。近年来，金老师的优秀成果多次在市、区、校各级班主任交流活动中展示。

广州市优秀班主任房金义老师于 2019 年 3 月被评为“广州市骨干班主任”。其带领的叶剑英中队被评为“广州市少先队先进中队”，动感乐吧班被评为“第二届广州市中小学班级文化建设优秀班”。房老师组织广东省名班主任胡灵莉工作室的全体成员和学员进行网络研修，在工作室与广州市海珠区教育局共同举办的海珠区小学骨干班主任经验分享与研讨活动中、在学校工作中多次分享自己的班级管理经验。

2. 德育团队的专业成长

随着班主任工作能力的不断锤炼，我校班主任的整体专业素质提升较快，形成了一支能力强、观念新、策略优的班主任队伍。学校现有广州市名校长工作室成员 1 名，广东省、广州市、海珠区名班主任工作室成员 4 名、学员 3 名，广州市骨干班主任 3 名，广州市优秀班主任 6 名。教师参与海珠区中小学班主任专业能力大赛，荣获一等奖；参加广州市中小学班级文化展示活动，分别荣获示范班、优秀班称号。“幸福港湾班主任工作坊”和“领航班主任工作坊”两个公众号上线，在互联网上分享交流德育团队的优秀经验，扩大影响力，增强区域辐射力。

德育团队根据本班学生特点，开展创新性班级主题活动，丰富和深化了德育管理内容，开阔了教育视野。以领航班主任工作坊 2019 年立项并于 2021 年结题的广东教育学会德育小课题“基于班队活动模式下促进学生社会参与核心素养提升的实践研究”为例，工作坊和课题组成员撰写的 10 余篇论文、案例分别获得海珠区教育局奖项。教师们通过自己的学习、反思、实践、交流等多种形式和措施，逐步提升德育与班主任工作的理论知识，形成班级德育特色，提升了班集体建设与管理的能力。

（二）学校的发展

近五年，学校班主任团队的专业提升，带动了学校工作的全面发展。学校先后被评为广州市红领巾示范学校、广州市少先队工作先进单位、广州市少先队红旗大队、海珠区教育工作先进集体、海珠区书香校园、海珠区少先队红旗大队；学校成为广东省少工委重点联系单位、海珠区中队辅导员培训基地及广州市民间文化传承基地。学校先后接待了江西省小学校长研修班，陕西省西安市、贵州省毕节市，以及省内的汕尾市、佛山市南海区、广州市南沙区及荔湾区等地的德育工作者的参观访问，方燕玲副校长多次在会议上分享学校及教师的成长之路，学校德育团队的引领和辐射作用得到进一步的提升。

（三）有效减少班主任职业倦怠

从各级课题研究的开展到班主任工作坊的实践过程，是一线教师在德育工作上不断反思、不断学习、不断探索、不断表达的过程。在广泛实践和合作研究的基础上，加大辐射力度，引领本区其他兄弟学校开展班主任工作的实践探索，继续提升教师的教科研能力。

四、经验总结及创新之处

凝练我校德育团队 8 年来的教科研实践，学校确定了“3OA”班主任专业成长思路。其中“3O”是指“名师（famous teacher）、课题项目（project）、工作坊（workshops）”，意为搭建“名师引领、课题驱动、工作坊研学”成长平台，形成班主任专业成长的圆桌型外环境；搭建“3A”—“习得（acquire）—提升（advance）—辐射（radiate）”阶梯式成长路径，形成班主任专业成长的内环境。通过内外环境的建立，我校形成了既有目标指向又整体协调的“3OA”班主任专业成长实践模式（图 1），促进班主任班级管理水平提高，从而提升整个学校德育工作的实效。

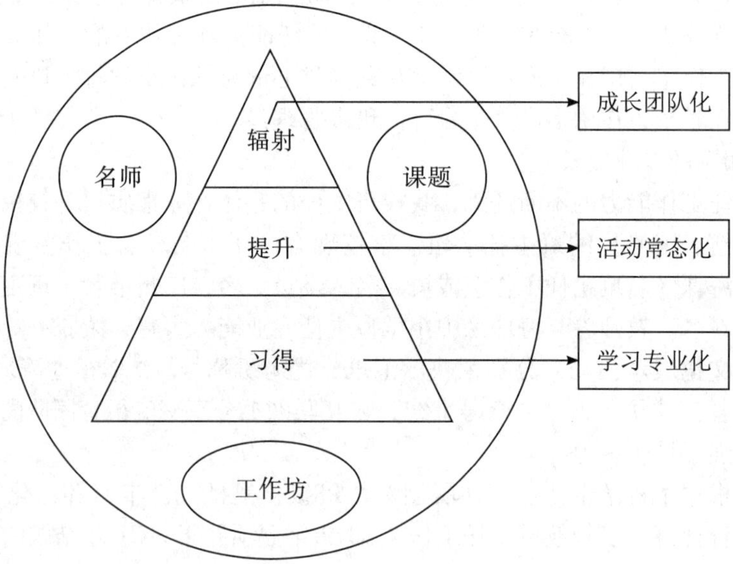

图 1　“3OA”班主任专业成长模式

（一）A1：习得（acquire）——学习专业化

1. 阅读“开航”

团队采取集中学习与分散自学、自主研修与专家引领等相结合的形式；结合线上交流和线下研讨的形式，利用微信公众号平台，推荐及分享交流优秀的德育阅读书目和文章。

2. 课题“引航”

我校通过开展广东省中小学德育重点课题“社区德育资源的开发和利用研究”（2013—2016 年）和广州市海珠区教育科学“十三五”规划 2020 年重点课题“社会主义

核心价值观融入少先队工作的行动研究——新时代少先队聚焦‘爱国、敬业、诚信、友善’的培育和践行”引领班主任专业化发展。如金乐云老师主持的教育科学“十二五”规划课题“小学品德与社会教学资源包的开发与利用研究”（2012—2016年），带动了我校语文科、数学科、体育科、艺术科陆续开展课题研究，为科研兴校做出贡献。通过“在学习中起步、在实践中提升、在研究中推广”的科研之路，搭建交流、学习、研讨、提升的平台。

（二）A2：提升（advance）——活动常态化

1．实践“稳航”

依托班主任工作坊开展的一系列理论学习活动、能力展示活动以及经验交流活动，鼓励班主任在具体的实践中应用所学到的理论知识，开展主题教育、班会展示课等活动，从而不断改进教育方法与内容。

2020年初，在史无前例的新冠肺炎疫情人民战“疫”中，德育团队紧紧抓住疫情中的教育契机，坚持五育并举、以德为首的教育要求。在“停课不停学”期间，按照学校德育工作部署，班主任精细策划与精心组织开展线上德育主题活动，并在工作坊微信公众号及时发布教育动态，引导教育学生要正确面对疫情，珍惜生命，科学防控，让学生在活动中思考，在战“疫”中成长。

2．制度“续航”

规范的制度是班主任专业化发展的“脚手架”。为了确保德育团队各项工作持续有效开展，依托工作坊建立组织机构和制定日常运作制度，团队成员共同遵守以实现共同发展：其一，建立稳定的组织机构；其二，坚持各时间节点的例会制度；其三，坚持各级学习和研讨制度；其四，形成规范有序的管理制度。

（三）A3：辐射（radiate）——成长团队化

1．团队“伴航”

新课程标准明确把“合作交流”作为营造课堂氛围和培养学生的重要目标。一个和谐合作的优良环境，能促成一个合作共进的优秀团体的建立和成长。

作为班主任间相互借鉴德育经验的平台，各工作坊积极主动开展丰富的活动，以理论学习、班主任沙龙、班会观摩、教育叙事、校本特色课程展示等方式，拓展交流形式，强化经验滋养，打造学习与成长的共同体，从而发挥团队的辐射带动作用。身边的榜样有效展示了我校班主任团队的强大力量，更充分发挥了校级工作坊老师的示范引领作用。

2．专家“护航”

近年来，广东省名班主任胡灵莉老师、广州市海珠区教育研究院品德科教研员郑爱华老师多次走进我校开展专题讲座；广州市海珠区教育局德育办派胡晓青副主任、张琳副主任等专家领导关心指导工作坊开展工作，为我校德育团队的成长提供专业指导。现任校长余灿涛，副校长彭洁萍、方燕玲作为优秀的德育高级教师，大力倡导“乘风破浪、逐梦远航”的教育理念，为我校德育团队的成长保驾护航。在省、市、区级名班主任工作室等广阔的平台中，工作坊的老师积极参与培训活动，在学术交流活动中汲取更多的榜样模范力量，更新工作理念，习得工作技能，提升综合素养。

我校德育团队专业发展意识强，坚持走“课题引领，实践驱动”的特色发展之路，以两个校级班主任工作坊为我校班主任专业发展和持续发展保驾护航。未来，我校德育团队将继续以港湾文化为核心，以逐梦教育为信念，引领师生扬帆启航。

正面教育区域化推广实践研究

广州市天河区教育局思想政治教育科
主要贡献者：林 菁 关迎雷 罗 婷

一、项目背景

党的十八大明确立德树人为教育的根本任务，党的十九大提出要落实立德树人这一根本任务。2014 年教育部颁布的《教育部关于培育和践行社会主义核心价值观 进一步加强中小学德育工作的意见》提出，要“准确把握规律性，改进中小学德育的关键载体”，要求加强品德与生活、品德与社会、思想品德、思想政治课程的教育教学，改进课程育人、实践育人、文化育人、管理育人。由此可见，国家期望多种途径并举，促进育人合力，以改善德育工作，提高实效。但同时我们也发现存在以下方面的问题：

学校德育工作方面：首先，部分教师的教育观念陈旧，只站在成人角度思考问题，而没有充分考虑孩子的心理需求；其次，学校的德育管理和班级的德育方法大多基于经验，严重忽视对学生心理规律的了解，所以出现高耗低效或是看似有效实则无效的德育状况；再次，学生道德教育的模式比较单一，尤其是在班会活动和主题活动中，学生的被动输入较多，主动参与体验获得感受和认同的机会较少，教学效果不理想；最后，在德育内容中，缺乏统一的范式或呈序列的课程架构，教师很难根据学生的年龄特点和规律循序渐进地进行教育教学以满足学生成长的需要。

区域德育发展方面：首先，区域间各学校因教育教学资源不均衡，各校对德育工作的认识差异较大；其次，一些大规模的德育活动，耗时耗力却程式化，缺乏“走心”的德育思考，没有充分走进孩子的内心世界，没有真正起到“活动育人”的效果；最后，德育的区域推进缺乏系统的理论指导、机制建设和模式引领。

围绕“培养什么人，怎样培养人，为谁培养人”三个问题，我区做了大量实践和探索。其中，在“培养什么人，怎样培养人”这一实践性的问题上，我们深度调研，深入思考，全面规划，创新德育工作方法，力求打造一支懂学生、有方法的德育师资队伍。我们潜心学习《中国教育现代化 2035》《关于深入推进义务教育均衡发展的意见》《中小学德育工作指南》等文件精神，深度领悟文件精神后，引入了“正面管教”，并将之区域本土化为“正面教育”，取得了一些阶段性成果。

正面管教是由美国教育研究者简·尼尔森提出，其核心理念是倡导和善而坚定，不骄纵也不惩罚。它以本·阿德勒“个体心理学”为理论基础，目的在于培养孩子自律，培养孩子的责任感、合作和解决问题的社会能力与生活技能。经过近 5 年在区内中小学的扎根培育，落地实施，逐渐形成了“正面管教”天河本土化的“正面教育”实践经验，以此作为基石，夯实培垒着天河区中小学的德育发展。我区学校在深入开展家庭教育的同时，也不断打造校本化正面教育课程，以期更好地指导家庭教育和学校教育，形成区域氛围，全面助力天河学子的成长。

二、实施过程

天河区开启了引入基于个体心理学的“正面教育”之路，经历“基础培训—先行先试—成立联盟”的三个阶段。

（一）探索阶段

1. 教师培训

我区在2016年开始启动正面管教专项系统培训，从2016至2017年，共开展了18期培训；2018年，面向3年以下班主任工作经验的新教师，推出共20期正面管教培训；截至2020年10月，三年来，天河区共开展了38期正面管教培训，培训对象有全体中小学校长、副校长、德育干部和班主任近1000人。

2. 榜样引领

学校推荐本校内正面教育优秀实践者或德育工作者、优秀班主任组成核心组、中心组，用正面教育实践案例，用优秀班主任的真实感人的教育案例，“传、帮、带”其他老师。

3. 提升研训

以提升教师素养为目标，组织学校教师进行课例研讨、沙龙讲座、读书分享等相关教研和培训活动，打造一支有理论素养、有实践能力的“正面教育”教师骨干队伍。

（二）试点阶段

1. 设立先行班

2019年，天河区将“正面管教”落地为基于区域化特点、基于学生问题解决的“正面教育”。2019年3月，广州市天河区教育局举办以“紧贴学生成长需求，创新德育育人方式”为主题的区中小学正面教育现场会。在全区遴选了23名班主任为正面教育先行班级班主任，建立“正面教育”在学校开展的长效机制，促进班级管理研究、培训、推广、交流常态进行，通过基地建设以点带面，服务全区。先行班级班主任老师在班级管理中践行正面教育的理念，运用正面教育的工具尝试解决问题，定期开班会，做好记录和撰写案例，开展教育案例讨论、线下互助和班会课研讨等。其中，天河外国语学校、华颖外国语学校、骏景中学和龙口西小学等学校相应成立了校级班主任工作室。

2. 凝练教育成果

同年，天河区组织了正面教育案例和班会课设计评比，并出版了天河区正面教育案例集，集结了200多名教师的实践成果，扩大正面教育的区域影响力。

（三）发展阶段

1. 成立联盟

2020年，天河区发布了《天河区基础教育“幼有善育、学有优教”幸福标杆行动计划（2020—2022年）》（以下简称“天河优教计划”），行动计划中提到“坚持把立德树人融入思想道德教育、文化知识教育、社会实践各环节，构建具有天河特色的德育模式”“开展正面教育”等。

天河区在总结前几年“正面教育”试点情况的基础上，通过遴选一批学校成立天河区“正面教育”校际联盟（以下简称“联盟”），进一步推动“正面教育”的推广与运用。45 所中小学自愿加入联盟，努力在全区营造关注学生、研究学生的良好教育氛围。“正面教育”校际联盟正积极实践探索，推动学校实现资源共享、课程共研，打造一支懂学生、有方法的德育师资队伍，进一步培育拥有良好品格和社会情感技能的天河学子，使之成为适应未来社会的时代新人。

2. 建立“四个一”的运行机制

围绕发展目标，联盟以“教师培训中心、课程开发中心、家庭指导中心”三个中心为依托，建立日常交流研讨运行机制。每周开展一次“正面教育”教研活动，每学期组织一次“正面教育”总结会议，分享、展示、交流各成员校的典型经验和实践成果；每年度举办一次“正面教育”研讨会，邀请专家和学者共同探讨“正面教育”实践的优化路径；在天河教育公众号中设立“正面教育”专栏，定期推送阶段性成果；结集出版一本基于学生问题解决的正面教育案例集。

三、创新之处

（一）更新教育观念，构建具天河特色的区域推进模式

教师教育观念转变是培养高素质人才的关键，也是教育改革的基础。天河区率先打造广州基础教育“幼有善育、学有优教”民生幸福标杆，形成“校园有品质、老师有活力、孩子有笑容、家长有好评”的天河好教育，用高质量教育助推天河高质量发展。教师作为教育改革的引领者，如何把新观念、新课标注入我们的日常教学中是教育改革的关键所在。正面教育不仅更新了传统的教育观念，也为我区教育改革提供了全新的思路与方法。

2020 年，天河区正面教育校际联盟正式成立，联盟设立教师培训中心、课程开发中心和家庭指导中心三大中心，整合资源，推动教育理念的传播与落实，推动正面教育的推广、组织、指导、研讨与反馈工作，致力于构建一个适用于天河区教育教学的正面教育区域推进模式。

（二）创新教师研训方式

正面教育以提升教师素养为目标，采用工作坊的研训方式，旨在连接情感、增强体验，通过头脑风暴、角色扮演和分小组合作等方式，营造一个尊重和赋能的课堂。

此外，除组织班主任进行文件研读、课例研讨、沙龙讲座、读书分享等常规德育教研活动外，正面教育还提供“教师互助解决问题”的教研新模式，通过案例分析、角色互换，集体倾听、互助、头脑风暴、共同解决方法等，环环相扣，既可及时疏导教师们在教育教学过程中的负面情绪和压力，也是一种从事实和问题出发去解决问题的有效途径。这一举措，调动了一批老、中、青班主任的研讨积极性，让教师们找到自我提升的方法，也汇聚了教师集体的智慧，提升教师职业幸福感，更好地促进学校班主任队伍的团队建设和发展。

（三）创新课堂实施手段

班会课是实施德育的主阵地。我区从“班会课”入手，创新班会内容和形式，从内容上将班会分成了教授孩子技能和解决问题两种。其中，教授孩子技能的班会课分为情绪、

沟通、合作、赋予力量等，教授孩子解决问题的班会以发现问题、集体头脑风暴讨论方法、形成方案为主；从形式上，正面教育班会课有课前围圈致谢、课中讨论总结、课后跟进执行的环节。为了让学生随时随地能讨论和解决问题，我区还研讨出“小班会”模式，引导对每日的学习、生活进行反思、总结和交流，包括一天中好的和不好的言语、行为以及想法，一天中幸福的时刻、值得感谢的人和事，等等。

基于正面教育理念，根据天河区教育特色，我们将道德与法治、心理健康教育等课程相关内容进行深度整合，丰富课程资源与课程形式，构建具有天河特色的可持续发展的正面教育课程框架。课程辐射全区范围，促进实现区域内学生、家长与学校育人生态的优化发展。

（四）创新家校沟通方式

在学生成长、教师成长的双赢状态下，我区发动正面教育校际联盟成员校的教师利用家长会，面向家委、家长等开设家长正面教育工作坊，传授给家长科学、有效、易于操作的育儿方法和育儿理念；还通过官微“广州天河教育”的“天河区正面教育智慧家长学堂”专栏推送正面教育工具小视频，在天河区少年宫未成年人援助中心开设家长热线等方式，多维度与家长建立连接，及时帮助家长解决问题。

（五）创新教师评价模式

天河区从 2019 年开始对人才评价的模式进行了调整，在区级中小学班主任专业能力大赛、骨干班主任遴选、最美班主任评比等区级评比过程中，都将“教育理念先进，了解儿童心理，师生关系融洽，关注每个学生全面多元发展，引导学生健康成长，注重家校合作，家长和学生满意度高”等与正面教育理念相符的条件作为重要的业绩和考察材料。尤其在综合考察区级名班主任培养对象时，以组织班会课评比，进行师生满意度调查等的考核方式，从区级层面引领评价班主任队伍的方向标，筛选出懂孩子、有方法的优秀班主任。

四、结语

天河区通过区域推进方式促进教育教学的共进共长，结合天河区教育特色，分析区域学情，发挥区域优势，依托天河区正面教育校际联盟，以共同发展为纽带，通过学校管理、队伍建设、教育科研、学生活动、学校文化等方面互动交流，实现资源共享、优势互补，提升学校德育实效，最终实现育人目标。

“两为主”协同管理家长学校的实践探索

广州市天河区昌乐小学
主要贡献者：郑　蕙　潘秀琼　吴　华　张　帆　梁韶军

一、形成背景

（一）积极行动后带来自我拷问

我校一直以来重视家长学校建设，形成了办学理念鲜明、办学特色彰显、办学模式成熟的家庭教育指导体系，被选树为广州市首批学校家庭教育实践基地、广州市星级家长学校。三年前，学校明显地意识到，无论是课程内容还是教学方式、授课专家，几乎是学校单方输送给家长，家长处于被动参与、接受的状态。如何构建一套系统性、针对性强的家长学校管理模式？如何发挥家长的主体作用，切实解决家庭教育中的困惑？如何让家长学校发展适应新时代需求……这些难题亟待破解。

（二）政策文件中寻找破解之策

教育部《关于加强家庭教育工作的指导意见》指出：“中小学幼儿园要将家长委员会纳入学校日常管理，制订家长委员会章程，将家庭教育指导服务作为重要任务。家长委员会要邀请有关专家、学校校长和相关教师、优秀父母组成家庭教育讲师团，面向广大家长定期宣传党的教育方针、相关法律法规和政策，传播科学的家庭教育理念、知识和方法，组织开展形式多样的家庭教育指导服务和实践活动。”

教育部文件拓展了学校思路。我校家长委员会已经具有良好的运作模式，有章程、制度、规划，更有行动力。良好的家校共育基础让学校坚信家长委员会能在家长学校建设中发挥更大作用，因此萌发了“两为主”——以学校为主导、以家长委员会为主体的家长学校协同管理模式。

三年来，沿着“探索—实践—反思—实践”的路径，“两为主”家长学校协同管理模式激发了家长学校办学活力，我校的成功经验在省内外几十所学校分享。

二、实施过程与措施

（一）优化组织架构，建章立制明职责

1. 完善家长委员会，更新组织架构

学校组织召开班级、年级、校级家长委员会会议，在既往家长委员会基础上，根据学校实际建构了新的校级家长委员会组织架构。校级家长委员会下设安全护校部、督教督学部、学习培训部、活动策划部、信息宣传部，每个部都有相应的职责。其中，学习培训部专职负责家长学校工作，既是学习计划的拟定者，又是计划执行者。学习培训部每年主动提出家庭教育指导内容、形式、队伍建设、组织管理等工作思路，提交到学校行政会，经审议后跟进执行。

2. 修订章程，明确主体责任

学校依据教育部《关于加强家庭教育工作的指导意见》，指导家长委员会进一步完善章程，将“和学校共同办好家长学校，不断提高家长自身素质；促进学校与社区、家庭建立更加密切的联系；反映广大家长要求，让学校及时了解家长的心声；积极带领广大家长参加学校组织的各种活动以及家长学校的活动”写入家长委员会职责，明确家长委员会在家长学校建设中的主体责任。

3. 开展培训，统一工作思路

一是邀请专家开展家庭教育理念及家校合作意义、策略培训。二是通过传帮带的方式，每学年组织一次全校家长委员会总结大会，让各年级的家委对新一届家委进行培训，学习家长学校组织管理、人际沟通、活动设计等策略。三是学校校长、德育主任开展有关家长学校建设的政策文件学习和课程构建与学校办学特色的培训。

（二）立足需求分析，协同规划求实效

1. 定期调查研究，了解需求结构

在学校指导下，家长委员会学习培训部通过家长和学生问卷调查、访谈，定期了解问题和困惑，收集意见和建议，对调查数据进行分类、分析，了解需求结构。

2. 共同商讨规划，构建课程体系

基于调查统计的数据，结合《全国家庭教育指导纲要》，学校和家长委员会确定教学内容，拟定各年级教学主题，几经修订，构成我校家长学校“七巧板”课程体系。

3. 协同挖掘资源，搭建学习平台

首先，学校和家长委员会共同提供专家资源，建立专家库，学校遴选把关，审议、确定名单；其次，家长委员会提出学习活动内容、形式、时间建议，经学校审核确定；三是由学校德育部门和家长委员会后勤服务部共同组织家长义工参与具体活动的组织管理，例如签订协议、布置场地、提供茶水和指引等服务。

三、实施效果

（一）完善了机制，形成家长学校协同管理特色

学校携手校级家长委员会成员共同制订《昌乐小学家长学校章程》，建立了以学校校长为会长，以学校德育副校长、德育主任、级长、街道分管教育和员村地区妇联主席、家长委员会代表为成员的家长学校校务委员会。

在学校的组织下，学校和家长委员会共同制定家长学校工作制度，主要有《家长学校考勤制度》《家长学校评价制度》《亲子实践活动制度》《家长学校教学管理制度》等，最终形成了“理念引领—规划导行—跟进实施—反馈评价—反思提升”的家长学校运行特色。

（二）强化了意识，凸显活力家校协同育人理念

以学校为主导、以家长委员会为主体的家长学校协同管理模式让每一位家长委员会成员感到被需要、被尊重，强化了家长作为家庭教育的主体意识，增进了家长对学校的认同感。家委们精心设计家长会，让传统的“老师讲，家长听”的家长会变成家长论坛，让家长成为主角分享经验、解答困惑。家委们积极策划班级活动，主动申请参加学校的家长义

工队，他们带着孩子积极参与社区垃圾分类志愿者活动，参观爱国主义教育基地，一起走进福利院……与此同时，家委们把自身的优质资源和社区资源带到校园、课堂，共同奏响家校社协同育人精彩乐章。

（三）整合了资源，建构家长学校课程内容体系

基于家庭教育现状、问题、家长需求的调查研究，家长学校以社会主义核心价值观为引领，以《全国家庭教育指导纲要》为蓝本，确立“跟踪老问题、发现新问题、了解热点问题”体现“适切性、灵活性、时代性”的思路，构建了“七巧板”家长学校校本课程，分别为父亲成长课程、正面教育家长工作坊、亲子主题活动系列、闲暇教育指导、“衔接教育”指导、困境与特殊家庭指导、好家风好家教系列。家长学校校本课程对应了小学阶段的孩子的生长发育规律和特点，并引导家长有效解决在教育中所遇到的问题。全国家庭教育指导纲要内容、“七巧板”家长学校校本课程、“三级”家长委员会并进，形成了全覆盖、无缝隙的立体复合型课程内容体系。

课程涵盖“国家与文化”“运动与健康”“阅读与思考”“公益与生活”“科技与创造”五个主题的亲子实践活动，渗透爱国主义教育、核心价值观教育、责任与感恩教育……有助于家长和孩子共同面对和处理人与社会、人与他人、人与自然、人与自我的关系，激发了家长参与的热情与活力，有助于家长发现孩子，反思自我，增进情感，感受共同成长的必要性。

（四）丰富了形式，设计出“有理、有用、有趣”的学习方式

“两为主”协同管理，让学习形式更加丰富，让学习方式更加灵活，让实践体验更加有趣，让教育指导更具有针对性、实效性。

1. 校长约吧

由各班家长委员会组织统筹报名，每年10—12月开展，一年级每期每班6位家长，二至六年级每期每班2—3名家长，利用晚上7：30—9：00时间，受邀到校长室，和校长面对面，或破解家庭教育困惑，或为学校建言献策。

2. 读书打卡活动

学校每年都会选购一些家庭教育读物赠予家长委员会成员，教师、家委利用QQ群开展读书分享、打卡活动。

3. 父亲成长行动

学校开展了“父亲参与”课题研究，通过专家讲座及“爸爸进课堂”“学爸行动”“学爸阅读”“四大锦囊”推动父亲参与。

4. 好家风好家教

学校开展了“好家风好家教”系列活动：一是班级“好家风”论坛，家长和孩子登上讲台，共同讲述好家风故事；二是将“好家风”故事拍成短视频，通过学校微信公众号分享；三是以朗诵、弹唱、相声、舞台剧等方式，演绎“好家风好家教”现场直播活动；四是开展“好家风好家教”征文活动，由家长委员会组织评选，将评出的一百余篇优秀征文编辑成册，印发给每一个家庭；五是开展“最美家庭”评选，全校60个家庭荣膺“最美家庭”称号。全校掀起了“好家风、好家教”的学习热潮，促进了家庭和谐、学校活力。

（五）扩大了影响，拓展深化家校协同育人途径

1. 接待交流

我校是广东省校长实践基地，每年接收4—5期校长培训班学员跟岗，先后接待重庆、

深圳、梧州、钦州、肇庆、清远、佛山等省内外的校长团来参观与交流。

2. 校长辐射

郑蕙校长先后受邀为广东第二师范学院、广州广播电视大学、广州大学举办的各区校长任职培训班、卓越校长促进工程的学员作《家校合作与家长学校》专题报告。2018年底，经广州市教育局宣传与思想政治教育处推荐，先后三次受邀为广州市家庭教育骨干教师培训班授课，受到好评。

3. 学校荣誉

2017年，学校被选树为广州市学校家庭教育实践基地，2018年被市妇联、教育局、文明办选树为广州市星级家长学校。2018年，经广州市教育局宣传与思想政治教育处推荐，家长学校办学经验多次被《羊城晚报》报道。2020年新冠肺炎疫情期间，广东电视台播出了结合我校而采编、摄制的居家亲子关系节目，被转载到“学习强国”平台。

4. 论文及编著

学校近年来共发表关于家长学校及家校合作论文4篇，相关著作《我是你的合伙人——一个校长家校合作的思与行》于2017年12月由暨南大学出版社出版，相关课题成果编著《爸爸教孩子赢未来》于2019年6月由华南理工大学出版社出版。

四、经验总结

（一）充分放手，提高协同管理的意识

首先，学校应该有开放办学的思想，应该相信“1+1>2”，充分信任家长委员会和学校“心在一处，劲往一处”，让家委们油然而生责任感、信任感，逐渐增强协同管理的意识，激发家校共育的热情与智慧。

（二）做好协调，创设协同管理的平台

对于家长学校的课程，无论是授课内容还是授课形式，学校都应进行专业的引导，主动与家长委员会成员进行沟通，做好管理和协调，了解授课专家背景，了解授课内容的科学性，了解教学内容的有效性……对课程设置、考勤、教学效果等定期总结。

（三）善于总结，反思协同管理的成效

每一次活动或每一个阶段，学校都要设计问卷、开展访谈，对授课内容、授课方式、活动形式、课堂教学效果等进行调查，总结经验，反思不足，提高协同管理效益。

（四）给予肯定，构建协同管理的激励机制

每一个人内心深处都渴望被肯定、被看见。学校每年都通过评选优秀家委、优秀家长义工、优秀学员等项目表达对家委、家长的肯定，让大家感受到认同感、归属感和价值感，推动协同管理持续、高效。

实践证明，“两为主”家长学校协同管理模式，能促进家校更有效地对话，切实指导家长提升教育素养，引导家长形成正确的育人观、儿童观，引导家长树立德育为先、育人为本的宗旨，实现学校、家庭、社会协同育人，帮助孩子“扣好人生第一粒扣子”，培养孩子成为德智体美劳全面发展的社会主义建设者和接班人。

以学校为主导，以家长委员会为主体，我们将继续前行，深入研究！

承乡贤文化　育现代新贤

——乡贤文化在学校德育创新管理中的实践研究

广州市白云区沙凤小学

主要贡献者：黄智贤　谭翠姗　付　娟　苏巧玲　刘列仪

一、研究背景

乡贤文化是乡土教育资源之一，源于具有地方特色的自然资源和人文资源。这种特殊的地域性文化蕴藏着丰富的爱国主义精神、改革创新精神、拼搏进取精神……

沙凤小学地处广州市白云区金沙洲沙凤村。这里民风淳朴，乡贤辈出：岭南三忠之一的陈子壮、为官爱民的招国璘、粤讴鼻祖招子庸、抗英名士招广涛、教育先驱陈熙樵、家富不忘乡的严明、力学专家陈树坚……一代代的乡贤，一代代的文化，他们的精神在金沙洲广为传颂。乡贤先哲的事迹与经历，与学生文化同源，亲近又情近，对师生有着潜移默化的教育价值。

学校一直致力于乡贤文化的传承，是"广州市白云区乡贤文化特色学校"。结合"乡贤教育特色"，学校构建多元化的德育体系，开展生动活泼、趣味盎然、灵活创新的德育实践活动，让乡贤文化成为学生道德成长的精神源泉和榜样引领。

二、组织与实施

（一）以乡贤文化为载体，提炼校本德育课程

1．成立研究小组，加强组织保障，挖掘融合点

学校成立了以校长为组长的乡贤文化德育创新工作研究小组，小组成员分工明确，充分结合乡贤文化特色，寻找、挖掘、研讨金沙洲乡贤的本质精神，碰撞出既展现时代精神又体现乡贤精神且凸显教育特点的精神融合点，加强德育创新工作的指导，推进学校德育工作创新（图1）。

2．编写校本德育教材，构建德育特色课程

学校坚持"力求真实、古为今用、健康向上、弘扬时代主旋律"的原则，整合多方力量，在专家引领下对搜集的各种资源认真进行研究，去伪存真、去粗取精，编写了校本德育教材《乡贤在我心》（表1）和文化小册子《承乡贤文化　育现代新贤》，构建了德育特色课程。

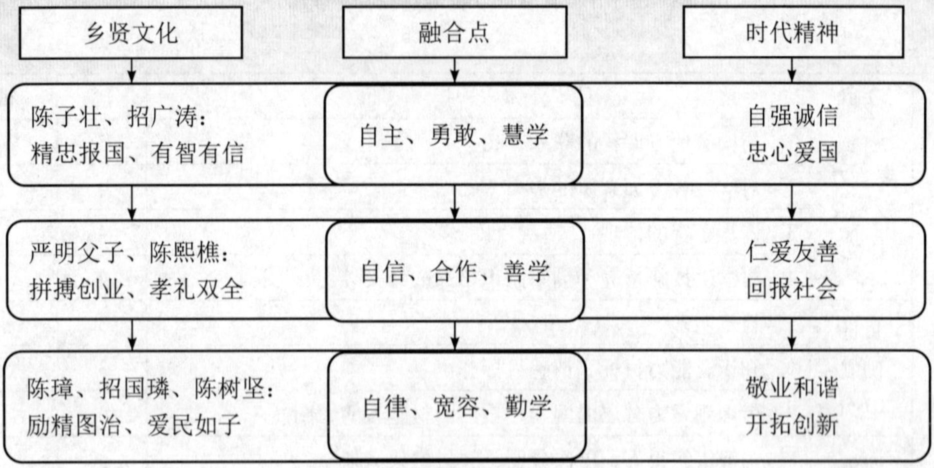

图1　校本德育课程融合点

表1　校本德育课程《乡贤在我心》

课程模块	课程内容	课程实施
乡贤事迹	知乡贤，明事迹；赞乡贤，悟精神； 学乡贤，见行动；齐乡贤，树新风	1—6年级：0.5节/周
乡贤书礼	弟子规、三字经、古诗、论语	1—6年级：0.5节/周
乡贤技艺	藤艺知识与手工制作、科技航模车模	3—6年级：0.5节/周

3. 以校本德育教材为依托，构建课堂评价体系

（1）学校依托校本教材《乡贤在我心》，将“乡贤教育”校本课程纳入课程表。

（2）学校将乡贤的精神品质、精神引领融入各学科教学，并与常规课堂教学模式有机结合，构建“乡贤课堂”。通过“互动知贤（预习交流）—定向学贤（明确目标）—合作同贤（分组探究）—分享展贤（展示质疑）—收获达贤（达标测练）”五个环节，让每一个孩子都得到展示自我的机会，有学习成就感，不断全面发展。

（3）学校建立完善的德育课程实施考评机制（表2、表3），定期进行评价。

表2　沙凤小学乡贤课堂学生学习评价表

课程名称：乡贤教育特色课程　　　　任课教师：　　　　　　评价时间：

序号	班级	姓名	参加乡贤活动态度		课堂学习		与他人合作		总成绩
			优秀	良好	优秀	良好	优秀	良好	
1									
2									
3									

（说明：优秀☆☆☆☆☆，良好☆☆☆）

表3 沙凤小学乡贤课堂教师评价表

上课人： 课题： 评价时间：

<table>
<tr><th>内容</th><th>项目</th><th>具 体 指 标</th><th>分数</th><th>得分</th></tr>
<tr><td rowspan="11">乡贤教育方案评价50分</td><td rowspan="4">课程开发意义15分</td><td>1. 与国家地方课程的联系密切</td><td>3</td><td></td></tr>
<tr><td>2. 对学生各方面素质的提高</td><td>4</td><td></td></tr>
<tr><td>3. 课程宗旨的体现</td><td>4</td><td></td></tr>
<tr><td>4. 对学生技能培养和创新意识培养的意义</td><td>4</td><td></td></tr>
<tr><td rowspan="3">目标确立10分</td><td>5. 目标明确</td><td>3</td><td></td></tr>
<tr><td>6. 知识、能力目标和情感目标齐全</td><td>3</td><td></td></tr>
<tr><td>7. 考虑到学力分层的因素，贯彻因材施教的原则</td><td>4</td><td></td></tr>
<tr><td rowspan="3">课程内容15分</td><td>8. 内容组织得好，层次分明，教材框架清晰</td><td>5</td><td></td></tr>
<tr><td>9. 内容科学、启发性强，突出能力</td><td>5</td><td></td></tr>
<tr><td>10. 内容新科技、新观点、新教学思想含量高</td><td>5</td><td></td></tr>
<tr><td>评价10分</td><td>11. 评价可操作性强、方法科学，具有激励性和制约性</td><td>10</td><td></td></tr>
<tr><td rowspan="14">乡贤教育教学过程评价50分</td><td rowspan="5">指导思想15分</td><td>1. 发展学生调查访谈、阅读表达、手工操作等应用学习能力，传授观察、比较、收集整理资料、处理信息等方法，充分展示学生实践成果，以教材内容为范例，提升学生的道德认知、情感、意志，培养良好行为习惯，耐心指导学生的道德实践能力</td><td>3</td><td></td></tr>
<tr><td>2. 重视实践能力和创新思维的培养</td><td>3</td><td></td></tr>
<tr><td>3. 注重德育渗透和情感熏陶</td><td>3</td><td></td></tr>
<tr><td>4. 目标明确具体，符合学生实际</td><td>3</td><td></td></tr>
<tr><td>5. 内容开放、容量恰当、层次分明、针对性强</td><td>3</td><td></td></tr>
<tr><td rowspan="6">指导过程25分</td><td>6. 综合、合理使用多媒体平台、挂图、小黑板、剪报等</td><td>4</td><td></td></tr>
<tr><td>7. 重点突出，难点突破，善于设疑导趣</td><td>4</td><td></td></tr>
<tr><td>8. 富有节奏，善于激起教学高潮</td><td>4</td><td></td></tr>
<tr><td>9. 面向全体，反馈及时，矫正迅速，时空合理</td><td>4</td><td></td></tr>
<tr><td>10. 注重学法指导，情知交融，启迪思维</td><td>6</td><td></td></tr>
<tr><td>11. 设计训练针对性强，课堂灵活、生动</td><td>4</td><td></td></tr>
<tr><td rowspan="3">教师素质10分</td><td>12. 教态自然大方、语言规范，应变力强</td><td>3</td><td></td></tr>
<tr><td>13. 合理使用教具、电教媒体</td><td>4</td><td></td></tr>
<tr><td>14. 板书科学、新颖、美观</td><td>3</td><td></td></tr>
<tr><td colspan="2">评价</td><td></td><td>100</td><td></td></tr>
</table>

（二）以活动为载体，注重体验，提高学生道德素养

1. 社会实践活动

学校设计贴近地区特色的活动项目，开展“知贤、赞贤”系列活动。如“知乡贤，明事迹”，通过开展“寻访乡贤足迹”“参观家风家训主题公园”等活动，让孩子知道、了解乡贤的事迹；“赞乡贤，悟精神”，通过开展“乡贤小时候”故事会、“我与乡贤零距离”等活动，让孩子体验、感悟乡贤的精神品质。

2. 少先队活动

结合重大节日和纪念日，学校少先队大队部开展弘扬民族精神教育、法治教育、禁毒教育、心理健康教育、安全教育等主题教育活动，引导学生了解和掌握社会主义核心价值观的基本内容，树立正确的世界观、人生观、价值观。

结合“乡贤文化”特色，少先队大队部结合雏鹰争章及“沙凤之星”“沙凤小贤人”的评选，开展“学贤、齐贤”系列活动。如：“红领巾爱心压岁钱捐赠活动”“垃圾分类小能手”“保护古木宣讲小卫士”等活动，目的是引导学生在服务他人、奉献社会的具体实践中体会荣辱、感受真情、领悟高尚，让“见贤思齐，与文明同行；见不贤而内省，向陋习告别”蔚然成风。

3. 社团活动

学校精心打造丰富多彩的社团活动，如合唱、美术、舞蹈、科技、美文诵读、藤艺、田径、篮球、足球等，逐步形成“全面发展、特色发展”的培养方式。此外，学校每年举行一次红领巾社团展演活动，为校园文化注入新的活力，让每一位孩子在活动中找到自信，发展特长，找到成功感和幸福感。

4. 班级活动

为深化学校德育工作，突出学校德育品牌，学校鼓励各班创建“魅力班级”。各班可根据学校年级德育目标，即一年级“守礼”、二年级“学习”、三年级“端行”、四年级“明智”、五年级“谦诚”、六年级“日新”，自主确定德育主题活动。

（1）制定班规：班主任结合班队活动和日常教学活动，对学生进行相关主题宣传和教育，制定“班风班训”和“班级公约”。

（2）展示活动：各班每月围绕德育主题进行一次主题展示活动，并指导学生查找资料，以绘画、手抄报等形式进行德育作品展示。

（3）主题活动：各班通过实践、体验活动，引导学生在亲身实践中把做事的道理内化成为健康的心理品格，转化为良好的行为习惯。

（4）特色档案：评选班级“沙凤之星”，打造“魅力班级”，成为我校德育工作的亮点。

5.“一校两品”特色活动

本着“承乡贤文化，育现代新贤”的办学理念，学校努力创建“一校两品”特色。通过“特色育人”“特色大课间”“特色项目进课堂”“特色社团”“特色文化节”等活动，打造德育品牌。经过努力，我校获得“广州市篮球特色大课间活动一等奖”，被评为“广州市校园足球推广学校”“白云区篮球示范学校”。

（1）特色育人。通过校园足球、校园篮球等活动，让孩子们领悟责任担当，学会团结合作。通过评选“足球小贤人”“篮球小贤人”，达到以球育人的目标。

（2）特色大课间。将学生喜欢的足球、篮球与体能操、跑操相结合，创编出新颖有特色的大课间，展现出健康、向上、和谐校园的理念。

（3）特色项目进课堂。聘请有资质的专业足球、篮球教练，与本校体育教师一起进课堂，每班每周开设1节特色课，全面普及足球、篮球技能。

（4）特色文化节。学校校本部每年举行足球文化节，北校区每年举行篮球文化节。具体内容有：开展男（女）子班级联赛，举办亲子趣味足球（篮球）运动会，编制足球（篮球）文化班级报刊，评选沙凤足球（篮球）小贤人，评选足球（篮球）特色班级等。

（三）家校联动，弘扬好家风，传递好风尚

为深入贯彻落实习近平总书记“重视家庭建设，注重家庭，注重家教，注重家风”重要指示精神，结合“乡贤文化”，学校聚焦本土乡贤文化资源，挖掘校外教育资源。通过开展“讲家训、读家信、树家风、定家规”活动，培育好家风，传递好风尚。

1. 读家训：挖掘代代相传的家风家训，参观“白云区家风家训主题公园”，讲好家风家训故事。

2. 定家规：发动学生动员全家制定家规家训、画家训，并在班级分享。

3. 扬家训：内化修养，养成良好习惯。

（四）以科研为引领，推进学校德育创新

学校立足课堂教学，注重科研引领，全面提高教师的德育理论水平和实践研究能力。目前已结题的课题研究项目有：广州市小课题“基于乡贤文化资源开发乡土德育课程的实践研究”、白云区重点课题“乡贤文化开发乡土德育课程的实践研究”。

三、实践成果

（一）形成德育体系，打造德育品牌

在挖掘乡土教育资源、开发校本课程的实践中，学校提炼出了一定的理论经验，能树立以校为本、以人为本的德育理念。在实践管理中，以乡贤文化为载体的德育管理模式得到了验证，并形成一定的校本育人体系，打造出“乡贤、校贤、我贤——小贤人成长‘迹’”德育品牌。

“乡贤、校贤、我贤——小贤人成长‘迹’”，秉承“承乡贤文化，育现代新贤”的办学理念，着眼于促进学生的全面发展，以“贤”为核心，落实“明礼明智，爱乡爱国”的培养目标，彰显“见贤思齐”；通过各种活动体验，记录学生成长的足迹，激励学生向身边的榜样学习。每天做“更好的自己”：今天“学贤行”，明天“养贤品”，未来“成贤人”，树立我荣校荣、我贤校贤的大格局。

（二）开展实践活动，促进学生成长

学校开拓周边的社区资源，利用学校的创办与发展历史，编印了校本教材《乡贤在我心》、文化小册子《承乡贤文化与现代新贤》，让学生在实践活动中学会做人、学会做事、学会学习。学生的道德品质得到提升，懂礼貌、讲文明、尊师敬长、诚实守信的传统意识进一步强化，学生的责任感、感恩意识增强，学校“沙凤之星”“沙凤小贤人”“沙凤文明班”应运而生。学生的成长，让学校德育建设走向纵深。

（三）提升科研能力，发展综合素养

乡贤文化在学校德育创新管理中的实践研究，是基于本土的教育资源，和家庭、社区形成了教育合力，所以教师研究的积极性高涨，不仅班主任全程参与，科任教师也积极投入其中。实践中积累大量的原始素材，提供给教师们研究与分享，这促使了教师德育思维的进步与德育研究能力的提升。

（四）加强家校融合，促进协同育人

结合“乡贤文化”，开展“弘扬传承好家风好家训”活动，不但师生素养得到了提升，家长也受到了潜移默化的熏陶，主动参与校内外的教育工作，促进了教育信息、教育理念的融合，推进了学校工作健康有序地发展，有效促进学生健康和谐发展。

四、特色与创新

（一）开发了校本德育课程《乡贤在我心》

学校挖掘乡贤文化的本质精神与时代价值，开展乡贤德育课程建设，充分利用这一德育课程资源进行德育工作，促进德育回归真实，回归生活，回归精神，具有重要的创新价值。

（二）创新了德育活动途径

把乡贤教育作为新时代培育未成年人道德情操的切入点，以“知贤、赞贤、学贤、齐贤”的德育活动为途径，以经典诵读明礼明智，以社团活动体验感悟，以校园榜样为现实追求，通过多渠道、多层次、多手段，构筑乡贤文化培育现代新贤的教育模式，开辟学校德育的新途径。

（三）与时俱进，多方合作创特色

聚焦本土乡贤文化资源，学校联动家庭、社会，构建学校外在德育资源，拓展德育新思路。如聘请广州市烈士陵园讲解员为我校校外辅导员，开展“缅怀先烈，致敬英雄”等爱国主义教育活动；与白云区绿化管理所共同开展“保护古树名木、弘扬生态文化”的宣传活动，此活动被选录进“学习强国”学习平台；通过开展“讲家训、读家信、树家风、定家规”活动，培育好家风，传递好风尚，为建设美丽幸福之家，凝聚传播正能量。

五、结语

以乡贤文化构建学校德育创新管理的实践研究，既丰富了德育内容，又提高了德育工作的吸引力和感染力，也增强了德育工作的针对性和实效性。这样的德育更符合学生道德素质的成长需求，更富有活力与实效，这样的德育才有活力，才有生机，才能激起学生的共鸣。

小学“军魂教育”理论建构与实践

广州市番禺区市桥东城小学
主要贡献者：关玉华　陈帼雄　黎文苑　方小莹　温婉霞　黄　睿

培育和践行社会主义核心价值观要从小抓起、从学校抓起。学校特色发展必须坚持育人为本、德育为先，围绕立德树人的根本任务，把社会主义核心价值观贯穿于日常的教育教学活动中，形成课堂教学、社会实践、校园文化多位一体的育人平台。因此，在开展“特色校园文化”项目建设的工作中，我们一定要把育人为本作为教育的根本要求。要以学生为主体，以教师为主导，充分发挥学生的主动性，把促进学生健康成长作为学校特色发展的出发点和落脚点。

一、问题的提出

校园文化是以学生为主体，以校园为主要空间，以育人为主要导向，以精神文化、环境文化、行为文化和制度文化建设等为主要内容，以校园精神、文明为主要特征的一种群体文化。特色校园文化是一所学校最值得品味的内涵，特色校园文化建设是学校最高层面的建设，它引领着学校各项建设，推进学校的可持续发展，提高教育的品质。特色校园文化理论建设与实践研究是现代学校走内涵发展之路的坚定选择，是一项涉及学校整个系统的、全方位的学校变革的探究活动。学校依托课题，从实践和理论层面对学校文化进行了探索研究，从而实现“特色”到“品牌”的提升。在这一变革中，我们面临着教学改革、德育创新、社团活动设计、校本课程开发、评价体系建构等一系列形形色色的问题。

二、解决问题的方法与过程

（一）理论基础

本项目将人本主义学习理论、课程论、皮亚杰理论和情绪 ABC 理论综合运用到“小学军魂教育特色文化建设的理论与实践研究”中，形成本项目的理论基础。

（二）解决问题的技术线路

为了让项目能科学有效地开展，我们依托课题采取行动研究法，开展了三轮的行动研究。每一轮行动研究集中解决一个核心问题，形成解决问题的有效策略。进入实践检验阶段，对学校在“十二五”期间构建的小学“军魂教育”特色文化进行案例研究。

（三）建构“军魂教育”理论体系，解决办学特色缺乏系统性的问题

针对学校办学特色仍没有形成一套理论体系的问题，2011 年 9 月—2012 年 6 月期间，我们进行文献研究，邀请专家引领，构建“军魂教育”理论体系（见图 1），形成“军魂教育”特色文化理论建构的核心概念。

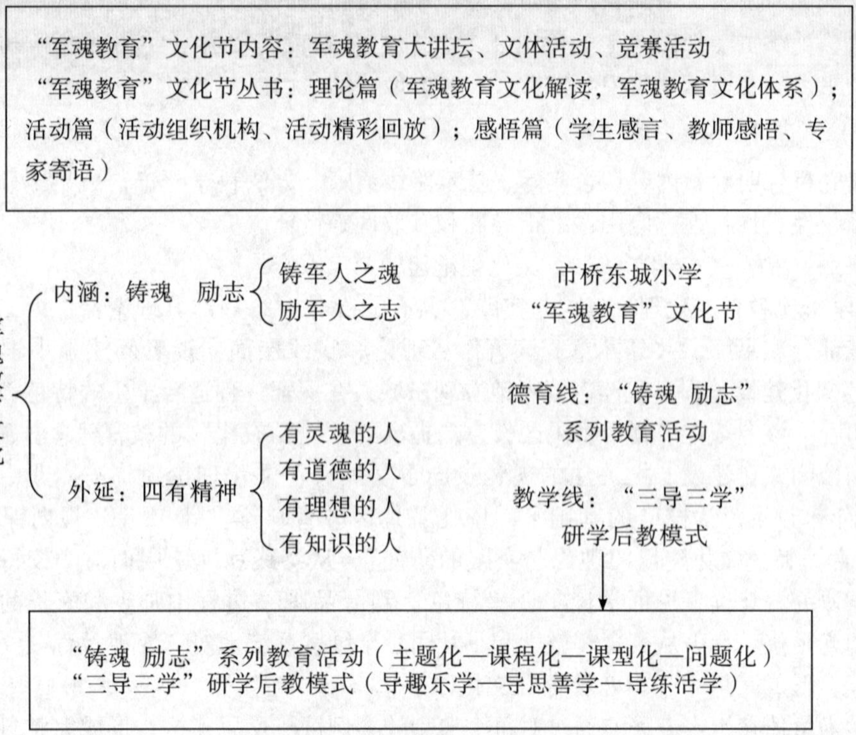

图1 "军魂教育"理论体系

"军魂教育文化"，广义是指学校师生在长期的"军魂教育"实践中所创造的精神文明和物质文明的总和。狭义是指学校师生在"军魂教育"实践中所创造的"三我教育"（认识自我、战胜自我、超越自我）和"三导三学"（导趣乐学、导思善学、导练活学）教与学行为习惯（文化自觉）。从哲学实践论来看，任何实践活动都包括三个要素：实践主题、实践客体、实践中介。"军魂教育"的实践主体是师生，实践客体是军魂教育，实践中介是军魂教育主题活动，通过"三我教育"活动，经历和感受军人的"情感、人格、信念"；培育军魂教育主题活动，实现"认识自我、战胜自我、超越自我"的教育目的。

三、研究结论与成果内容

本研究理论基础深厚、顶层设计科学，理论联系实践。在理论层面上，既探讨建构了学校特色发展模式，形成了完整的"军魂教育"理论体系（包括德育体系、课程体系）；开发应用了独特的小学"军魂教育"校本课程，树立了正确的"军魂教育"核心价值观。在实践层面上，课题的研究能突出办学特色，凸显独特的办学理念、管理理念、德育理念，形成独特的教风和学风；构建了"军魂教育"SAP发展模式，形成了打造"军魂教育"特色校园文化的有效策略。研究成果有很高的学术价值与应用价值。

（一）研究结论

本研究在建构、实践、应用、优化、推广、评价的过程中，通过实践反思、问卷调查、学术沙龙、书面访谈、学业水平质量监测数据统计与分析、办学绩效评估和阳光评价综合水平测试等方法，揭示如下研究结论：本课题研究能从内涵、持续性和科学性三方面促进学校的优质发展，增强教师的问题意识和解决问题的能力；有效地增强了学生的规则意识，磨练了学生坚强的意志，提升了学生的生存技能，培养了学生的合作和创新的能力，让师生都能在追求卓越中个性发展，成为最好的自己。

（二）成果特征与内容

本研究目标明确、内容切合实际、技术路线清晰、方法科学严谨、成果丰硕立体。成果具有系统性、创新性、应用性、指导性和有效性等特征。

成果一：专著《小学军魂教育文化理论建构与实践》

《小学军魂教育文化理论建构与实践》共有三部分：第一部分理论篇；第二部分实践篇；第三部分成果篇，共分九章。该著作从理论和实践层面向读者阐述了小学“军魂教育”特色文化建设过程，让读者清晰地看到东城人在探索一种适合学生的特色教育的务实求新的历程。该专著在广州市番禺区教育局提出的“上品教化”的教育理念引领下，积极推进岭南校园文化建设，把关注的视觉投向了学校特色文化理论建构与实践中，在已有“全国少年军校示范学校”的基础上，依托番禺区教育科学“十二五”规划课题“小学‘军魂教育’特色文化建设的理论与实践的研究”，从实践和理论层面对学校特色文化进行了探索研究，让读者见证学校实现“特色”到“品牌”过程中师生和家长的共同努力留下的闪光足迹。专著从德育、教学和小社团三个维度系统地对“军魂教育”文化进行详细的解读，形成完整的“军魂教育”文化体系。

其学术价值在于本专著能通过对每个典型的案例进行反思建构，形成完整科学的理论体系，在字里行间都透露出师生、家长正确的“军魂教育”核心价值观。对特色校园文化理论建构用典型的案例及每个教师的论文做出了创新的论证，是一本具有一定参考价值的兼顾理论与实践的著作。

成果二：综合实践校本课程《军歌嘹亮》

《军歌嘹亮》校本课程一共有五本，其中一本是《军歌嘹亮——教学指导手册》，主要是指引综合实践活动指导老师设计与实施“军魂教育”主题实践活动。另外四本是根据学生的年龄特征和认知特点，将德育、综合实践活动、科技创新活动组合统整，采用主题统领下的军魂教育与学生素养双线编排内容结构。

该课程基于学校“军魂教育”办学特色，运用学校独特的理念文化体系及相关的课程资源去开发、建构。其中三年级开展自治素养教育（上学期主题：走进军营；下学期主题：小学生自我管理能力现状调查）；四年级开展学习素养教育（上学期主题：考察广州英雄城；下学期主题：争做东城好学生）；五年级科技素养教育（上学期主题：现代兵器世界探秘；下学期主题：走进科学实践基地）；六年级开展国际理解素养教育（上学期主题：战争史话；下学期主题：和平赞歌）。

该系列课程能让东城小学的小军人通过3—6年级系统的课程学习，将军魂教育学校特色文化融入学生自我的认知网络、能力结构及人格品质中。符合学生的认知水平，并能很好地引领学生围绕“军魂教育”特色文化开展系列的主题探究活动。

此课程能充分运用学校独特的办学文化资源，建构综合实践活动课程，对于学生践行“军魂教育”办学文化，充实学生的课程体验，促进学生学习能力、研究能力、实践能力、创新能力等核心素养的发展具有重要意义，而且指引清晰，图文并茂，因此深受师生的喜爱。

四、成果的应用效果

2014 年 6 月，专著《小学军魂教育文化理论建构与实践》由中央民族大学出版社出版。2014 年 7 月 7 日，学校承办了番禺区结题现场会，通过现场结题，“小学‘军魂教育’特色文化理论建构与实践的研究”成果被专家组评定为优秀等级，并成为番禺区的精品课题之一。为了检验成果应用的有效性，学校依托番禺区教育科学“十三五”规划课题“小学‘军魂教育’SAP 发展模式的案例研究”继续深化研究。经过 6 年的实践检验取得了以下的应用效果。

（一）促进了学校的优质发展，形成品牌特色学校

在实践过程中，我们在管理、教师和学生三大方面丰富了“军魂教育”特色文化的内涵，并采用“案例研究”法，进行科学探究，让学校能持续优质地发展。学校先后被评为中国青少年素质教育优秀实践基地、全国少年军校示范学校、全国国防教育特色学校、广州市义务教育阶段特色学校、广东省现代教育技术实验学校、广东省绿色学校、广州市德育示范学校、广州市优秀家长学校、广州市安全文明校园。其办学成效受到上级部门的充分肯定，成为了全国具有一定知名度的品牌特色学校。

（二）提升了学校教育在社会的影响力

2012 年 11 月 24 日，《番禺日报》向恳亲大会的海外华侨专版报道《打造军魂文化　建设特色学校》。2013 年 1 月 7 日，《番禺日报》专版报道《抓契机　促发展　续新篇——东城小学“研学后教”课堂教学成果展示》。2013 年 9 月 9 日，《广州青年报》报道《编印校本教材，丰富少年军校文化》。2014 年 8 月 8 日，台湾地区期刊《教育前线报告》（第 32 期）台南市教师会广州教育参访心得报告中写道：“东城小学透过‘军魂教育’促进教育主体（学生）的发展，特别是在精神、意志力层面，形塑一种特定的价值观。它不仅是品德教育，也是一种爱国教育。东城小学的‘军魂教育’特色是值得参考的。”

（三）促进了教师的发展和学生的个性化成长

从理论到实践，再从实践到理论的创新发展的探究历程中，学校教师的科研能力和专业水平都得到了大大的提升。通过一系列的“铸魂·励志”育人活动，一个个“小太阳”“小皇帝”变成了一个个守纪文明、活泼有礼、意志坚强的小军人。师生在一系列的主题活动中成为最好的自己。

（四）取得了丰硕的育人成果

学校成功出版专著《小学军魂教育文化理论建构与实践》，编撰了《军魂教育校园文化集》《军魂教育综合实践活动优秀成果集》《市桥东城小学“研学后教”优秀研学案集》《小军人优秀科学小论文集》和《军歌嘹亮》等成果集。2018 年 11 月，课题组编撰的“军魂教育”校本课程荣获广东省二等奖；2019 年 2 月，《扬少年之光　铸军人之魂》荣获广东省第二届中小学特色学校建设成果一等奖。

生涯辅导促进理想信念教育的校本行动研究

广州市番禺区市桥富都小学

主要贡献者：梁叶华　余伟航　崔　玲　梁健铭　姚东平　林燕玲

“美丽人生　从心开始”是富都小学的办学理念。在先进的办学理念引领下，我们于2016年开展广州市级课题“社团文化与综合实践活动课程融合的行动研究”。随着课题的深入研究，我们把“生涯生涯辅导促进理想信念教育”作为课题的重点研究内容。我们希望通过生涯辅导促进理想信念教育的校本行动研究，放飞学生的童年梦想，让学生的美丽人生从“美心”教育开始。

一、形成的背景

（1）理想是人类特有的对自己生命活动的规划。《中小学德育工作指南》更把理想信念教育作为德育工作的首要内容。然而，谈起理想信念教育，有些人认为，那是中学生、大学生的事，与小学教育无多大关系。因此，我们发现小学的理想信念教育有所欠缺。

（2）小学对生涯教育重视不够。教育部学生司陈瑞武认为，生涯教育是实施素质教育的有效手段，关系到国家未来人才的质量。生涯辅导对理想信念的建立有积极的推导作用。我国普通中学、中等职业学校的职业指导发展很快，但小学职业生涯规划教育并未得到充分重视，导致小学生缺乏规划意识。

（3）家长对生涯教育不够重视。根据调查发现，家长作为孩子一生的成长导师，有的完全忽视孩子的未来，只关注孩子的分数；有的对生涯教育束手无策；有的比较功利，忽略了解孩子想成为什么人……导致生涯教育在家长群体中仍没有得到重视。

基于上述现实背景，为了弥补教育中的短板，也为了呵护学生的梦想，富都小学站在时代的前线，采取学校与家庭携手联盟的方式，以“心理健康教育”为切入口，开展生涯辅导促进理想信念教育的校本行动研究。一方面对学生进行价值观的培养，另一方面帮助学生更好地了解自己，认识社会，引导学生对自己的未来进行规划和设计，将自己的理想、憧憬与学校的学习相结合。

二、实施的措施

1. 活动系列化

为了符合儿童的心理特点，我们根据学生不同年龄阶段重点开展对应的生涯辅导活动：低年段学生以“认知为主，实践为辅”进行理想职业探索，中年段学生以“感悟为主，实践为辅”进行理想职业模拟，高年段学生以“体验为主，实践为辅”进行理想职业体验与规划，促进活动层层递进、螺旋上升。

2. 活动特色化

在生涯辅导促进理想信念教育的活动中，我们以综合实践为载体，以培养学生情商为主线，让学生“走进课程、走进活动、走进生活”，把校园生活打造成一本立体的“书”，突破学生第三成长空间，将理想信念和生涯规划的种子播撒在学生的心田，使学校成为每一个学生“梦开始的地方”。

3. 活动课程化

思政课是落实立德树人根本任务的关键课程，是生涯辅导促进理想信念教育的重要阵地。我们的活动从思政课启航，以心理健康教育为切入点，各学科渗透融合，使活动课程化。

4. 活动合作化

随着素质教育改革的不断发展，学生生涯抉择是非常重要的一项内容，我们意识到要承担起该项责任，就必须加强与家长之间的合作，在学校层面和家长联合互动层面提出理性的思考，从而使生涯辅导促进理想信念教育的行动研究得到保障，更为学生的发展奠定良好的基础。

三、实施的过程

（一）系列化体系设计

1. 顶层设计体系

在生涯辅导促进理想信念教育活动中，我们确定开展“我的未来我做主”主题活动（图1），以“让理想在合适的温度、水分和阳光中成长”为活动理念。

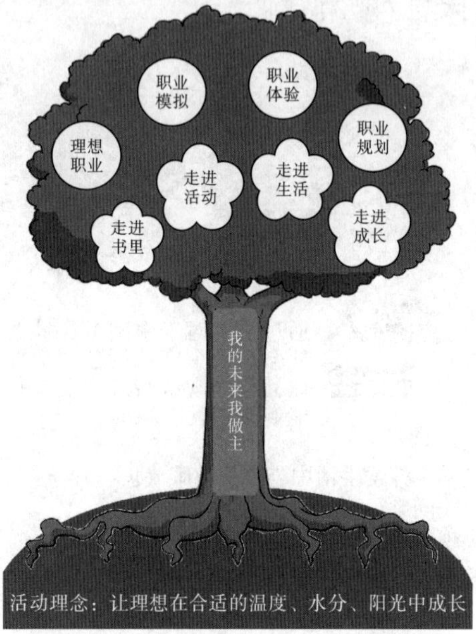

图1 “我的未来我做主”主题活动

2. 建构生涯教育内容体系

我们紧靠广州市义务教育阶段特色学校“美心教育”的品牌特色，以“心理健康”为蓝底，建构生涯教育内容体系（图2）。

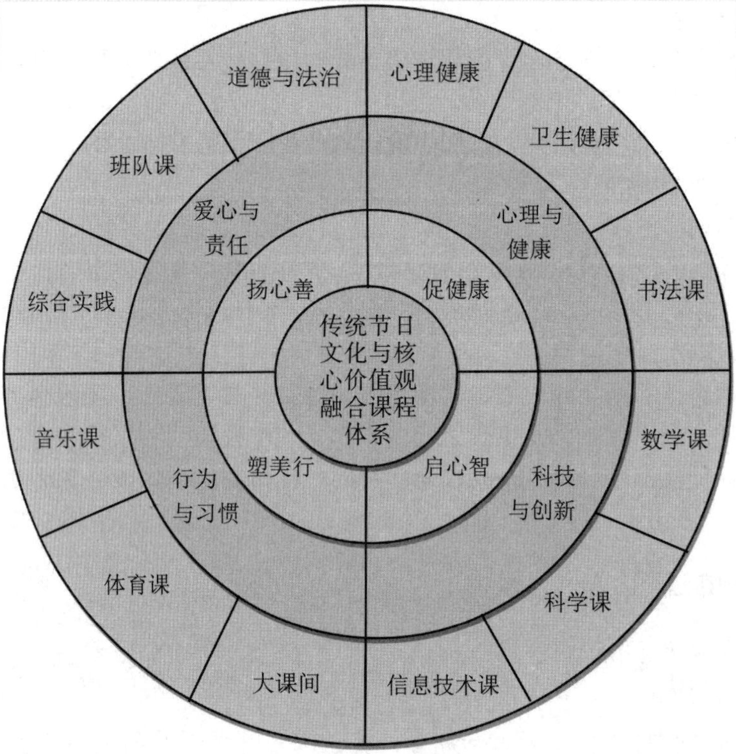

图 2　生涯教育内容体系

3. 建构生涯教育操作体系（图 3）

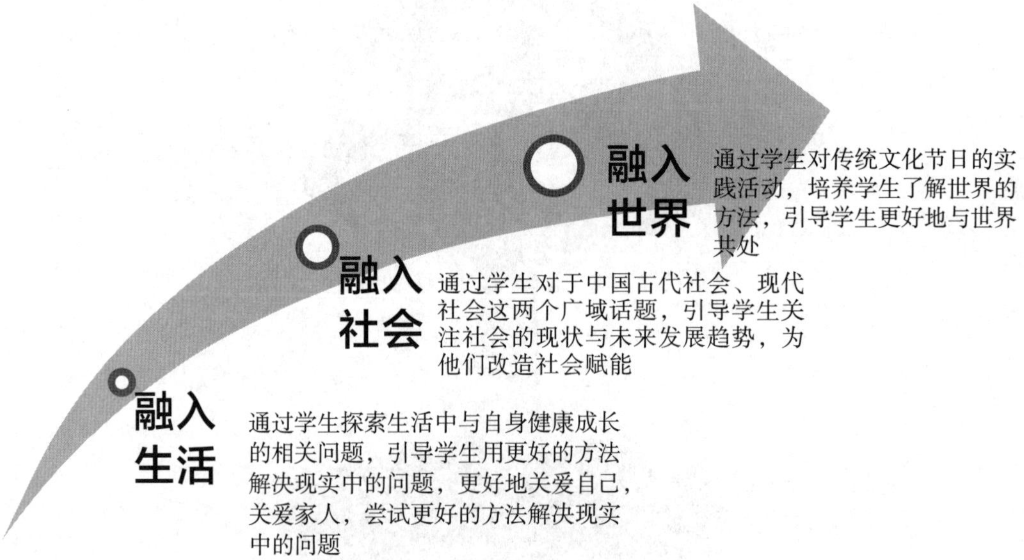

图 3　生涯教育操作体系

（二）以多元活动为载体

1. 走进课程

在生涯辅导促进理想信念教育活动中，学校十分重视校本课程的开发，以“基础性课程、拓展性课程、综合性课程”为纵线，以“学科整合课程、主题研究课程、创意实践课程、活动策划课程、戏剧表演课程”为横线，构建立体课程体系。

为了找准活动的抓手，我们开发了高、中、低年段校本课程，每个课程由“走进课本”和“走进生活”两部分介绍相应的职业，并引导学生以“综合实践活动”形式开展对应的职业探索。“走进课本”的职业是对应年段的各科学习中出现的职业，“走进生活”的职业是前几年学校调查相关年段学生感兴趣的职业。教师利用综合实践课让学生进行职业的模拟，激发学生的求知欲。在活动中，我们十分重视学科渗透，结合我校课题“广州市智慧阅读试点学校阅读工程的研究”有机开展活动。在学校开展全学科、全方位阅读活动中，全体教师根据学生对事物、对职业充满好奇的年龄特点，在教学过程中有意识把学生引进知识的海洋。

2. 走进活动

为了增强学生的自信，培养学生的毅力，树立学生集体荣誉感，增强学生团队凝聚力，更为了让学生不断发现自己的潜能，开展“富都特色”的校内活动。

（1）走进班会课

在班会课中渗透理想信念教育、心理健康教育，为学生应对未来社会挑战做好准备。

（2）走进社团

近几年为了学生的成长，学校开设了20多个社团（见表1）。

表1 富都小学“美心教育”创意社团

序号	项目	任课人员	序号	项目	任课人员
1	软笔书法社团	社会优质资源社团	15	巧手剪纸社团	新造职中优质社团
2	魔方社团（三、四年级）	新造职中优质社团	16	戏剧社团	本校：蒋家红、甘露凝
3	魔方社团（五、六年级）	新造职中优质社团	17	创意DIY社团	新造职中优质社团
4	幻彩魔术社团（三年级）	新造职中优质社团	18	新月动漫社团	新造职中优质社团
5	幻彩魔术社团（高年级）	新造职中优质社团	19	服装设计社团	新造职中优质社团
6	十字绣社团	新造职中优质社团	20	艺术插画社团	新造职中优质社团
7	丝网花社团	社会优质资源社团	21	励强武术社团	新造职中优质社团
8	硬笔书法社团	社会优质资源社团	22	F&D街舞社团	新造职中优质社团
9	漫画社团	社会优质资源社团	23	新魅健美操社团	新造职中优质社团
10	超轻黏土社团	社会优质资源社团	24	新速轮滑社团	新造职中优质社团
11	黏土造型社团	新造职中优质社团	25	风雨羽毛球社团	新造职中优质社团
12	乐学社团	本校：崔玲、黄瑞珍	26	足球社团	社会优质资源社团
13	广绣社团	新造职中优质社团	27	篮球社团	新造职中优质社团
14	博弈棋艺社团	新造职中优质社团	28	乒乓球社团	新造职中优质社团

（3）走进评价

在生涯辅导促进理想信念教育活动中，我们提出给学生留下童年印记，建立富都小学学生评价数据库——成长小册子。根据心理健康教育的特点，小册子记录的内容有学生的爱好、性格、理想、成果、心得、老师与家长评价等。我们的意图是以“成长小册子”为载体，以家校共同评价为手段，用数据为学生成长导航。此外，以“我的理想”为主题，开展手抄报、科幻画、作文、演讲等比赛及职场模拟等活动，丰盈校本课程的内涵。学校更以“挖掘优才、奇才”的宗旨，采取自我推荐、家长推荐、老师推荐等形式，每个学期表彰一批小达人。通过开展丰富多彩的活动，学生充分认识自己，不断发现自己的兴趣与潜能，加深确定自己的理想。

3．走进生活

“从模拟课堂走向实战教学”是“生涯辅导理想信念教育活动”最亮丽的教学。为了提高教学的效能，我们让学生走进社会，通过开展丰富多彩的校外职业体验，弥补教学上的不足，让学生在活动中进行理想探索、理想追求，从而突破学生成长局限，促进学生全面发展。

在校外的活动中，采取职业访问和职业体验两种学习方式。在活动中，让家长把学生带进企业、医院、社区、公安机关、研究所、酒店等，涉及各行各业。为了给学生的安全保驾护航，我们制定系列保障措施，如建立“富都小学校外职业体验”安全制度，形成“富都小学校外职业体验”资源库，建立“富都小学校外职业体验”评价体系。

此外，尤其关注学生的情商开发。利用我校被评为广东省心理健康教育特色学校的契机，我们充分利用突出的心理健康教育师资，把“团体心理辅导”与“我的未来我做主”系列德育活动巧妙地结合起来，指导学生管理好自己的情绪。

（三）家校联盟

为了培养学生长远目光，学校与家长共同制定以下评价工具，让学生在生涯教育中不断认识自己、完善自己，最终找到自己真正的理想。

1．形成学生职业规划的评价工具（见表2）

表2　富都小学职业规划评价表

我是谁	优点与缺点
我喜欢什么	理清自己的理想
我的特长是什么	了解自己的潜能或能力
我的目标是什么	确定目标阶梯
我会遇到什么困难	客观认识世界

2. 形成教师指导学生职业规划的工具（图4）

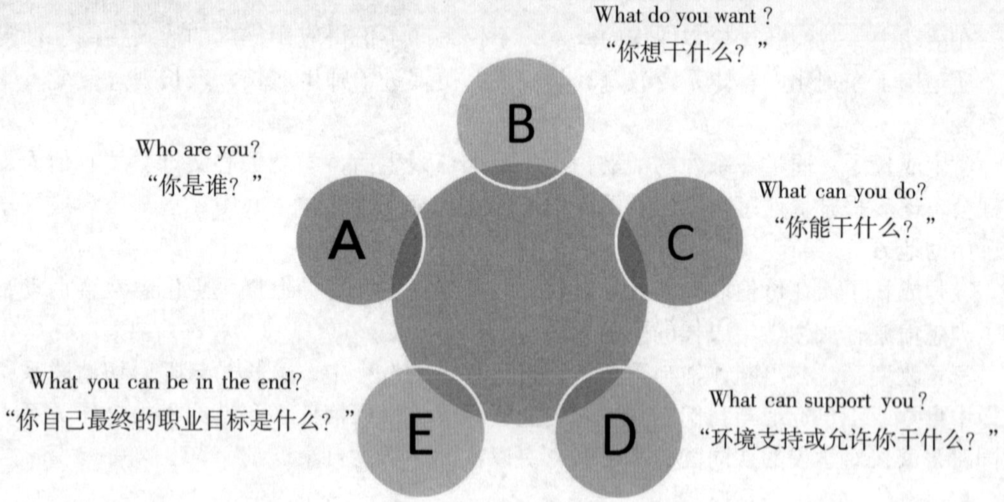

图4 职业规划五问

3. 形成家长指导学生职业规划的工具（图5）

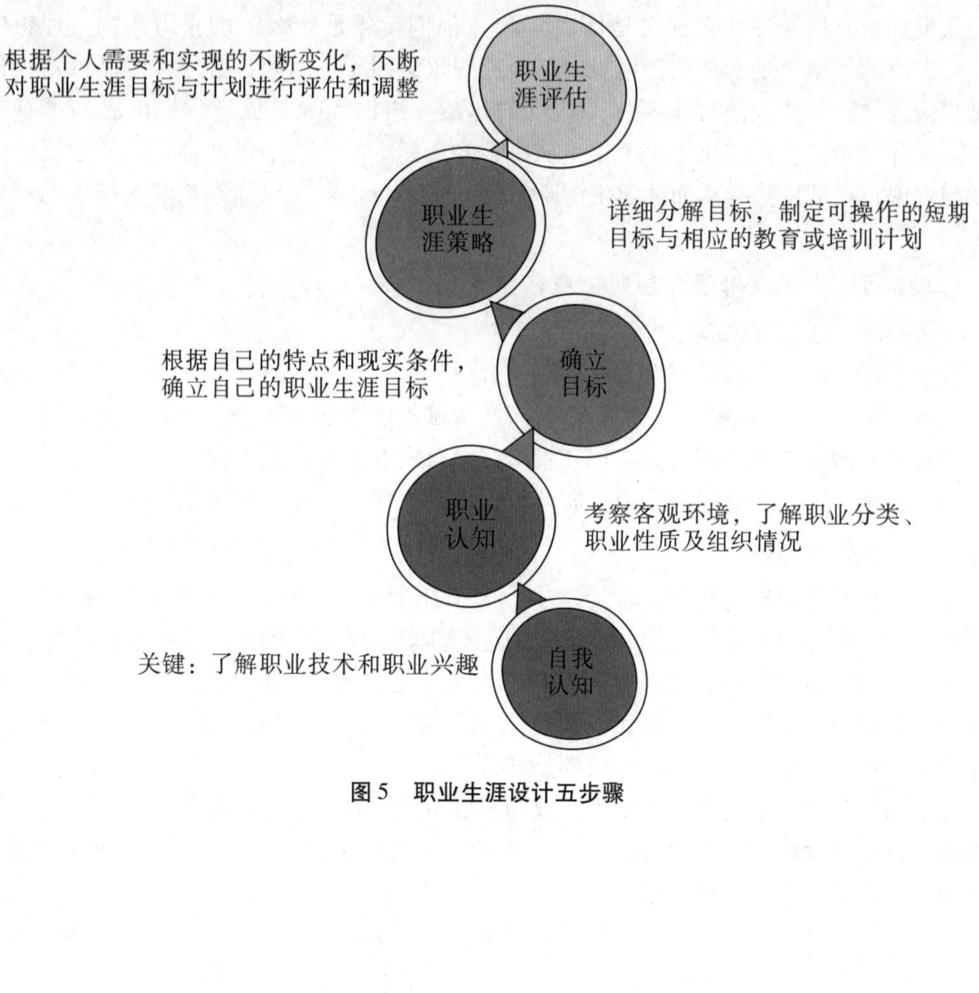

图5 职业生涯设计五步骤

四、实施的效果

在活动中，我们通过校本课程的开发，不仅编印了值得应用推广的活动指南、活动案例，还建构了系列化内容体系及教育教学模式，更促进了师生成长、家长观念改变及学校的发展。

学生成长了。通过一系列的活动，学生更加热爱生活，学会关心父母、关心他人、关心社会，逐步提升责任感。中国梦深深地烙印在富都小学的学生心中，富都小学成了学生梦开始的地方。

教师成长了。在价值取向多元的时代，教师通过生涯辅导促进理想信念教育活动，坚定了理想信念，成为学生成长的引路人。

家长改变了。在不断评估与重新认识自己孩子的过程中，家长与老师密切地联系，在沟通中自觉或不自觉地与我们老师一起走向新课改，形成信任、和谐的家校合作关系。与此同时，家长对学校的认同度越来越高，更以富都小学为自豪。

五、创新之处

（一）找到培育理想信念的有效策略

人类社会永远处在“它现在是什么”和“他们希望是什么”的张力之中。理想信念与现实之间的互动，是一个社会稳步向前迈进的永恒因子。因此，必须始终坚持对人们进行理想信念教育，使人们对现实保持适度的超越。生涯辅导是促进理想信念的最有效途径。通过开展生涯教育，让每一个学生从小学会选择，学会找到最适合自己的位置，学会寻找与发现自己的优势，从而让学生清晰自己的理想与未来，也让家长清晰孩子的理想与未来。

（二）构建培育理想信念系列化内容体系

一个主题：我的未来我做主

两个手段：校本课程的开发与家校联盟合作

三条渠道：一条主渠道——广州市智慧阅读试点学校研究工程；两条辅助渠道——广东省心理健康教育特色学校研究工程和番禺区综合实践学校研究工程

四项特色：理想职业探索　理想职业模拟　理想职业体验　理想职业规划

（三）创新教育模式

在生涯辅导促进理想信念教育活动中，为了让学生走进社会，学校要依靠家长资源、社会资源，才能让学生走进企业、走进机关进行体验式学习。因此，我们创造“立体式教育”模式，建立以学校教育为基地，学校教育、家庭教育、社会教育三结合的教育结构，组成一个新的教育整体。在时间和空间上“全天候”和“全方位”地进行，让学校教师、学生家长、社会人士，还有学生自己都是教育者。

在未来的日子，学校将开展示范，成为家庭教育、社会教育的组织者、指导者，使家庭教育、社会教育跟学校教育目标一致，从而对学生产生更积极的、更有效的定向影响，让学生在生涯教育中坚守理想信念。

区域协同育人的创新与实践

广州市番禺区北片教育指导中心
主要贡献者：潘展文　黄逸玲　郭镜华　黄小玲　邓铁文　张焱夏

番禺区北片教育指导中心隶属于广州市番禺区教育局，辖下有中小学33所，幼儿园58所，师生人数合计6万余。作为广州南拓战略的桥头堡，番禺北片区域内生源结构复杂，家长素质水平参差，对于如何科学育儿、关注孩子健康成长等方面急需有效的指导。为了让区域学生享受优质的家庭教育，北片教育指导中心依靠“3+”载体，整合多方资源，着力打造北片“家长学堂”，采取“线上+线下”全覆盖的形式，扎实有效地推动区域家庭教育工作开展，构建完善的协同育人运行机制，实现了区域科学家庭教育的普及与优秀家教经验辐射推广的创新与突破，形成了区域特色。

一、项目实施背景

随着粤港澳大湾区的建设和社会大环境的变化，北片家庭教育的现状面临诸多挑战，区域生源构成复杂，既有番禺本土村居居民子女，又有大量新建楼盘的外地户籍儿童，流动儿童占学生比例大。区域内家长学识学历水平参差，一方面高档住宅小区吸引了大量优秀人才，这一部分家长充分意识到家庭教育的重要性，但缺乏教育的方法，对于如何提升科学教子水平有着迫切的需求；另一方面本地村民和大量基层务工人员迫于生计，对孩子疏于管理，孩子们对于享受优质家庭教育有着急切的渴望。同时，区域内学校在开展家庭教育工作中，面临着懂家庭教育的专业讲师不足，家庭教育课程缺失，缺乏“学校与学校”“学校与社区”交流、合作的平台等问题。基于区域学校、家长和学生的需求，北片教育指导中心以“家长学堂”引领家长的学习成长，搭建协同育人的平台，努力让区域优质家庭资源与新时代对教育的需求相匹配，实现区域协同育人工作的创新发展。

二、项目实施策略

（一）科研引领推动家庭教育工作开展

为了科学实施项目研究，指导中心成功立项广州市中小学德育研究“十三五”规划2017年度重点课题“基于家校沟通的家长课程的建构”，以课题研究推进区域家庭教育工作开展。

（二）构建协同育人新载体

基于原有“家长学校”的基础，为了避免家庭教育的开展流于形式，项目以指导中心牵头整合区域一线优秀家教骨干，组建北片家庭教育研究会。以研究会带头，在区域学校内设立家庭教育实验校，成立北片家长委员会，形成“3+”（北片家庭教育研究会、北片家长委员会和北片家庭教育实验校）协同育人载体，为具体工作推进和实施搭建平台。

(三) 建构大中小一体化“家长学堂”课程体系

针对区域内家庭教育课程的缺失，本项目通过打造“家长学堂”，以“线上 + 线下”全覆盖的培训模式，课程内容涵盖高中、初中、小学、幼儿园，根据不同年龄段设置不同培训主题，包含年段衔接。一方面加强了对传统家庭教育的传承与发展，密切了家校的合作交流，创新了教育的内容、方式、方法；另一方面构建新技术下的家校沟通云平台，建立互动学习交流空间，适应时代发展需求，以家长乐于接受的形式分享家庭教育干货，有效地引导家长重视家庭教育，关注孩子健康成长，提升科学教子水平。

(四) 丰富活动形式，强化家庭教育队伍建设

北片“家长学堂”的活动形式丰富多彩，协调多方资源，将妇联、社区、关工委、公安、医院、媒体等各方面力量进行整合，加强社会资源的共享共建，努力构建促进学生成长的学校、社会一体的育人机制。在此过程中，通过“家庭教育讲师团”的打造，培育一批优秀的家庭教育骨干，让北片“家长学堂”成为优秀家教人才的孵化器。

三、具体推进过程

(一) 课题引领，推动“家长学堂”科学规范发展

为使北片家庭教育工作走得更扎实，使北片“家长学堂”开展得更科学，2017 年 12 月，北片成功立项了广州市中小学德育研究“十三五”规划 2017 年度重点课题“基于家校沟通的家长课程的建构”，以三大方向引领探究，即在“学校与家长”“家长与学生”和“教师与家长”中建构家校沟通课程。该课题以“优秀”等级通过结题验收，并在区域内辐射推广。

(二) 筑造“家长学堂”基石，构建“3 +”活动载体

1. 创新引领模式，组建北片家庭教育研究会

2016 年，北片教育指导中心成立了北片家庭教育研究会，研究会坚持每月一期活动，形式包括经验交流分享会、专题培训、专题讲座、家长辅导小组活动、亲子戏剧活动、论坛、亲子活动等。从 2016 年至今共开展了片级家庭教育系列专题讲座培训超过 20 场次，专题活动 23 场次。

2. 以点带面，设立北片家庭教育实验校

以研究会为引领，北片遴选了番禺区实验小学等 13 所中小学为北片首届家庭教育实验学校，第二届实验学校规模扩充到全片 19 所中小学，涵盖小学、初中、高中三个年段，包含公民办学校，实验学校既坚持北片科学家教经验推广的原则，积极向家长传递家庭教育最新理念，又结合学校办学理念办出自己的特色，在区域家庭教育中起到了示范、引领、带头作用。

3. 拓展三级家长委员会机制，成立北片家长委员会

在学校校级、年级、班级三级家长委员会规范常态化运作的前提下，2017 年北片成立了片级家长委员会。北片家长委员会自成立至今，积极参与北片家庭教育经验推广，发挥优秀家长的辐射引领作用，借助优秀家长资源，有效拓宽了家校社协同育人合作渠道，赢得更多的优秀企业、机构参与到北片家庭教育事业的建设中，北片家长委员会还自主组织亲子活动 5 期，家长委员会代表参与活动逾 20 期。

（三）构建“家长学堂”课程，启动“线上+线上”全覆盖形式

1. 传承与发展，形式多样，开展北片“家长学堂”线下活动

北片“家长学堂”线下活动在传承原有家庭教育培训的优秀经验基础上，以“特色项目+家长委员会+亲子活动+家长义工”为抓手，通过实验学校特色项目活动和片级家庭教育活动协调互补，并驾齐驱。2018年北片组建家庭教育讲师团，讲师团由一线教师、学校德育干部和优秀家长代表组成，通过系统的前期培训，培训后组织讲师到北片各中小学面向家长、学生、教师进行宣讲活动。讲师团通过培养家庭教育骨干教师，覆盖全片，开展家庭教育宣讲，形成区域辐射网。

除讲师团宣讲外，研究会还通过经验交流分享会、专题培训、专题讲座、家长辅导小组活动、亲子戏剧活动、论坛、亲子活动等形式，面向全片家庭教育骨干教师、优秀家长代表和希望接受家庭教育学习的家长们提供各类培训。

2. 机遇与挑战，整合多方，启动北片“家长学堂”线上课程

在2020年新冠肺炎疫情期间，北片“家长学堂”线下活动受到影响，居家学习所带来的家庭矛盾激化情况时有发生。面对挑战，北片教育指导中心联合大石街道办和《信息时报》，借助广州市新花城融媒平台，于2020年2月疫情发现初期，开通北片“家长学堂”网络直播课活动，每周一期，围绕0～18岁孩子家长需要了解和关心的重难点问题和当前家庭教育困惑相对集中的热点问题，聚焦疫情期间亲子沟通、“宅”家运动、幼小衔接、科学禁毒、复课收心等话题，创新了家庭教育指导服务形式，搭建家校共育沟通的平台，传播社会主义核心价值观，普及科学教育方法，引导家长重视家庭教育，关注孩子健康成长，提升科学教子水平。开播至今已连续播出37期，单期观看点击数超过4万人次，总收视观看量超过200万人次，受到各级关注，得到家长的一致好评。北片“家长学堂”线上直播课已成为北片协同育人工作一张亮丽的名片，有效推动区域家庭教育工作开展。

四、项目优势及取得的成效

北片“家长学堂”自2016年启动至今取得累累硕果，成功立项并结题市级重点课题1项，立项区级子课题5项。北片“家长学堂”线上课程得到了区妇联、区教育局、大石街党工委、洛浦街党工委等单位的关心，2017年曾在大石街道办举办家长论坛，备受关注。在2019年3月成功举办首届北片家庭文化节，《信息时报》《番禺日报》等进行了跟踪报道。2020年在“新花城”开通家长学堂直播课，至今已播出37期，其中6期直播登上“学习强国”平台，受到《广州日报》《信息时报》、番禺禁毒平台等媒体关注，其中部分课程还被列入广州市家长学堂课程体系，区域影响力大。

五、项目创新点

北片“家长学堂”的实施与探索密切了家校教育的合作交流，创新了教育的内容、方式、方法和理念。在实施开展过程中，充分调动区域资源，整合多方力量，构建了区域协同育人新格局。

（一）以团队为带动，覆盖全片，形成区域辐射网

北片“家长学堂”在实施过程中，通过建设和完善北片家庭教育研究会，培养家庭教

育骨干教师，成立了19个北片家庭教育实验学校，及时将项目研究成果进行实践探究，将优秀经验在区域内进行推广，提升区域家长科学育儿能力。

（二）构建了新技术下的家校沟通平台

伴随着时代的发展，家校沟通模式也进入了“互联网+”时代，面对疫情的机遇和挑战，北片开通“家长学堂”网络直播课活动，每周一期，聚焦家庭教育热点问题、学校教育难点问题，普及科学教子方法，从区域向全市推广，北片“家长学堂”直播课已成为区域家庭教育品牌项目。

（三）形成有区域特色的家校沟通活动课程资源

通过课题引领，以北片“家长学堂”的实施为推动，北片32所中小学校全员联动，抱团结对，以活动为载体进行家校沟通课程的建构，在区域整合的基础上，结合校本实际创新，形成一批区域特色校本课程，同时在常态化开展中凝聚了一批家校共育优秀资源，可操作性强，具有推广价值。

（四）制定了可操作性强的沟通指南和评价体系

指导中心通过北片家长委员会拉近区域家长之间的距离，形成优秀家长资源共同体，并结合区域制定学校家校沟通实施效果评价，评价指标包括家长行为和态度的变化、学生行为习惯的养成、教师工作效能的提升等，在每学期常规文化德育视导中，进行实地考核，通过问卷进行效能摸查。

（五）实现了社区、学校、家庭、教师和学生的“5+”共成长

北片“家长学堂”的构建与实施，以家长成长课程为体系，以丰富多彩的共育活动为载体，在实施过程中，促进了社区、学校、家庭、教师和学生的共成长。北片家长对区域学校满意度逐年提升，教师与家长的沟通方式日益成熟，各类亲子课程和活动的开展，进一步融洽了亲子关系，形成和谐的家庭环境。

本项目的研究取得了不俗的成绩，得到了各界的关注和家长的认同，但仍存在完善的空间。今后，本项目将继续调动区域家长广泛参与，与时俱进更新课程内容，期待北片“家长学堂”的探究与实践能取得更大的进步。

家校大讲堂　和谐共成长

广州市番禺区毓贤学校

主要贡献者：周振蜀　钟满生　张秋雨　刘梦然　全　敏　魏晓丹

为贯彻落实《中共中央国务院关于进一步加强和改进未成年人思想道德建设的若干意见》和《国家中长期教育改革和发展规划纲要（2010—2020年）》的文件精神，紧密结合家庭教育与学校教育，构建相互尊重、相互配合、相互支持的和谐家校关系，毓贤学校于2017年10月开展“‘五育’并举育人理念下家校大讲堂探索与实践研究”的校本课题研究，在三年多的研究探索中，学校积极推进家校合作，着力建立一个有效的家校沟通平台，用真诚的态度、有效的措施来提高工作实效性，形成家长理解、支持学校工作的局面。

一、家校大讲堂的形成背景

毓贤学校创办于2017年9月，位于广州市番禺区祈福新村。在这样一个常住人口近20万的超级大型社区，大部分家长对孩子的教育高度重视。家长来自各行各业，其中不乏行业的翘楚和模范，以及才能卓越、学识广泛、技术高超的精英或专家，也有非常多认真工作、努力生活的基层工作者，他们的身上有着动人的故事，感人的精神，过人的智慧，这些都是丰富且宝贵的教育资源。

优质教育由优质的学校教育、优质的家庭教育、优质的社区教育组成。所以我们尝试以“毓贤家校大讲堂”为抓手，把学校打造成文化阵地和社区文化中学。

作为一所新办学校，校园文化需逐步积累沉淀，工作氛围的营造、办学特色的打造、学校品牌的创立都需要一个过程。仅仅依靠教师资源，学校的发展肯定会比较缓慢。

基于上述种种情况，我校决定向立德树人、文化育人的目标出发，秉持“让每一个孩子都能收获幸福”的办学理念，充分依托“中国第一邨”的社区文化底蕴和人文精神，开展“毓贤家校大讲堂”课题研究，并通过学校微信企业号作为宣传育人阵地，历经三年多实践，取得了良好的效果。

二、家校大讲堂实施的意义

（一）家校大讲堂是践行教育民主化实施的需要

家长是学校宝贵的教育资源和亲密合作的伙伴，学校应该最大限度地激发家长的参与热情，让家长参与管理、监督，参与到学校的日常教学工作中，与学校教育保持一致。引入家长资源，能有效打破学校办学的局限性，全面拓宽学生视野的宽度和广度，可以使学校办学在家长配合下更民主、更透明、更健康。“毓贤家校大讲堂”邀请家长中的精英走进学校，与师生、家长分享艺术、法律、梦想、立志、礼仪、人文、科技等话题，实现教育民主化。

（二）家校大讲堂是探索文化德育发展的途径

德育要“以培养学生良好思想品德和健全人格为根本，需要联系学生生活实际，充实学生校园生活”。家校大讲堂充分调动家长资源，将健康资源投放到学校教育中去，能有效地与学校教育形成互补，健全学生品性人格，是践行“让每个孩子都能收获幸福”办学理念的重要抓手，更是落实立德树人根本任务的重要途径。

（三）家校大讲堂是实现亲子共成长、家校共成长的实践平台

众所周知，家长是孩子的第一任老师。良好的家长形象，有利于提升家庭教育的效果。将家长引入和参与学校教育，能给孩子树立正确的价值观和正确导向。孩子们有机会换一个角度，看到自己的父母，原来是如此的神采飞扬和才华横溢，他们会觉得父母形象更加高大丰满，更加为父母自豪，进一步增强了亲子关系，是实现亲子共成长的具体实践。

（四）家校大讲堂是践行“五育并举”育人理念实践平台

家校大讲堂既有知识传播，也有实践操作，在过程中把德智体美劳渗透其中，达到“五育并举”目的，取得立德树人效果。

三、家校大讲堂的探索与实践

在确定挖掘和引入优质家长资源参与学校教育后，学校成立了家校大讲堂工作小组，该小组由校长牵头，学校办公室主管，学校家长委员会成员及全体老师共同参与。全校师生联合家长委员会通过多方调研、筛选、提炼和升华，一直在这条德育创新之路上，探索中稳步前行并取得了可喜成绩。

（一）认真调研定主题

学校工作小组联合学校家长委员会，在充分研究不同阶段学生身心发展规律的基础上，通过问卷星等工具客观调查学生、家长、教师的知识需求和精神需求，不断推出各种主题。我校家校大讲堂现已开设“文明礼仪类”“科普教育类”“环保行动类”“感恩励志类”“家校共育类”“学科融合类”等主题课程。

（二）发出倡议寻主讲

为了让“毓贤家校大讲堂”活动能够顺利开展，得到各行各业家长的支持，学校在学期开学时都会通过微信企业号发出倡议书。倡议书一经发出，家长们踊跃报名，进入“毓贤家校大讲堂”人才资源库。家校大讲堂的每一期都有一个明确的主题，学校工作小组联合家长委员会在充分了解和审核家长职业、兴趣爱好的情况下，向他们发出邀请。

（三）确定内容重宣传

联合家长委员会根据学校具体工作安排，与主讲人协商家校大讲堂的内容及形式，确定毓贤家校大讲堂的活动时间，完成审核讲座内容、探讨活动形式、确定讲座层面等工作。除此之外，学校及家长委员会还会对主讲人进行一个简单的培训，例如讲课时的音量、语速、课堂专业用语等，让家校大讲堂有一个更好的感官体验和现场效果。

为了给孩子和家长提供详细的讲座信息，推广“毓贤家校大讲堂”活动，家校大讲堂

工作小组为每一期讲堂活动制作海报，通过学校微信企业号、班级圈、班群、朋友圈、电子显示屏等途径进行宣传。

四、家校大讲堂的实施效果

通过三年多持续不断的有效探索，生动有趣、内容丰富的“毓贤家校大讲堂”活动已经深入全体师生及家长的内心世界。这个具有实践和创新意义的品牌活动，已经转化为搭建家校合作桥梁的有力支撑，收到了良好效果。“毓贤家校大讲堂”屡次获得上级行政部门的高度认可和赞扬，先后获得2019年番禺区中小学文化德育优秀项目二等奖，2020年番禺区中小学文化德育优秀项目一等奖。

成果一：提高了学校的社会声誉

迄今为止，“毓贤家校大讲堂”已开办78场，反响热烈，好评如潮，深受学生、家长、教师的喜爱，参与家长约2680人次，学生约9800人次，教师约1460人次。受众之广，效果之强，影响之大，离不开全校师生、家长委员会成员的默默耕耘和不断推陈出新的努力。

成果二：提升了师生的认知层面

家校大讲堂对学生的影响非常深远，正所谓“视界改变世界”，师生们通过家校大讲堂这个窗口，进一步看清了世界的宽广、宇宙的浩瀚、人类的渺小，在认知层面得到了有效提升。

成果三：增强了家校的联动互信

一位完成班级讲堂的家长说：“原来上一节课真不容易啊！需要精心准备内容，调动孩子的积极性。大家以后还得体谅老师们的工作，支持学校的活动啊！”家长参与学校教育，体验教育，更能提升家长凝聚力，学会换位思考，增强联动效果。

成果四：充实了学校的人文积淀

我校根据“校园礼仪”“家庭礼仪”“社会礼仪”等主题内容，共出版了3本《中华经典诵读》校本学材。除此之外，关于毓贤家校大讲堂，学校微信企业号报道73篇，《番禺日报》活动报道4篇，教师观后感93篇，学生观后感20篇，思维导图110篇。

五、家校大讲堂的创新之处

三年多以来，我校始终以“使每一个孩子都能收获幸福”为办学理念，以“踏实做人 坚毅做事”为校训，努力拓宽学生的视野，提高学生的格局，努力挖潜，增加校内外教育机会，以家校大讲堂为渠道，大力开展此项工作，取得了一些令人满意的成绩，形成了突出的创新点。

（一）理论创新

家校大讲堂是探索文化德育发展的重要途径。“毓贤家校大讲堂”内容丰富，形式多样，富有层次。该活动把握了“文化的育德性”，充分挖掘优秀文化的内涵，注重优秀文化的引领，发挥优秀文化的德育功能，用优秀文化来涵养学生的品格，做到了尊重学生、理解学生、关心学生，指导学生成人成才，为学校德育以及家庭教育提供新观念和新思想，并在操作层面上，提供相应的切实可行的方法和措施。

（二）实践创新

1. 家校大讲堂是践行教育民主化的重要抓手

家校大讲堂实现了教育的民主化，使学校教育更加平等、民主、合作，更能调动学生、家长、教师的积极性。在充分尊重学生、家长、教师意愿、调动其积极性的前提下，学校培养并提高他们的民主和参与意识。家校大讲堂把家长请进来，共同思考孩子在学校应该学什么，学校应该教什么。充分尊重了学生、家长、社会人士的知情权、表达权、决策权、参与权、监督权。

2. 家校大讲堂是实现亲子共成长、家校共成长的具体实践

家校大讲堂有助于提高学校德育的实效性。我国传统学校德育，在课程设计上倾向于以思想政治教育的形式呈现，单调地对学生进行思想政治知识宣传，忽略从现实生活的角度看学校德育的功用。

办学之初，我校便提出“让每个孩子都能收获幸福”的办学理念，真正的幸福源于自我完善、自我成长。家庭类教育讲座拉近了孩子和父母的距离，协助建立亲密和谐的亲子关系，实现了亲子共同成长。除此之外，“毓贤家校大讲堂”促进家庭、学校共同成长，让家长、教师收获了更多的教育方法及智慧，切实提升了家庭、学校的教育水平。

六、后续发展规划设想

1. 继续扩展主题领域

为了让“毓贤家校大讲堂”活动发挥更大的教育作用，我校拟增加“国家地理类”“人文科技类”“心理辅导类”“安全防暴类”“经典阅读类”等主题，帮助师生和家长增长见识、开阔视野、陶冶情操、启迪智慧。

2. 不断丰富人才资源

目前，学校联合校级家长委员会不断丰富毓贤家校大讲堂“人才资源库”，接下来会培养、推荐本校优秀老师登上大讲堂的舞台。此外，在主讲人邀约方面，学校会继续挖掘更多行业的优秀家长，且不限于“学霸”“大咖”。普通岗位也有其闪光点，只要是有一颗热爱工作、热爱生活的心，都会对学生的成长有所启发。

3. 逐步完善评价机制

完善家校互评共议机制，学校制定“十佳主讲人”“突出贡献奖”的评比方案，每学期定期进行评比，公开表彰，让更多优秀的主讲人脱颖而出，起到优秀示范作用，建立融洽和谐的家校共育氛围，促进共同成长。

家校大讲堂拓展教师的备课资源，促进校园良好育人氛围的形成，促进学生的全面发展。“没有最好，只有更好”。“家校大讲堂”的建构是一个动态的过程，需要在理论与实践的结合上不断完善和发展，我们要以新课改为契机，在现有基础上不懈努力，不断创新，为培养21世纪具有创新精神、实践能力的创新人才和品德高尚的有用人才而努力奋斗。

农村小学思政课“自主四构”教学模式建构与实践

广州市花都区狮岭镇育华小学
主要贡献者：钟丽香　李惠红　李小玲　欧紫平　梁伟燕　黄桂芳

思想政治理论课是落实立德树人根本任务的关键课程。上好道德与法治课，能够切实提高思想政治教育和育人实效，是培养新一代社会主义建设者和接班人的重要保障。然而，农村小学的道德与法治课堂教学仍存在以下亟待解决的问题。

一是对思政课重要性的认识不到位。大部分农村小学对《道德与法治》教学不够重视，对思想道德教育工作规划不足，思政教育质量不高，思政课边缘化较严重。

二是思政课的教学效果需要提升。农村小学教师兼任思政课教师的情况较为普遍，课堂大多采用灌输式教学。还有不少农村学校教学条件有限，教师不具备使用现代教学手段的能力，严重影响了《道德与法治》课程教学效果。

三是思政课教师的素质需要提升。农村小学专职思政课教师严重不足，专业水平不高；部分农村小学的思政课教师没有专心认真地备课授课，更没有激发学生对思政课产生兴趣；兼职思政课教师课堂调控能力低，教学质量低。

四是各类课程的协同效应需要增强。在家长心目中和学校教学安排中，农村小学的思政课长期处于“副科”地位，与其他学科的协同不足。

为此，项目组经过16年的行动研究，构建了农村小学思政课“自主四构”教学模式，探索出教师成长“五段修炼”成长规律，建立了具有地域特点的农村小学思政课程体系，以此促进农村思政课堂教学的理论建构和实践模式。

一、农村小学思政课“自主四构”教学模式

在思政课教学中，教师要从传统的传递知识的权威转变为学生人生导师，成为学生校园生活的伙伴或合作者。农村思政课教学不能无视学生已有的知识经验，简单强硬地对学生“灌输”，而是应当把学生在社会主义新农村的知识经验作为新知识的生长点。农村思政课要通过阅读、听讲、研究、观察、实践等手段，促进学生的体验、感悟和内化。项目组围绕上述认识大胆探索教学结构的改革，努力提升思政课教学实效，构建起“自主四构”课堂教学模式（图1）。

（一）预构

课前预习与导入。教师通过学案导学、课前预习作业等形式，为课堂教学设定明确的目标，引导学生课前自主预习，搜集并分析信息。

（二）导构

课堂精讲与答疑。教师利用课堂，通过学生提问、教师精讲答疑、举例说明等形式，将知识准确传授给学生，并因材施教，关心每个学生，引导学生自主思考、敢于质疑的科

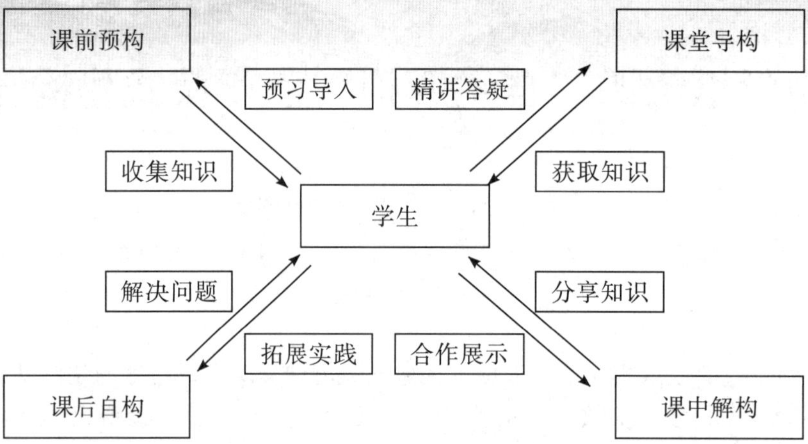

图1 “自主四构”课堂教学模式

学精神。

（三）解构

课堂合作与展示。教师引导学生通过小组合作、探究学习、课堂展示等形式，分工合作对知识重点难点进行讨论、探索，让学生在体验中感悟，培养学生课堂上自主学习、善于合作、乐于分享、自信展示等习惯。

（四）自构

课后拓展与实践。教师引导学生通过课后实践作业、课后拓展训练等形式，课后导行，把思想品德教育延伸至课外，培养学生动手实践能力，并能分析和解决问题，使学生从原有的知识经验中“生长”出新的知识经验，以此来激发学生学习的内动力，增强学生学习的自律性、品德的形成，从而促进学生自主自觉学习，提升学生学习力，培育终身学习者。

二、思政课教师“五段修炼”

结合习近平总书记对思政课教师提出的要求，为了推广运用好“自主四构”教学模式，促进思政课新教师教学技能的提高，项目组制定了《思政课青年教师培养方案》，从根本上解决思政课怎样教、为什么要这么教的问题，探究出思政课教师专业成长的“五段修炼”。

第一阶段是亮相与摸查。在开学的第一个月，每个思政课新教师上亮相课，项目组聘请教学专家进行课堂指导。

第二阶段是学习与反思。根据课程目标和教学实际的要求，分阶段设计各种不同的、层层递进的训练内容，教师以此进行听评课考核，直至达标通过；邀请道德与法治学科的骨干教师或名师进行教学经验的分享交流，运用多种方式对新教师进行培训，让新教师在实践中学习；思政课教师每周写一篇教学反思或教学故事，进行总结与反思。

第三阶段是寻律与探构。项目组邀请专家根据建构主义理论和学生身心发展的规律，以及学科课程的特点和教学规律，给新教师提出了课堂教学建模的思想，并和教师们一起探讨课堂教学模式的基本架构。

第四阶段是建构与实践。本学科的教师一起讨论课堂教学模式，并在实际课堂教学的运用中去发现问题，及时进行修改，最后由专家审核确定本学科的课堂教学模式试行稿。

第五阶段是引领与定模。教师熟知课堂教学建模的理念以及内容后，根据确定的课堂教学模式进行试教。通过听评课和专家的科学指导，教师对课堂教学建模的必要性和重要性的认识也越来越清晰。接着，将这种课堂教学模式推广到各个学科中去，并根据各学科的特点进行修改，直至形成本学科的课堂教学模式，按照建模的达标标准来评价教师的课堂教学。

三、构建农村小学思政课程体系及实施途径

项目组以“自主四构”的道德与法治课堂教学为辐射点，以“五段修炼”活动为催化剂，以班队会等活动课程为显性教育教学活动，彰显马克思主义真理，弘扬社会主义核心价值观，逐步构建了具有地域特点的农村小学思政课程体系（图2）及实施途径。

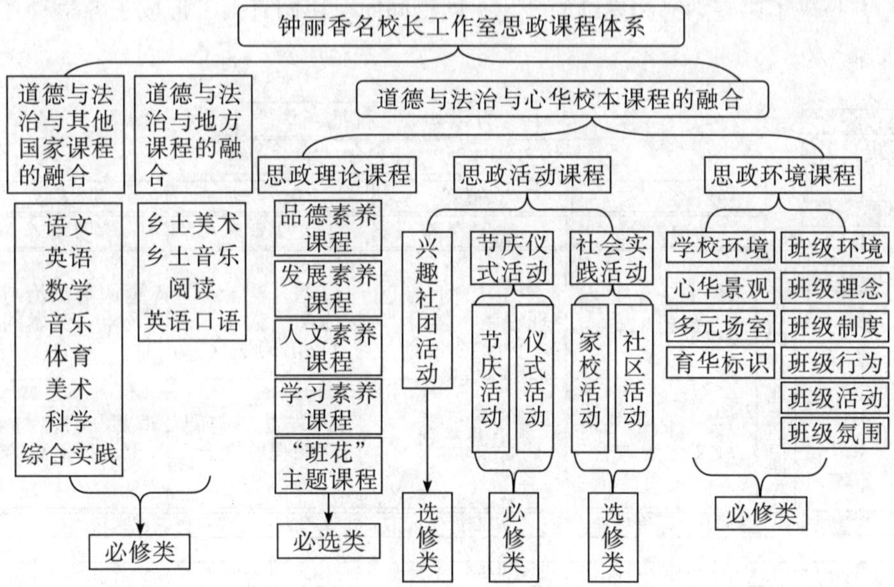

图2 钟丽香名校长工作室思政课程体系

这一课程体系遵循立德树人之道，具有以下特点：

1. 各学科融入思想道德教育

要求各学科教师在备课过程中要注意结合时事，结合学生的生活，清楚了解课堂中涉及思想道德教育的成分，在教学设计上标注可融入德育的形式，巧妙搭建联通思政与其他学科的学习。例如推行“班花”思政主题教育，打造“花语班级”特色班级文化模式。各学科围绕“班花”渗透思想品德教育内容，通过语文学科识花、写花、品花，科学学科种花，美术学科画花、剪花等，学生既习得学科技能又得到品德升华。

2. 建立农村小学校本思政课程架构

落实国家课程与地方课程教学的同时，根据各校办学理念和实际情况，设计“校本课程”。如：育华小学校本课程分为“育花学科课程”“新花活动课程”“心花环境课程”，分别与国家课程、学生活动、校园文化相关联，涵盖了品德素养、发展素养、人文素养、

学习素养四个维度，培养学生仁爱心、公德心、包容心、进取心。

3．形成校本思政课程激励评价

项目组制定标准，建立了科学评价机制——心花评价机制，开展“花样少年”评选，用花语对应表扬优秀学生，颁发“花样少年”称号。如“太阳花”少年称号，颁发给努力上进、学习进步的学生；“青藤”少年称号，颁发给团结友爱的学生。学生自评、互评与教师评、家长评相结合，促进学生心智品性培养，让每个学生展示出心灵的璀璨与光华。

四、建立农村校本课程思政体系

（一）构建课程思政架构

项目组以思政课为核心，坚持目标和问题导向，从机制协同、队伍协同和文化协同等三方面发力，构建农村小学课程思政架构（图3），在各学科教学中加强思想政治教育和价值引领，打破了原有学科和思维的分化，同行同向，协同育人，形成了各学科育人目标上的高度统一。

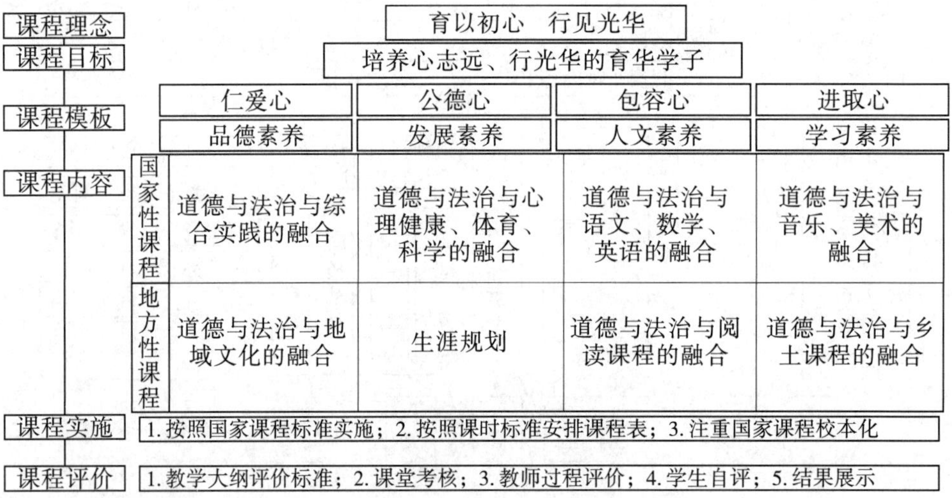

图3　钟丽香名校长工作室课程思政架构

1．强化机制协同

充分发挥广东省钟丽香名校长工作室思想政治理论课建设的统筹协调作用，各成员分头负责聚集各自学校“散落”在不同学科、课堂、部门的优质思政资源和元素，组织教师深化研究和实践，让思政课协同各学科立德树人，积极探索第一课堂变革以及通过第二、第三课堂协同实现农村思想政治理论课的创新发展。

2．强化队伍协同

项目组一方面要加大人才引进和培育力度，配齐建强思政课教师主体队伍；另一方面要以“五段修炼”等方式，整合校内外相关学科专业教师、专家学者、少先队辅导员等，组建思政课教师协同队伍，实现主体队伍与协同队伍对农村思想政治理论课的双向支撑。

3．强化文化协同

在工作室的统一布置下，各成员在各自学校着力孕育“领导重视、教师善教、学生爱学”的思政课文化生态。思想政治理论为农村学校文化建设提供了科学系统的顶层理念，促进学校特色发展、品牌发展，项目组所有学校都成为义务教育阶段特色学校。

（二）创设农村特色思政活动课程

小学思政课具有活动性。将静态的思想道德理论与丰富多彩的、动态的活动相结合，能真正实现道德体验与道德认知的统一，强化育人功能。项目组以思想政治课为引领，打造以“三礼两节”“有家有爱”为代表的农村特色思政活动课程。

1. “三礼”

“三礼”为“敬书礼”“童盟礼”和“少年礼”。“敬书礼”为刚入学的一年级新生设立，旨在开蒙启智，学会尊敬师长、爱惜书籍。“童盟礼”引导二至四年级学生心行合一，学会友爱同学、团结同学，在个性发展的同时养成良好的性格。“少年礼”旨在引导五、六年级学生创新立志，养成克服困难的意志和毅力，学会独立自主。“三礼”系列活动还包括开笔礼、开学礼、散学礼和入队仪式等“萌芽礼仪活动”。

2. “两节”

“两节”为“芳华节”和“花香节”，分别结合“班花”思政主题教育号召学生敬花、爱花、护花（图4）。“芳华节”通过植树栽花、环保活动把口号变成行动；“花香节”抓住传统节日契机，开展丰富多彩的校园思政德育活动，让学生展现才华风貌，心灵浸润德馨。“两节”活动还包括体育节、科技节、艺术节、英语日（English Day）、心理教育节等学校节庆活动，以及教师节、六一节、劳动节、母亲节等大众节日组成的“芳华节庆活动”。每一个节日，都是一次中华优秀传统文化的教育契机，是对学生道德素养的夯实。

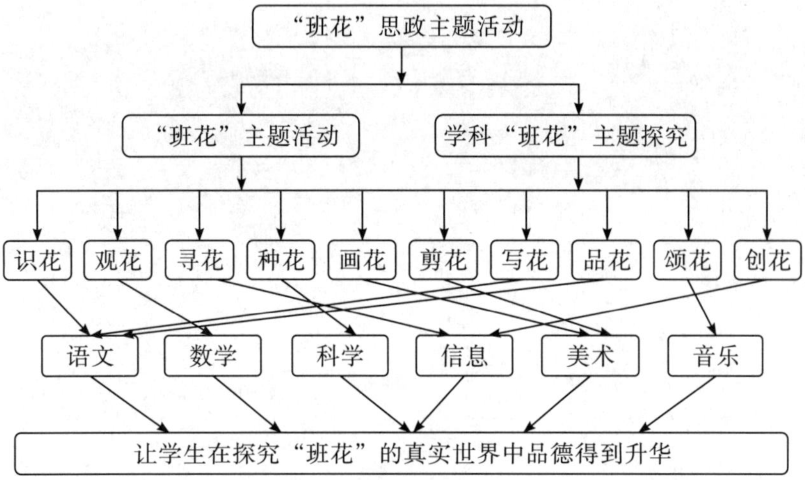

图4　“班花”思政主题活动

3. “有家有爱”

“有家有爱”系列活动包括家长体验日、家长开放日、家长童乐共享活动等“家校活动”，包括校外实践、志愿者服务、学雷锋义卖、研学活动和劳动技能竞赛等“爱花实践活动”。通过丰富多彩的校外实践活动，整合广东地域资源，开展各类研学活动；与社区紧密联系，举办清明扫墓活动、军事园实践活动等。这些活动课程，构建了一个全方位的思政教育网络，将思想道德教育贯穿到校园内外，培养了一批批具有花一样高尚品格的“花品少年”。

五、结语

本项目进行了16年的探索实践，围绕立德树人，构建了有效的农村思想政治课教学模式、校本思政课程体系，提升农村思政课堂教学品质，促进农村思政课教师专业化发展，推动课程思政化，形成多学科立德树人协同效应，为思想政治课引领新时代农村教育高质量发展提供了一种行之有效的新路径。

农村小学“四新”教育的实践探索

广州市花都区狮岭镇新民小学
主要贡献者：李惠红　邓志芬　刘文丽　邓尧珍　江晓晴

一、形成背景

新民小学坐落在广州市花都区狮岭镇芙蓉嶂下。自古以来，学校周边山中盛产荷花，当地居民称荷花为水芙蓉，芙蓉嶂因此得名。“荷”与“和”谐音、“蓉”通“融”，因而“水芙蓉”（荷花）一直是芙蓉地区和融文化的象征，芙蓉地区也因荷花逐渐积淀出深厚的和融文化。另外，学校生源来自五湖四海，学生大部分为外来务工人员子女。教师层面，来自不同地域的教师有着不同的教学理念、教学方法；学生层面，外来务工人员子女与本地学生有着不同的生活习惯和个性差异。为了融和学校人际关系、不同区域的教育理念和文化差异，内化为学校自身的特色建设，学校提出了“四新”教育，致力构建独具特色的“四新”教育体系，在更高层面上打造具有中国传统文化特色的学校教育品牌，培养全面和融发展的人。

二、实施过程

（一）制定科学的办学理念阶段（2014—2015年）

新民小学传承中华优秀传统文化、弘扬乡土特色文化，提出“四新”教育理念，致力于农村小学公民教育的实践探索，并制定出以下办学理念和顶层设计。

办学思想：明德新民，清新乐园。“明德”，要求加强个人的道德修养，始终保持向善之心，时刻明了什么是真正的“人”；“新民”，要求师生还要将这种向善之心推广开来，去关爱身边的每一个人。

办学目标：启慧新民，点亮人生。新民小学在一系列特色教育活动中，开启孩子的智慧，点燃孩子智慧之火，培养孩子的创意思维和创意才情。

德育理念：培育现代公民。新民小学的德育理念，围绕立德树人这一核心，清晰地回答了如何培养人（培植、养育）、培养什么人（现代公民）。

教学理念：启迪人生智慧。新民小学的教学理念传达出学校教学活动的三大基本信念：一是重视学生学习的主体地位；二是着眼未来，从为学生人生幸福奠基的角度来开导和启发学生；三是学校的教育不只是传授知识。教师作为开启学生智慧的导师，引导孩子们全面而和谐、自由而充分、独特而创造地发展。

管理理念：营造和融氛围。新民小学营造和融氛围，促进学校高位发展。“和融”即“和而相融，融而不同”。“和而相融”，就是全体师生人人都要爱校，人人都要有集体责任感和向心力，融入学校，奉献于学校这个大家庭。“融而不同”，就是全体师生“彰显个性，和融共进”。

校训：日就月将，不负今日。“日就月将”要求每个学生日日有所收获，月月有所进步，不断地学习，就能达到无比光明的境界；“不负今日”提醒每一个学生都不要辜负社会中诞生的新机遇。

校风：自强不息，超越自我。“自强不息”语出《周易》：“天行健，君子以自强不息。”意思是天（即自然）的运动刚强劲健。相应地，君子处世，也应像天一样，自我力求进步，刚毅坚卓，发愤图强，永不停息。“自强不息”集中体现了新民小学师生的思想行为作风，遇到困难和挫折时，不轻言放弃。

教风：诲人不倦，突破自我。孔子《论语·述而》曰：“学而不厌，诲人不倦；何有于我哉!”“诲人不倦”要求教师们掌握教导的技巧。“诲人不倦”是晓之以理的涓涓细流，动之以情的育人之歌，将这两股源泉汇成涓涓细流，在学生的心中流淌，灌溉新民莘莘学子。

学风：学而不厌，完善自我。孔子《论语·述而》曰：“默而识之，学而不厌。”它体现出新民学生乐学的状态，是“清新乐园”的具体体现。“不厌”是个体学习的状态，是“乐学”的具体表现。新民小学学生面对新知识能够保持强烈的好奇心、求知欲，在学习的过程中找到方法，享受学习带来的快乐。

学校口号：启慧新民，点亮人生！它是新民小学主流价值观的取向、表达、传播和体现，促使学生生命舒展与活力勃发，对师生思想、行为具有积极的导向作用。

校徽：校徽（图1）由两个同心圆组成，象征学校是一个团结、和谐的大家庭。外圈为学校的中英文校名，内圈是新民两字首字母的变形图案——荷花。新民小学位于狮岭镇芙蓉地区，荷花象征芙蓉。荷花上面的两片花瓣是由汉语拼音“min”的“M”绘成，下面四片花瓣是由“xin”的“X”绘成。六片花瓣寓意着新民学子具有的六大素养。

校歌：校歌内容包含学校生命教育的理想和追求，旋律优美，节奏明快，激励新民学子奋发向上。

校刊：新民小学校刊名称为《新荷露角》。它主要宣传和谐和美、天天向上的校园生态文化，讴歌新民学子生命的幸福和美好。

图1 新民小学校徽

（二）营造清新的校园环境阶段（2015—2016年）

新民小学将和融文化作为学校文化的基因，给每一幢建筑物、每一条路径和每一个广场分别赋予一个名字，如新民门、民德楼、启慧楼、源之园、和融亭、德慧廊等，每一处景点的设计和构思都蕴含“荷”的元素和育人的理念，充满文化书香意蕴。

（三）创设“四新”教育课程体系阶段（2016—2017年）

新民小学在坚持国家课程改革纲要基本精神和各学科课程标准的前提下，在现有国家课程框架下创造性地开发课程资源，研发了“四新”教育特色课程体系，确立明德、新民、至善三大主线。在此基础上，编写了特色课程教学指导纲要，明确了课程的性质、课程目标、课程内容和实施建议。教师根据课程教学的原则开展生命教育教学活动，形成了一批针对性和指导性强、形式活泼的教学方案。

（四）开展个性的特色活动阶段（2017—2018 年）

为丰富办学内涵，提高办学品位与办学水平，新民小学开展了多项特色活动，培育现代公民。在众多特色化项目中，最能体现“四新”教育特色的项目有吹奏快乐（葫芦丝），唱响未来（合唱），舞动旋律（舞蹈），踢出风采（足球）。

新民小学以学校“四大节”为主线，以重大节日为契机，围绕“四新”教育开展了系列特色活动，如：“朱砂启智，开笔破蒙”新生开笔礼；“荷韵摇曳，舞动童年”四新教育之文艺汇演；“荷情韵意，畅游书海”书香校园活动；“崇尚英雄，精忠报国”故事会；“和融新民，精彩校运”活动；“挥扬和融色彩，绘画缤纷童年”欢乐画卷创作大赛；新民教育之“涓流成河，绵力助学”爱心捐赠义卖活动；等等。

（五）培养专业的教师队伍阶段（2018—2019 年）

学校建立了完善的教师发展计划，构建由优秀教师、骨干教师、学科带头人构成的不同层次的教师发展性评价体系；构建以评优课、观摩课、展示课、研究课为平台的教学技能展示系列活动。

（六）加强和谐的家校合作阶段（2019—2020 年）

建立健全学校家庭教育工作机制，切实加强家长委员会、家长学校建设，通过家长会、家委会、亲子活动等形式，丰富家庭教育工作内容。充分发挥家长参与学校教育管理的积极作用，建立和谐的家校关系，形成学校、家庭、社会教育相互渗透、整体协调的育人格局。

三、实施效果及突破性成绩

（一）课程体系逐渐完善

学校植根于学校、地域历史文化，整合校内外有利资源，开发特色校本课程《和融新民》。见图 2。

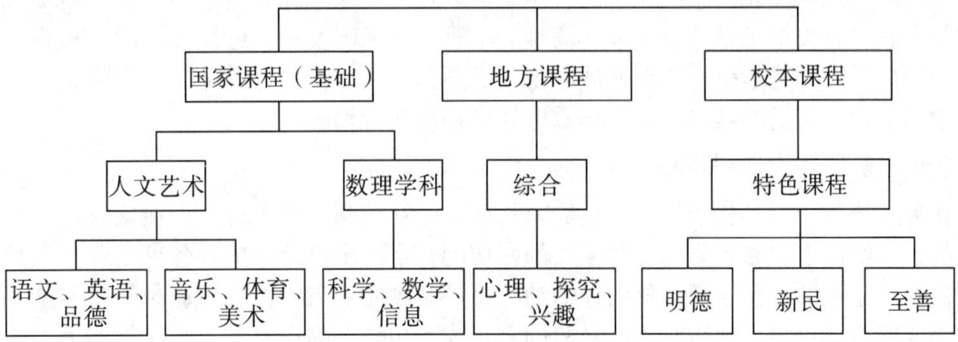

图 2　新民小学课程结构

新民小学追求“启迪人生智慧”，构建出“四新”教学体系，形成了特色鲜明的和融课堂（图 3）。

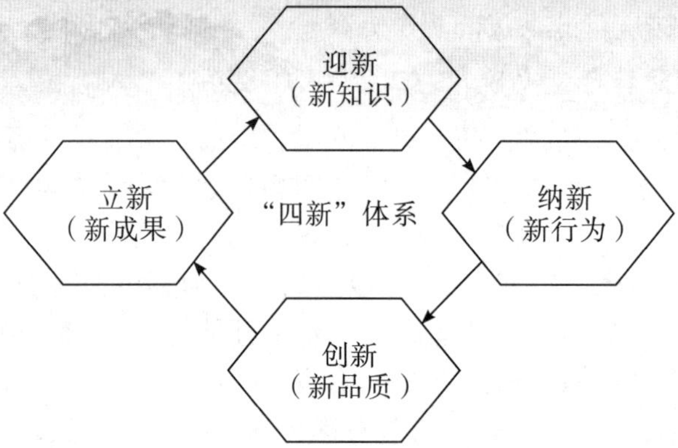

图3　新民小学“四新”教学体系

迎新，激励学子学习新知识；纳新，养成新的良好行为习惯；创新，体验内化形成新品质；立新，探究发现获得新成果。“四新”理念孕育的和融课堂，倡导发现探究自主学习，让学生学会学习，从引入中发现问题，探究解决问题的方法，通过师生互动、生生互动，构筑自主学习的平台。和融课堂实现多元整合，师生自主探究、自我成长。

我校把“四新”教育特色课程作为学校特色育人的平台，以特色导航，科学规划学校课程体系，构建和融新民特色课程体系，有序实施特色课程，激励公民成长。全校教师参与校本教材研发和使用，保障了“四新”教育特色课程实施，较好达成了特色育人的目标。

（二）教科研蓬勃发展

通过近几年的努力，我校教师队伍蓬勃发展。学校教育科研潜力巨大，许多教师在市级以上报刊发表论文。教师都能在自己的岗位上独当一面。其中，李惠红、邓志芬、邓尧珍、江晓晴、邱桂润、宋乾锋等教师为花都区学科中心组成员。学校形成了以优秀教师、骨干教师、学科带头人构成的不同层次的教师队伍建设。

（三）新民学子绽放风采

我校用特色的文化，浸润孩子的校园生活，让每个孩子拥有自己的特长，能绽放属于他们的光彩。新民学子是一个幸福、高雅、上进、有无限发展力的团体。学校重视学生思维能力的培养，重视学生可持续发展和生命品质力量的培养。“四新”教育使每一个孩子从入学到毕业，接受丰富多彩的文体熏陶和多种技能的培养。

（四）家校合力得到增强

作为广州市示范家长学校，我校的家长委员会在校领导的重视下，在家长委员会全体成员的大力协助下，在各班老师及家长的密切配合下，出色地完成了各项工作。家长委员会积极参与学校的日常管理、校内外活动的开展及重要会议。如：组织亲子秋游活动，做好合唱比赛后勤保障，邀请有相应经验的家长代表担任合唱比赛评委，家长代表带队学生外出参加各项比赛等。家校共育真正成为促进“四新”教育的有效途径。

四、经验总结

（一）科学顶层设计推动学校整体发展

我们深入挖掘学校思想文化内涵，使之成为学校教育教学活动的引领，师生共同的价值追求，并逐步内化成彰显学校风格的校风、教风、学风，从而提升学校的文化凝聚力，提高学校办学品位。

（二）和融环境呈现“四新”教育特色

我们将和融文化作为学校文化的基因，每一处景点的设计和构思都蕴含荷的元素。以荷喻意，整个学校的文化氛围犹如一个巨大的“育荷池”。每一处的文化小品设计，如一朵朵荷花，散落在校园的各个角落，“香气”环绕，润物无声，呈现出和融文化生态，滋养现代小公民。

（三）课程结构化支撑新民和融课堂

新民小学构建了独具特色的“四新”教育体系，在更高层面上打造具有中国传统文化特色的学校教育品牌，培养全面和融发展的人。以“四新”教育特色课程作为学校特色育人的平台，注重课程的结构化和整体性，注重课程的建设与实施。学校以特色导航，科学规划学校课程体系，打造新民和融课堂。

（四）特色项目保障小公民和谐成长

作为特色课程重要部分的社团活动，是学生培养个性特长、丰富生命的重要途径。学校成立领导小组和工作小组，给活动以强有力的保障。通过丰富多彩的活动，给学生更多学习、展示的舞台，着重发展六大核心素养，努力培养符合新时代要求的小公民。

“四新”教育坚信：教育的本真在于培养一个独立自主、能发挥自己潜能、为自己行为负责的公民。新民小学的家庭、社会、教师、课程、学生共同构筑起自然、和谐、安全、创新、富有活力的和融成长系统。

高中生有效学习的现状、影响因素及策略研究

广州市铁一中学
主要贡献者：郑晓虹　陈文轩　查　超　赵雄玉　殷建红　吕　娜

一、研究背景

我国基础教育新课程背景下，教育界越来越重视学生学习成效、学习自主性的发挥和学习方式的革命，这对当代中学生的学习提出了更高的要求。然而，机械被动、单一封闭的学习依然存在，教学浪费、效率低下问题仍十分突出，如何提高教与学的有效性，日益成为教育实践界、理论界关注与研究的热点问题，也是难点问题。

基础教育的核心任务是为学习者的持续发展奠基，为学习者的终身学习做准备。现阶段，中小学生学习普遍存在以下问题：封闭的学习，课内学习与课外学习、学习世界与生活世界隔离；功利的学习，以应试为目的，学习没有进入学生的精神世界；无问题的学习，为了学习而学习，盲目学习；无活力的学习，缺乏内在的学习需求，学习肤浅化、表面化。

广东省 2019 年高考改革方案和 2020 年普通高中课程新教材对高中育人方式和学生的学习提出了更高的要求，其中对学生生涯发展的指导和学科素养的培养无一不反映了以生为本、科学教育的观念。因此，顺应发展需求，尊重教育规律，提高学生学习成效以适应新高考新课标势在必行。

二、研究目的

结合教育背景和需求，我们申报并立项广州市中小学心理健康教育“十三五”规划课题“高中生有效学习的现状、影响因素及策略研究”。在翻阅了关于“有效学习”相关文献资料，我们发现近期相关研究仍停留在主观论述阶段，虽有“有效学习”的不同角度定义和不同维度分类，但缺乏数据验证和操作量化。

为此，本研究通过查阅文献资料、教师评估和因子旋转，归纳出有效学习较为全面的影响因子，基于数据了解各学科高中生有效学习的现状、各因子与学习成效的相关指数，从而提出高中生有效学习策略，弥补了以往研究只强调某一影响因素、多主观论述少实证的不足。研究过程生成的有效学习影响因素分析、有效学习评价量表、学习现状分析报告、有效学习策略方案、学科教学方案和论文等成果，具有重要的实用价值和借鉴交流意义。

三、实施过程

（一）编制《高中生有效学习评价量表》

以更好地捕捉学生可自测的有效学习指标为出发点，本研究确定将有效学习的表征作

为研究内容。同时，基于学习的学科性、学习进程的心理特点等多维覆盖的考虑，我们采用孙杰远在《有效学习的原理、策略与评价》中对有效学习表征的分类，包括学习策略与方法、行为与习惯、情感与态度三个方面。

采用量表初稿，在高中各年级选取高一全科和高二高三文理分科学生进行初测，收集数据后进行因子旋转，提取主要因子，删除相关性较低的项目，完成信效度检验，形成《高中生有效学习评价量表》（以下简称《量表》）修订稿。

（二）《高中生有效学习评价量表》正式施测

《量表》修订稿在广州市某国家级示范性高中学生中正式施测，同时收集高一、高二、高三年级学生上学期期末统测的各科成绩。通过分析数据，探究学生学习成绩与有效学习四因子“情感与态度”“行为与习惯”“策略与方法”“资源与实操”之间的关系，从而提出落实有效学习和启发生涯指导的建议意见。

（三）分学科探索高效学习的引导思路和教学方案

根据研究结论，项目成员老师（学科老师）积极探索本学科在一线教学过程中如何发挥“情感与态度”“行为与习惯”“策略与方法”“资源与实操”四因子的强作用，通过认知引导、情感支持、技能强化等帮助学生实现学习的高效。

四、实施成效

（一）量化“有效学习”指标，完成高中生有效学习评价量表的编制

根据本课题研究思路，邀请不同学科（语文、数学、英语、物理、化学、生物、政治、历史、地理）任课老师，就预设、构建、合作等策略与方法，有针对性地设计题目，形成《量表》的题目初稿。初稿经审核后，确定“情感与态度”维度包括“个体发展”和“学科认同”两部分：前者考量学生对自身发展和规划的思考，共9题；后者考量学生对特定学科的情感投入、信心、动机，共30题。确定非情感表征共108题，其中语文10题、数学11题、英语17题、物理11题、化学11题、生物12题、政治12题、历史11题、地理13题。总量表（高一版）共150题，高二高三理科版（除政史地三科）102题，高二高三文科版（除物化生三科）106题，采用5点计分方式。

《量表》初测高中各年级学生520名。通过项目鉴别度分析、题总相关分析和探索性因子分析，保留“情感与态度”维度的33题，全科均提取出“策略与方法”“行为与习惯”2个公因子，另外英语、生物、历史三科分别再提取出“资源与实操”因子，符合学科特点。经检验，各学科量表信度和结构效度均良好。

分析有效学习“情感与态度”时，我们发现：

1. 学生在“学习是否为了高考”“确定选哪三科”等问题上得分不高、差异不大，从中我们可以窥见学生普遍存在学习动机不清晰，选科可能更倾向于择业优势、分数优势等外部因素的考量。这启示我们应该加强高中生涯规划、学习动机等方面的引导和教育。

2. 在对各个科学的效能自评，即认为自己能否学好该学科的问题上，发现成绩好的同学对自己能学好该科目更自信；而成绩好和成绩差的学生在相信自己能学好传统文科“政史地”上的分数没有差异。其他学科效能自评比较符合常识，而政史地学科效能自评出现的这一特殊现象可能是由于书本的知识框架有限，结合实际时政和不同命题情景，可

灵活地无限地延伸，再加上文综（政史地）考试涉及时间分配、答题规范、书写规范、评分主观、标准难以绝对一致等原因，学生较难判断自己对政史地学科的知识是掌握了还是没掌握。这也启示我们，尤其是在文科学科的教学过程中，应有意识地增强学生的学科信心，提高学生在学习该学科时的获得感。

3．在高中教学中，我们很容易重视学习结果而忽略学习过程，重视学习态度而忽略学习策略，重视优势选科而忽略发展动机等，这些可能是学生不愿学、学不好、学不动的原因。《量表》可用于高中阶段学生各学科学习动机、学习效能的评价，对学生了解自身学习状况、教师针对性的学情指导、学生选科和职业规划指导有重要的应用和推广价值。

（二）深入探究学生有效学习四因子，落实有效学习的建议意见

在自编《高中生有效学习评价量表》正式施测（高中各年级学生共454名）数据中，综合考量多影响因子，划分高、中、低三等级成绩，仔细探索传统9门学科有效学习的现状。

1．发现

（1）“情感与态度”“行为与习惯”“策略与方法”“资源与实操”四因子确实是影响学生学习效能至关重要的因素；在各年级大部分学科，学生学习成绩与有效学习各因子呈显著正相关。

（2）高中三个年级全9门学科，不同成绩层次的学生在有效学习四因子的得分差异显著，高分段学生的因子得分优势明显。

（3）有效学习四因子的得分存在个别学科的年级差异，而性别差异不明显。

2．启发

（1）增强学科的情感认同对学生学习效能的提升意义非凡，学校管理、教师教学需高度重视学生的学习情感因素。我们可以通过学科发展、学科应用、趣味学科、学科学法等普及，让学生多角度走进学科，而不是以知识、题目、考试来片面认知学科。其次，增强学生学习学科的信心非常必要，学科的学习和考核宜难易相间、形式多样，应特别关注初始年级、薄弱学科、后进学生的基础强化和情感鼓励。另外，“亲其师信其道”，教师队伍对业务能力、人格形象的用心经营也能促进学生对学科的学习热情，从而激发学习动力。

（2）良好的学习行为习惯是学科知识掌握和巩固的有力保证，高分段学生在行为习惯上具有明显优势。学科老师应根据学科知识的认知规律和学习特点，总结提出学习行为的规范和要求，学生可以通过摸索和总结找到行之有效的学习习惯。同时，成绩优秀的学生在学法上的把握也更清晰、使用更熟练，因此学法研究应成为教学研究的方向之一，学法指导也应成为学科教学的重要组成部分。

（3）击溃了一个误区——“年级越高，学生越优秀，有效学习的因子作用减弱”。相反，重视并实践学习的有效性能让学优者精、学中者稳，即学生学习时富有积极的情感体验，具有良好的行为习惯和行之有效的学法，加上课外资源和训练是一定能获得更优异成绩的。

基于上述研究结论，本研究认为教学与情感的联结应该是持续性的，学习的事半功倍离不开积极正面情感的长期滋养；学习行为的规范和习惯的养成能切实帮助学生稳定学习成效，课业增重的中高年级学生更要稳扎稳打，克服侥幸心态；学科学法指导应始于初始年级或初学年级，贯穿各个学年，着重培养和持续强化学生学习该学科的基本思路和素

养，以应对学科难度逐步增大这一趋势；对于主观能动性发挥余地较大的学科，教师应尊重“生”本位，鼓励学优生自主策略和自主资源的利用和发挥，从而多途径、多方位实现学习效果的突破。

3. 思考

新高考方案与往年最大的不同是没有了纯文纯理的捆绑选科，学生除传统语数英，物理、历史二选一外，另外4门学科可以任意搭配，学生选择的自主性大大提高。我们对学生生涯、选科的指导，应在原来优先考虑录取比例、就业背景等基础上，加强学生对职业（学科）兴趣和学习效能的自我探索。高校录取、人才需求是大方向，学生“能学会学”是启动器，学生喜爱并充满信心是助力器，三者俱备才能让学生的能量发挥最大化。加大情感因素——“我喜欢”“我有信心学好”“学好了能实现我的人生（职业）想法”的考量，更有利于激发学生学习动力，提高学习效能，实现自我成长。

（三）立足“有效学习”，创新设计策略，大胆实践教学

在前期量表编制和数据分析中，项目成员对“有效学习”有了更直观的感受和思悟，并在各自学科的教学设计中有意识地融入“有效”“高效”等学习策略元素。初步成果见表1。

表1 理论成果

项目成员	探索方向	论文题目
陈文轩	策略与方法	基于区域认知与综合思维双解读的有效学习策略研究
吕娜	行为与习惯	浅析高三生物二轮复习的有效教学策略
查超	情感与态度	谈构建新课程下有趣与有效政治教学模式
查超	策略与方法	探析归纳法和演绎法解答高考政治主观题
殷建红	行为与习惯	2018年高考理科数学全国卷分析与2019年高考备考建议
殷建红	行为与习惯	浅谈解析几何高考备考
赵雄玉	策略与方法	就高考文综历史题谈历史概念的有效教学

五、创新之处

本研究由多学科教师团队携手，内容覆盖学生学习情感态度、学科学习策略方法和习惯行为，更具有融合性和实践性。用数据量化学习评价时，我们切实地关注了有效学习的因素和生涯指导的思路。尤其是学科老师，由于参加本课题研究，原来从“师”本位的角度思考怎样有效教授该学科，因为部分数据的“反转”而开始从“生”本位的角度去思考，并尝试了一些教学方法和学法指导的革新。

传承传统文化，塑造职业品性

——基于传承弘扬中华传统茶文化的职业美育的探索与实践

广州市旅游商务职业学校

主要贡献者：王朝晖　陈丽敏　白碧珍　齐冬晴　管宛嫦　张鸣秋

《现代职业教育体系建设规划（2014—2020 年）》（以下简称“规划”）提出：支持职业教育传承民族工艺和文化。将民族特色产品、工艺、文化纳入现代职业教育体系，将民族文化融入学校教育全过程，着力推动民间传统手工艺传承模式改革，逐步形成民族工艺职业院校传承创新的现代机制。积极发展集民族工艺传承创新、文化遗产保护、高技能人才培养、产业孵化于一体的职业教育。按照规划要求，全面贯彻党的教育方针，以立德树人为根本任务，我校全面开展和加强学校“五育”并举的德育工作。其中，职业美育教育有助于提升学校德育工作的职业品性，提高德育工作内涵的社会性。

一、中华传统茶文化与职业品性的内在联系

迈入新时代，茶行业对人才的要求逐渐提高。茶艺师通过茶事服务、茶艺演绎宣传茶性、茶德，引导消费者认识茶文化，提升茶艺馆的文化层次，传承中国茶文化。因此，茶艺师需要具备良好的综合素养，如高尚的审美能力、专业技能、职业道德等。

职业品性是指个体职业品质的性格和特征，是职业美育的组成部分；而职业美育是职业教育的组成部分之一，包括了隐性与显性的职业素养教育。

隐性的职业素养是中职生具备的敬业精神、诚信品质、团队精神、责任意识等，整合为职业意识、职业道德、职业作风和职业态度等方面，需要通过显性职业素养来验证。显性的职业素养可通过学历、职业证书及专业考核验证，包括知识、形象、职业行为和技能等方面，是看得见的职业素养，是隐性职业素养的外在表现。

基于传承弘扬中华传统茶文化的职业美育实践，有利于将中国茶文化精神融于学生职业生涯的发展，引导学生树立正确的人生观与价值观，助推学生职业素养提升，帮助学生塑造有特色的职业品性，达到精准育人的校企产教研深度合作的目标。

二、传承茶文化，实施职业美育，塑造职业品性

习近平总书记指出，中华优秀传统文化是中华民族的精神命脉。中国茶文化是优秀传统文化的重要组成部分，《百茶联》原创作者在天提出“茶有八德，德馨味厚。丹青难写，瓯鼎易烹。芳名鼎立，大器天成：康乐甘香，有八德处有嘉饮；和清敬美，无一物中无尽藏”。基于传承弘扬中华传统茶文化的职业美育的探索与实践，学校以“养成茶文化职业美育教育”为抓手，从学生的专业学习习惯和职业素养培育入手，以“茶德”润泽学生心灵，提升整体职业素质，塑造职业品性。

三、传承弘扬中华传统茶文化职业美育的探索与实践

（一）成果实践背景

2017 年 1 月，学校美育团队参与中国人生科学学会美育研究会“十三五”重点项目“学校美育与人生发展的实验研究”，子项目“以职业美育的角度弘扬中华传统茶文化”成功立项。

1．领航广东省中等职业茶艺与茶营销专业教育

在实施职业美育的专业建设探索与实践中，有效促进专业文化内涵建设，完成行业调研报告、专业人才培养方案，改进校内外实训室建设，创新课堂教育教学模式，提升了师生专业技能水平。

2．学生职业品性培育成效明显

培养了一批优秀的高级茶艺师、茶道养生师，各类竞赛成绩喜人。连续四年获广东茶艺师职业技能竞赛中团体金、银、铜奖；2017、2018 年获全国职业技能竞赛调饮茶、个人茶汤品饮金奖，茶演说家竞赛银奖。

3．构建学生的职业生涯发展路径

构建了以岗位项目课程为主体的课程体系，明确学生职业发展方向；结合校园文化建设要求，突出茶专业文化特色；研制了国家专业教学标准，通过项目研究实践，全面提高学生综合素质和职业能力，满足茶行业、产业发展对高素质中等应用性技能型人才需求。

（二）成果实施过程

职业美育贯穿于专业建设，从职业美育的角度提高青少年对传统茶文化的认识，充分实践社会主义核心价值观；人才培养方案紧密贴合行业用人需求，坚定文化自信，引导学生肩负传承、发展茶文化的使命。

1．确定研究的基本流程

（1）对广州茶行业人才需求状况进行行业调研，根据行业、企业需求，确定最新的中职茶艺与茶营销专业人才培养方案。

（2）在人才培养方案指导下，请行业、企业专家共同研究实训课程，共同探索符合行业、企业用人需求的特色中职茶艺与茶营销专业校企一体化教学模式。

（3）加快建设现代学徒制的校企合作实训场所“广州旅商茶艺名师工作室”，实践校企一体化教学模式，培养学生职业道德，提升职业素养。

（4）从职业美育的角度，逐步推进校本教材研发。将传统茶文化融于中职茶艺与茶营销专业的系列校本教材，建设广州市首个茶艺与茶营销专业特色教材。

（5）组建广州旅商师生茶文化艺术团，以广州为起点，沿着“海上丝绸之路”将中华传统茶文化推向印度尼西亚、泰国、斯里兰卡等国家，弘扬中华优秀传统文化。

2．设计活动项目

通过茶文化系列活动，渗透职业美育，逐步提升学生审美能力，建设具有旅游商务职业学校美育特色的校园文化，具体如下：

（1）茶韵悠扬（“一带一路”茶文化普及，2017—2020 年）。

（2）识茶习礼（茗礼气质职业人，2017 年 4 月）。

（3）采茶赏心（理实一体茶山行，2017—2020 年）。

（4）诗情茶意（诵读茶诗育新人，2017 年 9 月）。

（5）职达社区（邀你共饮一杯茶，2017—2020 年）。

（6）倚技出彩（技能竞赛展风华，中华茶艺大赛等，2017—2020 年）。

（7）拜师传道（国饮传承蕴匠心，2017—2020 年）。

（8）举办成果交流会，展示广州市旅游商务职业学校“人人皆可成才，人人尽展其才”的办学理念，突显以职业美育的角度弘扬中华传统茶文化的特色校园文化。

通过上述活动，优化学校德育环境，构建美好和谐的校园文化，形成浓厚的茶文化氛围；建立和谐的人际关系，体现人性之美。让学生在充满中华传统茶文化氛围的校园环境中陶冶情操，培养良好的个性，培养主人翁精神与责任感；将中华传统茶文化的美育价值与学生的职业道德相结合，助推学生职业生涯发展，充分体现了广州市旅游商务职业学校“立德树人，倚技出彩”德育思路。在具体的活动实践中融入茶德、茶礼，形成独特的职业行为规范，为学生开辟一个重新思考、重新认识职业道德的全新角度，在潜移默化中塑造良好的职业品性。

3. 加强专业及课程建设

在“三全育人”理念的指导下，利用新课程平台，以项目教学理论、合作学习理论及建构主义理论支撑建构起来的课堂教学模式研究，独具特色，取得良好的成效。茶艺课堂上实现堂堂达标，人人达标。通过对各茶艺专业系列课程标准的研究，有效提升专业教师的反思能力。茶文化教师团队的青年教师由此走上研究道路，朝着研究型教师的方向前行，不断取得新成果，例如针对校本教材的开发与建设，结合项目课堂教学研究的内容、方法、途径及评价标准等问题，在研究中总结出一些规律性的认识。

四、实施效果及突破性成绩与经验

职业美育是职业教育的重要组成部分。从职业美育的角度传承和弘扬中华茶文化，有利于将中国茶文化精神融入学生职业生涯的发展，帮助学生树立正确人生观、价值观、社会观，有效促进学生职业品性的养成。

（一）创建茶文化职业美育课程，开拓新视角

开设线上线下茶文化美学课程，提升学生茶文化审美素养。通过智慧职教云课堂，开设“以职业美育的角度传承弘扬中华传统茶文化”系列课程，实施“双线”职业美育教育教学活动；建设大数据时代下的职业美育矩阵，整合相关数字资源，建设配套网络课程，实现移动课堂，扩宽职业美育的广度。

（二）研制教学标准，促进职业品性形成

引领中职茶艺教学标准建设，为茶文化美学育人奠定基础。2017 年，学校承接教育部职教所主办的“教育部中职茶艺与茶营销专业目录修订会议”，不断完善教学标准、人才培养方案，于 2019 年成功进入教育部中职目录。2020 年，继续组织并完成中职专业教学标准的研制工作，为促进更多全国职业院校开设茶文化课程开辟道路。

（三）厚植中华茶德，促进德技并修

1. 强化师资队伍建设，提升教师职业美育能力

茶艺与茶营销专业教师团队双师率达到 100%，其中高级技师 4 人，技师 3 人。团队

成员多次担任国家级和省级行业大赛裁判，展现了专任教师在行业的影响力。教师团队教学与科研能力强，2018 年获得国家级教学成果二等奖；2019 年获 3 项国家软件著作权专利；发表论文 10 篇，其中在核心期刊发表论文 1 篇，国家一级出版社录用 2 篇。具体见表 1。

表 1　2017—2020 年专任教师参与课题、获奖及论文发表等统计

项目	课例	优课	立项课题	技能竞赛	论文获奖	课题获奖	发表论文	出版教材	著作权专利
数量	4	4	5	4	10	3	10	2	3

2．学生专业技能和职业核心素养快速提升

真实有效的实训使茶艺与茶营销专业与选修课学生在行业竞赛中持续名列前茅。茶文化社团获评广州市教育系统“十佳”社团；专业学生获广州市首届职业教育金睿奖评比“最炫专业技能奖”“最具前景专业奖”；在教育系统内获得国家级奖学金 3 人。具体见表 2。

表 2　2017—2020 年学生行业技能竞赛获奖统计

<table>
<tr><th colspan="9">个人项目</th><th colspan="9">团体项目</th></tr>
<tr><th colspan="3">国家级</th><th colspan="2">省级</th><th colspan="4">市级</th><th colspan="3">国家级</th><th colspan="3">省级</th><th colspan="3">市级</th></tr>
<tr><th>一等奖</th><th>二等奖</th><th>三等奖</th><th>银奖</th><th>铜奖</th><th>一等奖</th><th>二等奖</th><th>三等奖</th><th>优秀奖</th><th>金奖</th><th>铜奖</th><th>优秀奖</th><th>金奖</th><th>银奖</th><th>铜奖</th><th>一等奖</th><th>二等奖</th><th>三等奖</th></tr>
<tr><td>1</td><td>1</td><td>2</td><td>3</td><td>1</td><td>3</td><td>4</td><td>6</td><td>4</td><td>1</td><td>3</td><td>4</td><td>1</td><td>3</td><td>2</td><td>3</td><td>8</td><td>7</td></tr>
</table>

（四）家校企高度认可，坚定学生从业信心

连续四年成为春秋两季的“广州茶博会”茶师服务接待工作伙伴。定期举办“岭南茶艺讲坛进北京”茶文化活动，曾被新华网连续报道。毕业生深受茶行业的欢迎。茶艺与茶营销专业首届毕业生邝欣作为全国唯一入选“第二届中国大学生茶艺团”的中职生代表，获得前往哈萨克斯坦进行茶文化交流的机会。刘秋阳成为南方医科大学茶文化社团指导老师；在广东茶艺师职业技能竞赛中李晓洪获个人金奖第一名，刘子熙指导的团队获银奖。

（五）拓宽传播渠道，提升社会价值

近年来，学校茶艺专业师生参加茶文化交流约 350 人次/年。2019 年，学校“中华茶艺工作室”在葡萄牙启动，茶专业教师到葡萄牙讲授茶文化课程。

上述育人经历都是基于传承弘扬中华传统茶文化的职业美育的实践，融中国茶文化精神于学生职业生涯发展，把培育和践行社会主义核心价值观融入学校德育全过程，根植于中华优秀传统文化深厚土壤，汲取人类文明优秀成果，引领学生树立正确的审美观念，陶冶高尚的道德情操，培育深厚的民族情感，激发想象力和创新意识，拥有开阔的眼光和宽广的胸怀，培养造就德智体美劳全面发展的社会主义建设者和接班人。

国防教育探析新时代爱国主义教育新路径

广州市越秀区育才学校
主要贡献者：梁奇志　曹毅儒　蒋颖宁　唐珍子　朱雪梅　孔韵枝

爱国主义是中华民族绵延不绝最重要的精神基因，是中华文明源远流长的精神财富。习近平总书记强调："要在厚植爱国主义情怀上下功夫，让爱国主义精神在学生心中牢牢扎根，教育引导学生热爱和拥护中国共产党，立志听党话、跟党走，立志扎根人民、奉献国家。"

育才学校是一所有着百年积淀的越秀区老牌学校，作为广州市首批"少年军校"之一，国防教育经验丰富、红色底蕴深厚，我们期待在《新时代爱国主义教育实施纲要》精神的引领下，以国防教育为抓手，创新国防教育的形式，将爱国主义精神贯穿于学校国防教育全过程，培养学生的爱国情怀，探究新时代爱国主义教育的新路径。

一、形成背景

育才学校立足本校，深挖"红色资源"，确立以国防教育为学校探索新时代爱国主义教育新路径抓手的指向有三：一是历史久，早在20世纪90年代，学校就已成为广州市首批"少年军校"之一；二是底蕴深，学校的前身——育鹰小学是原广州军区空军子弟学校，目前学校仍有几百名空军子弟，有着丰厚的国防教育资源和优良的学军拥军传统；三是时代性强，2017年教育部印发的《中小学德育工作指南》和共青团中央、教育部、全国少工委联合印发的《少先队改革方案》都强调实施国防教育，引导少年儿童传承军旅风尚，砥砺道德意志，养成勇武体魄和勇敢担责、勇于前行的心理品质和良好品格。

二、实施过程

小学生开展国防教育的重点不在于进行大量的知识传授和训练，而在于培养孩子的国防意识。如何给学生培养呢？根本途径在于"渗透"。

（一）整合和开拓国防教育资源，深埋爱国的种子

1. 利用各类历史遗址、英雄纪念馆、烈士陵园等爱国主义基地，开展各种各样的参观活动。这些直观的参观活动，既加深了学生对历史的了解和认知，同时也增强了爱国主义情感。

2. 组织学生去武器馆、军事博物馆、科技馆等国防教育基地进行观摩。一方面是让学生了解国防历史上先辈们取得的辉煌业绩，从而产生由衷的自豪感和责任感。另一方面，通过直观感受某些历史时期屈辱的国防历史和国防科技与国外发达国家的差距，也能让学生产生强烈的爱国情怀。

3. 结合广州市智慧阅读活动，推荐学生阅读军事读物。这些军事读物着力发掘战争

故事与学校学科课程的内在联系，诠释课本知识，使书本知识生动化、形象化，在欣赏趣味的同时增强学生的国防意识，帮助学生树立牢固的国防观念，培养爱国情感。

（二）把国防教育融入素质教育全过程，让爱国精神生根发芽

学校将国防教育作为素质教育的一项重要内容贯穿始终。针对青少年学生的特点，采取各种教学形式，激发学生学习积极性，在启发和互动中自觉掌握国防理论、军事知识技能。

1. 国防讲座启军梦。学校每年请来共建单位军官为全体少先队员进行国防知识专题讲座，2019 年邀请到原空军指挥学院作战指挥系情报外军教研室教授、空军大校陈洪教授，2020 年请来南部战区空军“歼 20”战斗机驾驶员……育才学生听得聚精会神、津津有味的同时，更埋下了一颗颗爱国拥军的种子。

2. 军事观察立军志。全校少先队员先后观看了《厉害了，我的国》《强军·逐梦》《朱日和·军演》等军事纪录片，感受到实现强军目标、建成世界一流军队的强军兴军大思路大格局。观影后，学生纷纷拿起手中的笔，用观后感、手抄报等形式立下以国家利益为最高准则，时刻准备为国防事业贡献力量的远大志向。

3. 军旅研学促实践。在一系列国防教育理论的浸润下，育才学生代表作为广州育才教育集团成员，共同参与了集团研学活动——参观广东海警基地，队员们一边聆听海警指挥官讲解南海的战略地位、护渔维权等故事，一边深入舰艇住舱和机舱，体验海警官兵狭小而整齐有序的生活环境，对军人不畏艰难的顽强作风肃然起敬。

（三）携手共建单位进行国防教育，让爱国情感落地

学校与南部战区空军某部和南部战区空军医院结成共建单位，为部队与学校资源共享提供了组织保证；又依据《少先队改革方案》文件精神，聘请部队共建单位代表为学校少工委成员，军校共建组织体系日趋成熟凝练。

（四）营造国防教育校园文化氛围，深化爱国情感

学校全面建构国防教育校园文化宣传体系，历经洗练而凝结成“三个一”多元化国防教育宣传阵地：一方面定期在橱窗配发国防教育的文章和图片，进行即时宣传，树立爱国主义情感；一方面请驻地部队共建单位派人入校进行国防教育宣传；一条朴实庄重的国防教育宣传长廊，让同学们在课间休息时学习浅显的军事知识技术，潜移默化中接受现代国防知识的熏陶。

三、实施效果

（一）通过国防教育，形成德育特色校本课程

学校携手共建单位人力、设备等教育资源，围绕国防理论、军旅文化和革命传统教育，开展了形式多样、内容丰富多彩的主题活动，形成德育特色校本课程。

1. 军姿挺拔铸品格。每年九月为学校的国防教育月，这个长达一个月的国防教育系列活动通常分三步：第一步，举办“国防教育月启动仪式”；第二步，由共建单位委派教官对全校学生进行为期两周的军训；第三步，举行“国防教育月闭幕仪式暨中队队列展示活动”，这些中队成功展示出自信、乐观、团结、进取的精神风貌以及强烈的集体荣誉感。

2. 军艺联动铸素养。在纪念红军长征胜利 80 周年革命歌咏活动中，通过向少先队员

推荐并教唱优秀军歌曲目，形成了“班班有歌声，人人唱军歌”的浓厚艺术氛围；在“颂我中华·共筑梦想”年级革命诗词大会上，少先队员通过咏唱革命歌曲和长征组诗，回忆中国共产党革命历史，感受伟大不朽的革命精神。

3. 军魂长存铸精神。每逢九一八事变、南京大屠杀死难者国家公祭日等重大历史事件纪念日，学校都会举行“以史为鉴·勿忘国耻”主题微队会纪念活动，学生用集体默哀、宣读倡议书等方式寄托对先烈们的哀思；每年“我们的节日·清明”综合实践活动中，同学们都会怀着无比崇高的敬意，自发前往广州起义烈士陵园为革命先烈献花、扫墓，激发学生热爱祖国的朴素情感。

（二）通过国防教育，培养了学生的爱国情怀

1. 帮助学生树立正确的世界观、人生观和价值观

国防教育是学校教育的一个重要内容，在加强综合素质教育过程中，学校把德育、智育、体育、美育、劳动教育、国防教育等有机地统一在教育活动的各个环节之中，使之相互渗透，协调发展，全面发展，帮助学生树立正确的世界观、人生观和价值观。

2. 为培养社会主义建设者和接班人奠定思想基础

纵观开展学生队列比赛和国防教育专题讲座以及日常国防教育活动的实践历程，充分表明国防教育不仅增强了学生的组织纪律性观念，而且培养了艰苦奋斗的革命精神、顽强的拼搏精神和与时俱进的竞争意识，为培养德智体美劳全面发展的社会主义建设者和接班人奠定了坚实的思想基础。

（三）通过国防教育，提升了学校办学效益

学校每学年汇集国防教育成果，定期刊登出学校开展的形式多样、内容丰富的国防教育主题活动报道；2018 年，学校少先队员自发去烈士陵园扫墓的行为被广州新闻频道记者无意发现并报道，在社会引起正面积极反响；2019 年 3 月，共建单位南部战区空军医院联合我校举行的“致敬英雄·不忘初心·砥砺前行”向烈士纪念碑敬献花圈活动，被《现代中小学生报》报道；2019 年，庆祝新中国 70 周年华诞国防教育活动同时被广东广播电视台少儿频道《南方小记者》栏目和现代教育频道《本周校事》报道……

四、创新之处

（一）思想创新

确定国防教育为探析新时代爱国主义教育新路径，是以习近平总书记强军思想为核心，以《新时代爱国主义教育实施纲要》精神为指导思想来开展。不同于传统的国防教育思想，新时代爱国主义教育路径下的国防教育思想，着眼培养担当民族复兴大任的时代新人，始终高扬爱国主义旗帜，着力培养爱国之情、砥砺强国之志、实践报国之行，努力使爱国主义成为全体学生的坚定信念、精神力量和自觉行动。

（二）活动创新

学校在传承传统的国防教育活动，如军训、军事讲座的同时，更致力于积极创新国防教育活动形式，如开展国防研学之旅、线上国防知识竞赛、结合广州智慧阅读活动融合开展国防教育主题阅读活动，让学生在形式各异、鲜活丰富的活动中接受国防知识，潜移默化中提升爱国主义情怀。

（三）内容创新

为迎接世界发展变化带来的机遇和挑战，学校的国防教育内容也做了相应的调整，增加了科技化国防、信息化国防、实践化国防等知识，以适应多元文化的发展要求，丰富国防教育内容。学校还将中华优秀传统文化作为国防教育的重要内容，让青少年一代通过传统文化的精髓看到国家的强大与发展，看到国家深厚的历史文化底蕴。

五、成果与展望

经过多年的国防教育实践活动，育才学生逐步铸炼出坚韧不拔、顽强拼搏的意志品格和拥军学军、立志报国的坚定信念，在各学科、各领域屡获佳绩，如：荣获越秀区小学生田径运动会甲组团体第二名、越秀区中小学生田径精英赛小学组团体一等奖、广州市“少先队知识小达人”团体赛小学组一等奖……

不仅学生在国防教育的精神引领下收获累累硕果，整个学校也呈现出朝气蓬勃、奋发向上的精神面貌，学校连续五年获得越秀区大课间活动展示特等奖、粤语童谣传唱活动特等奖，还被评为越秀区少先队工作先进学校、广州市红领巾示范校、广东省优秀红旗大队、广州市培育与践行社会主义核心价值观示范校、广州市红领巾示范校、广州市交通安全文明示范校等。

我们也将继续与时俱进、总结经验、优化成果，继续探究以国防教育为抓手的新时代爱国主义教育新路径，为培育更多合格的社会主义建设者和接班人而努力。

香凝正气文化背景下的校园文化实践探究

广州市何香凝纪念学校
主要贡献者：冯艳云　陈燕丽

学校是继承、传播、发展文化的场所。校园文化是综合体现学校教育理念、办学思想、校园风气的“灵魂”。良好的校园文化能使置身于其中的人感受到浓郁的氛围，久之则扎根于人的思想深处，指导着人的思想观念和行为习惯。广州市何香凝纪念学校将德育的内容、观点、要求汇聚成时刻笼罩着学生的品德氛围，时时、处处感染引导学生，切实提高学生的品德素养。因此，我们特别重视校园文化建设，营造“香凝正气”氛围，潜移默化地调节学生的学习、生活、心理，规范学生的行为习惯，促进学生素质全面提高。

一、香凝正气文化的形成背景

广州市何香凝纪念学校前身为广东省南海县海心沙乡田心课堂，创办于 1931 年。因学校所在地系何香凝先生桑梓，为纪念这位老一辈革命家、政治活动家、美术家、教育家，在社会各界的支持下，学校得以重建，并于 1992 年 9 月 1 日易名为何香凝纪念学校。

自何香凝纪念学校创立以来，学校师生一直将何香凝作为学习的精神榜样。通过对何香凝人生历程系统而深入的探寻和分析，挖掘了其最突出的品质——爱国爱民、正直坚贞、博学多才、自强不息，进一步精炼这些品质，凸显出的是何香凝的浩然正气。为此，学校提出“香凝正气”，将其作为学校的品牌，亦作为学校的文化基因。

党的十九大明确提出把立德树人作为教育的根本任务。学校一直重视德育，强调学生要“立品”，将传承何香凝先生的优秀精神品质（“香凝正气”）——爱国爱民、正直坚贞、博学多才、自强不息，作为学校教育的第一要务。可见，何香凝纪念学校的核心价值追求正是“立德树人”的校本化体现。

二、校园文化实践的主要做法

在特色校园文化建设中，我们紧紧围绕“一个中心”，落实“四条措施”。“一个中心”指校园文化建设要以育德为目的，彰显学校“香凝正气”。通过校园文化倡导形成积极向上、催人奋进的学校精神，让学生明显地感受到香凝先生所倡导的道德观念、价值取向和目标要求，形成良好的舆论、心理氛围，对师生的思想言行产生积极的导向促进作用。“四条措施”即要从校园文化建设目标、校园文化氛围、环境课程体系和班级特色文化四种渠道整体构建校园文化。既让校园文化涵养整个校园，形成学校支柱型主流文化精神，又能实现校园主体精神文化的具体化，使其落实到每个班级、每个学生。

（一）明确“香凝正气”校园文化建设目标

校园文化建设的根本在于以德育为目标，树立具有唤起、导向、激励作用的学校精神文化，营造自觉提高个人思想道德素养、推进整体道德建设的校园氛围。我们学校的校园文化建设以“香凝正气”为核心，从校园物质、心理、舆论环境建设出发，引起师生对道德美的感受，领悟道德美的目标，体会学校对自己道德发展的希望要求，自觉追求自身道德提高发展。

何香凝的作品是学校艺术教育的重要载体，这些作品中本身就凝结着先生高贵的精神品质。在学习的过程中，学生不但艺术技能得到训练和提升，同时培养了“香凝正气”。

何香凝先生是学校的精神图腾，其成己达人的人生写照是学校师生共同的价值追求。《中庸》有言：“成己，仁也。”《论语》有言：“夫仁者，己欲立而立人，己欲达而达人。”可见，有仁德的人，不但自己应有所作为，也使别人有所作为，自己事事通达，也帮助别人通达。

何香凝纪念学校希望学生以何香凝为榜样，通过学习艺术、锻炼艺能和树立良好的品德，成就自己并影响和帮助他人。

在“香凝精神”这一珍贵的、具有丰厚历史文化底蕴的精神财富影响下，学校以“修艺立品成己利民”为办学理念，积极构建“校园书香、精神沁香、墨宝留香”的“香凝校园”育人氛围，优化育人环境，发展“香凝德艺”，彰显“求真尚美德艺双馨”的“香凝教育”特色文化。

【校训】爱国爱民、正直坚贞、博学多才、自强不息

【校风】明明德，至至善

【教风】厚学识，明大义

【学风】求真知，乐义行

【校徽】

广州市何香凝纪念学校

GUANGZHOU

HEXIANGNING MEMORIAL SCHOOL

【校歌】《香凝之歌》

（二）构建“香凝正气”主题校园文化氛围

学校坐落在岭南第一花乡。走进校门，只见在婆娑绿树掩映下、在花香鸟语环绕中，一尊三米多高的何香凝先生汉白玉像迎面矗立，这尊雕塑重现了何香凝先生在首次国共合作期间的柔情铁骨。一旁伴有弘扬“香凝精神”的浮雕与诗碑，浮雕上刻有“爱国爱民、正直坚贞、博学多才、自强不息”十六个大字，这是学校对“香凝正气”的扼要归纳，它是我们的校训，已经成为香凝师生的血脉与灵魂；浮雕的背面是诗碑，除了镌刻马万祺先生的诗“一枝红艳冠群芳，松柏香凝节义彰，爱国坚贞师后代，育人育树百年长”，还镌刻着已故名誉校长、著名美术家关山月教授题写的“育才第一，品德为上”的八字箴言。校道两旁特设弘扬“香凝精神”的宣传栏。此外，创建学校的功德碑、关山月名誉校

长头像铜雕、校园文化标识、何香凝壁画以及教学楼六楼高大上的“香凝艺苑”，也自成风景。

我校遵循“修艺立品　成己达人”的办学理念，培育“求真知、乐义行的香凝学子”学习风气，一切的工作都是为了香凝学子的发展。我们坚持“香凝文化　濡养人品”“香凝课程　精育人才”“香凝艺术　颐生气韵”，让丰富的活动代替传统枯燥乏味的说教和训斥，让学生在活动中快乐成长；让学生亲历实践，得到真正的体验，使知行结合落到实处；通过各项体验的活动，使德育活动规范化、教育系统化、激励机制具体化。

学校着力营造绿化、净化、美化的校园物质环境，让校园的每个角落都能使人产生美的体验，让一草一木一墙一砖都能映射自我完善的追求。

1. 校园建筑布局合理，形态庄重典雅，继承了传统风格又散发着现代气息，让每个人都感受到其中蕴含的人文关怀。例如进入校门后左转，就是香凝书画长廊，每一幅书画都彰显着香凝精神。

2. 绿化美化校园环境。校园内百年古木与新绿枝条、参天大树与绿篱小草构成多层次的绿化体系，配以盆景雕塑、名人塑像，形成浑然一体、怡人心神的园林式校园，给人以美的享受。

3. 精心设置校园主题景观。根据校园布局和教育需要，我们在校园文化建设中围绕一定的教育主题，刻意营造一些学校教育景观：校门正前方香凝先生的塑像高高耸立，每天迎接同学们来到校，激励着同学们奋斗拼搏、积极进取。

（三）探索“香凝正气”环境课程体系

学校基于“香凝正气”的价值引领，围绕其爱国爱民、正直坚贞、博学多才、自强不息的核心品质，建构了“香凝正气”课程体系，相应包含四大模块课程，分别为仁德课程、明义课程、博才课程和毅行课程，各课程模块又下设多门主题课程。特别说明，各门主题课程虽然归类于某一模块下，但课程本身也会渗透其他模块课程的精神品质，只是该课程模块的品质更为突出。

1. 仁德课程

仁德课程模块以“香凝正气”内涵中的爱国爱民为价值引领进行课程设置，具体包括香凝正气、党史寻踪和岁时节令三门主题课程。

（1）香凝正气

“香凝正气”课程依据学习主体不同，分为两部分。一是学生为主体的“香凝故事与香凝精神”；一是家长为主体的“走近何香凝纪念学校”。

（2）党史寻踪

课程目标：本课程归于仁德课程模块，通过带领学生参观与党史相关的爱国主义研学基地，使学生更深刻地了解中国的革命历史征程、国共合作对新中国成立的重要意义、中国共产党的发展历程等，认识更多的革命人物和英雄事迹，加深爱国主义精神的培植。

2. 明义课程

明义课程模块以“香凝正气”内涵中的正直坚贞为价值引领进行课程设置，具体包括诗中有义、墨上风骨和学道进德三门主题课程。

课程实施：主要依托于美术课开展，将“水墨凝香”课程作为美术课程的拓展延伸内容，引导学生学习香凝先生的绘画技巧、绘画风格与精神品质。

3．博才课程

博才课程模块以“香凝正气”内涵中的博学多才为价值引领进行课程设置，具体包括科普探秘、各显俊才和正气讲堂三门主题课程。

4．毅行课程

毅行课程模块以“香凝正气”内涵中的自强不息为价值引领进行课程设置，具体包括雅正言行、躬行实践和生命之旅三门主题课程。

（四）建设“香凝正气”的班级特色文化

班级文化是对学校文化的细化落实和补充发展，对学生有强烈的引导、启示、规范和激励作用。优良的班级文化能塑造出积极向上的班级精神，有效地调动学生学习与实践的兴趣，使学生养成良好的品德，培养学生的创新精神和能力，对学生的成长发挥着重要的影响。我们根据各班学生的特点，指导他们创设一种奋发进取的班级特色文化，充分发挥班级文化的育人功能。

1．组织各班班主任和学生一起确定班级奋斗目标，精心设计出针对性强、能引起学生强烈共鸣的“香凝正气”标语和“香凝正气”班风；设计本班的班徽，并把它布置在教室显眼的地方和班级网页上，把它作为全班学生的共同精神支柱；鼓励学生设计自己的发展蓝图，确定阶段目标，保存在专栏中，时刻激励学生不断进取。

2．为学生建立展示作品、荣誉的专栏。一方面把学生习作、书画作品、手工小制作、手编小报等，按不同主题分期展示出来，以培养学生的兴趣爱好，促进学生个性特长的健康发展。另一方面展示班集体或学生个人在学校各项活动中获奖的情况。对学生产生正面导向激励，不仅能满足学生的自我成就感，增强班集体的凝聚力，还可以满足学生的自我成就感，增强班集体的凝聚力，促使全班学生形成一种你追我赶、积极向上的良好竞争氛围。

3．我们开展书画作品展，形式多样，包括“梅菊与松”系列主题、“祖国山水”系列主题、“猛虎与醒狮”系列主题等。借助学校何香凝先生纪念室、香凝艺苑、艺术长廊等场地资源，以小组合作的形式，开展主题研究性学习。重点在于探究与领悟何香凝不同主题画作中的浩然正气、骨气、斗争之气、爱国志气。

4．结合《毅行课程》中生命之旅模块，收集本课程的过程性资料，让学生以日记作文、绘画、做思维导图、小报等形式记录自己的收获，上交个人的收获记录册。假期前，大家相互欣赏学习收获记录册，并分享一学期的成长与收获。

新时代下，“香凝正气”的内涵在继续演绎与生发，其作用愈发重要，是师生精神与一切行为的最高指引。

学校心理健康教育信息化管理平台的设计与应用

广州市美华中学

主要贡献者：黎 智 刘敏锐 邓丽雯 顾文君

随着教育改革的深化，关注学生的全面发展成为教育发展的主旋律。其中，学校心理健康教育更是教育改革的重点，它在提升学生心理素质方面起着至关重要的作用，而以多媒体计算机和网络为主题的信息化教育手段，以其不可代替的优势成为心理健康教育工作者们选择和研究的方向。本项目以提升学校心理健康教育模式为出发点，根据心理健康教育与现代信息技术整合的理论、内容、方法、优势，揭示了信息化网络管理平台在学校心理健康教育工作中的推进作用，让它成为拓展心理健康教育领域的新发展。

一、研究项目的提出

（一）项目研究的背景

国家中长期教育改革和发展规划中明确提出加快教育信息化进程。其目标是通过优质数字教育资源共建共享、信息技术与教育全面深度融合、促进教育教学和管理创新，助力破解教育改革和发展的难点问题。信息化管理平台的设计为基础教育提供高效、便利、共享、环保的服务平台。

（二）项目研究的意义

目前，初级中学心理健康教育的教师队伍以兼职为主，其本身也要兼顾专业的教学、教研活动。在管理方面，传统的管理模式会造成教师时间上的冲突，难以兼顾心理教研与专业教研。同时，教师也要花费大量的时间进行网络资料查找，而这些资料往往是供个人使用，后续的教师还得重新搜寻。资源的浪费、时间的重复、压力的增大造成低效管理，而管理方式影响了心理教师专业发展。因此，心理健康教育信息化管理平台的设计与应用是有利可行的。

（三）项目研究的价值及应用前景

初级中学心理健康教育信息化管理平台的设计为学校构建一个高效、便利、共享、环保的服务平台。从短期来看，它的应用可以有效地落实学校对心理健康教育这些边缘学科的管理，促进教师的专业化发展，有利于学校优质课程的形成。同时，以管理平台作为架构，完善学校管理模式。从长远来看，心理健康教育信息化管理平台的适用对象会逐步地面向学生、家长。它是信息化与学科教育的深度融合，创新培养方式的一种尝试。

二、研究内容与创新

（一）研究内容

利用先进网络和信息技术，构建高效、便利、共享、环保的服务平台，实现初级中学对心理健康教育的有效管理。

1. 开展学校实施心理健康教育状况的调查，对心理健康教育目标管理体系进行研究，制定适合我校实际的心理健康教育目标管理体系，并编制子目标。

2. 创设基于网络平台的心理健康教育环境，开展基于心理健康教育的心育、德育与各学科间的整合研究，探究初级中学心理健康教育网络化的管理和运作模式。

3. 开展心理健康教育管理网站的应用与评价研究。包括：心理健康教育各类信息、心理健康教育校本培训、心理健康教育教学资源、各类心理测试调查情况、心理咨询案例等。

4. 在心理健康教育管理专题网站的设计、开发与应用研究的基础上，对传统的心理健康教育管理与网络心理健康教育管理进行对比研究，撰写相关论文，并将我校的实验推广至其他学校，推动我区中学信息化心理健康教育管理的进程。

（二）创新之处

随着教育领域的信息化，应用网络信息技术将成为现代心理健康教育的一个非常重要的手段，给心理健康教育模式带来极大的发展前景。项目组运用网络技术设计、开发、构建心理健康教育管理平台，为教师们创设一体化、网络化的心理健康教育环境和提供直观的心理健康教育学习支持系统，为使用者提供更广泛的虚拟学习空间和学习群体、多样的互动机制、多种学习途径，让其在平台所营造的校园心理健康文化氛围中，进行自助为主，互助、他助为辅的管理模式，形成学校心理健康教育整体管理与网络信息技术的有效结合。

在现今的教育管理中，对心理健康教育管理平台的设计与应用还没有可以借鉴的成果，故我校对该项目的研究具有开拓性。

三、研究成果

经过项目的研究，建立了美华中学心理健康教育管理平台，整合了心理健康教育资源，实现了对我校心理健康教育的网络管理。

（一）构建心理健康教育管理平台系统

平台的构成由心理档案系统、心理测评系统、心理咨询系统、心理网站系统、统计分析科研系统构成（图1）。

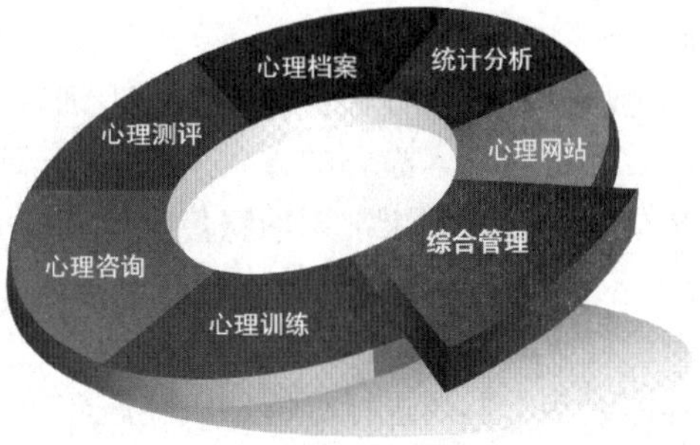

图1　心理健康教育管理平台系统的构成

心理健康教育管理平台，功能丰富，提供了心理测评、心理档案、心理咨询、心理预警、安全教育、心理训练、心理案例分析、心理教育门户网站等功能，适合心理科研管理人员、心理科教师、德育工作人员（包括班主任、级长等）、一线教师使用。该平台可以在学校局域网或因特网上使用，为学校开展心理健康教育服务工作建立有效的“预防、预警、干预”三预保障机制，为提高学生心理素质和因材施教提供一个先进的管理平台，从而促进心理健康教育规范化和迅速发展。

（二）完善管理平台的框架项目内容

心理档案管理系统：可以通过不同的条件检索学生的个体档案，也可以查询全校、年级、班级的团体档案。包括学生的基本资料、心理测评情况、心理咨询情况。

心理测评系统：包括心理健康、个性特征、智力能力、心理素质、学习心理、职业倾向等几大方面。

心理咨询系统：包括留言、心理咨询预约管理、在线心理咨询室等功能。

心理教育网站管理系统：可以自定义栏目分类、显示模式、显示布局位置、查看权限等。

统计分析科研系统：为教育科研工作而设计，既可对整个学校进行统计，也可以对某一年级或班级进行统计。

（三）设计和搭建心理健康教育信息化管理平台

1. 心理档案管理系统

主要是提供学生个体档案、学生团体档案、测评综合报告、心理预警报告、教师测量记录的查询。同时，系统也提供对同一测试的不同群体比较分析，提供相关的测量原始数据、统计数据，为心理科研提供帮助。

2. 心理测评系统

系统共有测验问卷53套。其中可供学生使用47套，主要是提供量表对学生的心理健康状况、气质类型、人格特征等方面进行测试，并将测评结果自动记录到学生的心理档案中，为心理咨询提供信息参考。可供教师使用的12套问卷，涉及人格特征、职业性格、压力等方面。教师也可以使用相关的量表预测自己的心理状况，达到心理保健的目的。

3. 心理咨询系统

用于管理学生个案咨询记录、团队辅导记录。在此基础上，专门开设沙盘管理项目，用于沙盘分析报告管理。

4. 心理教育网站管理系统

系统由心理训练、内部论坛、心理教育栏目组成。心理训练主要提供心理放松、记忆力、思维、知觉等训练，以游戏、音乐、涂鸦的方式呈现。内部论坛主要是用于内部学习交流。心理教育栏目提供文章用于心理健康常识的宣传。

5. 统计分析科研系统

专门为教育科研工作而设计，既可对整个学校进行统计，也可以对某一年级或班级进行统计；可以对任何两个群体或多个群体进行分析，以比较年级或班级，男女性别或前后施测的差异显著性等，统计结果使用表格和图形描述分析，直观生动。所有的学生测试的原始答案、原始分数和标准分数均可导出到Excel电子表格和SPSS统计分析软件中，以便进一步统计应用。系统应用架构图见图2。

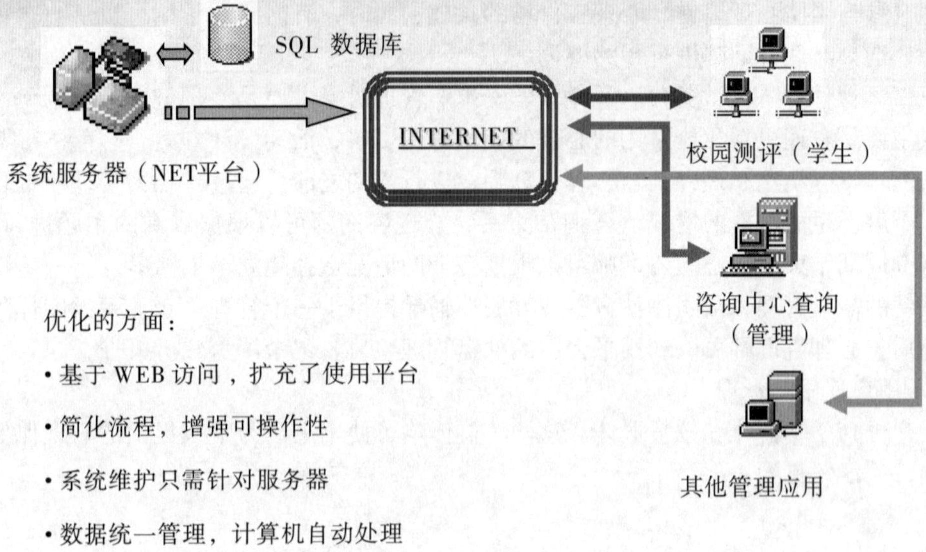

图2　系统应用架构图

四、应用效果与优势

（一）心理健康教育资源与信息化网络的多元整合

1．常识类心理健康资源的整合

平台的首页设立了心理常识、心理词典、学生心理等主栏目，每个栏目下设计不同的主题，整合了心理健康常识类的文章、图片资源，为教师使用人群、学生人群提供了心理健康常识宣传与普及的平台。见图3。

图3　学校心理管理系统平台首页截图

2．学科资源的整合

学科资源的整合分为“学习交流”和“心理咨询”两大类，“学习交流”栏目下分为课程技巧与活动课例；“心理咨询”由心灵氧吧、咨询方略、个案分析三个栏目组成，其中“个案分析”栏目所用的学生个案均是典型个案，并不是学校某个学生的个案，不侵犯学生隐私。教师在使用过程中，一方面可以从栏目中搜集到相关的心理健康教育、心理咨询的信息，另一方面也可以把自己的心育心得、困惑、活动方案分享。

（二）心理健康教育的辅导网络，拥有远程的管理模式

1．学校心理健康教育学科的网络管理

第一，管理学科活动宣传。平台系统首页设立“公告栏”“心理咨询师”等栏目，提

高学生对参与团体心理辅导、心理工作坊的兴趣，同时，有需要的学生可以从直观的图片信息中，选择心理咨询师进行预约咨询。

第二，管理学科教学资源。学科教学资源的管理对象主要是心理健康教育课例。管理的方式主要是整理更新我校常用的心理健康教育课资料、活动设计方案、心育技巧等。

第三，管理学生心理咨询。心理咨询师在进行咨询之前，通过"档案管理"提供的测试结果了解学生的基本的情况。咨询结束后，心理咨询师可以根据咨询的主题进行记录。整个咨询周期结束后，心理咨询师可以根据咨询的情况选择建立学生档案。

平台的沙盘管理，给团体沙盘游戏发展性辅导提供了一个管理平台。每次团体沙盘游戏结束后，心理咨询师可以利用平台中的沙盘管理项目，记录沙盘分析报告。

2. 用户使用的管理

用户分为学生群体和教师群体。这两个群体均可使用平台为个人提供的心理保健服务以及内部论坛。见图 4。

图 4　用户使用的管理

同时，管理平台对用户的使用权限进行管理上的细分。把教师群体设为一般教师、班主任、心理教师三大类别，在学生的咨询记录、心理测试的结果方面限制了查看权限，从而保证了学生的隐私不受侵犯。

五、经验总结与反思

信息化网络是现代发展最迅速、影响最广泛的科学技术领域之一，大力发展信息化网络教育，实现与心理健康教育的整合是时代进步与发展的要求。随着教育改革的逐步深入，中小学的心理健康教育和信息技术教育必将有更广泛的空间。现代教育科学、心理科学和信息科学技术的综合和相互渗透，已成为教育发展和改革的强大动力。传统的教和学的模式正在顺应潮流而改变，教育面临着有史以来最为深刻的变革。心理健康教育与信息化网络的整合是在新的历史条件下经济社会发展对教育提出的必然要求，也是推进教育现代化的基础和条件。

在管理平台搭建过程中，心理测试后的分析数据与学生信息及学业数据关联上可能会出现相互引用上的技术问题，还需要进一步调试，解决该问题需要专业的技术人员编写相关的程序进行整合，并反复验证是否能顺利相互调用。

在管理平台的搭建使用过程中，需要不断地改进，以配合实际教育的过程。随着管理平台使用的深入推进，让它能为心理健康教育更有效地服务。

探索家庭教育新思路　构筑家庭教育新样态

广州市五中滨江学校

主要贡献者：陈恕珍　吴朝晖　章志为　温俊卿　杨瑞云　雷隽欣

青少年的健康成长需要家庭、学校、社会多方面的支持与配合。习近平总书记在全国教育大会上指出，“全社会要担负起青少年成长成才的责任”。在多年的工作实践中，广州市五中滨江学校深刻认识到家校社协同育人的重要性，坚持家庭教育是立德树人的第一个环节，将家庭教育作为青少年健康成长基础工作来抓，切实履行学校教育的主导和主体功能，探索学校、家庭、社会行之有效的共建共育、和谐共生、协同发展的育人新机制，形成“三全”育人格局。经过近四年的实践探索，一所“顶层设计有高度、指导家庭教育有深度、搭建家校教育平台有温度、形成家校共建共育有力度”的家庭教育新样态广州市五中滨江正逐步形成。

一、科学定位，做好家庭教育的组织保障

家庭教育是学校教育的基础，是学校教育的补充与延伸。学校把家庭教育纳入学校工作的总体部署，按照新样态的思路做好家庭教育的顶层设计，通过健全机制、创新载体、拓展形式、家校共建共治等角度，大力打造有高度、有深度、有温度、有力度的家庭教育新样态。

（一）成立家庭教育领导小组，保证家庭教育指导到位

健全的机制是学校运行的前提和保障。广州市五中滨江学校成立家庭教育工作领导小组，以打造“有人性、有温度、有故事、有美感”的新样态学校为目标，做好家庭教育的顶层设计，调动各方力量和资源，共同为青少年的健康成长保驾护航。领导小组定期召开会议和专题研讨，对家庭教育的现状和学生的状况进行分析、研究，探讨家庭教育的有效途径，指导学校老师与家长做好家庭教育工作。

（二）制定家校共育规章制度，保证家庭教育有序开展

指导和推进家庭教育，需要规章制度做保障，使家庭教育工作走上规范化、制度化的轨道。一是制定《家校联系制度》等家校联系的常规制度；二是制定《家长委员会职责》等家长委员会的制度；三是制定《家长学校章程》等家长学校方面的制度。学校建立家庭教育的长效管理机制，从制度上保证家庭教育顺利开展。

（三）建立家庭教育骨干团队，培养家庭教育指导师

家庭教育离不开专业教师队伍。学校通过送出去、引进来的方式，培养一批熟悉党的政策、掌握家庭教育方法、能开展家庭教育指导服务的教师队伍。一是培养家庭教育指导师，成为家庭教育种子教师，做好家庭教育指导的研发与培训工作；二是聘请学校家庭教

育专家顾问，成立家庭教育骨干团队，指导家庭教育的开展；三是全员通识培训，让全体教职员工掌握家庭教育最常用的沟通技能技巧，助力家庭教育工作的顺利开展。

二、指导到位，健全家庭教育工作机制

学校积极履行指导家庭教育的职责，构建家校共育的平台，有针对性地为家长提供教育资源与教育服务。

（一）发挥家长委员会作用，建立家校社协同育人机制

家长委员会是学校联系家长的桥梁和纽带。学校高度重视，精心谋划，发挥家长委员会在家校社协同育人方面的积极作用，做到有序化、常态化、制度化。一是建立校级、年级、班级三级家长委员会，发挥各级家长委员会共商共管共育的作用。精心挑选家长委员会委员，共同探讨管理思路、教育举措、活动计划和发展策略，做到同心同向；二是将家长委员会纳入学校日常管理，加强培训与引领，成立家长志愿服务、家长义工等机构，引导家长参与学校教育教学活动与管理、支持学校建设；三是定期召开会议，商讨家校社共育中的热点、重点、难点问题，有针对性地开展工作，为青少年的健康成长出谋划策，并肩同行。

（二）规范家长学校建设，形成家校共育的合力

家校形成合力才能达到教育的最佳效果。学校开展家庭教育指导的主要任务是提高家教水平，为青少年的成长营造适宜的家庭教育环境。我校通过规范家长学校的建设，帮助家长掌握家庭教育的方法和技能。一是重视家长学校的建设，有组织、有计划地落实教材、教师、场地、经费等问题，落实常规管理；二是规范家长学校建设，在组建专家团队、设计家庭教育课程、开发家庭教育校本教材方面下功夫；三是在实效上下功夫，在广泛征求意见的基础上，力求从内容上、形式上帮助家长解决实际问题，提高家长的水平与能力。

（三）多角度多形式引领，提升家庭教育实效

学校建立家长 QQ 群、微信群等线上交流平台，定期推送家庭教育的政策法规、家教知识；邀请家庭教育专家、家长定期开展家庭教育专题讲座，提高家长的育人能力；通过举办家庭教育沙龙，帮助家长解决家庭教育中遇到的实际问题。采用线上学习与线下学习相结合、理论学习与实践体验相结合的方式，通过“多平台”线上推送、“多形式”线下实践、“多渠道”形成合力，真正实现了多角度多形式提供共性或个性化服务，提高家庭教育的实效。

三、搭建平台，为家庭教育提供实践保障

学校对家庭教育的指导，除了理论层面的指导外，更重视开展一些喜闻乐见的教育实践活动，让家长和学生共同参与、共同体验、共情提升，促进亲子关系。

（一）搭建教育平台，开展以感恩为主要内容的主题教育

学校开展主题鲜明的感恩教育，通过班会、级会、团队活动等形式，家长讲孩子成长的故事，开展角色互换小游戏，让孩子体验父母的不易，懂得要知恩图报的道理。利用母亲节、父亲节、14 岁生日、毕业典礼等重大节日庆典，引导孩子关心孝敬父母，并通过

给父母送小礼物、对父母讲知心话、帮父母洗衣做饭等力所能及的小事，表达感恩之情，建立良好的亲子关系。

（二）搭建活动平台，举办家长共同参与的大型教育活动

学校搭建活动平台，邀请家长参与重大纪念日、民族传统节日主题教育活动，见证孩子的成长；邀请家长参与体育节、科技节、艺术节等主题活动，让家长加深对孩子的了解，增进感情；举办家长开放日，让家长体验孩子在校的学习与生活，为亲子沟通与交流搭建对话平台；举办大型亲子家庭教育公益活动，让家长、孩子在活动体验中感悟爱与责任。精心组织亲子共同参与的红色游、研学行、志愿服务等社会实践活动，加强亲子沟通交流，增进亲子感情。

（三）搭建阅读平台，开展家庭亲子阅读活动

学校积极推进家庭亲子阅读活动，引导父母与孩子同读一本书，分享读书的感动和乐趣，为父母创造与孩子沟通的机会，在共同学习、共同成长的过程中，增进亲子感情。学校通过评选“阅读之星”“书香家庭”，提高亲子阅读的兴趣；通过开展“学习型家庭”的创建，建立亲子阅读的长效机制，引导家长和学生在阅读中提高思想认识、增进感情。

四、社区联动，形成家庭教育支持网络

教育是一项系统工程，家庭、学校与社会各司其职，优势互补、相互配合，才能形成教育合力。学校积极发挥社区的教育作用，统筹协调社会资源，支持服务家庭教育，使家庭教育得以延伸和发展，实现共赢的局面。

（一）统筹社区各方资源，为家长提供帮助与支持

学校充分挖掘社区资源，构建家庭、学校、社区教育共同体，打造立体育人环境，为家长提供帮助与支持。与街道的关工委和妇联等部门沟通，取得他们的支持与认同；与街道文化中心、公安等部门合作，开展丰富多彩的文化教育活动；聘请法制副校长、法律顾问，定期到学校开展法治教育，为有需要的家庭提供法律援助；与高等院校、红色研学基地建立合作，提供参观学习的活动场所。

（二）发动企业履行社会责任，给予特殊家庭关爱帮扶

学校邀请企业家加入关心教育、支持教育、发展教育的行列，为青少年提供力所能及的支持与帮助。聘请知名人士、社会名流、企业家做青少年的“成长导师”，定期为青少年开展企业家的奋斗史、职业指导等方面的专题讲座，激发青少年的社会责任感。对于留守、残疾和贫困的青少年，动员企业家发挥自身优势，给予特殊的关爱与帮扶。

（三）积极宣传，营造重视家庭教育的社会氛围

学校通过妇联、社区、居委等组织做好家庭教育的宣传，让家庭教育理念落地生根。通过学校微信公众号、QQ 群等多途径、多形式广泛宣传家庭教育的理念，营造学校周边居民都重视家庭教育的良好氛围。

五、课题引领，推动家庭教育新发展

以课题研究促进家庭教育发展，从区级课题到国家级课题研究，学校贯彻科研兴教、科研强校的发展思路，积极开展课题研究与实践，家庭教育得到更进一步发展。

（一）积极开展课题研究，师生及家长新样态自主成长

学校课题组开展“学校教育、社区与家庭教育相结合的实践探索”“新形势下学校指导家庭教育的有效策略研究”等课题研究，家庭教育理念与实践进一步提升，家校关系和谐，学生、家长在家庭教育中增进了亲子关系，建设了幸福家庭。

教师积极撰写家庭教育方面的论文9篇，其中《探索学校开展青少年志愿服务的保障机制》《学校指导和推进家庭教育的有效策略》分别在《中国德育》《当代家庭教育》等刊物上发表；撰写家庭教育方面的教育案例6篇，其中《贫困家庭怎样合理进行家庭教育心理辅导》等5篇入选家庭教育指导书籍《家教指导100招》，《当青春期遇上更年期》获海珠区教育案例二等奖。尤其可喜的是，我校学生身心健康，在艺术情操和特长发展等方面都取得丰硕成果。

（二）实践提升辐射社区，学校新样态扬帆起航

我校家庭教育从实践研究到发展壮大，已经具有了较好的校级交流、社区互动和区域辐射的影响力，得到社会各界的充分肯定。广东、广西、贵州等省区内外学员多批次到校跟岗学习，项目组负责人分别作《家校沟通的策略与智慧》《发挥家长委员会作用，为孩子健康成长保驾护航》等专题讲座，得到跟岗学员的一致好评。2017年，我校经中国教育科学研究院层层把关遴选，被确定为“中国新样态联盟首批实验学校”，其中家校共育就是研究探索项目之一。学校家庭教育在顶层设计、指导推进、搭建平台、共建共育等方面展现了有高度、有深度、有温度、有力度的新样态。

广州市五中滨江学校在中国新样态学校的引领下，继续努力探索家庭、学校、社会协同育人机制，实现教育目标一致、教育内容衔接、教育功能互补、教育效果持续稳定的新格局，为每一个家庭提供科学、优质的家庭教育指导服务，实现让教育改善家庭、让家庭助力教育的愿景。

构建以提高学生职业素养为主线的期望教育育人模式

广州市天河职业高级中学
主要贡献者：陈丽萍　戚韶梅　吴　健　肖新权　徐谊广　唐燕君

一、背景与意义

我校是国家级重点中等职业学校。针对学生自卑感较强、叛逆心理严重、责任感不强、厌学现象较为普遍等特点，我校建立了以情感为纽带，以职业素养为主线的“激发自尊，树立自信，德厚技高，持续发展”的“期望教育”育人模式。

中国教育科学研究院对许多企事业单位调查研究后证实，现代企业和市场选择人才时更看重其个人基本素质、基本职业技能及职业精神三大方面。而“期望教育”是生命化的教育，其本质在于对人性的尊重，对个人的成全。

二、期望教育的育人模式

“期望教育”育人模式的核心理念是“激发自尊，树立自信，德厚技高，持续发展”，其内涵是“激发学生的内驱力，提高其职业素养”。

“期望教育”育人模式的主要依据是“皮格马利翁效应”及期望理论。期望理论认为，激发力量的大小取决于两个因素：目标价值（效价）和期望概率（期望值）的乘积。

“期望教育”育人模式的基本结构如下：

1. 以专业精神及特色活动设计，激发学生自我激励。
2. 以分层次及小步式期望，帮助学生形成自我规划。
3. 以职业心理的启迪式期望，促进学生的自我反省。
4. 以校企合作的引领式期望，促进学生的自我提高。
5. 以职业素养的发展性评价，促进学生的自我定位。

三、期望教育育人模式的具体实施策略

“期望教育”育人模式以职业素养为主线，通过实施四大方面的内容来激发学生的内驱力，从而增强此模式的有效性和实操性。在教育实践中我们提炼出“一个目标、两种取向、三个层次、四个阶段、八种方法”。该模式的实践内容和途径如下。

一个目标——做一个受企业欢迎的德厚技高的有用人才。

两种取向——为了自身的前途和发展，必须具备良好的职业素养；为了企业的生存与壮大，每个员工也必须拥有高尚的职业素养。

三个层次——职业素养教育主要内容分成基本层次、弘扬层次和追求层次。

基本层次：遵纪守法、诚实守信、惜岗爱岗等。

弘扬层次：沟通合作、敬业乐群、吃苦耐劳等。

追求层次：服务企业、奉献社会、创新进取等。

四个阶段——职业素养培育分为认知、感悟、调整、行动四个阶段（遵循知情意行的过程），见表1。

表1　“期望教育”育人模式结构表

	职业素养（侧重于职业道德）		备注
“期望教育”育人模式	自我认知	学生对自己的客观认识	让学生知道什么是企业和社会倡导的职业道德，促进学生的自我认知
	自我情感体验	基于对自己的评价和喜爱程度的认识	感悟职业道德的重要性
	自我意志	为自己制定自我期望的目标和内容（即行动项目）	注重分层次及小步式期望，帮助学生形成自我规划、自我激励
	自我行动	学生实施自己制定的行动项目	通过自我评价及自我反思，在社会实践中增进和强化职业道德教育，并通过反思与评价对职业道德的知、行、情、意进行深层理解和判断，逐步形成稳定的内化的职业道德观念
	（自我行动后，又回到自我认知，即对自己形成新的认识，以上四个阶段是循环的，呈现螺旋上升趋势）		

以下简介四个阶段及八种主要的实践方法。

（一）第一阶段：自我认知

实践方法之一：以专业精神提炼促进学生的自我认知。

如机电部专业精神：先人后事，安全规范；计算机专业精神：积极、探索、求实、创新，夯实基础，网路通天下；电商专业精神：优良的商品销售技能，良好的人际交际能力，积极的自我成长能力，强大的抗压能力，吃苦耐劳和团体精神；商务英语专业精神：胆大、心细、脸皮厚；连锁1201班专业精神：认真、乐观、耐心、诚信；美术部专业精神：德艺双馨，做一个自信的职业人。

实践方法之二：以“智慧碰撞”的专业沙龙及企业调查促进学生的自我认知。

天河职中在培养方向上遵循“就业有优势、升学有希望、创业有能力、终身学习有基础”的培养模式，组建了以行业专家、企业家、退休教师和优秀毕业生为骨干的校外辅导员队伍，邀请行业专家和企业家开设专业建设、职业素养沙龙，举行优秀毕业生事迹报告会，让行业精英在专业沙龙上针对如何通过职业素养的培育促进学生的发展建言献策，以校企合作的引领式期望帮助学生认识自己。

（二）第二阶段：自我情感体验

实践方法之三：以特色活动设计促进学生的自我情感体验。

学校注重针对不同专业（我校共有12个专业）进行富有专业特色的职业素养主题活动的设计、研究，注重中职生职业素养“体验式”培养方法的实践。

如举办天河职中模拟招聘会、跳蚤市场、首届二年级综合素质训练营活动、推销之星竞赛活动、企业沙盘模拟实训活动等。在班级开展“立责任，讲诚信，促和谐，求发展”“做惜时、高效、实干、廉洁、严谨的金融卫士”等主题活动。

实践方法之四：开展“职业素养”或“期望教育”系列主题班会、主题活动。

如召开《廉洁自律，收获美好人生》《做和谐、创新的中职生》《做文明求实的中职生》《我的高职生活》等一系列主题班会；召开以职业素养为主题的系列班会课——“让自信成为职业生涯的奠基石”“让敬业成为职业生涯的精神罗盘”“让诚信成为职业生涯的金质名片”“让友善成为职业生涯的彩虹桥”；邀请“真人图书”——成功的企业人士围绕“中职生须培育什么职业素养”“如何培育”与学生交流。

实践方法之五：在语文课堂上渗透中职生“微演讲素养”培育。

融合“微演讲”的语文教学，是指以微演讲促进学生综合素养的提升，注重晓之以理、动之以情、授之以知、导之以美、明知以实、联之以身的心灵碰撞，在说服人、感染人、引导与改变人的思想和行为方面起重要作用。微演讲具有“小而美”的特点——意美、形美、音美，注重规范表达、有效表达、灵活表达、得体表达。

“微演讲素养”培育有如下具体目标：

目标一：培育学生能说会道、出口成章的语言能力，增强感染力、说服力。

目标二：培养学生的思想情操、道德品质，塑造学生自信气质、沉稳气度，增强其文化涵养与人格魅力；促使学生更热爱祖国语言，能够更直接更准确地表达自己的思想，培育学生的中国气质。

目标三：培育学生敏锐的观察力、丰富的想象力、较强的记忆力、良好的思维力等。

“微演讲”有“语惊四座”互动策略、“瞻前顾后”反思策略、“口吐莲花”修辞策略。通过“互动反思式微演讲”的引发、体验、内化、拓展，达到“自助—师助—互助”的目的，从而实现期望教育。

（三）第三阶段：自我意志

实践方法之六：职业生涯设计。

为一年级新生开设职业道德与职业生涯课，开展“生涯设计，由此做起”的专题教育，开展“职业生涯”设计比赛，注重“目标激励”。

实践方法之七：职业心理辅导。

教育者的期望应当是温情脉脉的。通过职业心理辅导、职业榜样引领，帮助中职生调适心理状态，引导中职生正确对待自己、他人和社会，正确对待困难、挫折，提高自身的整体素养。

（四）第四阶段：自我行动

“期望教育”育人模式注重“持续发展”。教师期望效应的心理学基础可归结为斯金纳的强化理论。

实践方法之八：行动后的评价。

在学生德育量化考核上增加职业性，做到德育评价与职业需要相适应，见表2。

表2　德育量化考核表

<table>
<tr><td colspan="5">将从事的职业对职业素质的要求</td></tr>
<tr><td>职业素质</td><td colspan="4">要求内容</td></tr>
<tr><td>思想政治素质</td><td colspan="4"></td></tr>
<tr><td>职业道德素质</td><td colspan="4"></td></tr>
<tr><td>科学文化素质</td><td colspan="4"></td></tr>
<tr><td>专业技能素质</td><td colspan="4"></td></tr>
<tr><td>身心素质</td><td colspan="4"></td></tr>
<tr><td colspan="5">找差距</td></tr>
<tr><td>职业素质</td><td colspan="2">我薄弱的方面</td><td colspan="2">不良后果</td></tr>
<tr><td>思想政治素质</td><td colspan="2"></td><td colspan="2"></td></tr>
<tr><td>职业道德素质</td><td colspan="2"></td><td colspan="2"></td></tr>
<tr><td>科学文化素质</td><td colspan="2"></td><td colspan="2"></td></tr>
<tr><td>专业技能素质</td><td colspan="2"></td><td colspan="2"></td></tr>
<tr><td>身心素质</td><td colspan="2"></td><td colspan="2"></td></tr>
<tr><td colspan="5">改进目标、具体措施和效果记录</td></tr>
<tr><td>时间</td><td>目标</td><td colspan="2">措施</td><td>效果</td></tr>
<tr><td></td><td></td><td colspan="2"></td><td></td></tr>
<tr><td></td><td></td><td colspan="2"></td><td></td></tr>
<tr><td colspan="5">父母评价意见______________________________
____
小组评价意见______________________________
____
教师评价意见______________________________
______________________________</td></tr>
</table>

实践方法之九：行动后的反思。

促进学生对职业素养的自我反省，对照自身的实际情况反思，形成发展期待。如针对职中一年级《职业生涯规划》设计“我的职业素质成长记录”。

四、实施过程

（一）设置实验班、研究个案

本研究设置了实验班。以学前教育（幼儿师范）专业两个实验班为研究对象。设定一个期望周期，比如1个月为一个周期，让学生填写《学前教育专业职业道德规范自我期望表》（师德篇，职一使用），内容包括“您对自己有什么期望（行动项目，包括目标、预期实现的时间、行动步骤）”“感受和反思”“您对自己有什么新的期望（行动项目，包括目标、预期实现的时间、行动步骤）”“再感受和反思”。

每一项目都设计一个预期实现的时间和实现的具体行动步骤，让实验班的学生去填写并实施。再对比实际的落实情况，即自己对自己形成期望，再实践，再形成新的期望。对每个年级（学年）设计不同的期望项目。

上述知、情、意、行四方面的实践内容，有助于教师根据对某个学生的认知而形成一定的期望，促使该学生朝着期望的方向发展，而最终使期望成为现实。实际上就是激发学生自我提高的内驱力，将教师的期望变成自我期望。

（二）把期望教育和时间管理结合起来研究

让学生首先形成一个期望——把对自己的期望转化为具体的行动计划——在行动计划中实施小步进步和不断强化，尤其是自我强化的观点——融入时间管理理念——把计划转化为实际行动，不断去实施、监控、调整——逐步接近自己的期望目标。

陈丽萍老师撰写了教育案例《用期望点燃学生的心火》。在本案例中，尤其注重以下三方面的做法：①期望激发学生的自我激励；②期望帮助学生形成自我规划；③期望促进学生的自我反省。

五、创新之处

以职业素养为主线的“期望教育”育人模式的研究有以下四方面的创新之处。

（一）育人模式的创新——基于职业素养的培育

我校“激发自尊，树立自信，德厚技高，持续发展”的“期望教育”育人模式注重强化职业素养的锻炼，使学生成为具有责任意识、核心竞争力、企业伦理观念的德能兼备的职业人。如在电子商务大专班、金融大专班等学生的顶岗实习活动中，对学生提出了“以善待人，真心服务，耐心讲解，专业细致”的期望，并用心培育。

（二）育人内容的创新——将红色精神渗透于学生的职业生涯教育中

中职生需增强政治意识、大局意识、核心意识、看齐意识。职业生涯需具备智商、情商、意商（毅商）。课题组举办了“弘扬红色精神，传播红色文化”天河职中党建带团建“党员讲团课”系列活动。如陈丽萍老师主讲“将长征精神融入职业生涯中”，以“期望教育”引导当代青少年学生将长征精神落实到职业生涯中。

（三）育人策略的创新——“微言润德，感化人心”的互动反思式微演讲教育

“期望教育”的实质是激发学生的自我期望。如何激发每一个学生心中的真善美，唤醒学生的道德自觉？课题组负责人陈丽萍老师召开了“青涩的禁果，我能尝吗？”“你能成为高效的时间管理者”“让学习成为一种习惯”等互动反思式微演讲型主题班会，有效提升学生的微演讲素养。

陈老师用德、才、学、识、胆、情、体这7个字来概括“微演讲素养”。微演讲中的“德”是指“德性”，微演讲者要做到德性高尚、心口合一、真诚真实；“才”是指“能力”，微演讲者应具有思维能力、记忆能力、语言组织能力、调控能力等；“学”是指“学问”；“识”是指“见识”；“胆”是指“勇气”；“情”是指“感情”；“体”是指“体态语”。

微演讲注重“小而美”。“小”是指短小精悍；“美”则指有用，让人感兴趣。好的微演讲必须追求三种境界——形美、音美、意美。微演讲“使人知”“使人信”“使人激”

“使人动”“使人乐”。

互动反思式微演讲，注重互动提问，感化人心，启人深思，令人豁然开朗，促进“脑动”“行动”和“心动”。提问注重反思性，即紧密结合学生的思想实际、行为状况发问。教师要特别注重学生的反馈意见，并积极引导。

互动反思式微演讲教育在“期望教育”育人模式的实践中发挥重要作用，具有极强的启发力和感染力，能调动学生的积极性，激发其情感和内驱力。

（四）育人资源的创新——与广州市十九路军淞沪抗日阵亡将士陵园共建

为充分发挥我校周边红色资源的优势，引导学生从红色文化中汲取精神营养，从历史经验中筑牢精神支柱，结合党史学习教育的要求，我校举办“弘扬抗战精神，传承红色基因”活动。在全国爱国主义教育基地、广州市党建教育基地——广州市十九路军淞沪抗日阵亡将士陵园建立了“劳动教育基地”，并成立天河职中学生红色文化讲解队，与十九路军陵园开展系列活动。如由陈丽萍老师主讲“红色传扬，至善至美——红色微演讲的艺术”，引导学生以铿锵有力的声音、舒展自如的神采讲好爱国故事，激发学生的内驱力。

总之，我校的“激发自尊，树立自信，德厚技高，持续发展”“期望教育”育人模式突出了中职学校的德育特色，有效提高了职业教育的质量。

打造生涯教育多元化体验平台

广州市广外附设外语学校

主要贡献者：吕晓波　罗　兰　周小燕　王悦真　张志华　宾　婷

一、形成背景

为深入贯彻习近平新时代中国特色社会主义思想和党的十九大精神，落实《广州市白云区教育局关于进一步加强和提升中小学德育工作的意见》和《广州市白云区中小学德育提升三年行动计划》，广外附设外语学校非常注重德育功能的实效性，在学校教育理念“对学生的终身发展负责，培养走向世界的现代人”的指引下，遵循学校德育工作规律和青少年学生成长规律，坚持“活动育人”的德育特色，制定了十二年一贯制的《广外外校德育目标体系》，充分发掘校内外资源，落实相关工作。

随着广东新高考改革的正式启动，学校积极探索、创新德育新模块，紧跟时代的新要求，近几年致力于打造高中德育创新模块——生涯规划教育体系。

该体系旨在引导学生发现自我潜力、提高规划能力，让学生多角度了解社会需求，提升职业意识，体会职场竞争的激烈，不断思考和明晰自身的发展道路，探索适合自己的职业方向，从而更理智规划高中学业，获得学习动力，为走向世界、收获精彩人生打下良好基础。该体系框架包括：课程类（生涯规划、心理、家长课、财经素养等课程）、生涯教育多元体验平台［校内综合实践活动、模拟招聘会、暑假职业体验实践活动、茶文化体验、ASDAN 商业模拟竞赛、商业创业（Market Day）、进企业参观、进高校学习交流等］、讲座类（校内外讲师高考志愿填报指导会、考前压力调节讲座等）、分享类（毕业生大学专业及学习经验分享会、重点高校教师进校宣讲等）、咨询类（个体生涯咨询、专家或学长与学生一对一专业咨询会等）。

我校的高中德育创新模块生涯教育中的生涯教育多元体验平台充分体现我校“活动育人”德育特色，以下具体介绍这一平台体系。

二、主要措施

学校在生涯教育多元体验平台搭建上，充分挖掘本校资源，联合家长、高等院校及企业等多方社会资源，严格把关并支持每个活动，从活动负责团队组建、策划、资源利用、学生参与、后期效果评估、总结创新等方面均做严格要求。做到注重课堂内外，促进校内外全方位、多角度体验，不断突破难点，以“社会生态系统”模式来助力学生成长。

三、实施过程

（一）校内

1. 高中生模拟人才招聘会

利用家长资源，邀请来自不同行业的40多家政府机关及企事业单位的“面试官”，提供近80个“岗位”供高一、高二学生竞聘。主要流程为：家长职业及参与意向调查→确定单位（或公司）名称及招聘岗位→制作、发放岗位手册→学生岗位志愿填报→简历提交→模拟招聘会。

2. 校内综合实践活动

在学生处统一协调下，联合食堂、图书馆、校办、电视台、后勤、保安等六个部门，打造社会实践平台。各部门制定实践方案，明确设置好学生可以参与的项目。各部门指派专门负责人，班主任作为本班级指导老师，对学生全程指导、管理、跟踪。每个班级轮流停课一天参与当天活动，学生分不同小组进入不同岗位实践。实践结束，由各小组汇总并填写综合实践记录、总结，形成文字报道，优秀范作挂网展示。

3. 商业创业（Market day）

本活动主要流程如下：市场前期调研（问卷调查年级、性别、消费水平、消费习惯等）→产品研究策划和决议（成本价、市场目标售价、受众、产品特色等）→宣传海报和价目表的制作（配色、字体、图片、店铺特色等）→摆摊销售（在老师的监督下，在学部指定区域和时间内进行产品正式上架销售）→结算盈利，进行捐赠（活动结束，结算盈利，在老师的组织下将所得利润进行捐赠）→反思和总结（对整个活动进行反思和总结，撰写心得）。

（二）校外

1. 走进名企校外研学实践活动

学校拓展校外资源，“家长委员会”和学生处共同合作，每年联系省内两所知名企业供高一、高二学子实地参观、交流和学习。通过“企业文化展示”，了解企业的成长发展历程及成功的奥秘；通过“科技直通车”，了解当代企业的高科技运转及最新高科技产品；通过“企业角色扮演”，模拟职业现场。

2. 茶文化体验活动

本活动分成四个模块：茶文化导入、茶的起源、茶叶制作工艺的专题讲座；学习采青、杀青、揉捻、烘干各个步骤的采茶制茶体验；学习茶具的使用、泡茶水温、茶礼仪等的茶艺课；以及学习剪枝、培育方法的茶树扦插教学。活动场地选择广东省农业科学院茶叶所科研基地。

3. 暑假职业体验实践活动

高一学生经过一年职业生涯发展课程及活动的学习和探索，得出初步的生涯规划。在此基础上，利用暑假，借助家长和亲戚资源，选择自己感兴趣的职业进行体验，每人任选至少两个岗位，跟岗实习3天以上。体验过程中需完成《职场体验记录表》《生涯人物访谈表》《特色海报或手账》，鼓励录制《我的生涯记录片》。返校后，组织作品展、生涯体验演讲比赛等。

四、主要成效及创新点

（一）高中生模拟人才招聘会

本活动仿真度高，能够使学生多角度了解社会需求，提升职业意识，体会职场竞争的激烈，不断思考和明晰自身的发展道路，从而更理智规划未来的学业、职业方向。通过活动，学生对自身性格特征、兴趣爱好、能力、沟通表达、情绪调节等各方面有了更清晰的自我认识。各环节无不体现我校负责和创新的育人理念，家校共育、学生受益。各大媒体亦争相报道，活动广受社会各界认可。

（二）校内综合实践活动

利用本校资源，开辟学生素质教育、劳动教育、感恩教育的沃土，也有利于发扬民主精神，可谓一举多得。学生进入与自己生活息息相关的部门体验、劳动，能更直观地了解学校运作背后他人的艰辛付出，学会感恩；在此过程中，学生的纪律意识、职业意识、安全意识及文明礼仪、待人接物等素质都得以提升；同时这为学校和学生之间搭建了又一个沟通的平台，有利于学生提出宝贵意见。

（三）商业创业（Market day）

在经济社会，拥有市场意识、合理的消费观念是现代人必备的素质。本活动模拟商业全过程，使学生体验经商的乐趣与辛劳、成功与失败。此活动不仅让学生在实践中运用课堂上的理论知识，也锻炼了学生人际交往、语言表达、团队协作、随机应变、问题解决与创新等各项能力。此外，更培养了学生的慈善家精神，在力所能及之处给予他人帮助，成为一个有社会担当的人。

（四）走进名企校外研学实践活动

学生进入企业参观，了解企业发展过程，有选择性地体验企业部门的经营和管理模式，这为社会和学生之间搭建了一个更利于沟通的平台，同时也为学校培养人才、发展人才提供了一个很好的模式。开展“生涯畅游”体验日实践课程，带领学生走进企业、走进大学，旨在帮助学生了解职业世界，唤醒生涯意识，激发内在动力，树立职业理想，塑造自己，以更好地适应未来的发展。

（五）茶文化体验活动

中华茶文化源远流长，博大精深，不但包含物质文化层面，还包含深厚的精神文明层面。几千年来，中国不但积累了大量关于茶叶种植、生产的物质文化，更积累了丰富的有关茶的精神文化。促进研学旅行和学校课程有机融合已是教育思考方向，链接茶文化和生涯教育内核，更是教育一大创新。带领学生走出学校和教室，走向社会和自然，以茶文化为载体，启迪学生生涯意识、灵性和智慧。通过茶文化研学之旅，学生了解了中国茶历史文化，学习制作茶叶、饮茶礼仪，遇到客人拜访以茶待客，学会茶文化基本礼仪，感悟中国传统文化的博大精深。

（六）暑假职业体验实践活动

本次活动亮点集中于以下几点：①引导学生深度访谈，吸收前人的经验教训。职场中的风云变幻，职场人物的职业生涯路径，过来人有何经历、经验和教训，通过一次生涯人物访谈，可以给尚未踏入职场的学生更多的思考和启发。②指导学生有目的、有方向地收集职位信息资料，加深对意向岗位的认知，助力形成对未来方向的初步设想。③让学生在职场演讲比赛中展示自我，提升工作汇报等综合素质和能力。④活动资料备存于生涯档案，纳入综合素质评价系统，让生涯路径有迹可循。⑤得到家长和社会各界的大力支持，涉及的行业和职业非常广泛。

五、经验总结

自建校以来，我校一直秉承“对学生的终身发展负责，培养走向世界的现代人”的办学理念，这反映出学校对学生生涯发展指导的前瞻性。生涯教育多元体验平台，校内外资源整合，全方位“活动育人”，引领学生生涯发展。校内高度仿真的生涯活动，让学生学到的知识得以学以致用，在学校创设的模拟环境中，去实践、探索并完善自身的生涯认知，为投身真实的社会环境做充分准备。走出校园，学生们接触真实的职场环境，将前期的生涯知识储备和校内实践心得与真实场景相碰撞，真切的体验再次提高学生的生涯规划意识，激发奋斗意识。

从另外一个角度看，我校从职场“实习”（校内综合实践活动、暑假职业体验实践活动、走进名企校外研学实践活动）、“应聘”（高中生模拟人才招聘会、茶文化体验活动）、“商业创业”（Market day）等方面，让学生可以将学习到的生涯知识充分地运用到真实的职场中，并在实践中检验真理、调整方向，以规划职业和学业、奋斗进取。“实习”板块：实践遇真知，本板块活动较多，但侧重点不同。校内实践，重点在于让学生体验职场角色，体会每份工作出色完成的背后都需要付出艰辛的努力，避免学生“眼高手低”；进企业研学，专业的引领，让学生快速地了解企业运作及对人才的要求，打开学生眼界，避免学生走弯路；茶文化体验活动，让学生了解中国茶文化的同时，也能够体会整个制茶过程的艰辛，认识职场需要结合中国文化特色并为之付出努力；暑假职场体验以更开放的态度，帮助学生有机会去提前体验理想职业的真实状态，激发生涯动力。“应聘”板块模拟招聘，重点在于让学生认知职场、体验职场竞争。“商业创业”板块，引领学生认识商业运作，“创业之梦”虽然美好，但对个人的综合素质、能否充分调动各方资源等方面都有很高的要求，让学生学会“理性做梦”，知道提升自己方可“兑现梦想”。

未来，我们将继续优化生涯教育多元体验平台，顺应时代发展，不断调整相关活动，让这一平台更具实效性，让学生在高中阶段享受生涯规划教育带来巨大帮助。

粤精彩　悦小和　越人生

广州市白云区同和小学
主要贡献者：唐　芬　钟满群　陈泽梅　谢露娟　钟燕银

朱永新教授曾说过：艺术教育应该引导和教育我们的学生热爱艺术、欣赏艺术，并具有一定的才艺。我校以“让每个生命绽放精彩”为目标，提出了“以美育美——德之美、艺之美、体之美、书之美、劳之美、智之美”的工作思路，以广东本土粤剧传统文化艺术之精华元素为教育题材，通过学校艺术教学中的“画、剪、捏、唱、演”等方式，致力打造学校“粤艺”特色艺术教育，经过多年的积极进取、不断突破，促进了我校学生的欣赏品味、审美情趣和文学艺术修养，丰厚了校园人文底蕴，培养了学生的爱国情感、民族精神，形成了积极正确的人生观和价值观，提高了学生欣赏中华优秀传统文化的水平。

一、成果形成背景

广州市白云区同和小学始建于1929年，2004年被评为广东省一级学校，2017年被评为广州市特色学校，是一所具有90余年历史的公办完全小学。现有31个教学班，1323名学生，在职教师74人。

同和小学地处岭南，悠久的历史孕育了深厚的文化，学校教育事业在丰富历史文化底蕴的滋养下根深蒂固。

粤剧是岭南地区土生土长的戏剧艺术，也是被联合国教科文组织列入“人类非物质文化遗产代表作名录”的中国地方剧种。同和小学历史底蕴深厚，学校地处广州大道北，毗邻广州市中心城区，学校近70%的生源来自广州本土，为粤剧文化传承的推广提供了有利条件。学校拥有省、市、区级名校长、名教师、名班主任工作室主持人以及广州市教研组核心成员，他们的引领示范是推进学校美育特色发展的重要人才保障。

粤剧文化引进校园，是大力提高学生的文化艺术修养、加强艺术教育的一个机会。在活动中，能拓宽学生的视野，培养学生向善、向美、向真，扩大学生的知识面，加深学生对粤剧的了解，从而达到弘扬粤剧文化的目的。

打造学校办学特色，深入推进学校文化品牌建设，传承并弘扬民族优秀的历史文化，是学校教育的基本任务之一。自2019年起，学校在白云区教育局的指导下，利用地域优势，充分挖掘广州市粤剧教育资源，充分发挥学校艺术教育主阵地、主渠道的作用，以粤剧特色品牌项目建设为抓手，积极开展各项活动，举办艺术会演、作品展览等，为学生搭建了丰富多彩的舞台，形成有特色的校园文化，丰厚师生底蕴，体现学校精神，彰显岭南文化特色，传播推广传统艺术瑰宝。伴随着白云区特色品牌学校创建的不断深化，我校把粤剧作为实施素质教育、创办特色品牌学校的突破口，以传承优秀传统文化，展现传统的粤剧艺术魅力，着力开拓“粤精彩——悦小和——越人生”的粤剧传统文化传承的新思路，使同和小学的校园充满了粤剧传统艺术的勃勃生机与坚强活力。

二、实施过程

（一）总体目标

1.“粤”精彩：通过粤剧特色课程的实施，带领师生走进粤剧传统艺术的世界，领略粤剧传统艺术的精彩，提高学生对岭南戏曲美的感受、欣赏、表现和创造的能力和文化认同感。

2.“悦”小和：在追求粤剧特色精益求精的过程中，致力于培养学生的综合素质，在快乐愉悦的粤剧欣赏、歌唱、演绎中，锻炼学生合作、拼搏、创新的精神，学会赏识、同心同德、营造和谐，促进学生身心健康全面发展，全力打造品学兼优、德艺双馨的“小和”学子。希望同和小学每一个孩子都能透过粤剧教育之光，向着未来畅想，憧憬美好的未来世界。

3.“越”人生：以粤剧为突破口，帮助师生发现和培养艺术特长，培养师生创造性和思辨性思维，培养师生大爱的艺术情怀，让每一个师生在教与学的过程中找到适合自己个性发展的艺术表达方式，用中华优秀传统文化丰富、提高自己的文化素养，约束、规范自己的言行，培养学生们的文化情怀和文化自信。在师生共同成长的过程中不断认识自我、超越自我，成就更加卓越的自己、幸福的人生。

（二）阶段目标

第一阶段：探索期（2019.03—2020.08）

1. 目标预设：①制定《同和小学粤剧传统特色项目建设五年行动方案》；②申报“同和小学粤剧艺术校本特色课程的开发与实施的研究”课题；③聘请粤剧专家来校指导，组织教师参加各级各类艺术素养与技能的培训，开展教师校本培训及校本研讨；④申报广东省第二批中华优秀文化传承学校。

2. 达成目标的具体措施：①启动“粤剧进校园”；②设立粤剧周，并开展粤剧专题活动；③进行校园粤剧文化的装饰；④编排粤剧韵律操，在每天大课间时间作为放松操全校推广；⑤开粤剧实验班，尝试粤剧与学科融合；⑥利用每周升旗仪式的时间段，全校用粤语诵读经典诗文；⑦开办粤剧表演班，编排粤剧特色节目，登上六一儿童节展演舞台；⑧以粤剧为主要元素，开展艺术节展演活动；⑨利用红领巾广播站，每周播放粤曲小调。

第二阶段：锤炼期（2020.09—2021.08）

1. 目标预设：①通过粤剧特色与课程、活动、社区相融合，普及粤剧特色课程，打造粤剧精品，展示粤剧特色成果，营造人人学粤剧、人人爱粤剧的校园特色氛围；②制定学年粤剧传统特色项目行动计划及实施方案；③完成粤剧艺术校本特色课程的研发成果搜集与推广。

2. 达成目标的具体措施：①加强教师培训力度，组织教师参加市级及以上层面的培训，提高教师粤剧艺术修养；②聘请省市粤剧表演艺术家和研究专家担任教学顾问，开设课程和讲座，充实师资力量；③持续开展粤剧特色活动，丰富“粤剧周”活动内容；④开发粤剧与学科融合课程；⑤开办基本功架班、粤曲表演唱腔班、曲艺民乐班，组建粤剧社团；⑥编辑《粤剧文化与学生同行成长手册》。

第三阶段：汇报期（2021.09—2023.03）

1. 目标预设：①筹备以粤剧文化为主要题材的同和小学95周年校庆活动；②举办同和小学粤剧传统特色项目五年行动成果汇报。

2. 达成目标的具体措施：①深入开展粤剧特色活动，提升“粤剧周”活动内容；②举办校园粤剧文化专题展览；③组织粤剧社会实践活动。

（三）基本策略

1. 依托上级部门的有力领导，加强与吴非凡粤剧艺术中心的合作，聘请中国戏剧梅花奖与白玉兰奖获得者吴非凡老师为学校粤剧特色项目首席专家，同时发挥白云区余旭珊名教师工作室、学校音体美教师、班主任以及任课教师的作用，积极创造必要条件，加强教师培训，加大资金投入，营造适宜粤剧特色项目发展的氛围，为学校粤剧特色项目活动开展提供保障，为粤剧文化传承奠定坚实的基础。2019年，学校争取各方支持，在粤剧传统文化建设方面投入25万元专项资金。

2. 实施“三融合”策略，即粤剧特色与课程相融合、与活动相融合、与社区相融合。

3. 发现、培养和造就一专多能的复合型教师，为创建学校特色与特色学校奠定坚实的基础。

4. 学校致力打造“赏识教育”文化背景下“让每个生命绽放精彩”的优秀教育。粤剧文化也是紧紧围绕学校的核心理念，以“丰富情感体验，培养审美意识、情趣和能力”为手段，开展丰富多彩的课内外艺术活动，以课堂渗透为主，校本发展为辅，充分借助“社会课堂”的优质教育资源，逐步探索出学校粤剧艺术特色发展的有效途径、方法和模式。

三、实施成效

1. 学校在继承与创新中走出了一条“粤剧特色与课程相融合、与活动相融合、与社区相融合”的成长之路。2019年期间，学校学生参加各级各项粤剧传统文化展示，教师在各级艺术传统文化教学研究中分享教学经验；学生参与市、区、校级的不同活动、展演，均受到主办方高度赞赏，并在白云时事、白云教育、广州少儿频道、广州电视新闻等媒体平台播出。学校荣获区“一校一品”艺术类的一等奖。

2. 学校依托美术、音乐、体育三大艺术学科，特别是美术高级教师曹翠霞、陈笑颜，白云区余旭珊名教师工作室，在美术、音乐方面结合粤剧文化开设校内社团，开展粤剧脸谱设计制作、粤剧服饰创作、粤剧新唱、粤韵操等活动。孩子们根据自己的兴趣爱好，主动选择老师进行粤剧学习，通过学校社团的开展，全员参与粤剧文化的学习与传承，获得家长高度赞赏。

3. 学校自打造粤剧特色项目开始，就把粤剧定义为一种文化，而不是一门技艺。目标是促进每一名儿童都能在欣赏、学唱粤剧中汲取民族文化的营养。通过学校粤剧文化进校园的深入开展，促进了我校学生的欣赏品味、审美情趣和文学艺术修养，丰厚校园人文底蕴，培养学生的爱国情感、民族精神，形成积极正确的人生观和价值观，提高学生欣赏中华优秀传统文化的水平。

四、经验总结及创新之处

（一）在课堂中对粤剧文化进行普及

在利用课堂对粤剧文化进行普及时，重点对音乐课堂的作用进行体现。在音乐课堂中，相关教师利用多媒体设备，对粤剧表演中的精彩片段进行展示与播放，同时对于相应的文化背景进行介绍，让学生了解粤剧文化。

（二）开展粤剧的专项训练

开展粤剧的专项训练也是校园粤剧传承创新活动中的重要策略，学校通过每周定时开展粤剧特色课程来实现。发掘具有粤剧表演潜力的学生，并对其进行专业训练，其中要重点训练粤剧的基本功，依照个体差异实现粤剧的专项训练。同时，学校尽可能为相应的学生提供更多的展示平台，鼓励学生进行粤剧排练与表演，进一步提升学生对于粤剧的兴趣，增强表演的自信。另外，学校还在课余时间组织学生到粤剧氛围较为浓厚的地方进行参观，进一步提升学生对于粤剧的认识以及学习积极性。

（三）将粤剧文化融入多学科教学

为了进一步提升校园粤剧传承创新活动的效果，除了重点发挥音乐课程对于粤剧文化传播的重要作用外，还在多学科教学中对粤剧文化教学进行有机融入，使得学生对于粤剧文化的了解程度更深、范围更广。

（四）整合资源拓展粤剧宣传方式

在校园粤剧传承创新活动中，想要确保活动的成效，必须要对粤剧进行多渠道的、大力的宣传。在该活动中，学校对校内所有的宣传资源进行整合，并对粤剧文化、粤剧表演等进行宣传，提升学生对于粤剧的关注度。

（五）尝试进行粤剧校园剧的创编

学校在完成粤剧文化的普及教学后，还组织学生尝试进行粤剧校园剧的创编。通过组织学生进行粤剧校园剧的创编，能够弥补粤剧文化普及不广这一问题。

非遗文化润德育人的创新与实践

广州市番禺区南村镇梅江小学

主要贡献者：黎懿行　陈淑勤　麦旭其　江素庆　罗鉴萍　冼锡和　郭妹女

非物质文化遗产是一个民族历史沉淀的精华。近年来，梅江小学扎实推进番禺区“寻找禺山的记忆”传统文化活动，“非遗进校园”系列活动用灵活多元、活化传承、生动有趣、继往开来的形式，让少年儿童充分认识非遗文化的魅力与价值。

一、研究背景——传承民族精华：鉴往知来、世代发扬

（一）问题的提出

梅江小学由梅山小学和江南小学并校，办学历史悠久，人才辈出，合并后的梅江小学科技、艺术特色明显，载誉无数，但文化建设稍显不足，作为广绣非遗文化发源地的所在学校、广绣传承人陈美玲大师的母校，却未能很好发挥广绣非遗文化的影响力。孩子们存在怕吃苦、不劳动、习惯不良、信心缺失等问题。学校的困境，促使我们思考——如何利用好一切可用的教育资源，找准发展突破口，调动师生内驱动力，促进办学质量的提升，推动学校内涵发展、可持续发展。

（二）“非遗润德”思想的酝酿和形成

在实践探索和文献研究的基础上，我们结合学校实际，提出了“非遗润德育人”的思想和主张，通过“文化影响”“活动体验”“课程保障”三位一体推进“非遗润德育人”，主要有以下主张。

1. 基础教育应关注学生的可持续发展，关注学生的成功体验和生命成长，为学生长远幸福夯实根基。

2. 基础教育应具有普通性、基础性、全面性和义务性，要强调普惠，尊重差异，因地制宜。

3. “非遗润德育人”不排斥精英教育，但更应强调因材施教。

4. “非遗润德育人”的终极目的是尊重个性特长，激发内生动力，提高自主发展能力，学校、老师和学生并肩同行、携手共进。

二、主要措施——砥砺民族风骨：不畏艰难、想方设法

梅江小学传承发展广绣非遗优秀传统文化，大力弘扬核心思想理念、中华传统美德、中华人文精神，引导学生了解中华优秀传统文化的历史渊源、发展脉络、精神内涵，增强文化自觉和文化自信。

（一）重统筹，发挥文化引领作用

成立广绣传习工作研究小组，加强组织保障。研究小组加强广绣传习工作的统筹指

导，充分结合地域特色，更好地推进学校德育工作，因地制宜地开展地方课程和校本德育课程，广泛开展“我是广绣代言人”系列活动。通过广泛推广宣传优秀广绣文化，充分发挥广绣愉悦身心、净化心灵、启迪心智的作用，积极传承广府文化，促进广大未成年人爱祖国、爱广州、爱番禺，做文化番禺人。

（二）成体系，广绣融入教育各方面

如图 1 所示。

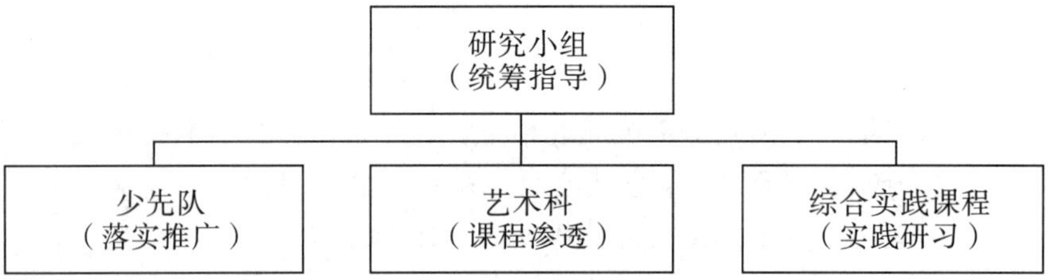

图 1　广绣传习工作研究小组

1. 以少先队“粤绣悦美”主题活动为抓手，增强传播与传承实效

少先队组织作为少年儿童的文化家园，理应成为传承发展优秀传统文化的重要阵地。我们结合番禺区非遗文化进校园活动要求，根据南村镇文化节的传统文化项目展示标准，在家校广泛开展“我是广绣代言人”传习活动，推进我校传承非遗文化工作。

2. 以艺术科“我是广绣代言人”活动为基础，融入课程体系

在艺术课程中渗透广绣小曲、制稿教学，凭借《广州音乐》《乡土美术》课程资源，形成“认知—感受—学唱（制）—与实际生活相结合—创作”教学模式，让学生初步了解广绣，结合图片、视频等学习资源，感受广绣所特有的地方特色艺术风格，从而培养学生对广绣的兴趣。

3. 以综合实践“多彩广绣，伴我成长”课程为导向，培养综合素质

充分利用学校的红领巾广播，“每日一唱”“每日一绣”浸润式传习广绣，教学开放日展示广绣作品，使校园处处都有广绣的痕迹。尤其在小学阶段，经过六年的艺术熏陶和劳动教育，孩子们从小就接触具有地方特色的工艺、画作、音乐，这也是孩子们了解广东、热爱家乡、传承地域文化最直接的方式。

三、实施过程——汇聚协同育人力量：家校同心、社区同力

早在 2015 年，我校推进“非遗文化（广绣）进校园”活动，实施“广绣社团”“弘梅广绣艺术实践工作坊”教学实践研究。

（一）面向全体，分阶段推进广绣传习

每年的广绣通识培训活动，我们都选取思想内容好、艺术水平高、传习价值大且适合小学生学习、鉴赏和体验的优秀文化及技艺，广泛开展传习活动，如表 1。

表1 广绣传习分阶段推进表

<table>
<tr><th>时间</th><th>广绣通识培训内容</th><th>形式</th><th>对象</th><th>年段学习要点</th></tr>
<tr><td>2015年</td><td>知识（鉴赏）：广绣的起始渊源、唐宋时期的广绣
参观体验：走近大师——穿针、打结、起针、落针
曲子：《刺绣阿姑》</td><td rowspan="4">单次课
系列课
校外
研学</td><td rowspan="5">教师
学生
家长</td><td>低年段三部曲：
前刺绣：穿线与穿珠（鞋带、宽带）
准刺绣：塑胶针和鱼丝线在硬胶板洞练习
正刺绣：真针在绣布上点缀刺绣</td></tr>
<tr><td>2016年</td><td>知识（鉴赏）：明代广绣的发展、清代的广绣
参观体验：走近大师——直针系列、锁针系列
曲子：《绣荷包》</td><td rowspan="2">中年段四步走：
1. 学广绣：工具材料
2. 赏广绣：欣赏作品
3. 绣广绣：练绣、创作
4. 展示作品：分享成果</td></tr>
<tr><td>2017年</td><td>知识（鉴赏）：民国时期的广绣、当代广绣的发展
参观体验：走近大师——打子系列、平金和钉线系列
曲子：《刺绣伊人》</td></tr>
<tr><td>2018年</td><td>知识（鉴赏）：广绣的种类之欣赏品、日用品、祠堂用品
参观体验：走近大师——贴布和拼布系列、编织针系列
曲子：《小燕子学刺绣》</td><td rowspan="2">高年段五结合：
创作——
1. 与岭南特色相结合
2. 与学校特色相结合
3. 与理想信念相结合
4. 与实践理论相结合
5. 与创意突破相结合</td></tr>
<tr><td>2019年</td><td>知识（鉴赏）：广绣的工具和材料、工艺流程、常用行业用语
参观体验：走近大师——复合针法系列、装饰性针法系列
曲子：《绣娘》</td><td>单次课
系列课
直播课</td></tr>
</table>

（二）搭建平台，分任务推进广绣传习

融广府文化和课程改革于一体，积极构建课堂教学与课外活动相互配合、学校教育与社会教育相互融通的校本课程体系，特别打造“广绣研学”项目及“每日一唱”“每日一绣”课程，让广大师生认识广府文化、喜爱广绣。具体见表2。

表2 广绣传习分任务推进表

年级	广绣学习任务
一、二年级	1. 我的首“绣”（入学礼 DIY：老师指导，合创礼献校、自创礼致己，班主任保管至毕业礼重现） 2. 唱支坊歌给您听（唱一首喜爱的广绣坊歌表演给家长看）
三、四年级	我给广绣绘底稿（绘制一个喜欢的底稿参加作品展）
五、六年级	1. “我行我绣”礼献恩师（制作一个满意的作品献给老师） 2. 我的毕业“绣”（毕业礼 DIY：献母校、致自己）

（三）结合科研，分项目推进广绣传习

我们立足课堂教学，注重科研引领，全面提高教师的理论水平和实践研究能力。研究项目有市级课题“广绣在小学阶段的传承与创新实践研究”“应用岭南民间美术资源提升小学生的美术核心素养”，完成区级课题“乡土资源在小学美术教育的开发与应用研究”。

四、主要效果——锻造学生品格：耐心细致、持之以恒

以“广绣”传习为切入点，每天孩子们从走进校园开始，耳边便响起“每日一绣”的常识播报，眼前便呈现广绣的作品，“每日一唱”伴随着孩子们的课间活动。

（一）调动多种感官参与，感受广绣文化智慧大

有效调动学生画、赏、听、唱、制，多种感官参与学习活动，建立起对广绣的深刻记忆，拉近广府文化和儿童的距离，让彼此亲密无间。在传统文化的穿针引线中体会人生，刺绣如人生，若绣错了就会留下一个孔洞。刺绣可以从头再来，而人生不可以。只有将每一步踏稳，才能绣出瑰丽的人生。

（二）用心感受体验活动，体会广绣文化情意浓

以《百褶马脸裙》这一广绣作品赏析为例，老师通过视频展示以梅花、喜鹊为题材的裙面，采用留水路针法绣出蕙质兰心、喜上加喜的婚裙，孩子们“眼观”针神艺绝的作品，自然而然地产生仰慕之情，再配合课堂上即时体验作品中运用到的打子、刻鳞针等针法以增强记忆。

（三）积极参与创作实践，传递广绣文化正能量

在“我是广绣代言人”系列活动中，除了绣、画、唱等活动，我们还鼓励孩子们利用自己的才艺和习得的广绣知识，创作献给学校、老师、同伴和自己的广绣作品。学生能拥有自己的广绣作品集，觉得很有成就感，对广府文化的情感更加深厚，对广州的喜爱之情以及生活在广州的自豪感也油然而生。

五、创新之处——激发学生智慧：守正创新、奋勇向前

（一）绣出爱国热情：以广绣传习，点燃学生爱国爱家的激情

我校学生陈靖淇花了三个多月时间绣出的作品《荔枝》，参加广东民间工艺博物馆展览获二等奖。为庆祝祖国诞辰 70 周年，蓝金玲同学用了一个多月时间创作了绣品《70 周年祖国万岁》。新冠疫情期间，韦语彤同学以一幅《众志成城，抗击疫情》的绣品，致敬抗疫英雄。

（二）绣出品质素养：以劳育美以美育劳，培育学生的品质素养

一是在家庭生活中感受劳动创造美、美在劳动中。如让孩子体会通过自己的绣品摆设，让家变得更美观。二是在学校艺术教育中挖掘劳动元素和价值。比如通过广绣坊歌、广绣经典作品反映劳动场景、劳动乐趣。三是在体力劳动和手工劳动中重塑审美情操。孩子在刺绣过程能感知劳动的美。广绣大师作品欣赏，能引领正确的劳动价值取向。四是在社区教育和校外教育中促进美育与劳动教育有机融合。

（三）绣出社会合力：以优秀传统文化，提升学校协同育人实效

梅江小学传承广绣，得天独厚的是由广绣非遗的代表性传承人陈美玲大师亲自授课，她是土生土长的梅山人，梅江小学是她的母校。优秀毕业生传承优秀文化，影响深远：培养了广绣教师、广绣学生，课程除了由本校教师认真执教外，还得到政府部门与社会团体的倾力支持和帮助。如市、区教育局，市、区非遗文化保护中心，广东民间工艺博物馆，南村镇政府、教育指导中心等单位领导和专家成为“广绣进校园”的专业顾问。此外，有广绣专长的学生家长直接参与“非遗文化进课堂”活动，合力参与广绣教学。

学校先后被评为广州市广绣示范学校、广州市传统文化传承教学基地、首批农村小学市航空模型特色学校、番禺区义务教育特色学校、广东省足球推广学校、广东省红旗大队。

六、今后设想——弘扬非遗文化：美育劳育融合，育心育德育全人

传习广绣、建立社团和工作坊、创新表现形式……我们将中华优秀传统文化以及爱家乡、爱祖国的情怀注入每一个学生的血脉和心中，引领学生做中华优秀传统文化的重视继承者和弘扬者，汲取中国智慧、弘扬中国精神、传播中国价值，增强文化参与感、获得感和认同感，将中华优秀传统文化全方位、全过程融入学校美育和劳动教育，以美育人、以劳育人、以文化人。

传承和发扬广府文化，是现代广府人的一种责任，也是一种使命。广绣校本课程的开发研究与实践探索，有效地提高了学生的人格修养，促进了心智发展，培养了审美情趣、劳动技能。学生在广绣文化的熏陶下，加深了对传统文化的了解，增强了文化遗产的保护意识。

传承灯草文化　促进学生个性发展的行动研究

广州市番禺区大石小学

主要贡献者：植结崧　梁淑冰　卢盛流　何伯勤　陈文敏　肖文静

番禺区大石小学利用区域内独特的非遗“灯草文化”开展育人活动。围绕“一草一世界，一榕一天地”办学愿景建构课程体系，开展学校特色活动，促进学生个性发展，成为番禺区义务教育阶段特色学校。

一、实施背景

近年来，教育部陆续出台了相关文件强调了德育工作的重要性和必要性，番禺区也提倡引导学生主动、有效地吸收优秀文化，激发文化自觉。大石小学拥有大石厚实品质、灯草明智特质等本校特有的精神文化。

学校生源由附近 10 个自然村村民及部分外来工人员子女构成，大部分家庭对孩子的个性发展不重视。从学校特色发展和学生个性发展层面，需要用优秀的文化引领家长，用课程体系和系列活动促进学生全面发展。

二、主要措施

（一）挖掘独特灯草文化内涵

人们用灯草点燃油灯照明，且可供药用，以此提炼“帮助他人”的育人因子；根据灯草内里虚心、充分吸纳的特点，提炼出“虚怀若谷”的育人因子；灯草的种植、制作远销国外，促进文化的交流，以此提炼出“合作共赢”的育人因子。

（二）构建灯草文化课程体系

学校根据育人目标，构建灯草文化的课程体系。通过灯草文化的传承以及学校特色的融合，把优秀的文化内涵融入实践中，提高学生文化素养，培养学生责任担当、人文情怀、修养之美、乐观健康的优秀品质，同时促进学生个性发展。

（三）开展灯草文化系列活动

学校致力研究和传承大石灯草文化。创设系列的灯草传承活动，包括“了解灯草，深挖资源”“探究现状，学习手艺”“非遗基地，组建社团”“校本资源，走进课堂”“主题教育，传承文化”等五部分，让孩子自愿选择参与，发展个性特长。

（四）课题引领推动灯草文化

依托省、市、区级“灯草文化”的 7 项相关课题，引领我校灯草文化的传承工作，并在课题研究中借助媒体宣传推广灯草文化活动。

三、主要做法

（一）构建灯草文化理念体系

灯草有着一颗谦虚和包容的心，悦纳世界和他人，灯草产品远销海外，成为了人与人、国与国之间交流的纽带。大石小学提取其中教育理念：“弘扬灯草文化，践行相容教育”。在“灯草文化”的引领下，学生需要不断地发现和培养自己的个人优势，悦纳他人，学会合作，达成共同成长的美好愿景。

（二）构建灯草文化课程体系

大石小学的课程包括国家、地方以及校本课程。以基础课为主，注重课堂渗透、跨学科主题融合式的教学模式。拓展课则以体验式综合实践活动为主。具体表1。

表1　大石小学各年级灯草文化课程一览表

项目名称	目标任务	具体实施	完成途径	评价维度
认识灯草系列活动	1. 融入新的学习集体 2. 学习同伴交往的方法	一年级学生参观大石民俗馆；在家里与家人认识大石特产，吃“大石三宝”，在班会课向同学说说它们的形、色、味	班会 书香活动 家校共育	自评：是否乐于分享自己的感受 他评：是否会表达感受和耐心倾听
了解灯草系列活动（文化传承——“我爱大石”讲故事、征文活动）	1. 感受家族文化传承及家庭成员亲情传递 2. 感受大石风土人情	二年级学生开展“大石的传说”讲故事活动 三年级学生开展“我们家族的故事”等征文活动	班队会 家庭教育 社区教育	自评：是否乐于分享关于自己的故事 他评：是否会表达情感和欣赏他人
喜爱灯草系列活动	1. 让学生发现自己的兴趣，并培养特长 2. 学会欣赏美，向同伴推荐喜爱的作品	全年级开展乒乓球、足球体育活动 全年级开展书法、绘画、摄影、合唱、舞蹈活动	体育课堂 社团活动	自评：是否有文体爱好 他评：是否有技能和良好的意志品质
	发现自己的优势，发现他人的优势	四、五、六年级开展优势学习——个人学习风格探索、自信故事讲堂	学科融合 班队会	自评：是否有良好的自我意识 他评：是否能自我管理，能否待人友善，与人合作

续表

项目名称	目标任务	具体实施	完成途径	评价维度
研究灯草系列活动（“走进大石”社会实践活动）	1. 让学生了解社会，培养社会责任感和公民意识 2. 培养实事求是的科学精神	五年级开展“走进大石”综合实践，选取关于灯草地域种植、气候变化、药用食用研究，及大石经济、文化、教育、风土人情等选题，开展研学旅行或社会调查，在老师的指导下形成调查报告	综合实践 社会调查 研学旅行 学校、家庭、社区联合开展活动	自评：是否掌握相关的知识与技能 他评：是否在参与活动的过程中有科学的方法及正确的情感态度价值观
传承灯草系列活动（模拟灯草集市的公益义卖）	1. 锻炼组织能力，合作完成灯草义卖活动，分享灯草义卖活动的心得，体会共同成长的快乐 2. 了解和体验中华优秀传统文化	活动以六年级学生为主。宣传片用三种语言（汉、英、粤）介绍大石灯草的历史与学校的渊源。模拟大石灯草交易集市，灯草技艺展示、大石美食制作、书法、歌舞、岭南文化展示	学科融合 综合实践 社团活动 学校、家庭、社区、灯草文化协会组织联合活动	自评：是否能准确描述参与活动、承担任务所带来的自尊、自我效能体验 他评：是否有责任感主动担当，是否有协调能力

（三）开展灯草文化系列活动

1. 了解灯草发展历史，发掘文化教育内涵

大石灯草文化有着悠久的历史，是大石著名的土特产，每年出产的灯草制品销往海外。灯草传统文化中含有“因助人而高贵”“因虚心而充实”“因交流而共赢”的育人因子。

2. 探究灯草现实状况，学习灯草制作手艺

如今灯草制品市场日渐萎缩，种植面积仅剩几亩，原材料缺乏、市场需求量少、年轻人不愿学是导致灯草传承断层。学生参与学做灯芯花工艺，练就“工匠精神”。学习灯草工艺，有利于磨练人的意志，塑造敬业精神。

3. 发挥非遗基地作用，组建灯草文化社团

发挥灯草文化传承基地作用，在非物质文化遗产传人何杏珍老师的带领下，组建灯草文化社团，对灯草工艺尝试、实践、掌握。

4. 落实校本课程研究，灯草文化走进课堂

研发校本课程灯草《一草一世界》：低年段以认识灯草的形、色、味，听长辈讲灯草的历史故事，参观学校民俗馆为主；中年段以学习灯草手艺，绘画“我心中的灯草印象”，撰写学习心得为主；高年段以综合实践活动为主，走进种植基地，研究食用价值、药用价值以及对大石地区的经济、文化影响等；并且能用普通话、英语、粤方言三种语言介绍灯草历史，参与灯草义卖活动，在灯草文化节上推广。

5. 开展多样主题活动，传承大石灯草文化

（1）组织灯草义卖活动。组织社团同学，把活动中制作的灯芯、灯芯球、红纸装在灯

草文化节进行义卖，既可以传承灯草文化，也可以获得经济效益，成为大石小学有意义的活动。

（2）家长大讲堂活动。由家长为孩子们讲授部分灯草的课程，促进家校交流合作。如组织亲子互动活动、家长观摩、家长主导的活动、家长教育讲座等。

（3）走进社区探究活动。比如：邀请灯芯草研究会的专家廖景添副会长进校园开讲座。依托学校传统文化教育资源，拓展为研究大石本地区的龙舟文化、宗祠文化、牌坊对联文化、关帝岗公园文化等。

（四）灯草文化引领班级建设

在灯草文化引领下，各班形成特色育人理念，如暖阳班、灯芯班、小草班、活力班、墨香班、草芽班、明智班……做到班班有特色，立足优秀的传统文化，挖掘文化中蕴含丰富的德育资源，和而不同，美美与共。

四、主要成效

自2016年至今，关于大石灯草研究项目在市、区、片获奖33项，举办公开课及讲座21节，开展省、市、区级课题研究7项，公开发表5篇论文，媒体报道30多次，2020年11月30日《传承非遗文化，灯草手艺代代传》活动在“学习强国”平台推送。

（一）灯草文化引领学校特色发展

围绕优秀灯草传统文化，提炼了“一草一世界，一榕一天地”的办学愿景及“弘扬灯草文化，践行相容教育”办学理念，为学校特色发展确定方向。

（二）灯草文化促进学生的个性发展

通过灯草社团活动，如讲故事、美食制作、灯草非遗项目技艺、展示技能、解说功效等，发展学生的兴趣爱好和特长，引导学生发现自己的学习潜能，感受学习乐趣，培养自信心。学生通过学习灯草手艺，感受灯草文化，领悟“匠人”精神，发展个性。

（三）形成学校独特的灯草课程体系

学校编写了《一草一世界——大石灯草》《大石“灯草文化”家长读本》《相容教育特色学校文化发展规划方案》《番禺区大石小学“相容教育模式”研究》《番禺区大石小学五年发展规划》《大石小学文化德育实施方案》等校本材料，供学校的师生及家长使用，在探究过程中认识灯草、喜爱灯草、感悟灯草，学习灯草精神，形成独特的校本课程体系。

（四）与学校的德育活动有效融合

通过每年灯草文化节展示人文素养，突出文化传承。通过学生社团、兴趣小组等方式，开展“传统游戏节”“宣传义卖活动”“采民俗风、学民间艺、弘民族魂”等丰富多彩的德育活动，弘扬灯草文化。

（五）各级课题引领灯草校本研究

本项目相关的灯草文化课题研究有7项，其中省级1项，市级3项，区级3项。针对灯草和校本课程研究有5篇论文公开发表，对大石灯草文化都起着重要的推动引领作用。

（六）媒体报道共同推广灯草文化

近年媒体报道30多次，共同推广大石灯草文化，如广州广播电视台新闻日日睇“G4

出动”曾多次报道，《广州日报》《番禺日报》、大石文体中心等每年都报道我校灯草文化盛会。

五、创新之处

（一）非物质遗产引领学校特色发展

大石小学是番禺区非物质文化遗产“灯草”传承基地，传统文化气息浓厚，何杏珍老师、范翠燕老师是第三、四代灯草手艺传承人，带领老师、同学共同学习灯草手艺，培养灯草小传人。

（二）灯草文化促进校本课程的建构

通过校本课程开展关于灯草地域环境、气候变化、药用食用的研究，并逐步延伸到关于大石的经济、文化、教育、风土人情的研究。通过国家课程、地方课程以及校本课程相互配合，根据育人目标及围绕核心素养，构建灯草文化的课程，形成我校独特的课程体系。

（三）灯草文化促进学生的个性发展

学校通过优秀传统文化引导、熏陶、感染、润泽大石的青少年，吸收灯草文化优秀内涵，养成乐于助人、虚心好学、善于交流的好品格，培养学生学习能力、沟通协调能力，以促进学生的个性发展、全面发展。

本项目研究取得不俗的成绩，但是还需要进一步完善构建体系，调动社区参与度，扩大影响，培养优秀的灯草小传人，吸引更多的外来务工人员及其子女加入我们的“灯草文化”的传承探究中来。

灰塑文化育人的研究与实践

广州市黄埔区深井小学

主要贡献者：潘文英　欧丽萍　朱智萍　黎业峰　梁越盈　凌雨铿

广州市黄埔区深井小学地处深井古村，人杰地灵，文人辈出，风景名胜颇多，古建筑物保存完好，古村特色远近闻名，非物质文化遗产丰富。深井小学有 13 个教学班，共有 522 名学生，其中 70% 的孩子来自外来务工人员家庭。深井小学作为黄埔区教育系统下一所相对薄弱的学校，城镇化发展过程中教育发展步履维艰，德育与美育任务更显艰巨。如何将面临传承危机的灰塑非遗文化与学校德育、美育发展结合起来，实现互推共进，走出特色发展的生态之路，是深井小学发展遇到的难题，也是契机。

一、解决思路

办一所人民满意的学校，为实现“深仁厚泽，井养不穷”的价值追求，学校树立“给每一个孩子带得走的能力”的教育目标，以“井养式课程”规划为课程蓝图，探索如何在美育中借助传统灰塑文化实现育人目标。学校作为全国第一所将国家级非遗文化“灰塑”引入课堂的小学，通过灰塑特色课程的开发，以灰塑文化为载体，将中华优秀传统文化的育人功能特别是德育功能巧妙落地，实现立德树人目标。

二、实施过程

深井小学牢牢站在深井文化土壤之上，挖掘深厚的古村文化，寻根优秀传统文化，融合开展课程教学，将中华优秀传统文化根植于心。

（一）立足本地资源，深挖根植灰塑文化

深井古村历史文化深厚，岭南建筑文化、古井文化、古塔文化、诗词文化、桥文化、饮食文化等都是深井历史文化的综合体。学校积极引入广州市花都区灰塑文化产业研究院开设灰塑课程，传承灰塑文化，增强孩子美育的熏陶，让德育浸润在课程中，不断滋养儿童成长。同时开展丰富多彩的活动，拓宽成长路径，使学生在活动中感悟中华优秀传统文化，以文化人，以文育人，在潜移默化中提高儿童思想道德水平，改善其行为习惯。

（二）深入实施美育，推进灰塑校本课程

我们有意识、有目的、有计划、有组织地培养儿童兴趣，努力创造条件充分发挥儿童的特长，深入实施美育，推进校本课程。2013 年 9 月，深井小学成为全国第一所中华传统文化教学研究实验基地小学；2015 年，学校成为广州市义务教育阶段特色学校；2016 年 9 月，学校与广州市花都区灰塑文化产业研究院签订合作协议，成为全国第一所将国家级非遗文化“灰塑”引入课堂的小学，同时成为国家级非物质文化遗产广州灰塑传承基地。

课堂教学是灰塑传统文化教育的主阵地。随着学校“井养式课程”规划步步推进，

“井美”系列课程中的“我型我塑”灰塑校本课程也得以逐步开发出来。为培养儿童艺术素养，形成自觉保护和传承灰塑文化的意识，2017 年 4 月，学校正式开启灰塑课程。三年来，灰塑专家讲座与灰塑制作实操课程相结合，亲子体验活动与灰塑常规课融合。2020 年新冠肺炎疫情期间，还采取了线上直播方式全员学习。同时校本课程分级推进，低年级先进行绘画艺术的教学，培养儿童对色彩的敏感和对手绘的兴趣，为之后的灰塑教学打下基础；对于中高年级的孩子，尝试高浮雕、圆雕、通雕等水平较高的灰塑作品。每周开设 2 节课，每个学期安排 16 节课，已制作完成精美的灰塑作品 12 批，作品数量达两百余件。课堂上孩子们动手实践，从起稿绘画、铜线造型到批灰上色，最后打磨加工，在老师的指导下一步步完成各式独一无二的灰塑作品。学校师生以“霸王花”为主题创编了相声、传说故事、诗词等作品，进一步挖掘深井霸王花的传统文化内涵，用灰塑工艺品的形式塑造了深井小学校花——霸王花。

（三）活性传承灰塑，育人内化于心

近年来，我校灰塑课程的优秀代表——小小灰塑传承人，代表学校积极参加各类比赛，并屡获佳绩。在 2020 年中国网球巡回赛活动中，我校作为黄埔区艺术工作坊代表学校之一，参与灰塑艺术的展示及体验。为庆祝中华人民共和国成立 70 周年，孩子们特别创作了“我爱我的祖国”“我是黄埔小兵”等一系列灰塑作品，增强传承灰塑文化的使命感和责任感，把爱国主义精神以作品的方式呈现出来，听党话，跟党走，红领巾心向党，争做新时代好少年，进一步提高孩子们的爱国主义情感。

三、实施效果

美育的实施需要我们教师一定要有创新意识，具备强有力的美育意识，帮助儿童树立正确的审美观。

（一）科研先行，教师是美育引导者

学校的教科研氛围浓郁，有广东省教育科学“十二五”规划课题 1 个，广东教育学会小课题 3 个，市级课题 4 个，区级课题 2 个。学校以“井养式课程”为整体规划，确立“井美”“井动”“井言”“井探”“井思”“井恬”系列课程建设，我校已经着手编写《我型我塑》灰塑校本教材，将进一步提高传统灰塑教育教学质量，发挥灰塑育人的隐性功能，教师课程建设能力有了提升。

（二）灰塑文化浸润孩子的成长

以灰塑文化为聚集，孩子们在文化的浸润下逐步成长。富有教育意义的环境，能吸引儿童的注意，保持他们的好奇心和新鲜感。在温馨和富有情趣的情境氛围中学习成长，孩子们受到美的熏陶和感染，陶冶了情操；精神上感到愉快，思想上保持健康向上的学习状态。他们的学习兴趣进一步浓郁，气质得到改变，更加善于细心观察事物的变化，他们逐渐爱上充满艺术文化氛围的校园，喜欢上了校园丰富多彩的活动，并在活动中团结合作，提高个人的审美素养。灰塑文化培植孩子们传承中华优秀传统文化的认同和自信，进而使孩子们形成健康愉悦、乐于助人的品格。在社区综合实践学习中通过认识、参与文化传承和创新活动，提升文化认同素养，拓展了视野，激发学生对乡土情怀的热爱，做志存高远、健康阳光，有艺术素养、有家国情怀、有世界眼光的社会主义建设者和接班人。

（三）成果推广，教育处处有美育

基于对灰塑课程实践与研究的兴趣，学校老师以科学的态度挖掘灰塑文化的德育资源。广州市教育研究院审批立项的课题“基于STREAM教育的深井古村非物质文化遗产服务学习的研究”已进入结题阶段。“基于STREAM教育的‘灰塑’工艺文化传承探析”于2018年11月在“广东省国学教育论文”评比活动中荣获一等奖。2020年6月，广州大学美术与设计学院研究生刘可莹同学来校实习，以我校灰塑课程为研究对象，进行《广州灰塑在小学美术校本的开发与实践研究》毕业论文研究及撰写，深入全面地研究我校灰塑校本课程，为校本课程的深入开发与实践提供了宝贵的素材。2020年12月，我校被评为广东省第二批中华优秀文化传承学校。

为广泛宣传推广灰塑文化，在潘文英校长的带领下，学校充分地整合了本地文化资源与社会资源，积极引进灰塑专业教师，培养了一批优秀的灰塑教师，逐步壮大灰塑教师队伍。在2019年第15届全国学校品牌大会上，潘校长以“在文化相遇中凝心聚力，固本强基”为主题，分享灰塑文化进校园的经验做法，进一步扩大影响力。作为广东省教育厅“广州大学—汕尾市美育浸润计划”项目组专家之一，潘文英校长在美育浸润行动计划中，以灰塑文化为载体，就学校的灰塑名片进行经验分享，为粤东西北地区中小学校美育课程教学发展提供了方向。

四、创新之处

我校结合灰塑文化进行德育工作，取得了一定的成果。

（一）以灰塑文化为根脉，丰富特色学校内涵

我校将“井养教育”确立为学校课程哲学，具体定位为两个维度：一是重视文化传承的价值，将其作为学校教育的重要资源；二是办学与育人目标相结合，在“井养文化”的滋养中实现儿童自主成长。深井小学将深厚的古村文化特别是灰塑非遗文化引入校园，引入课堂，引入孩子的学习世界，将“深仁厚泽，井养不穷”的理念渗透于学校的管理与教育中，着力于灰塑课程的开发与建设，很好地将学校在地资源与传统文化融合在教育教学中，为学校的发展找寻到了丰厚的文化土壤，使学校的发展别具一格，逐渐走出了一条特色发展之路，同时也为陷入传承困境的灰塑文化工艺探索出了一条更为活态、生态的新路径。

（二）以灰塑美育为引领，实现五育融合并举

学校结合深井村地方文化特色，设立灰塑艺术课程，以美育为引领，实现五育融合并举，促进儿童德智体美劳全面发展。学校以校本课程推进研究，融入人文素养；挖掘社区资源，融入开笔启蒙教育；开展文物保护学习，融入普法宣传教育；拓展社会实践，融入服务学习课程；以学科交汇突破，提升儿童综合素质等。

灰塑课程，以美润德，发挥中华优秀传统文化的德育功能，促进儿童道德发展，加强儿童对岭南文化的认识，感受灰塑文化的历史底蕴，增强爱国情怀和民族自豪感，促进社会主义核心价值观的形成。儿童在追求灰塑作品完美的每一个环节中，严谨和细致将逐渐内化为每个儿童的宝贵品质。以美兴艺，灰塑作为一种传统的工艺，儿童在制作、赏析灰塑作品的过程中，不断提高个人美术核心素养。以美促劳，灰塑课程让儿童动手实践，出

力流汗，亲历劳动过程，以实践育人，提升育人实效。

（三）以灰塑文化为协调，多力整合教育资源

学校办学发展离不开家长的坚定配合及社会各界的支持和关爱。学校通过搭建多种平台让孩子增长见识，提高学校整体水平。学校依托广州市花都区灰塑文化产业研究院，通过对灰塑特色课程开发，挖掘深井古村历史文化资源，用综合实践活动与各学科整合形式，形成一系列灰塑课程资源，为儿童教育创造一个平台。学校先后与广州大学美术与设计学院、全国红色旅游工作协调小组办公室、广州市委组织部、狮子会华文服务队等多家单位部门联手，分别开展了“山与海对话”“非遗进校园”等活动，还携手北京八大名人馆举办了“文化名人与民族精神”图片展等活动，彰显开放的多元文化，进一步加大了学校的宣传力度，更促进了学校在办学过程中不断吸取外来优秀文化，不断自我完善。同时，也为儿童打开了一道新大门，有机会接触更广阔的天地。

五、结语

综上所述，学校积极传承中华优秀传统文化，结合灰塑实践，落实灰塑文化树人、文化立校的价值功能，增强儿童的文化自信，促进儿童社会主义核心价值观的形成。灰塑课程的开设为学校德育发展做出了一定的贡献。学校将继续扩大灰塑校本课程的影响力，逐步实现美育最终走向社会的大目标，使广州灰塑这项优秀非物质文化遗产得到更为广泛的传播与传承。

扎根水乡文化，以“润泽教育”育创新人才

广州市南沙东涌中学

主要贡献者：麦树荣　刘　将　喻振南　冯子君　熊翠梅　张新功

一、问题的提出

为创建特色学校，学校应该对特色学校建设进行顶层设计，把办学理念、培养目标、校园文化、课程计划进行整体设计与规划，提升特色学校规划、资源开发、课程实施、资源管理、课程评价的能力。

特色学校建设必须要建立融入自身文化的特色课程，高中特色课程强调整体育人的目标，特色课程的内容更具综合性和广泛性，结合水乡文化，深入挖掘水乡文化独特的育人价值。

特色学校建设过程中的主要问题是引领课程改革的主体性不强，轻视对学校课程建设和教学实施过程的直接领导，缺少以课程为抓手推动学校改革与发展的内驱力。

二、解决问题的过程与方法

以“目标引领—特色项目—特色课程—特色学校”为建设思路，以办学理念促特色、以办学优势促特色、以办学传统促特色为推进策略，着眼于学校文化整理和挖掘，理清学校现有的特色项目，立足于特色课程，采用文献研究法、行动研究法、经验总结法等主要研究方法，不断探索、改进、循序渐进，追求校园环境诗意化。

（一）扎根水乡文化，聚焦润泽教育

东涌地处珠江三角洲腹地，系原番禺的围口沙田区域。据清同治十年（1871）版《番禺县志》记载，宋代以前，东涌还是一片浅海，历经“鱼游、鹤立、橹迫、草步”的演变，至宋绍定六年（1233 年），经过数百年泥沙淤积成滩，又经人工抛石筑围成田，形成大片沃土。

我校从水的无私奉献、广济天下，从水的滋养浸润、渗透包容，从水的团结凝聚、奔流激越，从水的坚韧持久、灵动多变等诸多特质中，挖掘并提炼出“淳朴、包容、合作、创新”的水乡文化精神，并以“水乡文化”作为我校的校园文化。

特色学校建设涉及学校整个系统，是一项全方位的学校综合活动。因此，必须要形成一个鲜明的特色，打起一面鲜艳的旗帜，来统领学校各项工作的发展。教育是对人的生命的润泽，教育的目的是先成人，后成才，教育的使命和责任是为学生的幸福人生奠基。我校将水乡文化的特质与寓意进一步诠释为“润泽”的教育之道，确立我校的办学特色——润泽教育。润泽教师——自主发展，成功成名；润泽学生——快乐成长，成人成才；润泽校园——和风细雨，润物无声。

1. 润泽学生——快乐成长，成人成才

润泽教育是对人的生命的润泽，教育的目的是先成人，让学生认识自我，接纳自我，肯定自我。为此，我校近年花大力气致力于打造一支基础实、素质强、身体健、个性扬的阶梯特长学生队伍，充分调动学生在培训和发展中的主体性，开设了“学困生培训—潜力生培训—精英生培训—导师生培训”阶梯策略。

2. 润泽教师——自主发展，成功成名

依据人本主义心理学家马斯洛的“自我实现是人类最高的需要和发展追求”理论，开展特色教师梯队建设。我校以“促进教师的自主发展，成就教师的自我实现”为核心理念。既注重充分调动教师在培训和发展中的主体性，又注重尊重教师发展的多层性和多元性需要，在培训方式和手段上追求“多元”“活变”。

3. 润泽校园——和风细雨，润物无声

特色学校建设不仅是一种自主内涵式发展，也是一个调整学校内部结构，优化育人环境，提升精神文化品位的过程。为此，我们围绕着“水乡文化、润泽教育”特色，对学校文化的物象与环境进行了整体规划，注意将学校的教育思想融入到每一个物象之中。

（二）融入水乡韵律，创建特色平台

1. 规范组织管理，提高特色学校建设领导力

为了确保特色学校建设的品质，我们成立了“特色学校领导管理小组”，下设特色学校中心组、特色项目学科组、特色学校保障组，外聘校外专家顾问团队，对特色学校进行顶层设计。

2. 系统优化课程，突显特色学校建设凝聚力

（1）统整课程——国家课程校本化实施

课程是学校服务学生的“产品”，是学校一切活动的总和。我校抓住新课程改革契机，通过“三个优化”（优化课程设置、优化教学过程、优化评价内容和方式）来落实新课程的改革目标，深入学习和理解把握国家课程思想、课程理念、课程方案精神实质。

在以人为本、求实发展理念的指导下，围绕“水乡文化、润泽教育”特色，建构基础性学习板块和发展性学习板块，把校训融合到课程体系中，建立“立志课程”“尚德课程”“博学课程”“创新课程”的课程体系。

（2）理清项目——构建“水乡新韵”特色课程

我们在已开设的校本课程中，按照分类指导、初步探索和构建长短课程相结合的方法，多资源、多学科整合特色校本课程。以项目作引领，以课堂为基础，渐进形成课程，按照感悟体验、传承发展、开发建设的思路形成了《人文篇——梦里水乡》《艺术篇——渔歌唱晚》《科学篇——扬帆起航》三大模块。

模块一《人文篇——梦里水乡》：感受水乡文化神韵，体味淳朴人文情怀。

模块二《艺术篇——渔歌唱晚》：传承七彩水乡瑰宝，陶冶高雅审美情趣。

模块三《科学篇——扬帆起航》：提升创新实践能力，开拓广阔国际视野。

课程目标：通过水乡文化的润泽，让每一个学生具备淳朴、包容、合作、创新的品格，成为身心和谐、情趣高雅、志向远大、具有良好人文情怀和广阔国际视野的现代公民。

3. 推进阵地建设，保证特色学校建设执行力

（1）课堂阵地

课堂是特色学校建设的重要阵地，我们把每一节特色课程都打造为高效课堂，采取自主体验、合作探究、展示交流的学习方式，让孩子们享受课堂的快乐。

（2）德育阵地

德育也是特色学校建设的重要阵地，我们注重特色学校建设与德育工作深度融合，所有活动都贯穿和紧扣“水乡文化·润泽教育”主题，让孩子们在水乡文化的润泽下，培育品行，健全人格，开拓视野，成为身心和谐、情趣高雅和志向远大的现代公民。

（3）研学阵地

研究性学习又是特色学校建设的另一重要阵地，我们围绕“岭南水乡文化·绿色沙田生态”，通过沙田民风民俗传承与实践、绿色水乡实践研究和水乡科技发明创造项目，培养和提升孩子们的创新精神和实践能力。孩子们走遍山野、农田、社区，访问当地的农民、农科人员和政府部门，有目标地进行考察，以获得第一手资料，积极提出建议，为宣传水乡文化出谋划策，身体力行地传承与发扬水乡文化。

（4）社团阵地

社团活动是特色学校建设的重要表现形态，通过开展丰富多彩的社团活动，陶冶学生情操，开阔学生视野，启迪学生思维，发展学生特长，全面提高学生素质，让孩子们具有淳朴包容、合作创新的水乡情怀。目前，学校已有浪潮信息社、水乡魅影社等30个社团，社团活动已成为我校一道亮丽的风景线。

（三）诗意弥漫校园，处处水乡情怀

充满诗意、充满魅力的校园，能增强学校群体的向心力，激发师生个体的活力。创建特色学校，我校对校园文化和课室文化进行了整体规划，科学布局。重视凸显一草一木、一水一石的高雅寓意和气息，以及其熏陶师生的灵性，把学校建设成为诗意般的校园。

三、成果创新之处

（一）研究取得丰硕成果

本研究形成了一系列理论成果。迄今为止，先后在《基础教育课程》《综合实践活动研究》《新教育时代》《教育科学》《当代教育实践与教学研究》《中学课程辅导》以及《才智》等期刊上发表《水乡新韵·润泽生命——广州市南沙东涌中学“水乡新韵”特色课程开发与实施》《整合STEAM教育理念的疍家文化校本课程开发与实施》《东涌水乡特色地理校本课程的开发与研究》《“1+1”化学实验社团活动模式初探——以东涌绿道河涌水质检测体验活动为例》《东涌沙田水乡文化特色校本课程与德育教育的有机结合研究》《沙田文化、水乡东涌》《水乡婚礼爱意盈满东涌——关于水乡婚礼的研究》等论文共7篇；有3个相关课例被评为省、市优秀课例，分别是《东涌水乡文化巡礼》《舌尖上的南沙——主题生成课》《为美丽水乡而设计——基于STEAM理念的项目设计导学课》；研究方案《基于创客教育理念疍家文化学习活动设计与实施》获广东省青少年科技创新大赛一等奖。

（二）文化寻根重塑学校办学思想

结合学校所处沙田水乡，确立了水乡特色文化为中心的校园文化，形成了以“润泽教育”为特点的教育教学和学校管理。紧扣核心素养的培养、地方优秀传统文化的传承等，对学校校训、办学理念等进行了解读。

校训：立志、尚德、博学、创新。明确了校训为我校办学的核心理念。“立志”才能自主发展，通过发现自身价值，明确人生方向，追求健康生活。“尚德”从人文底蕴上体现了学生的情感态度和价值取向，是珍爱生命、健全人格的基础，是国家认同、国际理解的责任担当。“博学”要求学生学会学习，是学习意识形成、学习方式选择、学习进程评估调控等方面的综合表现。“创新”体现科学精神，要求学生学会理性思维、批判质疑、勇于探究等，是学生劳动意识、问题解决、技术应用的集中体现。我们就是要像不舍昼夜东流入海的水一样“立志”，像利万物而不争的水一样“尚德”，像海纳百川的水一样“博学”，像随物赋形的水一样“创新”。

（三）以特色课程建设为平台，设置人才培养模式

融入文化育人的模式。该模式正视文化的承载力和辐射力，在其特色课程中将文化转化为教育的内容，通过文化的熏陶，达成其育人的目标。

个性化项目育人的模式。该模式以个性化项目为抓手，在活动中融入自身的办学理念，潜移默化地达成育人目标。在“水乡新韵”特色课程中设立了“绿色水乡”项目，组织师生围绕水乡生态、水乡环保等内容开展学习与实践活动，让生于斯、长于斯，将来成于斯的学生正确认识人类发展与自然环境保护之间的关系，形成与水乡共生共荣的自觉和保护、改造水乡生态的能力，达成培养新一代水乡人的目标。

与高校联手育人的模式。该模式注重利用高校的人才优势和专业优势，通过讲座、授课、交流、参与实验室实验或课题研究等形式，奠定学生的专业基础，拓展他们的专业视野。这种模式可以弥补高中教学的局限，为高中生职业规划提供参考。

开发游踪课，激活新德育

广州市增城区荔城街第二小学
主要贡献者：刘映桃　刘成燕　吴黎明　吴淑姬

一、形成背景

2016年11月，教育部等11部门《关于推进中小学研学旅行的意见》确立了研学旅行是中小学综合实践活动课程的重要组成部分。研学旅行是一个多学科融合的教学模式，是学生行走的课堂、校外课堂、大自然课堂。研学旅行继承和发展了我国传统游学“读万卷书，行万里路”的教育理念和人文精神，结合国际上“研究性学习”的先进理念、方法、模式，成为素质教育的新内容和新方式。

传统的学校德育，虽然以活动为依托，但是范围多局限于校园或课堂。久而久之，学生就会觉得缺乏新鲜感，对活动或德育课失去兴趣，育人效果也势必会受到影响。因此，要激活德育效能，提升育人效果。

增城区荔城街第二小学创造性地将研学与德育相结合，开发了游踪课程，将校园游踪和校外游踪连接起来，形成系统的游踪活动育人体系，丰富了研学的育人功能。该课程将学生的视野从课堂引向校园，从校园引向社区，从社区引向地方资源，并利用穗港、穗澳姊妹学校合作的契机，将学生的视野引向粤港澳大湾区，从点点滴滴中挖掘育人的机会，从丰富资源中提炼育人内涵。不仅激活了德育活动，强化了德育的育人功能，更是促进了学生综合素养的提升。

二、实施过程

（一）确定主题

游踪课开展之前，需要确定活动主题。学校一般根据校园拥有的资源情况或学生某方面的需求，确定游踪课的主题。例如：我校在每年的6月，会利用学校“荔园”的荔枝，开展走近荔枝游踪课，让学生进一步了解荔枝文化，培养学生学会感恩、爱护校园等良好品质，提高他们的观察能力和创新意识。有时，我们还会带学生到增城区挂绿广场，开展“走近挂绿荔枝，了解荔乡文化”游踪体验活动。为了培养学生养成讲文明的好习惯，我们开展了“校园游踪学文明”活动。为了深入践行垃圾分类活动，我们开展了垃圾分类游踪体验活动。

知识无境界，除了在校园、课堂获得知识，班主任还开发了校外研学游踪课程，引导学生放眼校外学知识。学校定期组织学生开展研学活动。如2019年，学生们徒步到增城城市馆学习，他们不仅在徒步前进中锻炼了吃苦耐劳的品格，更在城市馆的参观学习中增长了见识。上一年重在学习“户外生存技能”，学生们在活动中进行大脚板拓展游戏、自制简易过滤器、钻木取火、搭帐篷、抓鱼、做手工、射箭、攀树等活动，真正地学在其中、乐在其中。

我们不局限于在区内，还到广州市区开展过研学游踪课，甚至走出广东，去到香港、澳门、北京等地开展研学游踪活动。学生们通过研学游踪开阔了视野，增长了见识，更重要的是在体验、探究、合作、分享、感悟中，不知不觉地实现了品德的内化，提升了综合素养。

（二）确定形式

为了让游踪体验活动能够受到学生的喜爱，我们先后多次探究游踪课的活动形式，我们结合主题班会开展游踪活动，也结合主题中队会开展游踪活动，一般情况下，主要采用以下两种形式。

1. 游戏闯关模式

游戏深受小学生喜爱，因此我们将游踪的项目融入游戏的各项关卡，学生在规定的时间内完成各项关卡的任务之后，才算完成全部的游踪任务。例如：在“校园游踪中队课——我是垃圾分类小使者”主题活动中，我们设计了“我是竞答小达人”“我是垃圾分类小能手”“我是垃圾分类小侦探”“我是垃圾分类小讲师”“我是辨别小能手”“我是标语小作家”等六个游戏闯关环节，每个小组到达任务地点之后，按照要求完成指定的任务，就会获得完成任务印章，然后再到下一个环节继续完成任务，最先完成的小组获胜。

2. 自定游踪路线

有时候根据主题，我们会设定几个游踪地点，学生分组讨论，确定自己小组的游踪路线，在最快的时间完成所有游踪地点的游踪体验活动的小组获胜。这个过程中，学生会自己规划路线，会综合考虑各种情况来设计小组的游踪路线，学生拥有了更多的自主权，参与的积极性也更高了。

（三）制定方案

为了保证游踪活动有序安全地进行，我们会制定详细的游踪活动方案，方案中明确了每个游踪体验项目的负责人，以及各个小组游踪活动的评价方式或评价标准。每个游踪体验项目负责人还可以根据需要，围绕主题自主设计一些游戏体验活动。同时，游踪课的负责人还要设计学生需要完成的任务单。这个过程进一步提升了教师的课程开发能力和课程领导能力，教师的自由发挥空间大了，参与的兴趣更加浓厚了。

（四）体验分享

在明确了游踪体验课的目标之后，学生按照游踪课的目标，分组完成各项游踪体验活动，游踪体验活动的设计既有对学生需要掌握知识的识记，也有对学生需要掌握的知识运用要求，在一系列的活动中将德育内化于学生的行为之中。

活动结束之后，分小组进行体验分享活动，学生可以谈此次游踪体验活动的收获，也可以对活动开展过程中的成功经验进行分享，还可以分享自己从游踪体验活动中受到的启发。游踪课执教者对学生的游踪体验活动进行总结，并依据评价标准对各小组进行评价，选出优胜小组，给予表扬，并让优胜小组分享成功的经验，同时也引导学生进行深入思考，指导践行。

三、实施效果

游踪体验活动，学生带着任务游走校园，游走社区，游走景点，浸润校园文化，感受社区建设，领略风景名胜之美，在活动中体验学习探索、动手动脑、解决问题的乐趣，在合作、分享、感悟中实现品德的内化。学生的综合能力提升了，教师的课程领导能力也得到了发展。

（一）形成德育活动特色

目前，游踪体验课程在我校经过3年的实践，已成为我校德育特色课程，深受师生的喜爱。而且，游踪体验活动的设计越来越多样化，内容越来越丰富，效果也越来越明显。为学校的德育注入了活力，激活了我校的德育，让学校的德育工作更具有生命力。

（二）区域内形成一定影响

区内多所学校来我校参观体验，借助刘映桃名校长工作室和黎凤玲名班主任工作室的交流平台，游踪课程更是进一步提升了影响力。2019年12月24日，《增城日报》报道了我校的校园游踪体验活动。学校把校园游踪作为德育大课形式之一，在全校各年级推广实践。例如：本次游踪活动的目的是让学生在实践中理解文明的内涵，学会如何做一名文明小学生。活动由“文明标语小作家、文明小歌手、拼图小能手、文明小侦探、竞答小达人、整洁小达人、文明小榜样、文明小达人”等八个环节组成，学生在校园各处寻找任务，每完成一个任务就照相、盖章，以集齐八个印章为完成任务。同学们在活动中进行积极思考、小组交流、分工合作，在校园的各个角落寻找文明、发现文明、感受文明。

（三）大湾区联动，扩大影响

我校借助与粤港澳大湾区姊妹学校的交流合作机会，进一步扩大校园游踪体验活动的影响力。2019年，“粤港澳大湾区小学生创新实践活动合作研究”课题成功立项并开题，借助粤港澳大湾区课题的研究，我校将继续推进与香港福德学校、澳门劳工子弟学校的交流合作，重点从亲子阅读、校园游踪、科技实践、传统国学等项目着手，以期取得更大的合作成果。同时，我们联合三地学校开展了游踪体验活动。

四、经验总结

游踪课程由于其“游中有学，学有所得”的特点以及特定的知识和技能导向，更是丰富体验、提升素质的重要方式，有效地提升了德育的育人功能。

（一）游踪课程拓展了德育资源

游踪课程充分挖掘了校内外的德育资源，让每一处地方都能发挥育人的功能，让每一项活动都能融入育人的功能，寓教于乐，寓德育于游踪体验活动之中。例如，学校可以充分寻找校园内自然景观的育人功能，还可以寻找校园文化的育人功能，同时还能让学生在学校生活中养成良好的行为习惯，将品德内化为日常的行为之中。学校还可以充分挖掘社区的育人资源，结合社区已有的资源，做到社区与学校的联动，在联动中形成育人的合力。学校挖掘区域的育人资源，无论是自然景观还是人文景观，都可以成为游踪的地点。学生在游踪活动中进一步了解了家乡，激发了学生对家乡的热爱。

（二）游踪课程有助于学生收获知识与经验

游踪课程的价值在于学生在体验活动中“学有所得”。

首先，通过游踪体验活动，学生可以获得文化知识。游踪课程，是一场精心策划的德育体验活动，是根据教育性和目的性来安排和规划的特色游踪线路。从活动前的知识储备，到活动中的学习参与，再到活动后的思考领悟，每个阶段都涉及文化知识的汲取。

其次，通过游踪体验活动，学生可以获得实践经验。古人曰：“纸上得来终觉浅，绝知此事要躬行。”

第三，通过游踪课程，学生可以获得户外技能。游踪课程是一种开放式户外教育的过程，更加注重学生户外技能的培养和提升。通过接触丰富多彩的互动项目来挖掘学生潜能并解锁新技能，以大自然为背景，以活动体验为依托，促使学生获得新技能。

（三）游踪课程提升了学生的动手能力

通过游踪课程的深度体验、参与设计和互动交往，可以让学生投身于社会实践当中，具身体验和探索自然与社会的“新、奇、异”，获取社会实践经验，提升实操动手能力。

（四）游踪课程可以愉悦身心

传统应试教育以及激烈的竞争让社会群体直呼“压力山大”，一方面是来自自身能力不足的自卑感，另一方面是来自与他人比较的压迫感。游踪课程通过将“德育”与“游踪体验”的巧妙结合，使得学生能够在游踪体验活动中学习知识、提升能力，更能够放松精神、愉悦身心，获得精神享受。

（五）游踪课程提升了教师的课程领导力

在传统的思维中，教师在课程建设中的主要作用就是实施。但是教育改革需要教师具有课程领导力。在课程领导力建设中，教师的角色有了很大的变化，他们成为了教育教学理念的践行者、课程创新的推动和支持者、课程改变的自觉实践者、学生改变的引领及合作者，教师间在课程领导力建设中的互助与共进者、资源整合的利用者和人际沟通的协调者。而班主任的角色尤为重要，他们不仅在学科教学方面需要具有课程领导力，不断在教学实践中改革创新，提升教学质量，还需要在班级管理中具有课程领导力，不断在教育过程中改革创新，提升育人效果。游踪课程的开发，可以不断提升班主任的课程领导力。

农村中学心理健康教育“三心两意”模式探索

广州市从化区第五中学

主要贡献者：韩少凤　李辉云　林　芬　李燕芳

从化区第五中学是一所农村中学，现有学生近1500人，分36个教学班，生源是经过从化区两所重点高中选拔后剩下的，大多来自农村。相对于大部分城市学生而言，我校学生的家庭经济状况相对较差，多数家长不能为孩子提供良好的学习环境和家庭教育。很多学生希望可以通过学习改变命运，家长也对他们寄予厚望。因此，学生都普遍承受着较大的学业压力。

一、“三心两意”模式的形成过程

（一）心育理念

我校以《中小学心理健康教育指导纲要（2012年修订）》为指导，以“润泽心灵，健康前行”为理念，在全面坚持心理健康教育的基本原则的前提下，重点突出以下原则。

1. 发展性原则

学校实施心理健康教育过程中，必须以发展的观点来看待学生，要顺应学生身心发展的特点和规律，以发展为重点，促进全体学生获得最大程度发展。

2. 全体性原则

心理健康教育要面向全校所有学生，全体学生都是心理健康教育的对象和参与者。

3. 主体性原则

心理健康教育要以学生为主体，所有工作要以学生为出发点，体现学生的主体地位，把教师的科学教育与辅导和学生的积极主动参与真正有机结合起来。

（二）把诗意德育的理念运用到心理健康教育工作中

所谓诗意德育就是以使德育焕发诗意魅力为出发点，以提升学生道德境界为价值取向，充分尊重学生的主体地位，将“诗教”与学校德育融为一体，让学生在诗意文化的熏陶下，学会用诗意的眼光审视生活，从而自建其德育的主体化、生活化、审美化教育活动。运用到心育中，即心育的主体化、心育的生活化、心育的审美化。

（三）心育目标

基础目标：预防心理疾病，增进心理健康。

中间目标：优化心理素质，促进全面发展。

终极目标：开发心理潜能，达到自我实现。

(四)学校心理健康教育工作架构与途径

我校心理健康教育工作架构与途径见图1和图2。

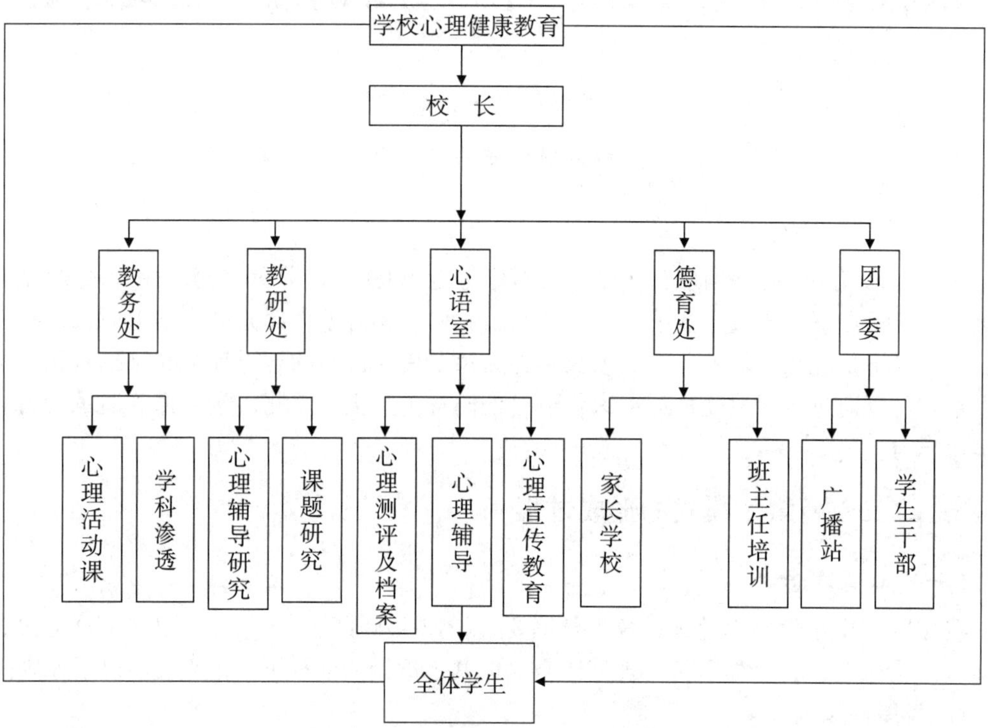

图1 学校心理健康教育工作架构

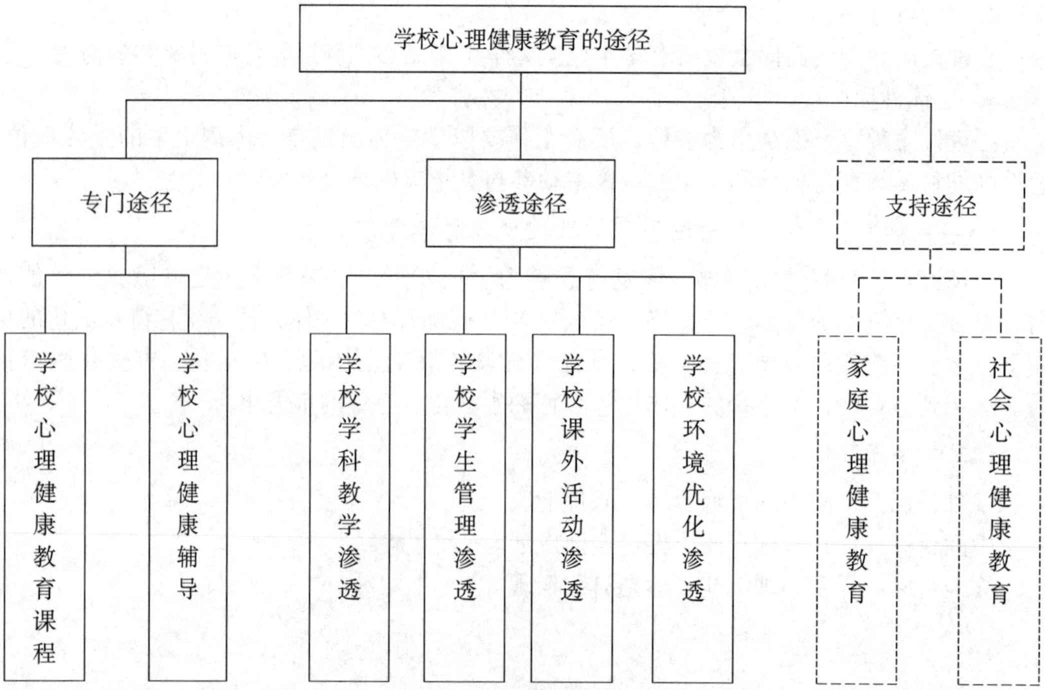

图2 学校心理健康教育的途径

（五）“三心两意”模式的提出与内涵

我校根据心理健康教育功能的三个层次理论，有针对性地、逐一地开展工作。我们尤其突出发展性原则、全体性原则和主体性原则。在实施目标上坚持基础目标、中间目标与终极目标相结合。我们认为心理健康教育的最终目的在于从根源上解决问题，即主动全面地提高人的心理素质，促进积极良好个性的发展。见图3。

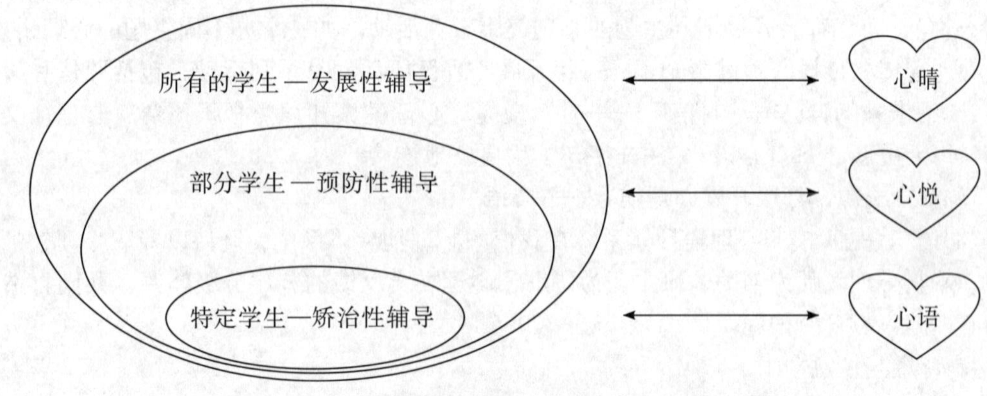

图3　学校心理健康教育功能的三个层次

“三心两意”模式中，“三心”是指心语——心理辅导，心晴——心理课程，心悦——心理健康活动；“两意”是指诗意和情意。寓意用诗意和情意温暖学生，鼓励他们把心里的话语说出来，心情就会变得晴朗、愉悦。见图4。

图4　“三心两意”模式

“三心两意”模式，是以课程为主体，以活动为依托，以辅导为补充，三者相互结合，环环相扣，在三个功能上层层抓实，让心理健康教育工作真正落地，使其在各个层面上都可以充分发挥作用。在心理健康教育过程中，用心、用情地创设心理健康教育的氛围，让学生在诗意和情意的熏陶下，学会用多维度的眼光审视生活，感悟生活，促进成长。

二、“三心两意”模式的实施过程与保障措施

（一）实施过程

1. 认真落实与开展心理健康教育课——心晴

“心晴”，是我校心理健康教育课程的统称。心理课程体系包括生涯规划课、心理健康

活动课等。我校自编心理健康校本教材《心晴》，根据不同年龄段的学生需求开设不同的心理课程。本课程主要通过专业路径和辅助路径实现。在专业路径上，在高一开设生涯规划课程，在高二开设校本选修《心晴》，在高三心理教师利用班会课开展心理健康活动课。在辅助路径上，主要通过班主任上心理班会课以及学科渗透的形式来开展心理健康教育。

2．根据学生需要开设不同主题的心理健康教育活动——心悦

“心悦”，是我校心理健康教育活动的统称。结合我校学生实际，学校自编心理健康读本《心悦》，每年都会开展不同主题的心理健康教育活动。如：举办不同主题的心理讲座，通过心理宣传栏传播心理健康知识，每年开展心理健康活动月系列活动，包括明信片设计大赛、“给未来的自己写一封信”——时光慢递、心理健康知识黑板报比赛、心理征文比赛等。每天更新“每日心语”，用文字与学生更好地连接。

3．整合资源，分层开展心理辅导——心语

“心语”，是我校的心理辅导体系。在我校的心理辅导体系中，坚持以专职心理教师为主导、兼职心理教师为辅助、班主任为协助、心理委员反馈的分层分级体系，共同打造严密的心理健康教育防护网。

4．诗意与情意

在心理健康教育过程中，我们会认真上好每一节心理课，开展好每一次的活动，辅导好每一个来访学生。在每一个环节都注入诗意与情意，促进学生的健康成长。

（二）保障措施

1．积极探索开拓班主任为主力的心理健康教育之路

班主任，是学生学习与生活中最紧密的联系人。我校坚持以班主任为心理健康教育的主力军，充分调动班主任的积极性，并定期对班主任进行培训，提高其心理健康教育水平。

2．打造一支服务意识强的兼职心理教师队伍

由于学校只有一名专职心理教师，很难满足学生与日俱增的心理辅导需求。在心理教师的积极调动下，成功在我校教师中招募了 8 名兼职心理教师，组成一专多兼的心理教师队伍。专职心理教师会定期对兼职心理教师进行培训，并让兼职心理教师参加心理教研活动，以提高他们的专业技能，更好地为学生提供服务。

3．培养一批得力的心理委员

我校在每个班级挑选两名（一男一女）沟通能力和服务意识强的学生作为心理委员。心理委员定期向心理教师反馈学生的心理健康状况。心理教师定期对心理委员进行培训。

三、实施效果

（一）促进学生身心健康发展

自我校开展心理健康教育“三心两意”模式以来，学生能在心理课上探索自己，在心理活动中展现自己，在心理辅导中疗愈自己，学生的整体心理素质也逐步提升。

（二）促进教师专业发展

我校心理教师韩少凤在十多年的心理健康教育工作中不断摸索、不断成长，多次获得区级、市级奖项，主持两项广州市规划课题，在市级、国家级刊物上发表论文，担任从化区中小学心理健康教育学科教学研究中心组成员及从化区教育学会中小学心理健康教育教

学研究会理事，积极履行工作职责，为全面提升从化区心理健康教育工作水平做出贡献。

（三）促进学校优质发展并发挥辐射作用

2020年7月15日，在我校迎接广州市示范性高中评估工作中，学校的心理健康教育“三心两意”模式得到专家的充分肯定。专家认为我校的心理健康教育工作是学校众多工作中的一大亮点。

2020学年，心理教师韩少凤到广州市从化区神岗第二中学支教。该校是一所乡村学校，心理健康教育基础薄弱。韩老师把“三心两意”模式运用在神岗二中的心理健康教育当中，使该校心理健康教育工作迅速步入正轨，工作有序开展，稳步推进，学生的心理健康意识和心理素质不断提升。

随着“三心两意”模式的不断完善，该模式也逐渐得到区域认可，并发挥辐射作用。2020年，该模式及经验在从化区德育工作会议以及从化区心理教研活动中都分别被予以交流分享，得到兄弟学校的认可。我校心理教师韩少凤还担任从化区心理健康跨校结对组第三组组长，指导从化区河东中学、桃园中学、灌村中学、良口中学、英豪中学等中学，以及城东、北片教育指导中心等小学片区开展心理健康教育工作。

四、创新之处

（一）整合资源，打造牢固的心理健康教育防护网

我校的心理健康教育工作并不是只有心理教师一个人在单打独斗，而是让更多的人参与到心理健康教育工作中，如组建兼职心理教师队伍，发挥班主任的主力军作用，培养心理委员等，充分调动各种资源并整合利用，共同打造牢固的心理健康教育防护网。

（二）结合农村实际，开发心理健康校本教材和读本

农村的学生跟城市的学生在心理需求上有一定差异，结合我校学生实际，我们编写了心理健康校本教材《心晴》和心理健康读本《心悦》。

（三）形成心理档案建立的双向反馈模式

建立心理档案，一般学校采取的是通过心理测评分筛查，了解学生的心理健康状况这种单向的模式。我校除此模式之外，还自编了《学生健康状况调查表》。表格内容分为身体状况和心理状况，让家长如实反馈。若患有某种心理疾病，还要列明是否用药、用哪种药等情况说明，并让家长签名确认。有些学生的状况在心理测评系统中没有显示出来，通过这种家长反馈模式，我们能更全面地掌握学生的信息。

（四）形成家校沟通的三方会谈模式

一般家校沟通的会谈模式主要是班主任会见家长或心理教师会见家长这两种。心理教师在工作中发现，三方会谈模式的效率更高、效果更好，更有利于彼此了解学生分别在家、在班上以及在心理辅导过程中的不同状态与表现，可以全面掌握学生情况。

（五）心理辅导的分层分流模式

我校的心理辅导采取分层分流模式，一般的心理问题由班主任和兼职心理教师负责，严重的心理问题由专职心理教师负责，大大提高了心理辅导的效率和质量，更有针对性地为学生提供服务。

“尚贤教育”的研究与实践

从化希贤小学

主要贡献者：陈志辉　郑文敏　郑颖渝　谢镜新　邱梦桦　张旭丽

一、形成背景

从化希贤小学创办于1964年9月，原校名为“横江中心小学”，是一所由7所农村小学撤并而成的联办学校。2009年9月，学校更名为“从化希贤小学”，以缅怀邓小平同志和激励后来人为中华民族的伟大振兴而勤学奋进（“希贤”二字取自邓小平同志少年时的学名）。

从化希贤小学地处城乡接合部，打造成广东省现代化示范性农村学校，是学校发展追求的目标。可自合并以来，学校发展速度跟不上时代的发展步伐，主要存在着以下问题：

一是学校发展跟不上时代要求。学校对立德树人的认识浮于表面，忽视对学生进行理想、信念、意志、自信等方面的教育，在养成学生健全人格上针对性不强。因此，让“立德树人”和“五育并举”更好地落地、落细、落实，迫在眉睫。

二是学校发展缺少文化引领。学校起点低，底子薄，凸显出作为农村学校教育师资、办学条件等资源缺乏，场地不足、经费有限，发展迟缓的问题，这与教育面向未来相差甚远。

三是学生行为习惯缺乏有效引导。我校地处农村，生源主要来自周边7个村居，个别学生是外来务工人员子女。大部分家长每天都起早贪黑、忙于生计，教育理念滞后，孩子受家庭教育局限，学习习惯、竞争意识都比较薄弱，性格比较内向，缺乏自信心，而且受挫能力差。

为此，针对学校实际情况，我校开展“尚贤教育”的研究与实践。

二、实施过程

（一）结合科研，建构尚贤教育理念体系

学校成立了课题研究小组，专门对贤文化的理论与实践的文献进行梳理，系统总结提炼尚贤教育成果，建构学校精神文化体系，其中“‘贤文化’引领农村小学生行为习惯的行动研究”和“‘贤文化’引领农村小学班级发展的行动研究”两个广东省德育课题的研究为尚贤教育的理念体系提供了理论基础和科学依据，结合课题研究和专家指导，我校将尚贤教育的理念体系确立如下。

教育特色：尚贤教育

学校文化：贤文化

办学理念：习贤致远　成就人生

办学目标：建设广东省现代化示范性农村学校

育人目标：培养有梦有爱的现代贤人

德育理念：树贤人

教学理念：启贤能

管理理念：施贤策

校训：见贤思齐

校风：尚贤进取　阳光和美

教风：博学树人　厚德育贤

学风：善学求实　善思求真

学校口号：阳光希贤，永远向前！

学校以上述科学的内涵发展理念体系统筹学校整体教育教学工作，让全校师生崇尚以邓小平同志为代表的先贤，促使希贤小学的学子成为志气高远、品德高尚、不折不挠、勇于创新的新一代贤人。

（二）核心素养引领，搭建尚贤教育课程体系

尚贤教育课程本着“在尚贤思齐中自省，在博学厚德中树贤”的理念，旨在培养有梦有爱、德才兼备的小贤人，为此打造了“贤识、贤才、贤能”三大课程模块，并将“知识素养、科学精神、身心健康、品德修养、责任意识、综合实践”六方面融入其中，形成尚贤教育课程结构（如图1）。

（三）开展多元活动，内化尚贤教育

学校开展丰富多彩的文化活动，旨在让学生能在丰富多彩的文化活动中体验、感悟，锻炼、成长，促使学生向德智体美劳全面发展。

1. 多元的校园活动

我校大力开展以“贤文化”为特色的活动，积极引导学生参与学校各项活动，通过活动的引领促使学生养成良好的行为习惯和品质。

课外阅读系列活动。阅读活动包括班级朗诵比赛、诗词接龙比赛、课前三分钟等。通过不同形式的阅读活动，提高了学生的阅读兴趣，熏陶了学生的阅读情操，加强了学校的书香氛围，学校获得从化区书香校园称号。

“绳采希贤”跳绳比赛活动。跳绳是我校的特色体育活动，跳绳比赛活动展现了我校学生坚韧不拔的精神品质，在增强学生身体素质的同时，让学生从中感受到了体育的魅力与精神，促使学生们热爱运动，拥有强健体魄。

创意稻草节。为更好践行“念好农字经、做好贤文化”的学校办学特色，学校举办“阳光希贤　创意无限——创意稻草节活动”。活动中，老师、学生与家长们一起同参与、同创作，那一根根不起眼的稻草，在大家的手中，变成了一件又一件软雕艺术品。“稻草节”活动不仅丰富了师生们的校园生活，而且加强了家校合作，提高了学生的合作意识，更激发了学生的创作能力。

科体艺节学科特色活动。每年的科体艺节各学科都会制定不同的主题活动，如纸结构承重模型活动、“希贤好声音”学生歌唱比赛、轻黏土制作等，为学生提供展示才华的舞台，从而增强学生体质，培养学生坚持艺术学习与创作的毅力。

红领巾义卖倡感恩。学校的微善社每年都会开展微善义卖行动，号召各少先队中队的

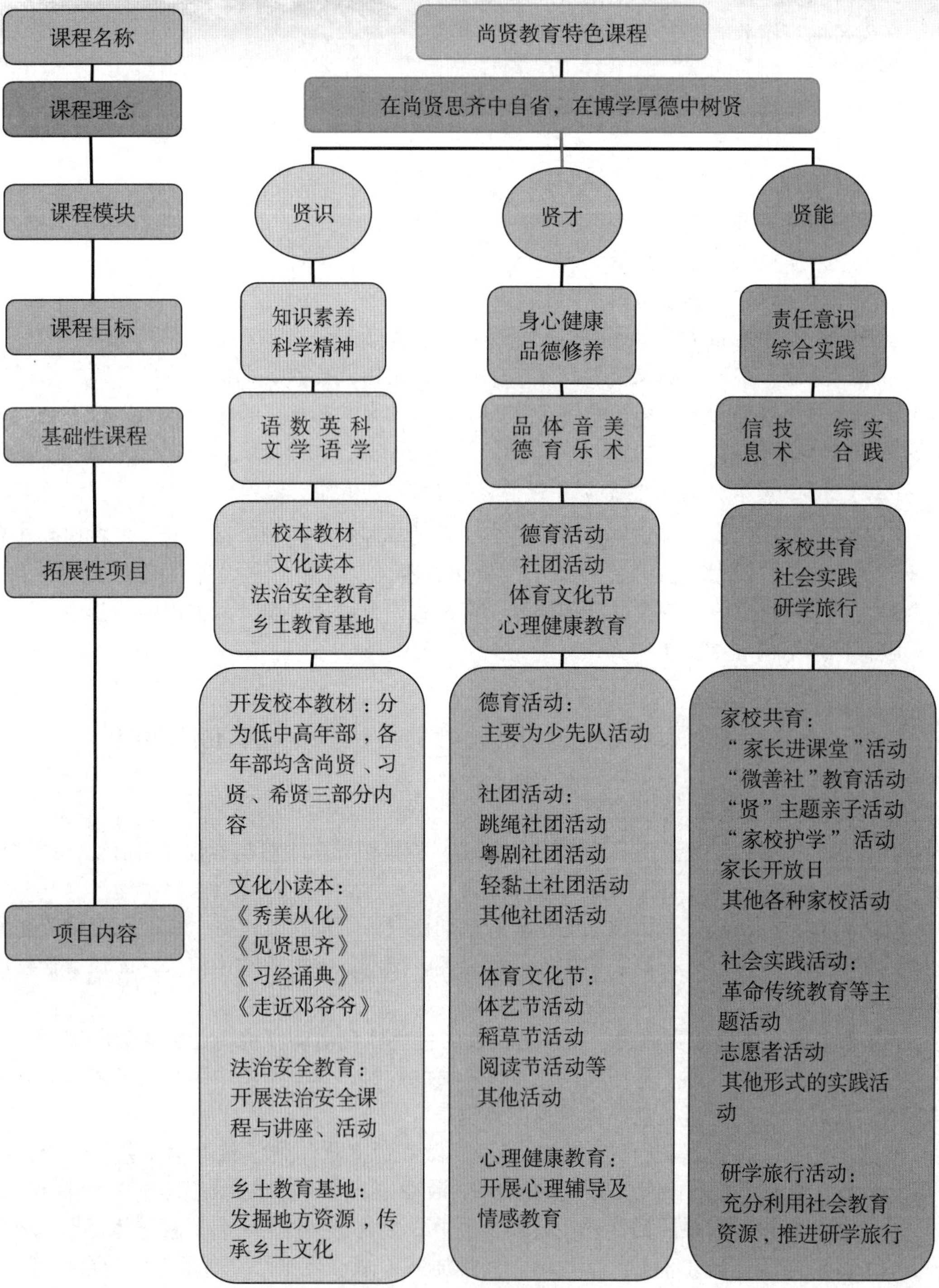

图1　尚贤教育课程体系

队员与家长自愿捐出义卖物品，以中队为单位，在校园里摆设摊位，开展义卖活动。摊位都是由各中队负责布置，所有的善款均用于帮助学校内有困难的优秀队员，在活动中队员懂得奉献爱心、关爱他人，懂得回报，感受快乐。

2．丰富多样的社团活动

我校依托地域优势，结合尚贤教育理念，开设了众多兴趣社团，包括数独社、诗歌社、美术坊、书法社、舞蹈社、电脑编程社、篮球社、足球社等。社团的开展，促使学生坚持艺术学习与创作，形成顽强拼搏、奋发进取、健康向上的优秀精神风貌，向全面发展看齐，成为现代贤人。

（四）整合社会资源，丰富“贤”内涵

除了校内活动，我校积极挖掘周边的社会资源，寻找家长、社区、专家等身边“贤人”资源，鼓励学生向身边的“贤人”学习，贴合学生实际，紧跟时代要求，丰富了尚贤教育的内涵。

1．家长资源

学校重视与家长的联系，形成家校教育合力，共同做好孩子的教育工作。我校开展了“小黄人”护校活动。每天早上，校门口外都有家长志愿者护送学生进校。“小黄人”护卫队的成立，让学生看见自己父母参与到学校的护卫行动，增强了他们的荣誉感，也规范了学生上学、放学的文明行为。

2．社区资源

（1）军事体验活动

学校正对面有一空军基地。为加强学生的爱国主义教育，增强学生的国防意识，我校开展军事体验活动，邀请军队教官到学校指导同学们进行训练，同时也组织全校学生到空军部队军营开展“从小立志学英雄　核心价值记心中”参观学习活动。学生通过参观战士训练场、战士实战训练营地、战士生活区，观看战士们表演的“刺杀操”，体会战士们不怕苦、不怕累的精神。

（2）社区服务培养品质

学校向来重视学生的品质教育，学校少先队以传统节日为契机开展系列活动，让学生既了解了传统节日的文化，又在活动中培养了良好的品质。如在重阳节，学校鼓励学生用实际行动感谢家中的老人，另外学校还组织部分少先队员到敬老院慰问老人，给老人表演节目，不仅加深了他们对重阳节的认识，还培养了学生尊老敬老的品质。

三、主要成效

尚贤教育从发展现代贤人、推动教师专业发展、打造尚贤品牌，以及提升学校的社会影响力等方面，源源不断地注入“贤”的理念，培养现代贤人。

（一）发展现代贤人

学校以“贤文化”为引领，把“三个面向”的教育思想切实贯彻应用于教育教学中，致力于培养有梦有爱的现代贤人。学生的综合素养有明显提高，自信心增强，学校的特色跳绳项目尤为突出，多次参加国内外重要赛事，到省内外、港澳等地区开展跳绳展示活动，参加重要展演、宣传近100次，显现了希贤学子阳光自信、多才多艺。近五年学生获奖情况喜人，获得区级奖项686个，市级奖项298个，省级奖项91个，国家级奖项365个，国际级奖项58个。

（二）推动教师专业发展

“尚贤教育”中“见贤思齐”的理念引领教师带着研究的目光从事教育教学，打造了一支可持续发展的教师团队。近年来，学校培养了一批颇具影响力的学者型、专家型教师，如：陈志辉校长成为广州教育家培养工程首批培养对象并成立了“广州市名校长工作室”，邱梦桦副校长成立了“广州市名教师工作室”，5 名教师被评为广州市名班主任和名教师，5 名教师被评为区级学科带头人，5 名教师被聘为“区科研指导专家”，22 名教师成为区级各学科骨干教师。

（三）打造“尚贤”教育品牌

学校实施尚贤教育以来，突破了农村薄弱学校发展的困境，打造了新农村教育品牌，学校的跳绳、粤剧等学校特色项目口碑载道，近年来学校获得各级各类荣誉颇多。如：2019 年 9 月，学校荣获“全国教育系统先进集体”称号，陈志辉校长赴北京人民大会堂领回了这份殊荣，受到党和国家领导人的亲切接见。

（四）提升学校的社会影响力

随着“尚贤教育”的实施，学校声誉日隆，在市内享有良好的声誉，办学特色与办学效果得到了社会和家长的高度认可，学校先后接待了贵州、陕西、香港等地教育专家和学术团体的访问，得到中央电视台、《信息时报》《广州日报》《广东教学报》等媒体的宣传报道。

四、创新之处

（一）围绕教育的根本问题，提出尚贤教育

党的十八大以来，学校围绕“培养什么人、怎样培养人、为谁培养人”的教育根本问题，全面贯彻党对教育工作的号召。学校以“贤文化”为依托，以邓小平精神为基石，利用特色教育资源，构建学校育人文化，提出“尚贤教育”，明确培养有梦有爱的现代贤人。

（二）立足学校根本，实现尚贤育人

一方水土育一方人才，在贯彻落实国家和地方课程的基础上，有效地开发与开展校本特色课程是体现学校文化内涵发展的重要部分。学校注重对于特色教育的探索，发展至今，希贤小学的特色课程体系已基本成型，其中跳绳、舞狮、花卉和粤剧是学校推行的重点特色项目。

五、结语

“尚贤教育”不断为学校创造新的契机，如今这一办学特色已取得阶段性成效。学校现师资力量活力十足，教学质量稳步提升，多元化的德育活动彰显了校园的青春活力，跳绳、粤剧等特色项目口碑载道，学校从一所农村薄弱学校成为“全国教育系统先进集体”。

实践证明，“尚贤教育”具有丰富的德育内涵，为创建学校德育品牌做出积极的贡献，也为其他农村小学发展提供了借鉴和参考意义。但同时也存在一些不足，需要加以关注与提升：一是需要继续深化尚贤教育的内涵，创新更多具有时代意义的德育活动，推进德育工作创新实践；二是需要构建和完善家校工作，寻找推进家校合作实效性的可持续的德育活动；三是需要创新德育特色评价体系，激励学生的个性发展。

以“红棉卡”激励机制，培养五育并举学生的实践研究

广州市从化区太平镇信诚木棉小学

主要贡献者：李结群　冯国辉　卢焕明　邱婉云　邓绮华　郭质贤

为培养德智体美劳全面发展的一代新人，从化区太平镇信诚木棉小学从 2017 年 9 月开始在全体学生中实施“红棉卡”激励性评价机制，旨在改单一的评价标准为综合评价方法，为每位学生搭建成功的平台，使他们充分地认识自我，从自我中找出最有价值的东西，树立“人人能成功，人人能成才”的信心，张扬个性、表现自我、发展自我、提升自我，全体学生能在宽松、平等、和谐的氛围中健康成长。“红棉卡”激励性评价机制，符合让每一位学生都获得成功与进步的素质教育理念和发展均衡教育的要求，有利于学生身心健康的发展。学校班级互助式激励机制，是素质教育和均衡教育在学校班级教育教学管理活动中的具体体现，要贯穿班级管理的全过程。以下是信诚木棉小学“红棉卡”激励性评价的实施过程及成效。

一、“红棉卡”评价的理念

重视学生的现在，着眼学生的未来，追求对学生发展的关怀，鼓励更多的学生更好地自我完善，以“红棉卡”为激励手段，实施多元化、多角度的激励性评价，在全校范围内融合各学科，建立共同一致的评价标准，让评价形成合力，让学生体验到成功的愉悦，感受到自身价值的存在，从而满足学生的心理需求，促进学生更好地发展。

二、“红棉卡”评价的原则

1. 主体性原则：尊重学生的个性，充分发挥学生自我评价和为他人评价及与他人互评的主体作用，充分体现以学生为主体的思想。

2. 激励性原则：“红棉卡”评价强调“宽容学生的失误，发现学生的闪光点，鼓励学生不断进取，获得成功”。

3. 发展性原则：使学生能在成功后总结经验，从挫折中寻找不足，从而促进学生的智力、能力、人文情感的健康发展。

4. 明奖暗罚原则：教育需要奖励，也需要惩罚，缺乏惩罚的教育是瘸腿的教育。奖励要公开，以树立榜样；而惩罚，要基于对儿童人格的尊重，必须私下进行，并在惩罚之后要给予补偿性赏识。

三、“红棉卡”评价的实施过程

（一）实施目标

更好地推进省课改“爱种子模式”，体现课改新理念，让学生真正成为学习的主体，充分发挥小组合作的作用，引导学生养成自学、互学的良好学习习惯，培养学生的合作意识。

（二）成立学习小组

一个班的学生，必须合理分配，尽量使小组成员都有机会平等地参与活动，提高小组的合作效率。在教学实践中，遵循以下几个原则。

1. 成员位置：一般采取就近原则，成员座位在前后，这样便于学生讨论。

2. 成员构成：4至6人制，基础好中差搭配均匀，这也是克服“两极分化”、促进人人提高的有效方式，由各个组员商量、确定小组的名字。

3. 成员分工：分工明确，以6人小组为例：一人检查上课学具准备；一人监督课堂秩序，包括坐姿、发言、倾听等；一人收作业；一人负责小组卫生；一人负责分配活动资料；一人负责安排作业布置和批阅。

4. 组长选择：采用轮流组长制，而不是将成绩好坏作为标准。因为大家都是小组成员，是平等、协作的关系，给予每个学生平等的机会、发表意见的权利，这样能够体现合作的民主性，促进每个学生全面发展。每组由组员推选出一位责任心强、学习态度好、乐于助人、有一定合作创新意识的学生担任小组长。他的主要任务是在老师的指令下组织全组人员一起合作学习，小组长给每个组员编上1、2、3、4、5、6的序号。

（三）评价时间及流程

1. 语、数、英教师每周五组织学生进行评价。

2. 学生评价：小组互评“作业情况”“课堂评价”两项。

3. 教师评价：填写“教师加分”一项，评出最优秀的2组，奖励“红棉花”。

4. 小组长及时在展示栏上张贴“红棉花”，激励学生小组合作的兴趣。

（四）评价细则

1. 作业情况评价

完成情况，能按时完成作业，不拖拉，每次加1分；作业质量，书写整齐，错误少，每次加1分。

2. 课堂评价

合作方面，小组捆绑式，互相帮助和促进，按照要求完成，每次加1分。

展示方面，语言规范礼貌，表述清楚流利，解决问题到位，每次加1分。

纪律方面，能认真倾听，组内交流时能有序进行，每次加1分。

3. 教师评价

（1）考试成绩评价：结合平日检测及学段、期末等考试的成绩，对各小组的单科成绩、反馈纠正情况等进行综合评价，并予以奖罚，被评为优的加3分，良的加2分，差的扣1分。

（2）卫生评价：在每天的卫生检查中，被评为优的加3分，良的加2分，差的扣

1分。

（3）日常纪律评价：包括学生到校后的自觉学习情况、课前准备情况、课堂纪律、自习课纪律、课间纪律、两操纪律、集会纪律、考试纪律等。具体包括迟到、早退、旷课、乱讲话等，被评为优的加3分，良的加2分，差的扣1分。

（4）集体活动评价：凡参加重大的活动（年级内的或校级的），小组成员若获得年级或学校的名次，根据实际给予量化，被评为优的加3分，良的加2分，差的扣1分。

四、“红棉卡”评价的实施效果

一路走来，硕果累累，真可谓是“春华秋实”。从2017年9月开始，经过三年多的实践与研究，学校以“德智体美劳，五育齐发展”的教育理念为指导，既重视学生的现在，又着眼学生的未来，以“红棉卡”为激励手段，实施多元化、多角度的激励性评价，在全校范围内融合各学科，建立共同一致的评价标准，让评价形成合力，让学生体验到成功的愉悦。宽容学生的失误，发现学生的闪光点，鼓励学生不断进取，获得成功。

（一）巧用红棉卡，培养良好行为习惯

1. 从“爱种子”实验班开始实施小组合作，小组内分工合作，小组长职责明确。每次小组合作交流，按照七字真言要求小组成员的小脑袋靠在一起讨论，轮流发言，组内辩论，并按要求记录。同时带动全校班级实施小组合作，并结合本校的红棉花、红棉卡激励作用，促进小组互帮共进的意识。借助红棉卡，将管理权力分发给学生，并引导学生进行良性的竞争，给学生创建一个良好的展示自我的平台，让每个学生都能在德育活动中获得充分的锻炼，进一步提升学生的责任担当意识与能力，增强班级学生的凝聚力和战斗力，实现学生核心素养能力的有效培养，以此从真正意义上完成素质教育所下达的德育任务。

2. 加强日常专门训练。抓好每日检查评比工作，促使学生良好行为习惯的形成。继续指导好每天的评比工作，认真做好检评结果统计，公平公正地把检评结果纳入到班级评估中，让学生在不知不觉中养成良好的行为习惯，结合一日常规评比、“星级班级”评比等活动，抓好学生的行为养成教育，努力实行全程跟踪督查，进而落实常规管理要求，提升学生文明素质。

（二）巧用红棉卡，培养学生个性特长

根据学校师资和学生情况，在充分调研、细致研讨的基础上，我校成立了合唱、舞蹈、足球、乒乓球、主持人、书法、绘画和象棋等22个社团，每个学生可根据自己的爱好和特长自主选择社团。此举丰富了学生校园生活，有效地利用特长卡，提高了学生综合素质，培养了学生个性特长，真正做到因材施教。

（三）巧用红棉卡，创造和谐人际关系

师生关系是学校教育过程中最基本的人际关系，师生间只有建立融洽和谐的关系，才能取得最佳的教育效果，“亲其师”才会“信其道”。学校使用红棉卡的激励评价手段，增强师生的双边互动，既要有教师的爱生，又要有学生的尊师。学生与学生之间是平等、尊重的，这样的和谐人际关系可以促使学生全身心地投入学习，健康成长。

（四）巧用红棉卡，营造浓郁阅读氛围

在校园文化节活动中，要做到扬长避短，增强学生的自信心，让每一个学生都能得到

教育的机会，潜移默化地渗透着教育思想，才能取得良好的教育效果。如在每周四开展班级读书会，写读书日记，开设“阅读存折”，活跃读书氛围。学生每人一本阅读存折，用时间计算将每天阅读的时间以存折存入的方式记录下来，存入的阅读时间可以获得相对应的阅读金币，阅读金币可以用来兑换黄卡或者评选“阅读之星”。每月评选“阅读之星”，每学期期末进行总结，公布“阅读大王”“书香家庭”“书香班级”评选结果。通过多渠道、深层次的大力宣传，学校在营造浓郁读书氛围的同时，更使校园文化得到进一步提升，为深入落实校园文化节的各项活动奠定了坚实基础。

（五）巧用红棉卡，争当红棉少年

坚持实施“红棉卡激励评价机制”，创新评价方式，赏识育人，学生在德智体美劳各方面勇于争先，争当至真至美红棉少年。

学校紧密结合学生实际，巧妙合理地运用“红棉卡”激励机制，为孩子们自主管理实践活动提供永不枯竭的精神动力，最终实现班级管理工作的高效率和最优化。

五、“红棉卡”评价的创新之处

我校遵循“尊重学生、理解学生、关心学生”，提倡赏识教育、激励性评价，以评促改、以评促进。通过一些竞赛机制，广泛培养学生的各种兴趣，大力弘扬学生的个性，着力让学生从小养成各种良好的习惯。

“没有最好，只有更好”，利用“红棉卡”激励性评价机制促进养成教育的实施，任重而道远。虽然我校还在摸索中前进，但只要我们的工作持之以恒，反复强化，不断创新，定能让学校行为习惯养成教育再上新台阶，创造新的辉煌！

德育活动类

融服务·重指导·促发展

——关于广雅校园一站式学生服务中心的实践探索

广东广雅中学

主要贡献者：王穗芳　陈一鸣　翟　曦　吕　旻　吴小建　范婉贞

苏霍姆林斯基说，没有自我教育，就没有真正的教育。只有能够激发学生去进行自我教育的教育，才是真正的教育。教育必须引导学生认知自己、发现自己，从而实现自我教育，形成全面发展的个性。因此，唤醒学生的主体意识，通过自我管理、自我教育，培养全面发展的学生才是教育的根本任务所在。广东广雅中学学生服务中心的成立，旨在积极开拓一片服务学生成长的新天地，探索学生实现自我教育的新途径，培养新时代全面发展与可持续发展的人。

一、形成背景

《国家中长期教育改革和发展规划纲要（2010—2020年）》中明确指出：高中阶段教育是学生个性形成、自主发展的关键时期，对提高国民素质和培养创新人才具有特殊意义。同时，《中小学德育工作指南》也明确指出：在高中学段，教育和引导学生学会正确选择人生发展道路的相关知识，具备自主、自立、自强的态度和能力。这是从国家顶层设计的层面对高中德育必须加强引导学生学会自我教育的具体要求。

广东广雅中学叶丽琳校长提出“发现”教育主张，主张现代教育应“为思维而教，为未来而教”，这是广东广雅中学“和谐”教育理念融合新的时代精神的创造性呈现。教育是面向未来的事业，我校一直以“发现”教育主张，促进与践行“和谐”教育理念，不断创设多元的学生发展平台，引导学生在实践中科学规划未来，实现自我发展，引向终身发展。

我校的生涯规划指导项目是学生发展指导的核心和特色项目，有效地引导了学生发现自我潜力，提高科学规划意识和生涯规划能力。目前，广东省新高考选科方案明确为“3+1+2”模式，其核心要义是“增加学生选择权”“坚持自主选择，为每个学生提供更多的选择机会，促进学生发展学科兴趣与个性特长”。在这样的形势下，在高一开展深度的选科指导势在必行，构建个性化的“学职群”是大势所趋，“落实学生选择权”是顺应新一轮高考改革的时代选择，这对学校的生涯规划教育提出了更高的要求，让学生及时发现自我、认识自我就显得尤为重要与迫切。学校必须引导学生对自身有更清晰的认识，对学科兴趣与特长、专业选择乃至未来职业发展等方面进行提前思考与规划，有意识地发展并完善个人综合素质，为终身发展奠定基础。

除了上述的职业规划，通过志愿服务走向社会，服务社会，参与社会公益活动，是学生实践自我教育的主要途径之一。根据教育部印发的普通高中课程方案，高中阶段开设劳动课程，为必修课程，其中志愿服务计2学分，在课外时间进行，三年不少于40小时。

我校一直重视开展学生志愿服务活动，并逐步实现了志愿服务的规范化和常态化。志愿服务成为高中阶段的必修课程，对学生志愿服务活动提出了更高的要求，学校必须加快志愿服务课程化建设，为学生搭建更多元的志愿服务平台，创新志愿服务的内容和形式。

在新课标、新高考双双落地的大背景下，学生成长过程中呈现了较为多元化的发展诉求，这就使得学校教育创设这样的平台显得尤为必要。因此，为了贯彻国家教育方针，彰显广雅中学教育理念，适应新高考改革和高中课程方案，我校成立了广东广雅中学学生服务中心，为学生搭建融合服务与指导于一体的新平台，促进学生发展。

二、实施过程

广东广雅中学学生服务中心从学生的需求和发展出发，借助互联网平台，改善传统学生事务办理流程，同时，强调学生参与服务、参与管理，将事务管理延伸至成长管理。围绕“自助服务，科学发展，责任意识，高效管理”的核心理念，实现了四大功能。

（一）提供自助信息查询与文印服务

我校在学生服务中心配置了电脑、打印、复印等设备，依托信息技术，建立了学生信息查询和文印系统。学生凭个人账号和密码登录系统，通过校园卡可以自助打印、复印学习资料，也可自主查询和打印个人的在校信息，包括成绩单、在校证明、团籍证明、志愿服务证明、在校经历以及获奖证书等。同时，学生服务中心还配备了海报喷印设备，团委学生会、社团联合会的学生干部可以在此实现校园活动宣传画的自主喷涂。

（二）开展“学科导师制”个性化指导活动

学生服务中心是开展个性化生涯指导的阵地。在新高考背景下，我校建立了具有校本特色的“学科导师制”，通过全面调动校内各学科的优质师资，在现有生涯指导体系基础上进行学科渗透，指导学生科学合理选科，应对高考及规划未来。“学科导师制”包括个性化生涯指导和学科生涯讲座，其中个性化生涯指导是导师根据学生的个人情况，如学科兴趣、学科优势、学科难易程度、拟报专业要求、理想职业要求、家庭期望等，对学生进行一对一（或一对多）的指导，帮助学生挖掘自身特点和潜能、深入了解学科、专业、职业之间的联系，合理选科和规划未来。这些学科导师，采用“专家问诊”形式，利用课余时间每天安排一学科，在学生服务中心与学生面对面交流，开展个性化生涯指导，为学生的科学合理选科提供宝贵建议，受到学生、家长的一致赞誉。

（三）打造校园志愿服务驿站

为了更好地满足同学们参加志愿服务的需要，学生服务中心成为了校园志愿服务驿站，由我校青年志愿者协会负责运营，在全校范围内招募校园志愿者，并培训和组织志愿者承担起学生服务中心的日常管理、设备维护以及指引同学查询信息、自助打印等服务工作。同时，青年志愿者协会依托学生服务中心发布校园和社区志愿服务活动信息，组织开展形式多元化、体验多角度的志愿服务和公益实践活动，并在学生服务中心展示同学们的志愿服务成果，激励了学生参与志愿活动的热情。

（四）开展主题式社团特色活动

学生社团作为校园文化建设的重要载体和学生综合素质教育的重要阵地，是我校立德树人、促进学生全面发展的重要平台，也是校园文化一道亮丽的风景线。学生服务中心配有舒适沙发、清新绿植、宽阔场地、电教设备，为学生社团活动的开展提供了更广阔的空间。学生社团在学生服务中心组织开展主题多样的特色社团活动，学生在温馨、轻松、开放的氛围中自由交流，碰撞思维，激发潜能。

三、创新与效果

广东广雅中学学生服务中心，以“服务学生、学生服务”为中心定位，一方面为学生的生活和学习提供更便利的服务、更科学的指导，另一方面也让同学们亲身参与到学生服务中心的管理和建设中，在享受服务的同时也为他人服务，从而更好地发现自己、发展自己、成就自己。

（一）开辟自助服务场域，提高校园管理效能

我校率先在广州市中学范围内为学生提供校园自助信息查询和文印服务，一方面学生可以利用课余时间方便快捷地查询和打印个人在校信息和证明，提高了学生事务的办理效率；另一方面学生可以利用文印系统自主复印打印资料，获得更方便的校园服务。学生服务中心投入运营以来，平均每月有接近500人次使用自助信息查询和文印系统，打印和复印的资料达到4000份/月。可见，学生服务中心有效提高了学生在校的学习和生活效率，让学生得到更便捷的校园生活体验。

（二）创新生涯指导方式，精准学生发展指导

“学科导师制”是一种新型教育制度，在学生服务中心开展的个性化生涯指导，是学生学科咨询方法的创新。从过去只能通过网络搜索相关的专业信息到如今面对面的专业学科指导，学生获取信息的途径更加专业和规范，学生做出生涯选择的过程更加个性化和定制化，提高了高考选科的效率性和专业性。因此，将“学科导师制”引入高中，是教育创新的一大进步，对学生的生涯发展具有指导作用。学生服务中心开展“学科导师制”活动以来，平均每个月辅导学生近百人，这种为学生提供个性化、亲情化、有实效性的生涯指导，得到教师和学生的高度认可。教师和学生普遍反映“学科导师制”的创意和平台十分有意义，营造了不一样的交流氛围，提供了面对面轻松交流的场所和机会，解决了学生学科选择或学科学习方面的疑惑。

（三）拓宽志愿服务途径，增强责任担当意识

作为校园新设的志愿服务驿站，学生服务中心为学生提供了践行志愿服务的新平台。据统计，平均每个月有大约20名学生参与到学生服务中心日常运营的志愿服务中，累计志愿服务时长达60小时。通过承担学生服务中心的运营和管理，学生以主人翁的身份参与到了校园的日常事务管理中，一方面锻炼自身的组织能力、协调能力和沟通能力，提升了综合素养，另一方面在自我管理、自我教育中增强了爱校意识和责任意识，促进了良好校园风气和氛围的形成。同时，学生服务中心也成为了志愿服务信息交流的重要平台，让学生更便捷、更及时地了解到校园和社区志愿服务活动的相关信息，为学生搭建更多服务社会、践行公益的平台。

（四）丰富校园文化活动，焕发社团发展动力

学生服务中心为学生社团活动创设了新的发展空间。学生社团开展了更丰富多彩的校园文化活动，如团委、学生会和健康素养社联合举办“香囊传雅情，粤藏心连心”活动，

学生在服务中心亲手制作中药香囊，书写祝福书信，寄给西藏林芝市第二高级中学的学生，开展粤藏两地学生的交流活动；青年志愿者协会与电影社策划开展“特别的儿童”观影送祝福到福利机构的活动；文学社定期开展好书分享会；等等。依托学生服务中心，团委、学生会与社团的活动形式更多样，活动内容更丰富，进一步激发了社团创新发展的动力，使校园文化活动更丰富多彩。

四、今后设想

学生服务中心根据学生的建议和发展需求，未来将会继续增添更多功能，更好地完善“一站式”服务。如开展“诚信雨伞”活动，为雨天急需用伞师生提供便利，同时构建诚信和谐校园；逐步推行“错时办公”服务，借助互联网信息管理平台，尽可能让同学们能利用碎片时间完成一些学生事务办理，尽可能把学生管理和服务事项纳入“一站式”的服务之中，提升校园管理效能，提高学校的管理水平。

广东广雅中学学生服务中心的设立，为学生带来更便捷的校园生活体验、更科学的生涯发展指导、更多元的志愿服务活动、更多彩的校园文化生活。通过参与学生服务中心的管理运营和各项活动，学生在学科导师的指导下，在自我服务的实践中，不断提升自我教育的能力，收获成长，实现自我发展。

大湾区时代主题研学融合实践活动

广州市启聪学校（广州实验教育集团花城实验学校）
主要贡献者：马　丽　周慧怡　马利敏　麦剑芳　平欣瑶

一、形成背景

为深入贯彻习近平新时代中国特色社会主义思想和党的十九大精神，坚持新发展理念，充分认识和利用“一国两制”制度优势、港澳独特优势和广东改革开放先行先试优势，不断深化粤港澳互利合作，进一步建立互利共赢的区域合作关系，推动区域经济协同发展，为港澳发展注入新动能，实施创新驱动发展战略、构建开放型经济新体制提供支撑，建设富有活力和国际竞争力的一流湾区和世界级城市群，打造高质量发展的典范，我校特组织以交通为主导线，以地铁、公交车、飞机和海航为支线，以“打开心窗的世界更大”为主题的大湾区时代研学主题活动。目的是落实立德树人根本任务，帮助学生了解国情、热爱祖国、开阔眼界、增长知识，着力提高他们的社会责任感，增强财经素养、文明礼仪、健康环保意识，培养创新精神和实践能力，全面提升我校学生的综合素质。

二、实施过程与效果

（一）准备阶段

根据教育部印发的《关于推进中小学生研学旅行的意见》《中小学综合实践活动课程指导纲要》精神，结合新时代的发展，由学校德育处制定了以“打开心窗的世界更大”为主题的大湾区时代研学主题活动方案，通过对不同年龄阶段学生特点的分析，根据学生的实际情况，经过充分的讨论和研究，小学阶段学生开展了“绿色出行小达人”地铁研学活动和“小小飞行员”航空知识研学活动；小学中高年级和初中阶段学生开展了“智慧城市公交”研学体验活动；高中阶段学生开展了“海航与禁毒”研学体验活动。政治、语文、数学、美术、英语、综合实践、历史、地理等学科制定了相应的研学手册，出发前各班教师会对学生进行研学手册的解读和探索以及最重要的安全教育，让学生安全地带着问题出发去学习。同时，相关人员提前实地踩点考察，设计最优化的研学路径以及各环节的安排，为安全又高效的研学活动做好准备。

（二）研学活动过程

1. 第一条线路：大湾区时代主题研学融合实践活动之“绿色出行小达人”

地铁博物馆呈现了广州城市建设和轨道交通行业发展成果。这里的每个站点都让我们大开眼界。

始发站、环球站、时光站、飞跃站、穿越站这五个站点，分别向我们展示了富有现代科技的地铁形象、地铁的发展历程、全世界地铁标志和奇闻趣事、地铁沿线的资源开发拓展出的精彩生活圈，以及地铁是如何修建的。

通过地铁知识讲座，同学们懂得如何做一名绿色出行、文明出行的地铁小达人。

参观学习后，同学们踏上体验和实践之路，乘坐有轨电车。沿线有众多景点，远眺近观都是美景，是一条“特色文化旅游体验线”。同学们在列车中感受着广州的现代繁华和历史文化。

2．第二条线路：大湾区时代主题研学融合实践活动之“小小飞行员”

每个孩子的心中，都藏着一个飞行的梦想。为丰富校园生活、增长见识、拓宽视野，我们来到广州白云国际机场，与蓝天和飞行进行了一次亲密接触，开启了为期一天的航空科普研学之旅。

在T1航站楼穿越时空隧道和海天走廊，看到了流光溢彩的瓷器，精美绝伦的刺绣，千年沧桑的古船，领略了岭南风、丝路情、艺术美和科技范。身临其境的震撼远远胜于书本上的文字，既增长了知识，也感受到了扑面而来的文化气息。

走出航站楼，来到停机坪外，近距离接触飞机，感受飞机从头顶上一飞而过的震撼，激发了同学们对飞机的好奇心和求知欲。

在机场贵宾室体验了航空餐，学习了有关飞行的知识，听机长分享他们的工作体验和飞行趣事。

以岭南风格为主，富有艺术气息和科技感的T2航站楼是目前国内在用最大的单体航站楼。同学们在这里学习如何获取航班信息，如何自助办理登机手续，如何自助托运，如何运用智慧系统查询航班信息和用二维码值机，零距离体验了智慧机场的便捷，感受了智能科技的强大。

这次航空科普研学活动不仅为同学们带来快乐，开阔视野，还收获了知识，学会了协作，感受了民航文化，在小小的心灵里播下了飞翔的梦想。

3．第三条线路：大湾区时代主题研学融合实践活动之“智慧城市公交”

1952年9月8日，地方国营广州市第一公共汽车公司成立，经过55年的发展，终于在2007年10月组建了广州市一汽巴士有限公司。

为探索公交车的奥秘，同学们走进了广州市一汽巴士有限公司，与公交车来一场“亲密接触”。一同参观的马丽校长向一汽公司的林董事长赠送感谢信、纪念品等，以表达感谢。

在这里，学生认识到纯电动公交车的新功能和节能环保优势，学会了当遇到紧急情况时，应如何正确使用安全锤、应急阀门进行自救，强调紧急疏散时保持有序下车的重要性。随后，学生还观看了公交车灭火消防演练，学习如何正确使用不同类型的灭火器。

为了更直观地感受体验新能源公交车为绿色出行带来的安全与便捷，一汽公司免费赞助同学们搭乘双层巴士和18米纯电动公交车，沿途不仅欣赏了沿途美丽的风景，还让听力障碍的学生得到了视觉信息的补偿。

广州公交近70年的发展是从新中国成立的“火柴盒”木质公交车，到“左口鱼”双层巴士，再到“无人售票”公交车。公交智能调度系统以及安全实时监控系统操作观摩，让学生们“零距离”探寻公交营运背后的秘密。

研学活动不仅让同学们开阔了生活视野，还根植和培育绿色环保和文明出行生活理念，希望同学们今后做一个绿色文明出行的小乘客。

4．第四条线路：大湾区时代主题研学融合实践活动之“海航与禁毒”

“海航与禁毒”之旅的地点是东莞虎门海战博物馆，东莞是大湾区主要城市之一。1839 年 6 月，钦差大臣林则徐在虎门集中销毁鸦片，成为鸦片战争的导火线。

学生通过参观海战博物馆和威远炮台遗址，了解了这段从鸦片战争开始的屈辱历史。在英国向中国输入鸦片前，中西方之间有着繁盛的贸易来往，在当时船是唯一的交通工具。因此，在展览馆内，船是非常重要的展品之一。为了扭转贸易逆差，英国开始向中国输入鸦片，无数的白银被从中国夺走。林则徐为了拯救国家，拯救人民，带头销毁了鸦片毒品，也称“虎门销烟”。通过这件事，学生感受到近代中国人民饱受欺凌的愤怒，深刻地明白“落后就要挨打”，只有国家强大，人民才能安居乐业。当初无数英勇牺牲的人们用他们的生命誓死保卫着国家，以史为鉴，同学们更加懂得了和平的来之不易。

（三）完成研学活动手册

通过现场的参观、体验、实践，之后思考、反思，研学前的疑问都有了答案，完成研学手册志在必得，成果展示具体见研学活动手册（图 1）。

图 1　研学活动手册

三、创新之处

（一）特色活动形式

我校是广州市一所招收听力障碍学生的特殊教育学校，在 2019 年我校以三方办学的方式成立了广州实验教育集团花城实验学校，开始招收认同融合教育办学理念的适龄的健听儿童，组成了小班教学的融合班。融合是我校的一大特色，我们的理念是“多元创新，融合同美”，目的是“同伴互助，共促成长”。通过各种各样的融合活动来促进听障学生的发展，让学生从融合活动中获得更多的刺激性、变动性和回应性的经验，通过对普通学生的观察、模仿、学习与互动，发展社会交往、语言沟通等方面的能力。同样融合活动对于健听生也有着促进发展的作用，通过对比，更加认识到自己的责任和调整自己的行为，学会如何与人相处，如何去看待戴耳蜗的同学，促进双方的发展与进步，达到双方共同成长、共融进步的效果。

（二）特色活动主题

粤港澳大湾区建设要构建主要城市间 1 小时通达、主要城市至相邻省会城市 3 小时通达的交通圈，打造“轨道上的大湾区”。

广州市作为大湾区中心城市之一，建设智慧城市，大交通系统全面升级，为城市的发展及人们出行带来便利，为大湾区发展提速。“打开心窗的世界更大”主题大湾区时代研学活动让学生能在旅行的过程中陶冶情操、增长见识，构建多元学习探究形式，切实提高学生核心素养。

（三）特色活动平台

关注听障学生和融合教育的发展是我们每个人的责任，我校的研学活动得到了社会各单位的大力支持。广州地铁集团免费赞助学生乘坐有轨电车，还准备了精美的小礼品；航空公司让学生体验了飞机餐；一汽巴士总公司让学生体验了 BRT 和最新路线的双层巴士；海战博物馆作为一个爱国主义教育基地，也给了我们很大的支持，通过具体的讲解，学生们接受了一次爱国主义教育。

（四）特色活动内容

交通的方式有很多种，为了更深一步地了解大湾区新时代交通的发展，我校以交通为主线的研学活动从 2019 年 5 月到 2020 年 11 月，持续将近两年的时间，每次活动都精心准备和设计，保证了活动的有趣性和教育性。见表 1、图 2。

表 1　研学活动设计过程

研学活动设计过程				
活动前		活动中		活动后
踩点 设计活动 预习 安全教育	→	参观 体验 实践 思考 提升 收获	→	反思 作品展示 研学成果

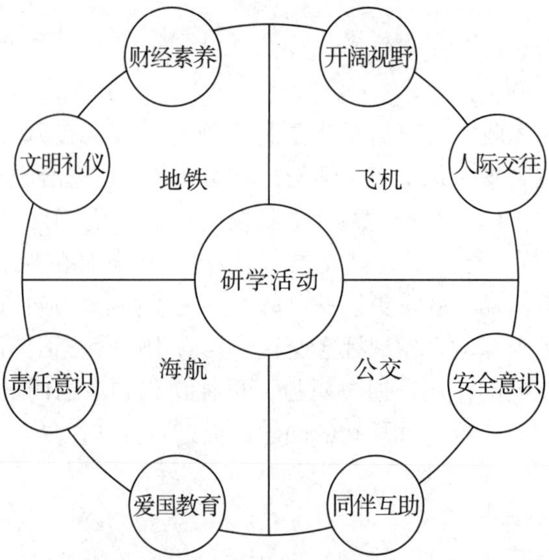

图 2　交通研学活动目标

（五）特色研学手册

根据不同的路线以及学生的特点，从爱国主义教育、新时代交通的发展入手，重在培养学生的沟通能力、安全意识以及财经素养等能力，结合学科教学制定了相应的研学活动手册。学生可以在参观前就开始思考自己想看到些什么，也能在参观后继续思考和拓展一下自己的奇思妙想。除了学习知识外，学生还要思考研学需要准备哪些生活用品和文具用品等。综合实践科老师针对这一问题就设计了一份有趣的《午餐购物清单》，选择质量可靠、健康营养、价格合理的食品，要求总价格不超 35 元。在购买食品时，教会孩子们看保质期、价格，学会货比三家。这项内容得到了家长们的一致好评，很多家长纷纷亲自动手制作美食，做到节约粮食、健康美味，培养孩子们财经素养的同时也增进了亲子之间的关系，一举两得。通过这些巧妙的设计，以学生喜欢的方式来全面实施素质教育，引导学生主动适应社会，促进书本知识与生活经验的深度融合，以达到立德树人、培养创新型人才的目的。

四、经验总结

本次研学活动最显著的效果就是孩子们脸上的笑容以及那一本本记载收获的研学活动手册，图文并茂、生动活泼地记录了自己的所看所思、所感所悟。学生通过这种体验式、探究式、实践性学习的方式，充分地了解了各类交通的发展，从交通的角度感受到了城市的成长、变迁和发展，同时也全面提升学生的综合素质，在亲身感受中不断地发现、思考、探索，在研学中陶冶情操、收获知识、培养能力。

一颗想飞的蒲公英

——“你讲我讲”中队论坛活动的组织与实施

广州市越秀区文德路小学
主要贡献者：陈慕璇　李霓施　薛　强　区惠玲　邓丽灵　彭素娟

一、活动背景

《中小学德育工作指南》指出：要精心设计、组织开展主题明确、内容丰富、形式多样、吸引力强的教育活动，以鲜明正确的价值导向引导学生，以积极向上的力量激励学生，促进学生形成良好的思想品德和行为习惯。时代的更迭、社会的变革、文化的激荡，信息技术的迅速发展，对学生思想意识形态和价值观的形成产生深刻的影响，给学校的德育工作带来了前所未有的新挑战。

文德路小学持续18年坚持开展七彩虹论坛活动，有效培养了学生的学校主人翁意识，锻炼了学生的自主管理能力，培养了学生的多方面综合素质。受文德七彩虹论坛活动形式的启发，从2015年9月开始，“你讲我讲”中队论坛活动在中队层面开展实践探索。在5年持续实践中，“你讲我讲”中队论坛活动对学生的思想引领和价值观塑造产生了良好的效果，同时培养了学生良好的语言表达能力、思辨能力，提升了学生自主教育的话语权以及责任担当意识，为新时代背景下落实立德树人根本任务，增强中小学德育工作的时代性、科学性和实效性找到了新路径。

二、实施过程与策略

（一）“你讲我讲”中队论坛活动1.0时代

从2015年9月—2017年7月，我校学生会通过浏览网络文章、阅读报纸或者收听广播，观看《新闻联播》，了解时事热点、世界大事，通过每天课前10分钟，互相分享新信息、新观点。

（二）“你讲我讲”中队论坛活动2.0时代

1. 活动实践情况

经过近两年的观点分享，学生“三观”逐步形成，可以结合实例，发表自己的观点，从2018年9月开始至2019年6月，“你讲我讲”中队论坛活动采用议事会的模式组织，每周一次，每次一个学时，论坛面向全班或全校学生，共组织活动30期（具体见表1）。议题选取紧扣学生成长需求，紧跟社会热点，聚焦学校德育目标，每个议题都由学生讨论产生，形成的议题多种多样，有学生思想困扰，有社会热点话题，有国家发展大事件。

表1　2.0时代“你讲我讲”中队论坛活动一览表

序号	时间	议题	参与范围
1	2018. 9. 4	保护自己小事做起	中队
2	2018. 9. 25	厉害了，我的国	中队
3	2018. 9. 30	环境保护	中队
4	2018. 10. 15	你心中最亮的那颗星	中队
5	2018. 10. 19	机智过人还是技不如人	中队
6	2018. 10. 29	最美的红	中队
7	2018. 11. 2	知足还是不知足	中队
8	2018. 11. 12	老龄化社会带来的思考	中队
9	2018. 11. 19	爱在心里口难开	中队
10	2018. 11. 26	绝地求生	中队
11	2018. 12. 3	中国故事	中队
12	2018. 12. 10	2018 当幸福来敲门	年级
13	2018. 12. 17	头号玩家	全市
14	2018. 12. 24	无以规矩，无以成方圆	中队
15	2019. 1. 22	我是不一样的烟火	中队
16	2019. 3. 4	消消乐	受《现代中小学生报》邀请
17	2019. 3. 10	路见不平一声吼，你是出手还是走	中队
18	2019. 3. 11	革命尚未成功，同学们仍需努力	中队
19	2019. 3. 18	环环相扣	中队
20	2019. 3. 25	白天不懂夜的黑	中队
21	2019. 4. 1	“精彩极了”&“糟糕透了”	中队
22	2019. 4. 8	赢在终点线	中队
23	2019. 4. 15	吃饭不积极，思想有问题	中队
24	2019. 4. 22	童话与“童”话	中队
25	2019. 4. 30	爱国还是“碍”国	中队
26	2019. 5. 15	皇帝的新衣	中队
27	2019. 5. 20	全职高手	全省
28	2019. 5. 27	“狼”来了	中队
29	2019. 6. 3	网红“长红”攻略	中队
30	2019. 6. 11	“狐狸”&“吃不到的葡萄”	全校

2. 活动环节

活动分为五大环节：选取议题—预备会议—论坛进行—会议总结—成果展示。每一个环节都充分体现了学生的主体意识，而教师在其中起到了穿针引线的作用。

环节一：选取议题

议题的选取和确定，主要从三个方面选取：①社会热点：民生大事，人们茶余饭后关心的事情；②学生成长需求：在学生成长的过程中，有很多困惑及情绪上的波动，通过论坛上大家讨论的方式，疏导情绪，找到解决困难的方法；③学校德育目标：结合学校德育目标，通过论坛轻松活泼、互动交流的形式，让德育无声无息渗透。

环节二：预备会议

每期论坛开始前，都要做好充分的准备，预备会议的内容包括以下几个环节：①完善本期活动背景材料：完善讨论话题的背景，有助于对核心问题的理解；②讨论核心问题：每期论坛的最终目的，都是通过核心问题呈现出来的，所以一个有效的核心问题非常重要；③列出活动大纲：每一期论坛通过视频或图文材料的呈现、问题的铺垫，最终达到目的；④制作 PPT，通过 PPT 展示内容策划；⑤论坛分工：每期论坛的承办小队、主持、PPT 制作、资料收集、撰稿等分工，还有工作组中摄影人员以及论坛的过程记录，方便后续成果展示。

环节三：论坛进行

“你讲我讲”中队论坛活动每周进行一次，每次活动时间 40 分钟。论坛开展过程如下：①资讯或情景再现：了解事情的来龙去脉；②辩论或讨论：每期论坛，一般由三个大问题构成，通过讨论或者辩论，多角度认识事情，发表见解；③分享感受：表达对事情或议题的看法以及感受；④总结提升：总结每期论坛的目的，提升感受与理解。

环节四：会议总结

论坛活动总结的重点包括：总结每次论坛的优缺点，以及有待提高的地方；推送制作分工，即本期论坛公众号文章推送的分工，设主编、图文排版、文字编辑。

环节五：成果展示

通过中队公众号推送论坛的活动情况和观点，并编成活动成果集。

3. 实施策略

（1）议题选取：了解社会，观生活百态

要知道同学们感兴趣的话题，要做好交流。除了每天在课堂上的新闻交流外，同学们习惯了每天关注新闻，交流感受。

（2）活动组织：以点带面，培养“领头羊”

以自主化小队为单位顺利开展论坛。发布公众号文章，“领头羊”是必不可少的。在小队中寻找骨干力量，建立了小小“编辑部”：从主编到排版，从文案组到摄影，每期中队公众号内容都有十分明确的分工表。

（3）学生参与：坚持反思，品优秀之乐

每周一次的论坛，已成为了中队的“固定”节目。以论坛工作组为核心，每周带领小队同学们开论坛预备会议，确定话题、开坛时间，确认交稿、审稿、排版的时间，再到公众号文章出版。每次论坛结束后，进行总结会议，提出在论坛组织中出现的问题。

（4）教师引领：总结提升，尝成果之美

教师亲身参与到学生开展的预备会议和总结会议中，在整个论坛开展的过程中，起穿针引线的作用，体现了学生的主体性。

（5）网络空间使用：有效分享，扩大影响

通过建立中队公众号，做好宣传工作，师生共同参与公众号建设，教师作为公众号的主要管理者，让学生参与到管理工作中，记录每一次的论坛活动情况。

（三）“你讲我讲”中队论坛活动3.0时代

1. 活动实践情况

在“你讲我讲”2.0时代的基础上，从3.0时代（2019年9月—2021年7月）开始，学生从一开始的一个月一次论坛，到后期的每周一次，甚至在疫情期间，还开展了线上的论坛活动，具体见表2。

表2 3.0时代“你讲我讲”中队论坛活动一览表

序号	时间	议题	参与范围
1	2019.9—2020.1	每天课前分享新闻	中队
2	2020.3.1	岁月静好，因你守护	中队（线上）
3	2020.3.30	同一片天空，同一样的学生	中队（线上）
4	2020.5.4	豌豆公主 & 豌豆王子	中队
5	2020.6.20	偶像的力量	中队
6	2020.7.9	最美的自己	中队
7	2020.7.21	“爱”的代价	中队
8	2020.9.16	以家人之名，行热爱之举	中队
9	2020.9.23	多多益善	中队
10	2020.10.9	你笑起来好看吗	中队
11	2020.10.13	夺冠	中队
12	2020.10.27	爱如潮水	中队
13	2020.11.10	“求”学	中队
14	2020.11.17	你的名字，我的姓氏	中队
15	2020.11.24	超人不会飞	中队
16	2020.12.1	当你老了	中队
17	2020.12.8	甜野男孩 VS 一代宗师	中队
18	2020.12.11	故事里的中国	全区

2. 活动环节

在论坛3.0活动环节中，论坛分工增加了采访意见的整理，通过问卷星、麦克等工具，开展问卷调查，并对数据进行分析；就每一期论坛的议题，增加“进一步深化主题意见进行采访”的环节，采访的对象包括师长、家长和同伴。具体见图1。

3. 实施策略

在论坛2.0实施策略的基础上，为了让论坛开展得更顺利，产生更大的正面影响，我们增加了“家校互动：和谐互动，护航成长”这一策略，通过采访校外的志愿辅导员、家长，校内采访师长与同伴，更深刻了解论坛议题，提升效果。此外，还邀请他们共同参与到论坛活动中，通过这种良性互动，可以达到集思广益、陪伴同学们共同成长的目的。具体见图2。

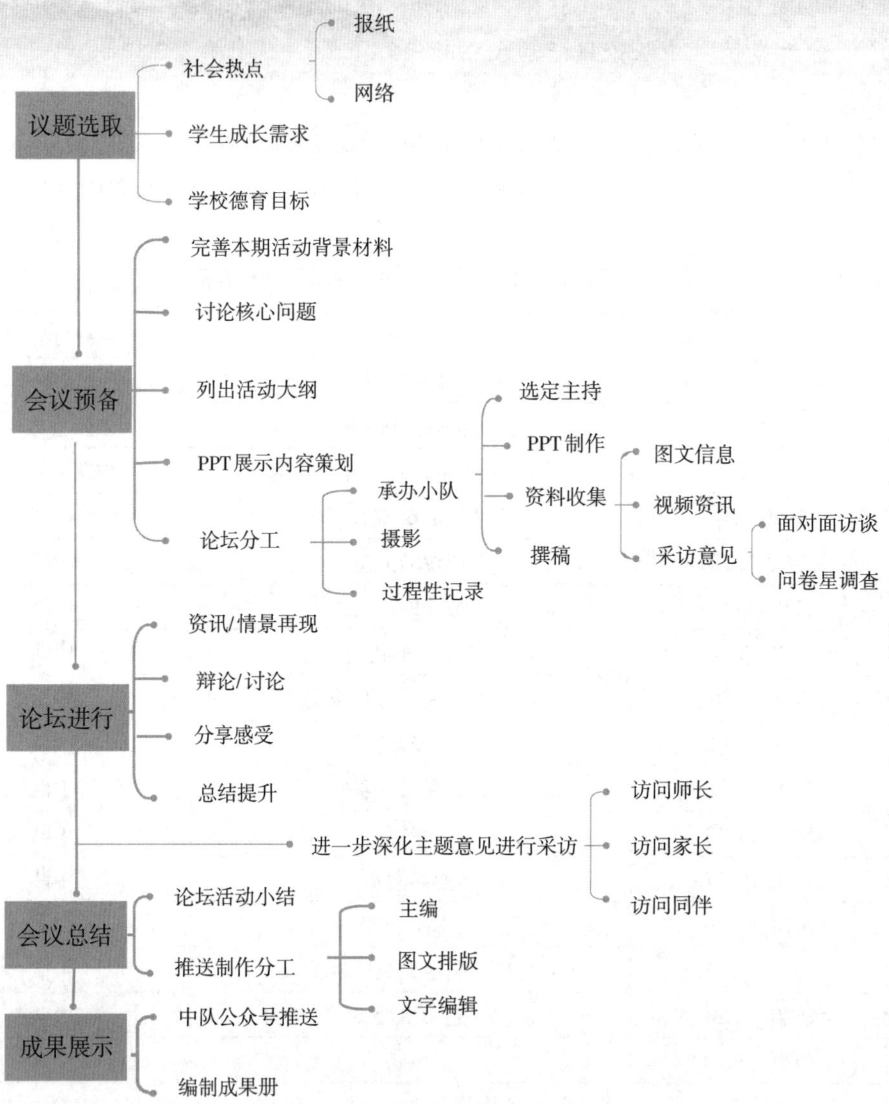

图1　“你讲我讲”中队论坛活动环节

三、实施效果

（一）有效发挥学校思想引领和政治启蒙引导功能

“培养学生爱党爱国爱人民，增强国家意识和社会责任意识，教育学生理解、认同和拥护国家政治制度，了解中华优秀传统文化和革命文化、社会主义先进文化，增强中国特色社会主义道路自信、理论自信、制度自信、文化自信，引导学生准确理解和把握社会主义核心价值观的深刻内涵和实践要求，养成良好政治素质、道德品质、法治意识和行为习惯，形成积极健康的人格和良好心理品质，促进学生核心素养提升和全面发展，为学生一生成长奠定坚实的思想基础。”我们以此为目标开展“你讲我讲”中队论坛，让学生在有温度的论坛活动中接受爱党爱国的红色教育，进行政治启蒙，为党育人、为国育才。

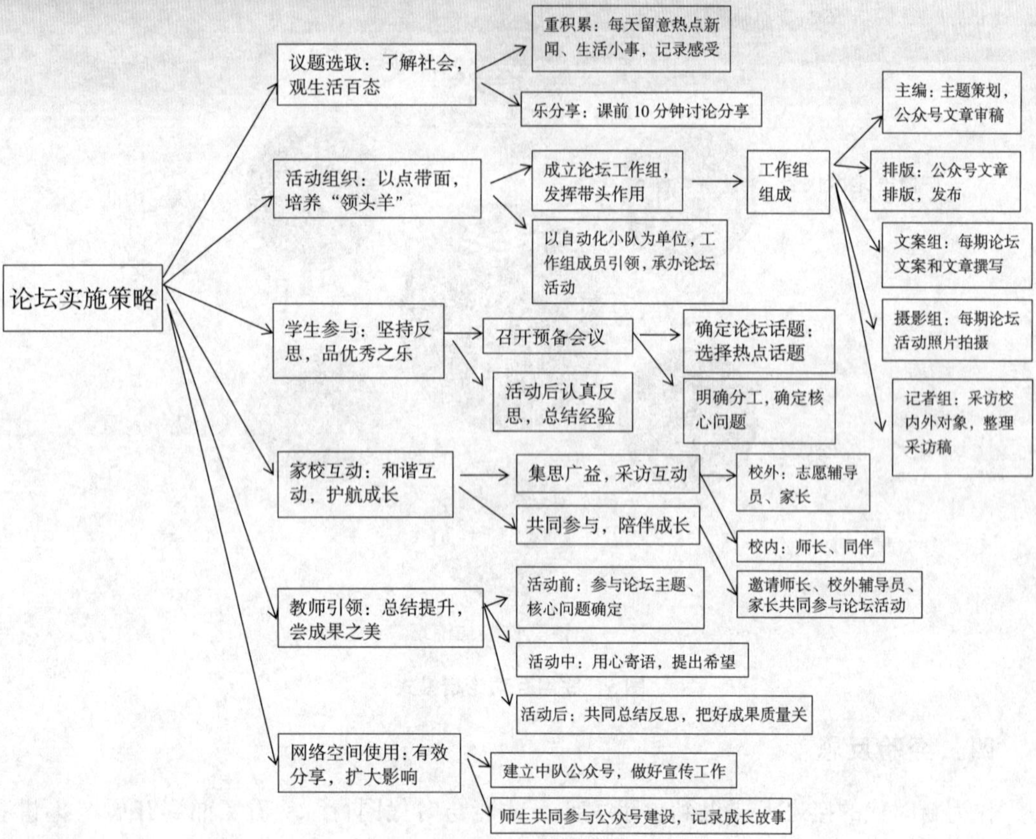

图 2　“你讲我讲”中队论坛活动实施策略

（二）有效培养学生公民意识和塑造价值观

通过坚持开展“你讲我讲”中队论坛活动，学生明确了自己要成为一个有品德、有知识、有责任感的时代新人，在活动中学习和传承了中华民族传统美德，学习和弘扬了社会主义新风尚，热爱生活、懂得感恩、与人为善、明礼诚信等价值观深深植入学生内心。

（三）有效发展学生创新思维和动手能力

打破常规思维，发展创造性的思维，是 21 世纪知识经济时代中我们每个人应该深思的问题。要打破传统思维的惯性，只有在实践中不断地训练。在“你讲我讲”中队论坛活动开展的过程中，从预备会议、拟定主题、开展活动，到写稿、审稿、排版、发布公众号文章，都是同学们通过不断摸索，总结提高，慢慢取得了一定的成绩。在实践中，同学们慢慢学会了打破条条框框，从单纯的录制视频，到自己剪辑，创造了有自己特色的小栏目——志学百科。

（四）有效培养学生积极心态和良好心理品质

“你讲我讲”中队论坛的主题众多，包括认识自我、尊重生命、学会学习、人际交往、情绪调适、升学择业、人生规划以及适应社会生活等方面。在活动开展的过程中，学生的应对挫折、适应环境的能力得到了提高，拥有积极心态和良好的个性心理品质。

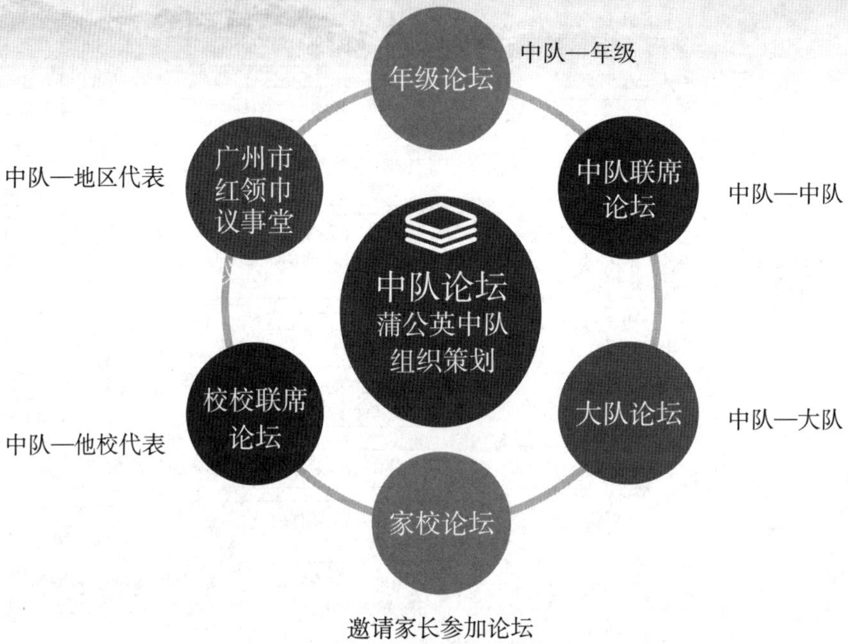

图 3　联席互动论坛模式

四、经验反思

作为新时代的接班人要做到事事关心，才能与时代同行。从看新闻到开展“你讲我讲”中队论坛，虽然这个论坛活动已经取得了一定成绩，形成了中队论坛、校内论坛、家校论坛和校外论坛的联席互动论坛模式（见图 3），并产生积极、良好和正面的影响，但我们仍需牢记习近平总书记说过的话：“让社会主义核心价值观的种子在少年儿童心中生根发芽、真正培育起来。”青少年要关注社会，了解时事，与时代同行，才能成为社会主义建设者和接班人，而我们正是朝着这个目标砥砺前行。

基于立德树人视域下的财经素养教育实践与探索

广州市番禺区市桥先锋小学

主要贡献者：蔡汉棠　陈锦花　林绿苗　陈顺开、范俊斌、陈旭明

随着经济全球化时代的到来，各国开始关注学生财经素养教育，注重青少年对未来生活的准备程度。尤其是2008年金融危机发生后，金融理财问题在人们生活中显得愈加重要，财经素养也就成为当前教育领域关注的热点。据调查，发现学生中普遍存在不合理消费现象，社会上日益增加的校园贷事件令人忧虑。先锋小学以“培养未来各行各业的先锋”为己任，启蒙学生财经素养，财经素养是先锋教育核心素养之一。

一、活动背景

1. 2016年，中央教科院提出在中小学校进行财经素养教育，同时，国家大力倡导大众创业、万众创新。

2. 2016年，我校被广州市教育局确定为第二批金融理财知识教学试点学校，常态开展金融理财知识读本教学；少先队大队部每年3月组织“红领巾小商铺”情境体验教学活动。

3. 广州市番禺区教育局提出“文化德育”，2018年我校成为实验学校，赋予了我校的财经素养教育更丰富的文化内涵。

4. 课题引领。立足于广州市番禺区教育科学“十三五”规划课题“基于生活教育理念下的校本研究”（2016年立项，2019年已结题），以“活学致用”理念指导财经素养教育，产生了更深刻的文化影响。

二、活动目标

1. 了解市场经济的基本规律，懂得劳动与金钱、理性消费与储蓄投资的关系，掌握基本的理财生活技能。

2. 知行合一，以角色体验教育，体验劳动创业的快乐，学会创新、学会交往、学会生活、学会学习、学会担当，提升财经素养综合水平。通过体验式教育与社区拓展探究性学习，培养独立自主的研究习惯与理财习惯。

3. 提升财经文化素养。培养文明素养，学会诚信做人；启迪慈善价值观。引导学生正确认识钱财的价值和作用，懂得勤俭节约、诚实守信、感恩长辈是美德，逐渐形成理财的品质和能力。

三、实施过程

经过五年的实践，我们以“活学致用”为理念，以问题为导向，以“尽可能地接近

现实生活情境为活动场”的角色体验式教育为手段，运用预设激发学生的思辨能力，回归生活场，“做中学”，形成了先锋小学“体验—思辨—拓展”财经素养活动教育模式。

（一）角色体验，经营商铺，树立财经观念，学习财经知识技能

1. 角色分配：口手相传，学习财经知识

导入问题：如何经营小商铺？

学校地处老城区中心，周边商铺林立，不少家长从事经营事务，也有不少家长从事金融财经专业工作。学校引入家长教育资源，聘请专业家长担任孩子的教育活动的辅导员，口、手相传。邀请财经专家，以“如何经营小商铺”为问题导向，以具体案例辅导“小小创业者”，解决从进货到经营、到结算的财经基本知识。充分发挥学科教学作用，如数学科开展相关统计知识的学习，语文科开展相关口语交际学习，《金融理财知识读本》专项教学开展相关内容的系列学习。通过一系列的学习，学生初步具备了相关的知识与技能。

五、六年级学生作为“小商家”角色，以8—10位学生自由组合，创建“小商铺”，并进行角色分配，有的当店长，有的当财务，有的当信息收集员，有的当销售员。一至四年级学生则扮演购物者。通过道德与法治课，教师进行教材中“如何购物”课程教学；语文课，教师进行购物语言交际学习。

2. 角色扮演：创意经营，实践运用财经知识

导入问题：如何创意经营（五、六年级）？怎样花钱（一至四年级）？

学校在运动场上模拟真实的社区商铺情境，采用实物、实货币交易，构建孩子们实践探究练习场，让孩子在做中学、做中思、做中悟。

活动当天，整个校园模拟真实的商业街情景，几十个由五、六年级学生装扮的“铺面”开张迎客，每一个“铺面”充满个性化创意，孩子们穿上自己设计的工服，佩戴工章（分工），各就各位。出售的商品五花八门，有闲置的文具、旧书，有自己制作的商品，有采购而来的小货品，有用的、吃的、玩的、看的，缤纷多彩，每一件商品都是孩子们精心挑选的。开张前，孩子们已向消费者派发出自己制作的小宣传单张。开张啰！小店主们各出奇招，不同时段采用不同营销方法。开始是购物抽奖、送体验游戏，以招纳人气，然后是打折优惠。最后是“买一赠一”大倾销。孩子们分工明确，有的出奇招招揽客人，有的埋头结账登记，有的拿相机、笔记本做市场信息收集，为及时调整销售策略提供信息支持。

一至四年级孩子们事先做好购物计划，货比三家，大胆议价，不但看品质、看生产日期，也看价格，更看服务，个个都是精明消费者。

少先队大队部充分发挥活动管理功能，组织学生、家长义工队，建立“消费者投诉点”，处置交易纠纷；建立市场管理处，负责整个跳蚤市场的安全、秩序、卫生、文明管理，实施全场巡管；建立文明经营办公室，负责评选最具创意商铺、最佳商铺、诚信经营商铺、文明消费者等。孩子不但卖出了商品，还卖出了创意；孩子们得到的，不但是心仪的商品，更是文明教养。

3. 活动拓展一：计算利润，提升财经素养

导入问题：揭秘“钱是怎样来的？”

综合运用所学财经知识，实践操作计算利润，使孩子们巩固掌握财经知识与技能，真

正实现做中学。

体验活动结束后，孩子们立刻开展紧张的结算工作。每一个商铺认真算出利润，让孩子们学会成本核算、利润计算等知识，并进行过程清单公布交流分享。通过信息收集与整理、结算与反思，使孩子们的经验得到生长，把财经素养的种子埋在孩子们的心田。

4．活动拓展二：如何花钱，培育一颗慈善心

导入问题：如何用财？

取之于社会，用之于社会。引导孩子们思考钱的社会价值，从小培育孩子一颗慈善心。

一周后，各商铺店长把利润捐献给“红领巾小银行”，由小银行行长（家委担任，在正规银行任职）接受捐款。“红领巾小银行”所得款项用于学校对口扶贫、本校特殊学生救助等（如2017学年救助了一位家庭困难的白血病同学，2018学年救助了一位失亲特困同学），让孩子们体会到他们的劳动成果发挥的慈善作用。

（二）家校社共育，回归生活，启蒙财经视野，提升财经素养

导入问题：真实的财经活动是怎样的？

陶行知说：“用生活学习、在生活中学习、为了生活学习。”学校采用分层指导，融合家长、社区财经教育资源，构建学生接近真实的财经素养教育阵地，让学生真正“在生活中学、用生活来学”。

1．五、六年级孩子在寒暑假时间，到家长或亲戚朋友的真实生活中的商铺或金融机构中去，进行为期两周的“影子行动”，开展社会实践活动，学习“实战”的财经知识。利用网络资源，进一步了解相关知识与拓展经验，总结学习成果，并在回校后与同学分享。每年的春节花市中，都可以看到我校的孩子身影，有的与父母一起经营小店铺，有的参与区义工组织的义工活动。

2．要求一、二年级孩子每月一次独立完成家长交给的购买日常用品的任务。要求三、四年级孩子每月当一天家，负责安排一天的花费计划与购买用品。每年寒暑假，要求三、四年级孩子到家长或亲戚朋友的商铺或金融机构中见习一周，观察体验市场财经行为。

3．每年的春节，一至六年级孩子开展“理财金点子”创意活动，学会管理自己的零花钱，增强理财观念。

四、活动反思

财经素养启蒙教育活动以商铺经营为切入点，以学科教学为背景，以家校共育社会实践为拓展平台，以培育财经素养为目标，以问题为导向，以角色体验式教育为手段，对学生进行财经素养启蒙教育，收到了良好的效果。主要体现以下几个理念。

1．教育活动充分体现孩子的教育主体地位。活动中充分让孩子成为教育的主角，在体验中思考，在体验中感悟，在体验中成长，在实践中学习，在实践中创新。

2．以生活教育理念为支撑，开展财经素养体验式启蒙教育。以学生熟悉的生活经验作为活动背景，运用已有的学科知识，通过角色体验来展开学习与感悟，“用生活（经验）学习，在生活（情景）中学习，为了（更好地）生活学习”。

3．落实为党育人、为国育才。学生有效学习“供给侧、需求侧、成本结算、利润结算”等金融常识，实践体验“大众创业、万众创新”，为国家培养金融人才作启蒙。

五、活动创新

1. 创新以商铺经营游戏教学的财经素养教育新模式。以学生喜爱的商铺经营游戏形式为切入口，以问题导入、以角色体验为手段，融合学科教学、社区教育资源，充分整合学生的生活经验与学科知识，展开探究性学习；活动紧贴儿童天性，体现教育规律，融知识性、趣味性、德育性为一体；形成以“体验—思辨—拓展”为主的活动策略，孩子们在实践中学习，在学习中实践，是真讲、真想、真做、真悟、真成长。

2. 创新家校社协同共育财经素养新模式。构建“家庭—学校—社区”教育三位一体协同教育模式，充分发挥家长群体的职业多样性优势，通过家长拉动社区课堂，让学生到真实的世界里去学习，把教育世界与生活世界、科学知识世界与日常生活世界、直接经验与间接经验进行有效对接，为学生提供了一个更大的生活学堂。

3. 学生创新、创业、创意贯穿始终。从模拟商铺财经活动到真实的社区实践，从“攒”钱到用财，无不迸发出孩子们的无限创意与创新，在不知不觉中把“大众创业”的种子播在孩子的心田里。

4. 体现学科融合，增强活动育人实效。将财经素养教育与综合实践、道德与法治、数学、语文口语交际等课程进行整合，体现教学的有效性。

六、活动实效

学校连续五年实施财经素养教育活动，取得了显著的教育效果。

1. 提升了学生的核心素养。通过教学活动，有效普及了财经基本知识与技能，启蒙“诚信、担当”的商道观念，养成日常理财习惯，提升了财经素养。通过校内外结合，激发了孩子们创新、创业意识，培养现代人才必备素养。活动成功引导学生“学会理财、学会交往、学会生活、学会担当”，提升了学生的综合素养。

2. 形成了先锋经验成果。由蔡汉棠撰写的活动案例《基于文化德育背景下的小学生生财体验式教育教学的实践与探索》荣获番禺区文化德育优秀案例评比一等奖。由陈锦花、蔡汉棠共同撰写的论文《基于先锋教育理念下小学金融理财知识教学的实践探究》发表于《广东教学报》第 3066 期。

3. 区域引领，推进财经素养教育的发展。番禺区电视台连续两年进行跟踪拍摄报道，《番禺日报》每年作专题报道；《金融理财我能行·奉献爱心我快乐》案例在《都市人成长》11 月小学版杂志（总第 388 期）上发表；我校更在番禺区专项工作会议上作汇报，对本区域起到了引领作用。

4. 成果推广应用。2019 年 9 月至 2020 年 9 月期间，本成果被推广至市桥东沙小学、横江民生小学等学校应用，达到了理想的活动效果。

志愿同行，社区共融，携手进步

——海珠区启能学校“与天使同行”普特德育共建的创新实践

广州市海珠区启能学校

主要贡献者：徐永海　黄健发　陈瀚凌　董家良　石育清　蒋东华

所谓天使，于培智学校学生（以下简称为“培智生”）而言，为“折翼天使”，虽有缺陷，但仍能乐观自信，自强不息，积极融入社会，回报社会，快乐成长；于普通学校学生（以下简称为“普通生”）而言，系“爱心天使”，是爱与阳光的化身，友善待人，助人自助。海珠区启能学校“与天使同行”项目由海珠区启能学校发起，旨在通过联合普通中小学校，引领不同的“天使”在社区志愿实践活动中结伴同行，提升素养，共同进步。

一、成果形成背景

社会参与，是中国学生发展六大核心素养之一。无论是普通学校《中小学综合实践活动课程》、培智学校《生活适应课程》或是《少先队活动课程》等必修课程，均强调了提高学生社会适应能力，培养学生责任担当、服务意识的重要性。

培智生广受党和政府及社会各界的关爱，无论是从他们独立自主的发展需要还是德育工作要求出发，都应引导他们以力所能及的方式与行动融入社区，回报社会，践行社会主义核心价值观，努力成为一名合格的公民。

在这样的背景下，我们尝试整合多元活动课程，创新普校与特校德育共建的模式，为培智生引入普通生的同伴支持，通过开展一系列“与天使同行”社区志愿实践活动，实现学校素养共育、学生融合发展的目标。

二、实施过程

（一）整合多元活动课程，为“与天使同行”项目提供理论支持

着重关注与“培智学校”“普通学校”以及“社会实践”等关联的科研信息，对《中小学综合实践活动课程》《培智学校义务教育生活适应课程（2016年版）》以及《少先队活动课程》三套课程进行文献研究。根据本项目的需要，对上述三套课程的性质理念、目标内容、活动形式与途径、评价方式等方面进行解析、重构、实践与完善，形成培智学校与普通学校“与天使同行”融·行课程的基本框架（见图1），用以指导项目的开展；同时搜集和整理国内外融合教育尤其是关于特教宣导方面的信息与资料，吸收培智学校与普通学校联合开展活动的实践经验，找出共同开展适宜的社区实践活动的切入口。

本课程“融·行”中的“融”指融合，而“行”蕴含着“一起行动，共同参与”及“我们都能行”的意思。课程的理念宗旨是以培养社会参与的核心素养为导向，通过普特

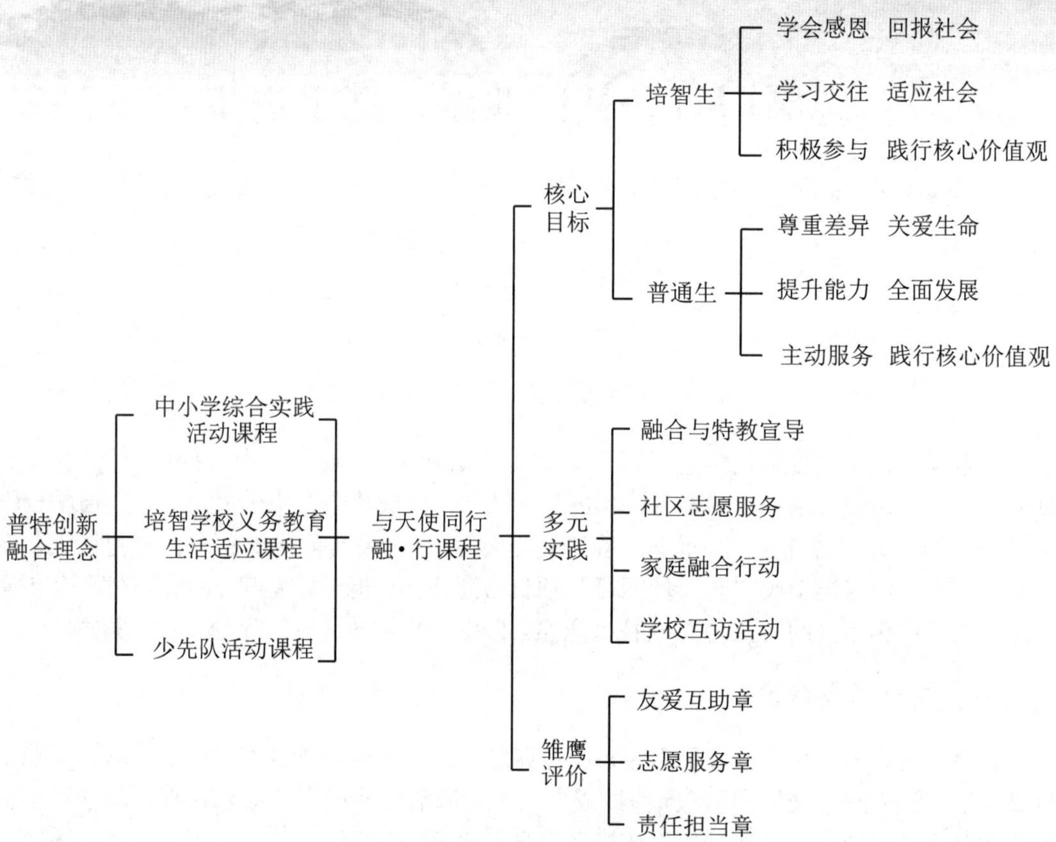

图1 “与天使同行”融·行课程框架

学校德育共建模式，引导培智生与普通生共同参与社区志愿实践活动，融合互助，共同进步。

（二）开展德育生态的分析，为“与天使同行”项目创建环境支持

从广州市城区生活环境出发，综合安全、培智生身心发展需要与学习特点、外单位合作意愿等因素，分析社区德育生态，然后有针对性地与周边学校、商店、机构及公司如地铁公司、肉菜市场等，建立紧密的合作关系，为项目开展创建环境支持。

（三）进行特殊教育宣导，为“与天使同行”项目营造人文氛围

进行特殊教育宣导，是有效开展社区志愿实践活动，促进学生合作交流并提升他们素养的前提。我们注意发挥特殊教育教师专业特长，先后进入多个学校、社区，针对不同群体开展“与天使同行”特教宣导。通过教育教学经验分享、融合绘本共读、特教影片欣赏、特教宣导册编制与发放、角色扮演游戏与障碍问题体验活动等方式，促使合作单位有关人员认识与接纳特殊群体，帮助他们掌握与培智生沟通合作的技巧，重点培养普通生尊重与关爱他人的品质，并为社区志愿实践活动的开展建构心理支持。

（四）公开征集队旗与队徽，为“与天使同行”项目构建组织文化

项目以志愿服务队形式运作。我们在开展特教宣导活动基础上，面向合作单位的师生、家长及社区人员开展队旗、队徽设计活动，以帮助参与者更好地认识项目运营的背景

与意义，同时也有利于构建项目的组织文化，增强参与者的组织归属感，提高相关活动的凝聚力。

（五）深入开展“与天使同行”社区志愿实践活动，提升学生素养

培智学校与普通学校共同辅导培智生与普通生一起策划、准备、组织和参与社区志愿实践活动，是“与天使同行”融·行课程实施的核心内容，是提升不同类型学生社会参与核心素养的关键举措。

1．开展丰富多彩活动，打造“与天使同行”德育共建、共育品牌

项目开展三年来，先后开展了数十次诸如社区慰问、机构探访、义卖、垃圾分类宣传、文明宣传等兼具广度、深度与影响力的社区志愿实践活动，并注意经验沉淀，成功打造“融合手拉手，花市义卖”“心连心社区融合，手拉手关爱老人”以及“梦想书屋联手经营”等多个活动品牌。

2．实施有效评价，激励培智生与普通生共同进步

我们运用正向行为支持的特殊教育手段，坚持过程性、多元性、反思性与激励性原则，采取观察、问卷调查、自评与他评相结合的形式，就培智生与普通生的活动组织、参与态度、交流融合、活动表现及收获反思等方面实施活动评价，切实促进培智生与普通生共同进步。

（六）善用媒介资源，夯实“与天使同行”项目活动育人效果

每次社区志愿实践活动之后，我们注意及时组织有关学校的教师、学生、家长以及义工等，通过讨论会、分享会和撰写活动日记等形式，获取更深层次的感悟，并鼓励他们及时整理相关活动资源，借助学校红领巾电视台与广播站、校园宣传栏以及微信、微博、公众号等新媒体，引起更多师生、家长关注相关活动，进一步提升“与天使同行”活动育人效果。

（七）开展普特创新融合案例征集，积累“与天使同行”项目资源

在“与天使同行”项目推行一段时间之后，我们借助海珠区特殊教育资源中心这一平台，面向合作学校、特殊学校以及设有特教班的学校发起“普特创新融合案例”征集活动，积累、整合、推广相关活动案例与成功经验，以此加强培智学校与普通学校、特殊教育教师与普通教育教师之间的交流学习，从而更好地辅导培智生与普通生共同参与社区志愿实践活动。

三、实施效果及突破性成绩

（一）实施效果

1．活动覆盖面广，参与人数众多，具备一定的社会效益

从任务指派、被动接受到主动联系、积极参与，从单一的实验班级到整个实验学校再扩散到多所普通学校，三年内，“与天使同行”系列活动先后安排和吸引了400多人次直接参与其中，辐射10多所普通学校、数个社区及90多个家庭，具备一定的影响力，较好地促进了融合教育环境的建立。

2．活动育人功能较明显，培智生与普通生均取得了一定的发展

在有关社区志愿实践活动中，通过普特德育共建、教师示范引领、普通生陪伴参与、

社区配合支持以及家长协助服务等措施，一方面帮助培智生逐步实现从被动到主动，从接受到参与，从参与到奉献的转变；另一方面有效提高普通生组织、策划与开展社区志愿实践活动的能力，同时培养了他们尊重个体、友善待人、关怀弱势群体的精神。“与天使同行”融·行课程目标达成情况较佳，有效提升培智生与普通生社会参与方面的核心素养。

（二）突破性成绩

在“与天使同行”项目引领下，“基于多元活动课程整合的普特创新融合的行动研究”等多个课题在广东省教育科学“十三五”规划课题及广州市中小学德育研究“十三五”规划课题等项目中立项与结题；《与折翼天使同行——以少先队活动形式进行特殊教育宣导》等两篇论文公开发表；《整合社会资源，有效开展培智学校红领巾手拉手活动》及《心连心社区融合，手拉手关爱老人》等多篇论文与活动案例在省、区有关评比活动中获奖并被汇编成册。

四、经验总结及创新之处

通过实践摸索，我们搭建了一个涵盖社区安全、沟通合作、尊重生命、融合互助与服务实践等教育内容的德育工程。

1. 运用多种形式开展特殊教育宣导，提高普通学校教师、学生、家长以及社区相关人员对特殊儿童乃至每一个人的认识、理解、接纳与支持，是推动融合教育环境的建立，促进社会和谐发展的重要举措。

2. 项目广泛挖掘各种资源，构建以培智生与普通生共同发展为归宿，以培智学校及普通学校共同主导、社区支持配合、家庭鼓励协助的三方支持体系，有效提升学生社会参与的核心素养。

3. 辅导培智生和普通生共同策划、准备、组织开展社区志愿实践活动，要注意融入特殊教育及少先队专业知识，实现科学性、趣味性与实践性相统一，有效促进培智生与普通生的共同发展，实现活动育人。

4. 通过活动课程的方式推行“与天使同行”项目，实现普特德育共建，创新了国家特殊教育提升计划关于“全面实施融合教育，普通学校和特殊教育学校责任共担、资源共享、相互支撑”要求的实践模式。

粤语讲古 传承文化

广州市白云区槎龙镇泰小学

主要贡献者：黄结萍 李幸平 刘春燕 孙慧 陈文健 何丽平

粤语讲古是省级非物质文化遗产，近年来学校倾力打造非物质文化遗产传承活动，非遗文化进校园传承活动更是运用灵活多元、活化传承、生动有趣、扬善求新的形式，让少年儿童充分认知非物质文化遗产的魅力与价值。

一、研究背景

槎龙镇泰小学地处广州市白云区槎龙村，是粤语讲古大师张悦楷和讲古传承人彭嘉志的故乡，粤语讲古文化资源得天独厚。基于丰富的非遗文化资源和历史人文底蕴，学校围绕“树德奠基，习善致远”的办学理念，通过校本课程、德育特色活动和特色社团，探索开展非物质文化遗产传承活动的德育创新模式。学校是广州市教育工作先进集体、广州市特色学校、广州市非物质文化遗产传承基地学校，讲古向善——“粤语讲古”是学校特色项目之一。

粤语讲古是利用广州方言，对小说或民间故事进行再创作和讲演的一个曲艺品种，承载着广州市丰富的历史文化信息。然而，粤语讲古其内容缺乏创新、形式老旧，局限于一个人的舞台展示，表演形式单一。

《习近平谈治国理政》第二卷“坚定文化自信”中提到：营造全社会崇德向善的浓厚氛围，大力弘扬中华优秀传统文化，大力加强党风、政风、社风、家风建设，特别是要让中华民族文化基因在广大青少年心中生根发芽。因此，学校响应习近平总书记“讲好中国故事”的号召，用粤语讲好南粤育人故事，是孩子们喜闻乐见的好形式。通过粤语讲古，培养学生一种能力——记忆思维能力，培养学生两种习惯——阅读、倾听习惯，培养学生三种品质——自信果敢、交流分享、合作交往。同时，让在广州生活和学习的孩子们，肩负起传承中华优秀传统文化的重要使命。

二、主要措施

《中小学德育工作指南》指出：传承发展中华优秀传统文化，大力弘扬核心思想理念、中华传统美德、中华人文精神，引导学生了解中华优秀传统文化的历史渊源、发展脉络、精神内涵，增强文化自觉和文化自信。作为兼具口头文学和曲艺表演特色的讲古艺术，带有浓厚的地方色彩文化，千百年来一直在民间世代传承。身处讲古名人家乡，传承的不仅是非物质文化遗产，更是先辈立志自强、善良美好的品质。

（一）组织领导，挖掘特色

学校成立以黄结萍校长为组长的德育领导机构，聘请广东省非遗粤语讲古广州市级传承人为粤语讲古导师。校内外优选“粤语讲古”人才，全员德育、全程参与、全员参与、全程管理。因地制宜制定了《讲古向善德育校本课程纲要》（图 1），开发了“粤语讲古”特色课程与国家课程整合的德育课程，广泛开展粤语讲古传承系列活动，充分结合地域特色，更好地推进学校德育工作，促进广大少年儿童爱祖国、爱家乡、爱白云，做文化白云人。

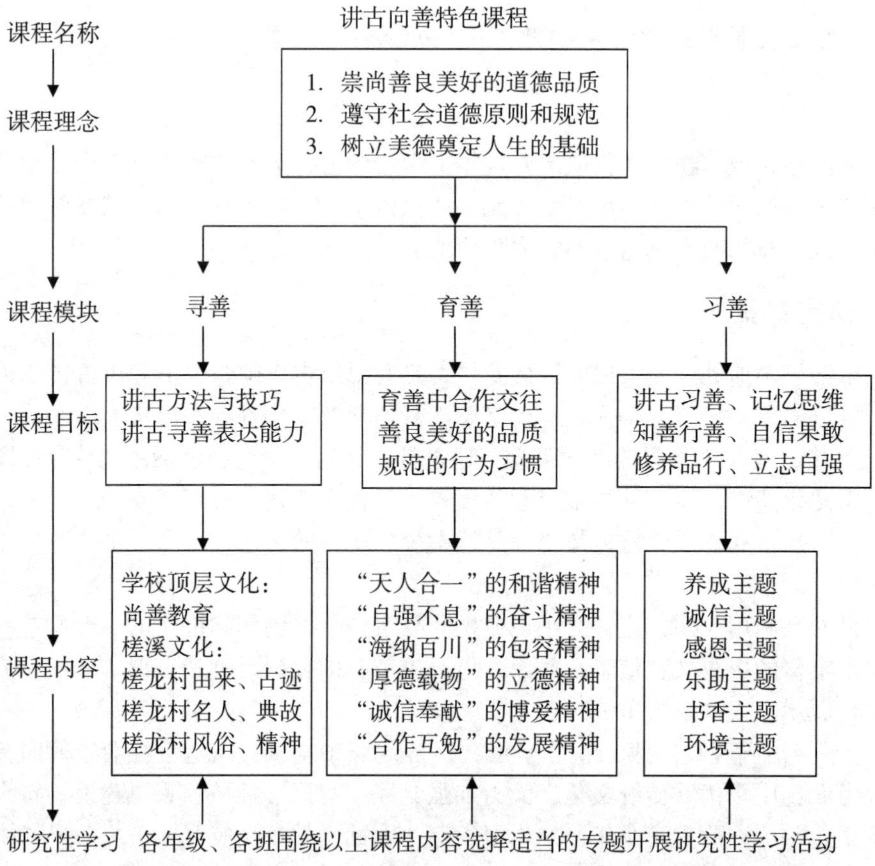

图 1　广州市白云区槎龙镇泰小学《讲古向善德育校本课程纲要》

注：槎龙村名人：科学家彭加木、革命家林成佑、艺术家张悦楷。槎龙古迹：五世同堂、槎溪牌坊、文昌阁、大板石街、彭加木故居。尚善教育：“尚善”就是追求善、向往善；让学生学会做人，引导学生崇尚文明，志存高远，心怀祖国。通过尚善教育让师生在创建特色品牌活动中实践体验，营造一种引导人们朝着善良美好的方面发展的文化，朝着符合社会道德原则和规范方面发展的文化。

（二）少先队阵地，增强实效

学校把少先队组织作为传承发展中华优秀传统文化的重要阵地，每学年学校举行槎溪文化节、讲古比拼、讲古游书海、讲古大串烧、讲数学故事、讲抗疫小故事、讲红色革命故事、故事改编等校园活动，并充分利用学校的红领巾广播站，经过六年的艺术熏陶，孩子们从小就接触具有地方特色的讲古艺术，增长文博历史知识，推进学校传承非遗文化工作。

（三）编写讲义，扎实推进

本着传承粤语讲古岭南文化的初心，学校编写了《讲古向善》《讲古》《老友鬼鬼识粤语》《扎扎跳跳诵童谣》《舞文弄墨读诗词》《粤语讲古赏析》等六套乡土讲义。其中《粤语讲古赏析》围绕“广府美食”“广府乡情”“广府人物”“广府名胜”“广府风俗”“广府方言”等六个系列的故事，充满岭南气息。通过收集、编写本地区德育乡土讲义，对学生进行革命传统教育及热爱家乡、热爱社会主义的教育。

三、实施过程

学校从2014年底开始实施粤语讲古教学实践研究，每周一下午开设全校性粤语讲古校本课程。为了让粤语讲古更有生命力，学校还开设“童谣曲韵”特色社团。专家进行技能指导，学校教师指导课堂学习和组织管理，让非物质文化遗产在课堂中“活”起来，代代相传。

（一）面向全体，按计划推进

要求每学年低年级每人会讲不少于2个粤语故事，高年级每人会讲不少于5个粤语故事、会编1～2个粤语故事。每年实施“觅苗”“培苗”“成材”计划，分层开设“通识班”“提高班”，做到“粤语讲古”普及化，精英苗子提升化，做到全员有体验、有收获。

（二）搭建平台，分内容推进

学校积极构建课堂教学与课外活动相结合的模式，让孩子们通过参加区粤语讲古之夜专场、文化和自然遗产日活动、越秀区讲古游书海、岭南讲古大师张悦楷诞辰90周年、广府庙会等课外活动，拓宽师生学习的平台，增强对本土文化教育的传承。

将粤语讲古教学内容设为：低年部：了解家乡的名人（科学家彭加木，艺术家张悦楷、吴隐之……），了解家乡岭南文化“五羊传说”“状元坊”“陶陶居”，学习名人的执着追求、奉献精神；懂得保护家乡的生态环境人人有责，自觉参加家乡的一些环保公益劳动。中、高年部：了解广州的历史、文化、风土人情；了解家乡的发展目标，愿为家乡明天做贡献；能自觉地做一些保护家乡生态环境的事情。

（三）结合科研，多层次推进

学校重视科研引领，以此提高教师的理论水平和实践研究能力。目前有一个省级小课题、一个市级小课题、一个区级重点课题已结题，省级岭南音乐小课题“粤语童谣音乐与粤语讲古教学融合的行动研究”、区级课题“粤语童谣与阅读教学的整合”已成功立项。

四、创新之处

（一）增强传承文化自觉——讲出自信

非遗进校园，培养小小传承人。校园内常常看到孩子们挺立讲台，轻摇折扇，妙语连珠。通过组织学生学习和参与社会上的说书等活动，组建了一支自信果敢的讲古仔、讲古女队伍，展现孩子们的艺术风采。结合“讲古游书海”活动落实阅读工程，开展“尚善教育”，在讲演模范、学习先锋中培养了学生爱祖国、爱家乡、爱广州、爱白云的高尚情操，增强传承中华优秀传统文化的自觉，让孩子在传承中华优秀传统文化的过程中，收获自信。

（二）整合社会粤语资源——讲出活力

学校注意挖掘和利用家乡地域文化资源，引导孩子学习家乡名人坚定执着、乐于奉献的尚善精神。如：走访槎龙村文化——五世同堂，听村民讲村史，接受地域文化教育；参加广府庙会粤语讲古展演、地铁庙会活动、广州越秀花街开幕式、市儿童公园非遗作品市集活动、船说少儿文化惠民行活动等社会性公益活动。通过整合社会资源，拓宽传统文化"粤语讲古"的平台，扩大学校德育建设的社会影响力。

（三）彰显传承文化载体——讲出特色

遵循"国家课程校本化、地方课程特色化、校本课程个性化"三条路径，构建了"多元 + 特色"的课程育人体系，引领课程改革，彰显传承传统文化的新载体。学校形成可操作性强的粤语讲古校本课程，开设故事讲演、古诗文诵读、粤语童谣诵读、儿歌演唱、粤语小品剧、粤语通识等板块的分支课程。同时，充分发挥各学科教学的主渠道作用，从不同学科、不同角度，多方位、多层次、有效地渗透粤语讲古教学。具体见图 2。

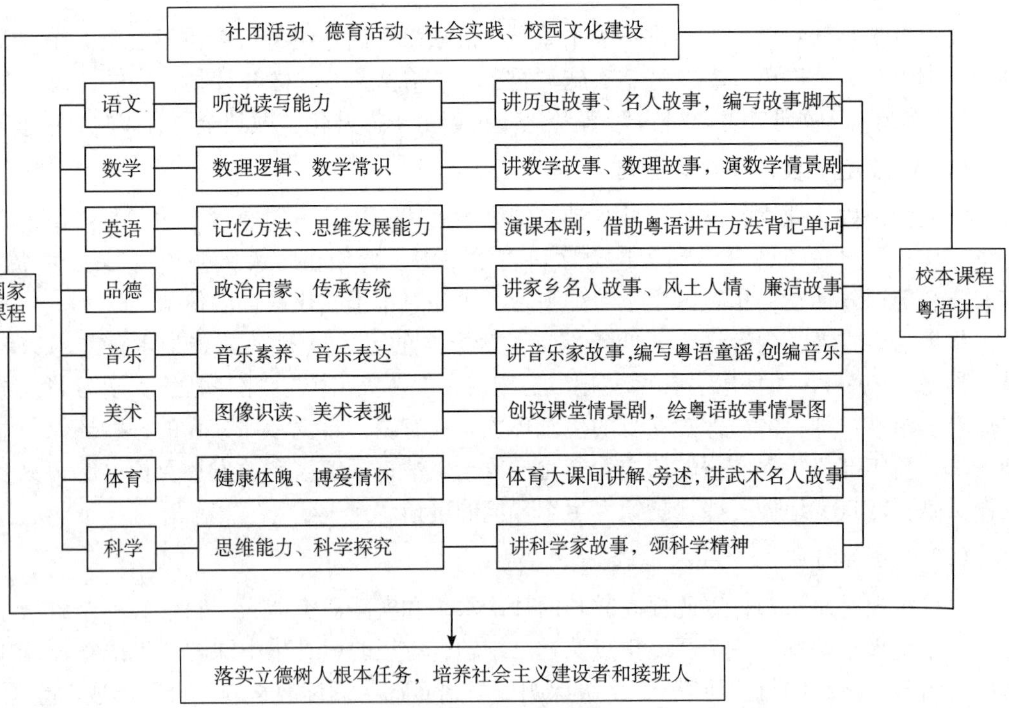

图 2　广州市白云区槎龙镇泰小学学科渗透粤语讲古教学途径

各学科渗透粤语讲古教学，创作了少儿说书作品 40 多个，童谣诵读节目 20 余台，粤语小品、舞台剧将近 10 个，如：科学学科的《崇尚科学精神》，音乐学科的粤语音乐情景剧《预防病毒齐做到》《抗疫英雄耀》《风雨同路》《爱之花》，数学学科的新编《七巧板》、新编《谁是四边王国的王子》，语文学科的《古榕礼赞》，体育大课间融入粤语讲解。

为增强粤语讲古艺术感染力，创新粤语讲古表现形式，更好传承非遗文化，学校将粤语童谣、广东音乐、情景剧等艺术元素融入粤语讲古中，创编出独一无二的粤语讲古风格，为粤语讲古赋予新的艺术生命，形成孩子们喜闻乐见的新艺术元素。编写了十多个具有广府特色的原创剧本，如：讲家乡名人的《家乡名人彭加木》，讲白云爱国人士的《黄表大摆灯笼计》，讲爱国情怀的《云山下的追梦人》，讲科学精神的《崇尚科学精神》；粤语爱国童谣《飘扬粤韵仰英风》《木棉花开唱英雄》《云山木棉魂》《榕树下的童谣》；爱家爱乡粤语小品剧《秀才游槎溪》《回乡记》，粤曲讲演环保剧《垃圾风波》等。师生在编写、讲演活动中博览群书，展现艺术风采，习得真善美，传播正能量，树立清廉正气，传承红色基因，立志听党话、跟党走。

五、主要效果

（一）区域辐射，示范引领

以参加校内外展示会演等活动为展示平台，做好传统文化的传承。每年面向片、区、市开展槎溪文化节、校本课程展示，参加白云区云声朗朗系列活动、白云区文化和自然遗产日活动、“善之旅”与贵州学校文化交流结对夏令营、区学校艺术科技教育展示等活动。学校也通过承担各级各类大型活动，展示粤语讲古非遗文化，如省团委组织的“香港同根同心”交流活动，市委宣传部组织的“我想和你讲故事，说出花城之爱”活动等，提高师生对粤语的兴趣和认识，使师生在传统文化中磨炼意志、锻炼表达能力。

学校多次代表片、区到市儿童公园参加艺术、非遗文化活动展演。其中粤曲讲演环保剧《垃圾风波》获市二等奖，学校连续三年参加广府庙会粤语讲古展演活动，活动报道多次刊登在《羊城晚报》《广州日报》等主流媒体上。

（二）硕果累累，卓有成效

粤语讲古的实践研究，促进了教师专业化成长和学校内涵发展。师生多次在各级各类比赛中获奖，如：在“穗港澳青少年文化交流季”——粤港澳大湾区中小学生故事大会荣获铜奖及优秀组织奖；有两位同学在省青少年曲艺“明日之星”选拔赛中荣获二等奖；多次在区学校优秀传统文化艺术教育成果展示中获文艺展演纪念奖、艺术教育展演优秀组织奖。

学校获区德育成果奖6个，其中《讲古向善　以善育善》获区中小学德育创新成果（综合类）二等奖；小课题“尚善教育特色的校本研究”获市品德学科成果一等奖。师生、家长在粤语讲古活动中将学校文化内化成一种精神力量和奋斗目标。

六、今后设想

根据学校粤语讲古特色，打造具有白云区地域文化展厅、具有地域文化的特色德育品牌，在地域文化展厅以公共平台扫二维码的形式面向外界展示。与广东科贸学院携手合作，用英语讲古，使粤语讲古走出世界，让世界听到更多中国好故事。

“粤语讲古，传承文化，故事育人，喜闻乐见”。以粤语讲古为载体的传承活动实践研究，不仅促进了学生的心智发展，培养了学生的审美情趣，还增强了学生保护文化遗产的意识。“前文未断今又续，后辈情牵接下回”。粤语讲古艺术留下一份宝贵的财富润泽我们的心田，期待对这份传承的情怀逐步转化为推陈出新的动力！

基于教育教学改革下创新假期作业的实践研究

广州市番禺区东怡小学

主要贡献者：冯柳芳　郭小玲　张冬琳　薛路芳　陈妙媛

每年寒暑假，教师都会给学生布置假期来延伸课堂教学和实践。传统的假期作业，形式单一，缺乏灵活性与创新性。如何改革创新作业形式，通过家校共育，共同提升孩子的品格与能力呢？番禺区东怡小学结合番禺区“文化德育”和学校研学实践活动、环保酵素、体艺教育等德育特色，设计《“涵养品格与能力，培育怡乐好少年”东怡小学假期争当“怡乐好少年”摘星闯关手册》，引导学生在假期里完成实践作业，从德智体美劳五方面提升自己，争当“怡乐好少年”，欢度一个有意义的假期。

一、背景分析

（一）坚持五育并举，强化评价导向

2019 年，教育部印发的《关于深化教育教学改革全面提高义务教育质量的意见》明确提出：我们要坚持立德树人，突出德育实效、提升智育水平、强化体育锻炼、增强美育熏陶、加强劳动教育等方面的举措，以构建德智体美劳全面培养的教育体系。同时，该意见还强化评价导向，建立发展以素质教育为导向的科学评价体系，让学生德智体美劳全面发展。

近几年，东怡小学在市级课题“‘怡乐文化’开发与创建办学特色的研究”的引领下，构建了“怡爱”“怡思”“怡美”“怡行”的“怡乐课程”体系，通过落实好国家课程、开发实践校本课程，全面落实五育并举，为孩子们终身发展奠基。如何在假期延伸落实“怡乐育人”的模式，与家长合作，全面提升孩子的综合素质呢？

（二）实施文化德育，培育番禺学子

乘着番禺区“文化德育”的东风，学校依托广东省教育科学“十三五”规划课题“‘怡行番禺’研学旅行课程的行动研究”，开发了“怡行番禺”研学旅行课程，利用寒暑假组织亲子研学实践活动。在假期的研学过程中，让家长和孩子们在怡行路上感知番禺文化的博大精深，加深民族文化认同感，厚植爱番禺、爱祖国的情怀，增添假期里亲子沟通的乐趣。因此，我们一直在思考，学校可否把“怡乐课程”延伸拓展，以不同的形式在假期里进一步落实五育并举的怡乐育人模式。

（三）搭建成长平台，促进全面发展

东怡小学本着“怡乐育人，让每一个孩子收获幸福人生”的办学理念，构建了“怡乐课程”体系，搭建家校社立体教育网络，通过丰富多彩的体育、艺术、学科等社团活动平台，以《怡行番禺》校本课程开展社会实践，形成了“怡乐为根、多元发展、礼艺见长”的“怡乐教育”办学特色。学校基于“‘怡乐文化’开发与创建办学特色的研究”德育课题研究，进一步深挖课题研究成果，围绕“品德养成、知识巩固、身心修养、特长培养及劳动实践”五个维度，以摘星争章闯关的方式创新假期作业，引导学生勇于挑战自我，提升自我品格和能力，争当“品格正、学习好、身体棒、有特长、爱劳动”的“怡乐好少年”。

二、实践的目的与意义

（一）尊重个体差异，引导学生合理安排假期，促进全面发展

为了让学生有更多时间和更广阔的体验活动空间，接触社会、走近大自然，学校指引学生在完成“怡乐好少年争章”假期作业中开展实践活动，帮助学生陶冶心智，开阔视野，增强参与社会生活的意识。学校根据不同年级学生特点，有针对性地设计假期作业的内容，培养他们对生活的积极态度，健康生活、自主发展，并培养学生的良好道德行为习惯与道德思维品质，增强人文底蕴，从而促进学生全面发展。

（二）创设共处机会，指引家长假期陪伴孩子，增强情感交流

假期德育是以学校为指导，以家庭为主体，对学生实施良好家庭教育和实现家校有效合育的一个重要时机。每当长假来临，如何寓教于乐，让孩子度过一个健康、文明、充实而又有意义的假期，成为家长们很头疼的事。有些家长缺乏正确教育孩子的能力与经验，只是督促孩子完成书面作业，其他方面则对孩子放任自流，导致亲子关系疏离；有些家长索性在假期里给孩子报各种各样的兴趣班，导致学生疲于奔命，产生厌学情绪，引起亲子关系紧张。而“怡乐好少年争章”假期作业，是孩子在父母的陪伴下走进大自然、走进社会，为身边人做有意义的事，达到让父母与孩子共同幸福成长的教育效果。

（三）借助社会资源，发挥“家校社”共育力量，推进同向共进

“怡乐好少年争章”假期作业，引导学生走出校园、走进社会、回归家庭，将在校学到的知识应用到校外实践活动中去，从中学习书本上无法获得的知识和技能，是融合课内外与校内外的桥梁，是连接学校、家庭与社会的纽带。通过实践性作业，有效地拓展了德育的空间，开拓学生的视野，提升德育的育人功能。

三、实施过程及主要措施

（一）全面综合设计作业，涵养学生品格与能力

围绕“品德养成、知识巩固、身心修养、特长培养及劳动实践”这五个维度，学校组织全体教师针对所教年级学生的特点，共同设计了“体育之星”“阅读之星”“研学之星”“劳动之星”“环保之星”“科技之星”这六个必选项目，再根据年级特点，设置“文学之星”“才艺之星”“博学之星”“厨艺之星”“书法之星”“传承之星”等多个项目供学生自由组合选择。设置作业项目时，教师根据体育测试的标准、阅读指导的意见、劳动素养的要求等合理设置，顺应学生年龄特点，充分张扬学生个性，突显趣味性、社会性、实践性，同时兼顾学生体育锻炼、劳动实践、热心公益、锻炼本领、提升修养等各方面的素养和能力，真正让学生度过一个充实而有意义的假期。

（二）隆重布置假期作业，充分调动学生积极性

假期前，班主任利用主题班会向学生明确“怡乐好少年争章”假期作业的意义、完成方式、评价方法等，即学生完成6个必选项目可以评为“怡乐之星”；学生还可以结合自己实际，自由选择完成项目，完成8个项目评为“怡乐达人”，完成10个项目评为“怡乐好少年”。引导学生在假期走进社会，体验生活，提升自我品格和能力，争当“怡乐好少年”。

（三）科学指导假期作业，促进家校的沟通共育

“怡乐好少年争章”假期作业作为创新、时尚的作业形式，它重内容轻形式，重综合轻学科，重创造轻重复，重质量轻数量，力求作业生活化、实践化、新鲜化，满足不同层次、不同阶段学生的学习需求。假期里，老师密切联系家长，给家长在孩子完成阅读、研学、劳动等作业时进行指引，加强家校的沟通，与家长共同引导学生真正地爱上假期作业，起到全面培养学生的动手能力和创新思维的作用。

（四）认真查收假期作业，增进学生交流与分享

新学期开学时，班主任利用主题班会，组织学生按照争章的标准，对照学生提供的佐证材料（包括家长签名确认、过程性照片、作品、书面总结、获得证书等情况），开展学生自评、小组互评和班主任审核程序，然后确定盖章，小结本班争章情况，上报学校大队部。

（五）做好选优表彰宣传，发挥榜样示范引领作用

大队部结合庆祝国庆节、六一儿童节等大型活动，邀请家长代表到校参与颁奖活动，共同感受孩子成长的快乐。如：在“我与祖国共成长　争当怡乐好少年”——庆祝新中国70周年主题教育活动暨暑假雏鹰争章颁奖活动上，学校为获奖学生颁奖，让学生们学有榜样，共同争当“怡乐好少年”。同时，班主任还收集好优秀作业，并把学生的获奖情况记录在学生的成长手册中，作为学生参与“三好学生”“雏鹰少年”等评选参考内容之一。

四、实施效果

学校通过摘星争章手册创新假期作业，在全校家长的支持和督促下，利用假期引导学生通过摘取“体育之星、研学之星、劳动之星、阅读之星、厨艺之星”等，全面提升学生的综合素质。颁奖活动上，家长纷纷表示，这个假期作业既充实了孩子的假期生活，又提升了品格和能力，他们大力支持这样有趣又富有意义的活动。本活动在番禺区优秀德育项目评比中荣获一等奖。

（一）丰富学生假期的学习形式，让假期作业增添色彩

创新作业形式的摘星争章活动，让学生愿意做、乐于做，在假期里甩下书面作业的包袱，卸下学业的负担，让孩子们轻装上阵，在玩中学、学中做、做中悟，得到各方面的知识增长和能力的提升。

（二）增添学生假期的亲子乐趣，促进学生融入社会

通过假期作业摘星争章活动，家长反映亲子关系变得更融洽，亲子合作完成，共同体验新课程改革带来的全新感受。如亲子研学、传统文化传承、一起承担家务劳动等。有些

家长主动联系义工团，带动孩子参加义工活动，更好地促进孩子参与社会公益活动的积极性，把这创新作业的实效延伸到社会上。

五、项目创新之处

（一）填补了假期德育工作的空白，完善假期育人评价体系

“怡乐好少年争章”假期作业努力做到形式多样化，寓教于乐，通过研学、劳动、实验等结合的形式，运用情感陶冶法、实践锻炼法、榜样模仿法，促进学生了解社会，提升自我，学有榜样，让学生在参与体验中快乐成长，增进了亲子感情和家校沟通，从而达到填补德育工作在假期的空白，促进学生知与行的和谐统一，提高德育工作的实效性。

（二）创造学生社会实践的机会，培养学生责任担当意识

“怡乐好少年争章”假期作业以国家的德育方针为导向，立足于学生的现实生活经验和认知方式，有研学味、有亲情味、有书香味、有生活味，真正地贴近学生假期的要求、贴近生活、贴近学生，注重学生的体验与感受，这种体验与感受内化于心，升华为情感、态度、价值观，培养学生的主人翁意识和责任担当意识，达到理想的教育效果。

（三）搭建了“家校社”沟通桥梁，形成“三合一”育人力量

“怡乐好少年争章”假期作业，让学生走出校园、走进社会、回报家庭，将在校学到的知识应用到校外实践活动中去，从中学习书本上无法获得的知识和技能，进而拓展德育的空间，提升德育的育人功能。

东怡小学坚持立德树人的宗旨，尊重学生成长规律，最大限度拓展学生的成长空间，通过创新假期作业“怡乐好少年争章手册”，让学生的假期生活更有意义、更有价值、更有味道，满足了学生假期里向上发展的需要，重视评价的呈现过程，真正促进学生德智体美劳全面发展，为学生的幸福人生奠基。

“啸侠小子”特色德育活动的探索与实践

广州市番禺区石碁镇小龙小学
主要贡献者：肖园萍　罗继俭　曾佩仪　陈东娜

德育的实效性是通过德育活动，将德育认知内化为道德情感，并转化为道德行为。如何创新学校德育，提高德育实效性？我校通过德育课题“农村小学‘以武养德’特色课程的开发与应用”做出了一些探索和实践，取得了一些成功的经验。

一、项目实施背景

教育部印发《关于全面深化课程改革落实立德树人根本任务的意见》，强调立德树人作为教育的根本任务，必须从儿童青少年抓起。我校从 2010 年开始引入黄啸侠武术，2016 年开发了《黄啸侠武术》校本资源，让武术真正走入课堂。我们思考：如何将黄啸侠武术这个特色活动与德育结合起来，让学生在丰富多彩的武术活动中受到德育的熏陶，真正变成“啸侠小子”，从而更全面地成长？

二、项目实施的意义

开展“啸侠小子”这个特色德育活动，达到“以武养德”的目的，我们是基于以下几个方面的思考。

（一）基于发展学校德育理念的需要

作为一所农村小学，我校坚持德育为先，以“正德厚道”为校训，秉承“培养正德少年”的办学理念。“尚武明德”一直是我校学子追求的成长目标。怎样把学校的正德厚道精神发扬出来？我校通过黄啸侠武术的开展，让“啸侠小子”一边吟诵《三字经》《弟子规》等经典书籍，一边打武术，用经典的文化影响他们的品行，这恰恰体现了德育的精神，达到“以武养德”的目的。

（二）基于传承非物质文化遗产的需要

我校是黄啸侠的故乡，处于番禺区石碁镇的莲塘村附近，有浓厚的武术氛围。在学校成立黄啸侠武术队，聘请黄啸侠拳会的教练亲自来校指导，让黄啸侠武术这个非物质文化遗产传承下去，使其发出灿烂的光辉，增强师生的爱国情感和凝聚力，为学校的发展产生原动力，是我们义不容辞的责任。

（三）基于创新地方特色文化的需要

随着劳动教育的不断推进，如何将劳动教育与学校的德育特色结合起来，实现以劳树德？我校将武术动作与手工制作相结合，在 2018 年成立了“啸侠小子”线艺社。劳动手工作品“啸侠小子”的出现，最大程度实现以劳树德、以劳创新，达到五育并举的效果。

三、项目实施阶段

随着教育改革的不断创新，我校充分利用地方资源，传承岭南文化，探索出一条适合小学生生动活泼的个性、以武术为手段、落实德育目标为目的道路，开展了一系列活动。

（一）课题引领，提升正德教育的执行力

我校德育课题“农村小学‘以武养德’特色课程的开发与应用”成功结题，并获评优秀。此课题的开展，将啸侠武术活动与德育进行了很好的结合。课题的成功结题及推广，很好地分享了学校的正德教育的德育文化。

（二）环境影响，营造正德教育的氛围

我校全力打造啸侠武术的氛围。步入小龙小学的正门，迎面就是一块大石头，里面刻着“正德厚道”四个大字，醒目而苍劲。在学校的大操场，有一个专门的大宣传栏，里面刻着都是黄啸侠的爱国故事。他创立的“抗日大刀法”让日本鬼子闻风丧胆。在课室里，到处都张贴着黄啸侠的故事，这些氛围让学生置身其中，耳濡目染，受到武德的熏陶，心灵得到滋润。

（三）课程开发，深化正德教育的内涵

学校根据不同年级学生的武术内容，开发了一套符合小学生的心理和生理发展特点的校本资源。包括开发《黄啸侠少儿拳法》《尚品教育》等学习资料。书本不仅有翔实的“黄啸侠”少儿拳法介绍，还有介绍武术大师黄啸侠的英雄事迹。在注重学生武术技能水平发展的同时，更注重武德教育和精神文明的发展，为孩子们提供学习的榜样，弘扬了民族精神和爱国精神。

（四）丰富多彩的武术活动，构建正德教育的德育观

1. 开展大课间武术操活动

大课间既是校园体育文化建设的重要内容之一，也是体育课程教学内容的延续。我校学生一边诵读“弟子规”，一边练习武术，这种对于大课间及武术的创新，在一定程度上激发了学生的学习兴趣和热情，调动了学生的积极性。

2. 成立小龙小学啸侠武术社团

我校聘请黄啸侠拳会的教练亲自来校指导，学生除了在校内进行训练外，还会在石碁广场训练，带动了社会人员一起参与训练，起到推广的作用。

3. 成立线艺“啸侠小子”社团，展示黄啸侠的特色文化

在劳动教育的不断贯彻下，线艺“啸侠小子”社团应运而生。此社团是在非物质文化遗产啸侠文化传承下的继承与创新。劳动手工作品“啸侠小子”既传承了番禺区非物质文化遗产，又丰富了爱国主义的内涵；既锻炼学生的动手能力，又发挥了劳动教育的作用，达到五育并举的效果，是学校特色德育文化的创新。符合我校“以劳立德　以德立本”的文化德育目标，真正达到培养正德少年的目的。

4. 涉足赛场，切磋武艺，喜获佳绩

啸侠武术社团的啸侠小子们每年参加市级武术比赛，获得骄人的成绩。孩子们通过比赛活动，与别人不断切磋武艺，自身的综合素质也得到不断提高。在“以武养德”的子课程教育实践活动中，学生内化的品格能受益终身。

（五）全面评价，促进正德教育建设

1. 武术操参加番禺区大课间评比和每学期末的啸侠武术班级比赛评比，通过评比可促进学生的集体荣誉感。

2. 啸侠武术队参加各级各类的比赛，通过比赛提升学生的竞争意识、团队意识及爱国爱校意识。

3. 线艺“啸侠小子”社团的评价主要是通过现场展示手工作品等方式进行。通过制作展示等方式，传承传统文化，弘扬民族精神。

四、实施成效

（一）在科研方面，提升了科研能力

近几年，我校在德育方面的课题共有4个已成功结题，并获得优秀等级，极大地提高我校教师的科研能力。

（二）在校本资源方面，推动了校本课程的建设

课堂是教学的主阵地，而啸侠武术作为我校的特色活动，教师们在道德与法治课、体育与健康课的课堂教学中均有渗透。在课堂教学中，教师合理安排时间，有的放矢地使用好校本资源《黄啸侠少儿拳法》《尚品教育》，让学生在学习中得到启发，受到引领，很好地落实了我校文化德育的目标“礼、和、勤、孝、信、卓”，培育学生成为啸侠少年。

（三）在师生方面，提高了师生的德育修养

1. 啸侠武术队及线艺“啸侠小子”社团的开展，促进了学生核心素养及创新能力的发展。“啸侠小子”德育特色活动的开展，激发了学生传承非物质文化遗产的兴趣和爱好，改变了学生的学习方式。学生学会了团队合作，学会了适应团队生活，学会了有效沟通，也提升了自强不息、诚信谦让、仗义济民等良好品质，同时还取得了累累硕果。

2. 啸侠武术活动，提升了教师的专业素养，优化了课堂教学。在研究实践中，教师努力将“以武养德”“以劳养德”的教育教学理念，转变为自己的教育教学行为，升华为自己的教育教学特色。采用体验式教学，最大限度地挖掘学生的潜在能力。在促进学生发展的同时，教师自身的素养也同样得到了发展。

（四）在学校方面，提升了学校的办学质量

近几年，我校育人质量不断提高，“啸侠小子”们学习精神和态度都有了很大的提升。在期末测评中，我校学生的成绩均稳步提升，在2017学年番禺区办学绩效评比中获得进步奖，在2019学年番禺区办学绩效评比中获得三等奖。学校目前是广东省楹联文化教育基地、广东省义务教育标准化学校、番禺区绿色学校、番禺区依法治校示范性学校、番禺区非物质文化遗产传承基地。

（五）在区域方面，推进了学校的品牌建设

作为一所农村小学，我校以黄啸侠武术为特色德育活动，以培养“啸侠小子”为德育目标，取得了很好的效果，得到了广泛的关注。线艺“啸侠小子”社团在文化德育展示中获得好评，《番禺日报》、番禺电视、广州广播电视台、广东广播电视台多次对我校的“啸侠小子”特色活动作了相关的报道，受到社会各界的关注，推进了学校的品牌建设。

五、项目创新之处

（一）推动了校本课程的建设

自2014年开始，我校的校本课程《黄啸侠武术》已经成册，在2017年又改编了第二版《黄啸侠少儿拳法》，之后陆续开发了《尚品教育》《德育故事》等校本资源。目前正在开发《弟子规》《三字经》等校本课程，学生通过学习校本资源，激发爱国主义情感；明白要继承和发扬黄啸侠的爱国主义精神，要传承中华传统美德，应从点滴小事做起，孩子们激情盎然，用心歌颂伟大的祖国、赞美伟大的民族英雄。

（二）传承和创新传统文化

黄啸侠武术是广州市的非物质文化遗产，我校通过“啸侠小子”特色德育活动，既可以继承和发扬非遗文化，又可以增强学生的礼仪教育，提高了动手能力和创新能力，培养爱国主义精神，弘扬民族精神。

（三）构建了特色德育

我校德育特色是正德厚道。我校通过各种途径开展啸侠武术，培养“啸侠小子”，深化我校正德厚道的文化德育内涵。在对学生进行武术训练的过程中，把我国优良的传统理论精神和现代的社会精神文明融会其中，构建了我校的特色德育。

（四）课题与课程的创新

啸侠文化课程的开发与社团活动、大课间活动等相结合，以传承传统文化为主要手段，通过课题的引领，达到培养“啸侠小子”、发扬正德厚道精神的目的。

（五）创新评价方式

黄啸侠武术操采用多样的评价方式，除了课堂上的评价之外，还可以通过番禺区大课间评比的方式评价，通过各级各类武术比赛评价。啸侠武术队还通过去外面表演获得社会及家长的评价，甚至在疫情期间也可以通过录视频等方式评价。

六、思考和展望

我们以黄啸侠武术为载体，以培养“啸侠小子”为目的，构建了学校的正德教育的德育体系，但是这个“啸侠”有一定的局限性，只适合在德育活动的范畴，作为学校的顶层文化设计理念，还需要进一步的提升和发展。

我校的校本课程《黄啸侠武术操》及《尚品教育》现在还在使用推广中，如何把这些资源用好？目前我校正在整合《弟子规》《三字经》等国学文化，如何让两者有机结合是我们下一步要研究的目标。

“啸侠小子”特色德育活动的探索和实践，让我校的德育模式实现活动化、常态化、普及化，提高了德育的实效。我们相信，我们可以走得更远、更宽！

飘扬蓝丝带，助力亲子情

——初中亲子活动的校本研究

广州市花都区圆玄中学

主要贡献者：陆　俊　杨美英　邓巧玲　朱　江

一、研究背景

亲子关系是人生中形成的第一种人际关系，也是家庭中最基本、最重要的一种关系，对青少年的社会认知、情感和社会行为的发展具有决定性影响。我校初中生源主要来自城区和城中村，家长认知、经济、教育水平参差不齐。部分孩子由于缺少家庭的关爱、家人的陪伴，逐渐出现冷漠、焦虑、抗拒、封闭自我等心态，久而久之，家庭亲子关系变得紧张、僵化。

基于全国重视家庭教育的大背景以及中学生生理、心理特点的具体情况，我校针对初中阶段亲子活动的组织与实施进行校本研究，采用华东师范大学周步成、方真等修订的《亲子关系诊断测验（PCRT）》，选取初中350名学生及其家长进行测评，为研究和活动提供前期详细的数据分析。见表1。

表1　亲子关系前后测百分位等级得分比较表

亲子关系类型	前测（$n=338$）		后测（$n=342$）		t 值
	平均数±标准差	百分位等级	平均数±标准差	百分位等级	
消极拒绝型	15.58±3.78	13	18.62±2.20	52	−3.12**
积极拒绝型	15.28±3.19	41	19.03±2.55	68	−2.39*
严格型	18.27±3.40	38	21.59±1.99	50	−2.35*
期待型	19.73±3.72	26	20.56±2.58	29	−0.33
干涉型	19.39±3.53	27	20.23±1.73	28	−0.05
不安型	22.72±3.63	12	24.54±2.00	17	−0.98
溺爱型	17.87±3.63	27	17.67±3.19	31	−0.12
盲从型	14.82±2.89	35	14.34±3.22	44	−1.87
矛盾型	17.18±3.42	33	25.74±2.06	53	−3.44**
不一致型	15.88±3.93	21	18.10±2.38	36	−2.31*

（注：*表示 $P<0.05$，**表示 $P<0.01$）

该测验按照父母的管教态度把亲子关系分为五大类，每个大类又分为两小类，即拒绝型（消极拒绝型、积极拒绝型）、支配型（严格型、期待型）、保护型（干涉型、不安型）、服从型（溺爱型、盲从型）和矛盾不一致型（矛盾型、不一致型），共10个内容量表。用百分位等级表示亲子关系的好坏程度，百分位等级越高则亲子关系越好，最高为99，最低为0，50代表一般，40～20比较差，20以下为最差。表1的数据说明，我校学生的亲子关系亟待改善。

基于此，我校设计了蓝丝带系列亲子活动，构建了校本化家校活动模式，融洽亲子关系，缓解亲子矛盾，为培养和睦的家庭环境奠定基础，翻开家校合作新篇章。

二、实施过程

（一）构建活动体系：蓝丝带系列亲子活动

在青少年发展过程中，不同年龄阶段的亲子关系具有不同特点。亲子冲突和亲子亲和是衡量亲子关系的两个最重要维度。根据心理学相关理论，结合测验结果，我校亲子关系分为五类：支配型的亲子关系、服从型的亲子关系、保护型的亲子关系、拒绝型的亲子关系、矛盾型的亲子关系。

结合亲子关系首测发现的具体问题及学校实际，参考相关文献，我们设计了亲子阅读、亲子劳动、亲子运动、亲子乐园和亲子研学实践等五大板块的实践内容。具体见图1。

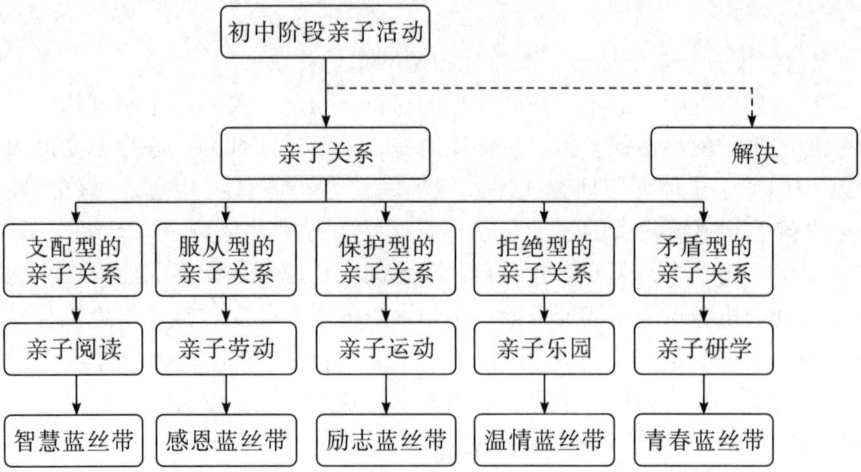

图1 蓝丝带系列亲子活动架构

我校自2015年起开展“蓝丝带系列亲子活动”，因为蓝丝带代表了表达感恩、鼓励、关怀和爱，也代表心中最重要的人。随着活动深入开展，其意义也不断完善。

1. 智慧蓝丝带——亲子阅读，改善支配型的亲子关系

支配型亲子关系是命令与服从的关系。支配型家长对孩子的爱，都隐藏在一次次的训斥里，摊薄在一句句的命令中，使得他们与孩子日渐敌对。一次次的较量和冲突，将亲子关系带入了恶性循环，让家庭矛盾日益积累，使父母与孩子两败俱伤，家庭氛围趋于压抑。

我们采用的策略是开展“家庭亲子共读”，向家长介绍亲子阅读方法，坚持读书每天

不少于20分钟，双休日每天不少于1小时的读书时间。倡导父母和孩子每个学期完成两本名著阅读，并填好“亲子共读反馈表”，如实反映学生在家的阅读情况。

实践证明，亲子阅读可以养成习惯、潜移默化、传递关爱、分享快乐。家长的参与不仅能激发孩子的情感和兴趣，提高阅读积极性；更能走进孩子的内心世界，了解自己孩子阅读能力、思维能力发展的水平及个性特点等，最终改善亲子关系，让父母真正走进孩子的内心。

2. 感恩蓝丝带——亲子劳动，改善服从型的亲子关系

服从型亲子关系的实质是父母以顺从孩子来弥补感情上的空虚。服从型家长其中一个表现是剥夺学生劳动的权利，让他们与劳动“隔绝”。我校针对初中各年级学生的不同特点，制定了劳动清单，开展了“好家风”亲子劳动教育。

初一年级开展“整理”类、“洗涤”类家务劳动。旨在建立自理意识，培养学生从小独立自主的性格，树立家庭责任担当、国家命运担当的意识。将“小公主”“小少爷”转化为“小帮手”，让服从型变成互助型。

初二年级开展“待客”类劳动，让孩子学会待人接物，文明有礼；开展“种植”类劳动，使孩子了解植物知识，掌握种植方法，在劳动中萌关爱之心，长关爱之意，爱己、爱人、爱世界。让爱成为维系亲子关系的原动力。

初三年级开展“烹饪”类劳动，孩子通过学习烹饪，开发了“五觉”，培养了勤俭节约、做事细心和完美主义精神，丰富了学生生活情趣，营造富有意义、积极和快乐的亲子时光。

3. 励志蓝丝带——亲子运动，改善保护型的亲子关系。

孩子们在成长过程中，由于想挣脱父母的保护，与父母关系越来越疏远，矛盾越来越突出。保护型的孩子依赖性强，独立生活能力差，社会适应性差，心理承受能力差。基于母顺碧在《中国“亲子体育”研究述评》提出的“亲子体育”概念，我校开展了以加强“父母”与“孩子”感情联系的三类亲子体育运动，分别是体育节、班级亲子户外运动、亲子趣味运动会。运动中，引导家长对自己孩子的成长速度、程度、能力大小做出适当判断；关注在运动中培养孩子坚韧、果断、不怕困难的意志品质，提升学生抗挫能力。在运动中，家长与孩子是活动的平等参与者，双方相互合作完成任务，增进亲子间的相互了解，缓和紧张关系，营造尊重、平等、和谐的家庭氛围。

4. 温情蓝丝带——亲子乐园，改善拒绝型的亲子关系

每个孩子都渴望归属感，希望能与父母保持亲密的关系。但拒绝型亲子关系的问题恰恰就是父母与孩子间缺乏沟通，父母没有给予孩子足够的陪伴。因此我校开通了“亲子乐园”，让父母从自身做起，主动参与到乐园活动中来，多和孩子沟通。

我校利用学校场室和活动资源，与家长委员会共同协商开辟了工作坊式的亲子乐园。地震科普馆、灰塑室、尚美苑、沙画室等亲子活动工作坊，为父母和孩子提供温情流动的空间，为亲子沟通打开一扇门。

5. 青春蓝丝带——亲子研学，改善矛盾型的亲子关系

矛盾型亲子关系是指父母对孩子的管教态度缺乏一致性，孩子无所适从，做事难以决定，长此以往出现焦虑情绪，甚至强迫症状。

学校开展“行走的课堂”亲子研学活动，要求每个家庭每学期完成一次以上研学活

动，如参观工厂、体验农村、户外亲子拓展、文化体验等社会实践活动，或学雷锋志愿活动。活动过程中，孩子会面临各种突发事件的挑战，孩子与父母之间在商议路线、对策和解决问题时，从中学会制定规则，培养契约精神，达成意见的一致性。

亲子研学互动，让孩子在人生的早期产生一个契约意识，知道对自己的行为负责，并且承担后果。父母给孩子独立成长的空间，变“父母心态”为“成人心态”，有力推动了亲子沟通交流、相互带动、相互学习、达成共识，从而改善矛盾型亲子关系，使家庭关系更加和谐。

（二）建立课程支撑：家教学堂与心理课程同步推进

1. 家长学堂

为了帮助家长正确处理亲子关系，提高家教水平，我们推荐家长阅读有关书籍，例如：《家风》《孩子的成长，妈妈的修行》《正面管教》等。同时，近年我们还邀请优质家庭教育专家吴遵民、韩玲等到校为家长授课。

学校组建由德育主任、级长、班主任、心理老师、家长委员会代表组成的家庭教育讲师团，结合年级学生心理发展特点、家庭教育主要问题，以家长会、家长沙龙等多种形式进行授课。

初一年级以“适应与习惯”为授课主题，开设课程涵盖注意力培养、中小衔接过渡、学生时间管理、良好学习和生活习惯的养成等。

初二年级以“精神向上”为授课主题，开设课程涵盖亲子沟通技巧、亲子冲突的处理、早恋问题的应对等。

初三年级以“学力修养”为授课主题，开设课程涵盖感恩与成长、学习习惯和方法、中考心理疏导等。

2. 心育课程

我校是“广州市心理健康教育示范学校”，四位专职心理老师每学期开设一次心理健康专题讲座，为家长提供心理指导和行之有效的家庭教育方法。此外，学校编写了《心灵之约》心理健康校本课程，落实在每周的心理课中，对学生进行有效的心理疏导；针对个别亲子关系较紧张的家庭，持续进行个案跟踪研究，解决学生成长中的困惑。

三、实施效果

（一）亲子关系得到较大的改善

后测数据结果显示，上述形式丰富的亲子活动，为亲子沟通搭建平台，有利于增进亲子感情、融洽关系，对消极拒绝型、积极拒绝型、严格型、矛盾型和不一致型亲子关系都起到改善作用，尤其消极拒绝型和矛盾型的亲子关系得到显著的改善。

（二）构建了校本化的家校活动模式

“蓝丝带”系列亲子活动的设计与实施，体现积极心理品质培育的逻辑，激发学生与家长积极情绪体验。学生在活动中获益良多，反馈积极，对亲子关系的认识也更加丰富，习得积极正向的人际互动模式。家长参与意识、家校合作意识、育儿水平明显增强。每学年学校都产生一批“优秀家长”“书香家庭”，树立正面典型。

经过近几年“蓝丝带”系列亲子活动的实践探究，家校合作培育的模式日渐成型，校本化的家校活动体系日趋成熟。

四、创新之处

（一）亲子诊断讲科学

在项目研究中，采用量的研究方法（实验数据）与质的研究方法（实践体验）相结合的方式，对如何改善初中生亲子关系进行了有效的探索，包括团体心理辅导技术、行动研究法，其中行动研究是当前质的研究领域当中一种比较新颖的方法。

（二）亲子教材出新彩

校本化的家校活动模式，形成了具有圆玄中学特色的家庭教育和心理健康教育校本教材；家庭教育校本课程《阳光亲子教育》，为家长提供心理指导和一些行之有效的家庭教育方法；心理健康教育校本课程《心灵之约》，有效改善亲子关系，解决了学生成长中的困惑。

（三）亲子活动成序列

亲子活动在国内外的研究还没有形成完整的理论体系。我国现阶段虽然重视在校内开展亲子活动，但多集中在幼儿园或小学阶段，而且欠缺理论层面的研究，活动比较零散，没有形成系列化。本研究立足家庭现状，结合前期调研数据进行分类，针对不同类型的亲子关系的特征，设计不同的亲子活动进行干预，通过实践、反馈、调整、修正，并最终形成“蓝丝带系列”家校活动模式，具有系列化、校本化的特点。同时，将实践上升到理论层面，填补了初中阶段学校亲子活动有效性研究的空白。

核心素养背景下的中学生领导力培养：以《守正创新——让潮绣穿越时光》项目为例

广州市第二中学
主要贡献者：江　婷　陈慧慧　杨海荣　梁　梁　邝翠清　聂清清

一、项目背景

（一）中学生领导力培养项目简介

全国中学生领导力展示会是中国教育学会“十一五”“十二五”科研规划重点课题——“中学生领导力培养”的重要组成部分和实施方式。中学生领导力培养项目以项目学习为形式，组织中学生在自然、社会等真实情境中就青少年所关注的社会问题（如：潮绣保护与传承问题、网络直播乱象问题、青少年性教育问题等）开展实践活动，融合科学、技术、生物、心理学、社会学、统计学等知识，以社会性问题的解决为学习内容与目标，以培养中学生的核心素养为宗旨，通过调查、分析、研究、倡议等形式完成项目，培养中学生的信息筛选、项目策划、沟通合作、语言表达等科学精神与综合能力，提高中学生的社会责任感和组织管理能力，进而提高中学生的领导力。2017 年 10 月，广州市第二中学成功申请为《中学生领导力开发》课程实验学校，并连续两年指派项目指导教师参与相关的培训及研讨会。目前学校已连续四年开展领导力培养系列活动。具体见图 1。

（二）中国学生发展核心素养

2016 年 9 月，《中国学生发展核心素养研究成果》发布会在北京师范大学举行。中国学生发展核心素养以科学性、时代性和民族性为基本原则，以培养“全面发展的人”为核心，分为文化基础、自主发展、社会参与三个方面。学生要能够有效管理自己的学习和生活，实现自主发展。一方面，要学会学习，即养成学习意识，选择恰当的学习方式，自主调控学习进程；另一方面，要健康生活，即在认识自我、发展身心、规划人生等方面进行有效管理。在高中阶段开展德育系列活动有助于学生文化的奠基、自主学习习惯的培养，更有利于培养学生的社会参与意识。

本项目是在全国中学生领导力展示会参赛项目基础上进行的德育系列活动之一。

本项目旨在：①通过学校德育系列活动体系的构建，探索培养学生核心素养的有效途径；②通过德育系列活动的组织与实施，拓展活动的实践形式，以提升学生的领导力；③通过项目活动丰富学校的教育理念，并让学生在项目的选择、参与中，不断历练和成长，培养担当意识与社会责任感；④探索德育系列活动实施的有效途径，扩大项目的影响力，让更多的学生参与到各类项目活动中。

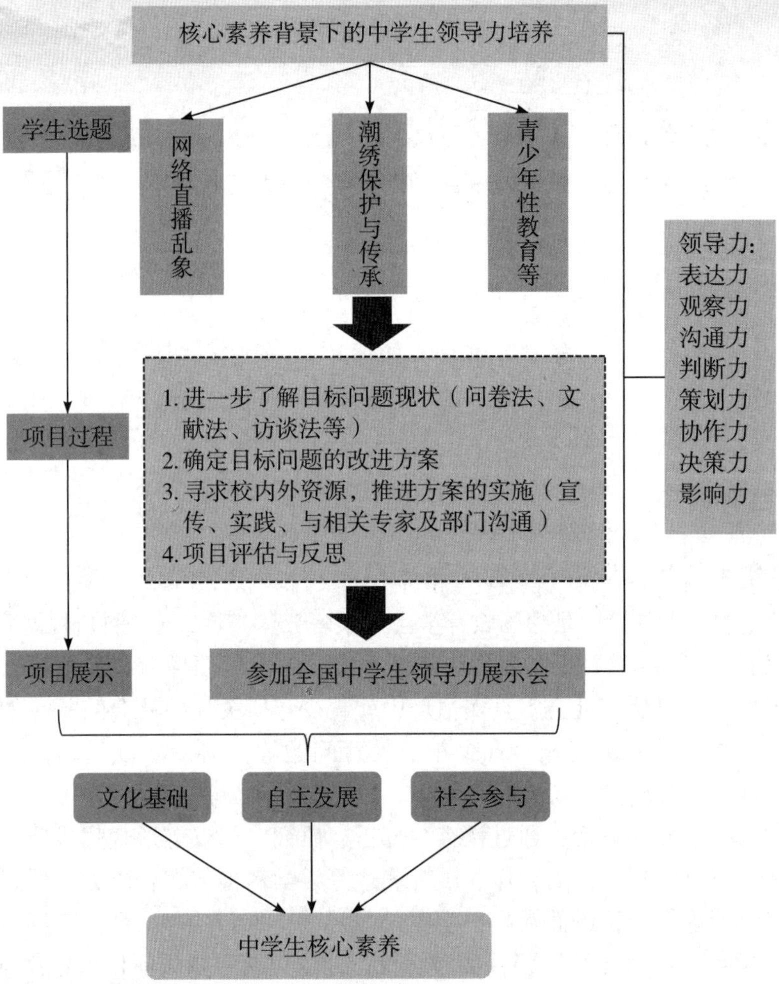

图 1　中学生领导力培养项目

二、实施过程

（一）领导力项目实施进度安排

1. 开学初：前期宣传。线上宣传主要借助于心理科微信公众平台。线下宣传分为两个部分，一是开学第一节课，指导老师在课堂上简单介绍领导力项目；二是学校升旗礼上，校领导为暑期参加领导力展示会的上一届领导力项目组成员颁发获奖证书，并请其中一名成员面向全校师生做国旗下演讲。

2. 9 月中旬：选拔面试。第一次选修课，指导老师向选修该门课程的学生详细介绍领导力课程及课程要求，上一届领导力项目组成员分享做项目的心得体会。此外，指导老师通过面试及即兴演讲筛选有意愿加入项目组的同学。

3. 9 月下旬：确定选题。采用头脑风暴的方式，每位同学分享自己所感兴趣的项目主题。全体成员投票选出 3 个主题，并根据个人兴趣，加入相对应的项目组中，全体成员被分成 3 个项目组（如网络直播乱象项目组，潮绣保护与传承项目组，青少年性教育项目组），每个项目组 6—10 人。

4. 10 月上旬：选举项目主席。每个项目组通过选举或者自荐的方式选出项目主席，项目主席负责领导成员开展本组项目，是项目的主要负责人。项目主席依据团队需要及其他成员的优势与特长任命项目秘书或其他职务的合适人选。

5. 10 月至下学期 5 月：实施项目。项目实施主要分为以下四个步骤：①进一步了解目标问题现状（采用问卷法、文献法、访谈法）；②确定目标问题的改进方案；③寻求校内外资源，推进方案的实施（宣传、实践、与相关专家及部门沟通）；④项目评估与反思。

6. 下学期 6 月上旬：2 次校内模拟比赛。模拟真实比赛场景，项目组在校内展示参赛项目，优化、完善项目，指导老师对参赛学生的语言表达、礼仪等细节进行指导。

7. 下学期 6 月下旬：准备参赛材料；完成项目评估报告、线上报名等。

8. 下学期 7 月：参加全国中学生领导力展示会。

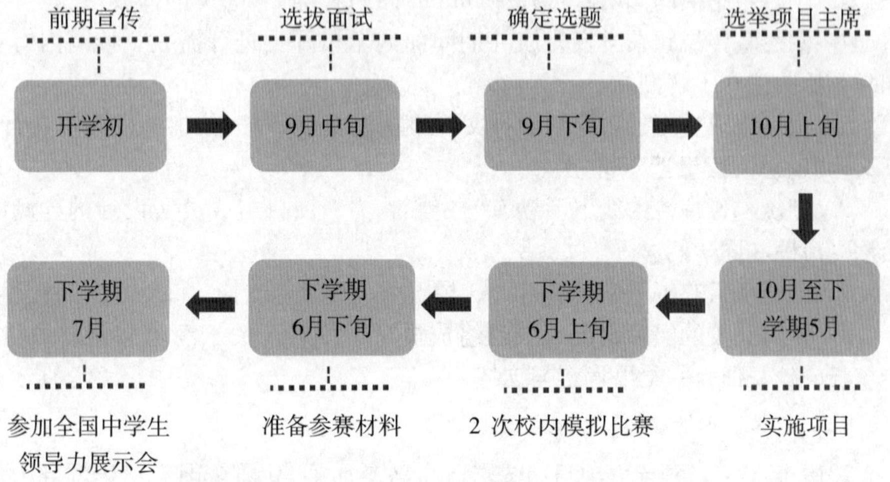

图 2　中学生领导力培养项目进度

（二）以《守正创新——让潮绣穿越时光》项目为例

1. 调查：项目组成员面向高一年级同学发放问卷。调查发现，59% 的同学从未听说过潮绣，而听说过潮绣的同学当中，96% 也只是停留在听说过的程度上，并无深入了解。为进一步了解潮绣相关知识，项目组成员查阅了潮绣的相关书籍与论文，采访了我校初中部曾开过刺绣相关课程的老师。此外，项目组成员来到位于广州市北京路的潮州会馆，采访了第五代潮绣传承人陈泽瑶老师，并向陈老师学习潮绣的基本针法。

2. 实践：借助学校心理科的微信公众平台，项目组推出了 3 篇关于潮绣的生动介绍，总阅读量近 3000 次。项目组成员设计了含潮绣元素的宣传小礼品，如帆布包、书签、折扇、笔记本等。为了让同学们对潮绣有更多的了解，项目组成员在班级内进行了潮绣知识科普。此外，针对校园外的不同群体，项目组成员也进行了潮绣知识的科普宣传，并为他们派发了精心设计的小礼品。针对我校的实际情况，项目组成员写了一封《关于潮绣文化保护与传承倡议书》给我校校长。同学们的建议获得了校长的肯定与支持，并将于新学期落实。

3. 参赛：潮绣保护与传承项目组 6 名成员参加了第 11 届全国中学生领导力展示会，

《守正创新——让潮绣穿越时光》项目获得了特等奖。

三、实施效果及突破性成绩

（一）活动效果及突破性成绩

1. 潮绣项目得到了潮绣第五代传承人陈泽瑶老师的支持，陈老师接受了项目组成员线上与线下 2 次采访，免费赠送同学们潮绣学习的相关工具，并教授他们潮绣的基本针法。

2. 项目组成员在陈泽瑶老师所在的潮州会馆内遇到了前来购买婚礼秀禾服的报社记者，向她表达了项目组成员关于保护与传承潮绣文化的想法，获得了记者的肯定与支持，并对项目组成员拍摄潮绣宣传片给出了宝贵的建议。

3. 项目组拍摄的潮绣宣传片在 bilibili 网站获得了 400 + 的播放量。

4. 潮绣宣传视频在学校升旗礼期间面向全校师生进行播放，校园内有更多的老师和同学开始关注和了解潮绣。

5. 项目组成员写的三篇微信推文《潮绣的救赎》《时代在新，潮绣在行》《听说你又潮又绣?》总阅读量近 3000 次。

6. 潮绣科普宣传的线下活动有一定影响力，项目组成员所设计的含潮绣元素的小礼品深受市民和同学们喜爱。

7. 潮绣项目获得了学校德育处、校团委、校长的支持，并为项目组提供了项目资金。

8. 针对我校的实际情况，项目组成员写了一封《关于潮绣文化保护与传承倡议书》给校长，校长回复并给以肯定与支持。

（二）参赛效果及突破性成绩

2019 年，三名领导力项目组成员赴青岛参加第 10 届全国中学生领导力展示会，也是我校第一次正式参加全国中学生领导力展示会，项目组成员获得项目展示二等奖的好成绩。

2020 年，广州市第二中学潮绣保护与传承项目组六名学生参加了第 11 届全国中学生领导力展示会，《守正创新——让潮绣穿越时光》项目荣获优秀项目特等奖。其中一名参赛学生代表全国参赛学生进行了开幕式的发言，并获得了本届领导力展示会的年度学生领袖奖。

（三）师生收获与感悟

> 参加这个项目，对我影响最大的是心态。因为清楚地知道自己担负的责任，我会更加认真用心地推进这个项目，争取做到最好，一改我以往随意懒散的作风。高二下学期，不像高三那么忙碌，这次项目给我很好的历练，让我能更从容稳重地迎接高三。学习上的任务和项目工作的任务，让我的生活更加充实，更懂得如何高效利用时间。另外，走出校门，与社会上的人接触，也让我褪去一份青涩，多了一份成熟。
>
> ——高三（8）班　张雨曦

> 在这次领导力项目中，我感受颇深。一是对潮绣等传统文化在一点点消失的心痛，以及自己能成为传承潮绣中的一分子而感到自豪骄傲；二是感受到了个人

的力量虽然小，但是六个人，作为一个群体，可以凝聚成一股强大力量；三是很高兴能了解潮绣，与其他五位同学和老师共同为一个目标而行动；四是提升了自己管理时间、自信表达等能力。

——高二（13）班　廖玉妍

回想这一年来，走走停停，因为工作繁忙几度想要放弃这个项目，但在科组各位老师的支持和共同努力下，还是走到了最后。很多时候也会纠结：领导力项目的意义究竟在哪里呢？付出这么多的时间和精力，学生是否会真的有收获呢？然而，当我一字一句阅读完了项目组6位成员认认真真填写的项目评估报告，看到每一位同学真诚分享的项目收获，突然有莫名的感动。记得第一次做领导力项目的时候，我和第一届的成员说："我们想要推动领导力项目的初衷是希望二中的学生除了学习，也能够通过自己的影响力去改变这个世界，承担当代中学生的责任。"今天看来，领导力项目无关学习，但又似乎处处包含着学习，学习如何运用自己的学科知识，学习如何为人处世，学习如何面对压力与挫折等等。领导力项目旨在培养中学生的社会责任感，而这些，我在6个孩子的身上都看到了。这样看来，过去一年的一切努力都是值得的。

——指导老师　陈慧慧

四、创新之处

1．项目理念创新

本项目是全国中学生领导力展示会参赛项目之一，倡导的理念是领导力是受过良好教育的现代公民的基本素养，其内涵的核心是培养学生的社会参与感和责任感，作为当代中学生，应该承担起时代所赋予的责任，用担当、以行动让我们的社会更加美好。本项目所培养的学生能力（表达力、观察力、沟通力、判断力、策划力、协作力、决策力、影响力等）与中国学生发展核心素养内涵的三大方面（文化基础、自主发展、社会参与）是相契合的。

2．项目形式创新

本项目依托学校研究性学习课堂，以跨学科的综合性学习为特点，以项目学习为组织形式，在真实、自然的社会情景中，发现问题并解决问题，不拘泥于课堂，而是引导学生走出教室，走出校园，走入社会，真正在学中做，在做中学。

3．项目对象创新

本项目以培养学生的核心素养为目标，其中包括中学生青春期教育、老年大学课程设置、传统文化保护、高中生涯教育、支教平台的建设等，群体从中学生到老年人，学生通过项目活动与不同的社会群体进行接触，搭建了学生了解社会的平台。

4．项目呈现创新

关注学生的自主性发展，结合当代多媒体信息化发展的特点，利用网络问卷、宣传视频、公众号宣传、校园活动等形式让潮绣进校园，并结合当代青少年的审美情趣，让非物质文化遗产真正走进青少年心中并生根发芽。

“家校公约”扬家风

广州市荔湾区詹天佑小学
主要贡献者：郭裕坚　陈　敏　吴敏婷　陈嘉瑜　冼　卉　罗承智

和谐社会是社会主义精神文明建设的体现，和谐家庭是和谐社会的重要组成部分。为推进和谐社会，推广和谐家庭建设新理念，研究新形势下家庭建设的新方法，我校从2018年开始，开展“家校公约”扬家风活动，旨在以家庭为起点，积极探索家庭建设工作的新对策，深入开展学校教育与家庭教育、社会教育“三教”互动，改善微环境，激发家庭创新潜能，推动家庭文明建设新发展，营造家庭和谐与校园幸福的良好学习氛围。

一、项目背景和意义

习近平总书记提出，重视家庭建设，注重家庭、注重家教、注重家风。我校以著名爱国工程师、铁路之父詹天佑先生为榜样向导，以詹氏家训“各出所学、各尽所能，使国家富强，不受外侮，以自立于地球之上”为出发点，培养精诚少年。

学校推行“家校公约”，联合家庭、学校、社会各方资源，营造和谐家庭与幸福校园的育人氛围。“家校公约”扬家风活动从家长和学生的实际需求出发，以“家校公约”为抓手，以詹天佑言传身教、淡泊名利、大公无私、清正廉洁，努力发扬奉献国家、勇于创业，关心他人、助人为乐的好家风为标高；以家庭教育发展的新特点、新方向为指引，活动主题鲜明，内容丰富，实现精准化、个性化的落地推进。对存在问题的家庭“纠偏扶正”，对榜样家庭给予表彰示范，从而让更多家庭走出家庭教育的误区，在家校公约下约定，在家校公约下成长。

二、实施过程

（一）研讨家校情况定公约

1. 策划“家校公约”扬家风方案

近年来，在学校醇厚的办学文化底蕴下，我们以文化主题“詹天佑精神”为贯穿基线，以“精诚教育”特色办学思想为指导，以“天佑心　精诚路”的办学理念为出发点，以“精诚课程”体系为框架，融入“家校公约”的家风建设内容，提高家长对学校教育的参与度，如建设詹天佑小学“家长共育委员会”，让家长走进校园、走进课堂，谨遵詹氏“各出所学、各尽所能”的家训，参与学习詹天佑精神，为提高学生的学习能力、培养学生终身学习的能力出谋划策；在学校“精诚课程”的体系下，加入培训“精诚家长”的内容，让家校联手，更好地培养精心做事、精诚做人的精诚少年。

为进一步形成詹天佑小学独具一格的“家校共育”的办学特色，使学校成为质量高、特色显的现代化新型教育品牌，我们策划了开展“家校公约”扬家风活动的方案。

2. 设计“家校公约”

首先，面向全校家长进行“家庭教育需求”问卷调查，以及参与家校共育的意愿调查。然后，根据问卷调查分析结果，结合学校办学理念目标，立足学校根本，从家长和学生的实际出发，学校初步拟定“家校公约”的内容。

学校的孩子大多来自普通的市民家庭，双职工、经营小贩占了多数，大部分家长比较朴素善良，但也有部分家长缺乏正确的育儿观念指引，想教好孩子又没有方法，为此经常烦恼。学校邀请了部分家长开座谈会，了解家庭教育的需求，提出希望通过“家校公约”帮助家长正确育儿，促进家校和谐发展，得到了家长们的全部赞同。大家纷纷提出建议，初步定下了五条家校公约，分别是：相敬相爱、同学同阅、互信互助、知书知礼、有度有识。在此基础上，学校召开了由家长、教师、学生代表参加的三方研讨会，逐一解读每一条公约。家长们从家庭培养孩子的角度，认为孩子孝顺父母、孝敬老人非常重要，家里要互敬互爱；孩子们觉得在家里希望大人能多陪伴，在学校里同学和同学之间要互相帮助；老师们认为在现代社会人的诚信非常重要……最后通过二维码投票，最终定下了詹天佑小学“家校公约”为“相敬相爱、同学同阅、互信互助”。

（二）组织师生家长学公约

1. 对家长进行培训

习近平总书记指出：“家庭是社会的基本细胞，是人生的第一所学校。”学校每个学期分批次对志愿家庭的家长进行家庭教育、心理健康教育等方面的指导培训，让家长学习“家校公约”的内容及形式，并与家长签署“家校公约”的承诺书，让家长能认真参与到活动中。

此外，根据家长代表的教育背景、专业素养技能等，分组分主题开设家长特色“精诚课程”，形式包括第二课堂特色课、户外活动课、春游秋游团体活动等。

2. 对教师、学生进行培训

在家校活动中，教师起着引导、带领的作用。学校组织了多次班主任“家校公约”培训，从活动的意义、目的、对学生成长的重要性、对教学工作的促进等方面向教师们阐明了活动的重要性。经过培训，教师们认识到家庭教育虽然不同于学校教育，但家庭教育的好坏直接影响着学校教育的效果，帮助家长掌握正确的育儿方法也是教师义不容辞的责任。之后班主任通过班会课、中队活动向学生宣传“家校公约”，鼓励学生积极参与，互相约定、互相比赛，树立榜样。

经过培训学习，教师、家长、学生三方有了共识，“相敬相爱、同学同阅、互信互助”这三条“家校公约”是一种契约、一种约定，也是一种自我约束，是孩子精神发育过程中的良好添加剂。家长们要将好家规传承下去，要让子女懂得“知敬畏、明底线、守规矩”。

（三）共同参与活动践公约

1. 践行《家校公约手册》

学校根据“家校公约”的内容，融入学校“天佑心　精诚路”的办学理念和文化，突出詹天佑先生爱国奉献、勤奋创新的家国情怀，编印了詹天佑小学《家校公约手册》。家长、学生以《家校公约手册》为载体，每天用 15 分钟左右的时间，在家学习一则与詹天佑好家风好家训相关的故事，陪伴孩子日念一好——教孩子学会感恩，知道感恩的人内心一定是个有温度的人；日行一善——我为人人，人人为我，坚持每天做一件好事，无论走到哪里都会受欢迎；日思一过——君子博学而日参省乎己，常反思常自省，让孩子饱受好家风的滋养。

2.“家校公约”指导导师进校园

学校还全面开展“家校公约”指导导师进校园活动，以家长团辅、学生团辅、教师团辅、亲子团辅等形式，开展趣味横生、温馨有爱的活动。

团辅活动前，导师对家长提要求：活动中不仅要做好记录，还要积极参与、乐于分享；课后要彼此信任，坚持按时完成课后练习，发现孩子的优点，肯定、强化孩子的点滴进步。

在团辅活动中，家长们积极参与，分享与孩子认真实施“家校公约”的情况，述说了“家校公约”为家庭带来的微妙变化。在一次题为《孩子的优秀是坚持坚持再坚持的“奖品”》团辅活动中，导师以“授人以鱼不如授人以渔”为出发点，向家长传授有效学习“家校公约”的方法。家长们讲述自己践行“家校公约”过程中遇到的困难，如有的孩子功课做不完没时间学公约，有的三分钟热度，有的不能坚持很自责……听了家长们的反馈后，导师以行为主义心理学理论为支撑，指导家长在为孩子减负的同时，要注重言传身教的重要作用，切不可急功近利，欲速则不达。随后，导师利用“优点大轰炸”的游戏将此次团辅活动推向高潮。在场家长被分为4个小组，小组中的每个成员都要认真听取其他成员对自己的赞美并做下记录。家长们不仅热情高涨，气氛还很融洽。游戏结束后，每个小组的家长代表积极分享感悟：在享受他人赞誉之辞的同时，家长们意识到在日常生活中也应该多说鼓励孩子的话，以此树立孩子的自信心。

团辅活动结束后，家长们不仅感受到了轻松与愉悦的心情，也领悟到了家庭教育恰如细水长流要不断提升。想要做好孩子的家庭教育，除了要利用得当的方式方法外，更需要水滴石穿的精神和锲而不舍的态度。唯有持之以恒，不忘初心，方能培养孩子的健全人格，帮助孩子阳光快乐成长。

这样的团辅活动，学校举办了20多场，有的是家长参加，有的是教师参加，有的是家长和孩子一起参加。“相敬相爱、同学同阅、互助互信”，大家一起学习公约，分享公约、践行公约。

除了以团体辅导的形式，对有困难或疑惑的家长进行专题解答外，我们也对个别家庭进行个性化辅导，并利用网络平台进行指导，参与家庭建立微信群，线上线下指导互动。

三、实施效果

（一）家长反馈

“家校公约”扬家风活动在我校开展已经两年多，效果良好，得到了广大家长的好评和支持。不少家长参与了活动之后深受教育和启发，表示希望有更多的机会参与活动。参与的家庭从开始的150个，扩展到现在的380个，而且还有新的家庭不断地加入。很多家长表示参加“家校公约”扬家风活动后，懂得了时刻提醒自己反省不足之处，与孩子一起成长。更多的家长希望“家校公约”扬家风活动在学校持续开展下去。有的家长表示：“家校公约，让父母学习怎样做家长，而家长的教育关系着国民素质的提升。”有的家长说：“学习了家校公约，我决定改变自己，不做严苛唠叨的妈妈，要鼓励和认可孩子。对孩子的拖拉，要柔性表达，相信他能做好每一件事。”

（二）学校（教师）反馈

学校以"家校公约"为抓手，落实立德树人根本任务，宣传家庭教育的科学理念和知识。教师们重视家庭教育，增强家庭教育指导的有效性，帮助家长树立正确的育儿理念，形成家校协同的工作机制，营造学生健康成长的良好环境。班主任作为"家校公约"的讲师，充分调动家长参加活动的热情，利用家长会组织家长学习，引导家长分享活动心得。家长会上，教师们根据学生的实际情况进行授课。例如"高年级孩子的陪伴策略"，教师与家长一起探讨交流，指出儿童的世界如果缺少了父母的陪伴，不利于儿童人格的形成与完善，而"家校公约"就是一种亲子陪伴的好方式，共同学习，一起成长。繁重的教学任务有时候难免会让教师在处理家长问题上不够耐心和细致。通过家校公约，教师和家长之间建立了沟通的桥梁，教师也以体验的方式参与其中，用心去体验和用身体去感受，以阳光的姿态做好家长工作。

（三）学生反馈

"家校公约"扬家风趣味课程以及公约手册里面的詹天佑小故事和"日念一好、日行一善、日思一过"的实践作业，给学生带来了不同于说教的别样体验，让学生在活动中感受到生活的快乐、学习的意义，寓教于乐。有学生表示，自己和爸爸妈妈的感情更深厚了，爸爸妈妈与自己的沟通也变得耐心了，感受到了陪伴与尊重。

四、结语

"家校公约"扬家风活动的开展，使我校办学的教育理念和各项工作得到了广大家长的认同与支持，家长的教育观念也发生了很大的改变，与教师一起成为了教育孩子的合作伙伴，形成了有效的教育合力。我们将继续以好家风为依托，以精诚教育为特色，让孩子在家校公约下约定，在家校公约下成长，共建和谐校园、幸福家庭。

在“星教育”浸润下的少先队自主教育活动

广州市荔湾区环市西路小学
主要贡献者：陈表香　姜少伟　李燕琼　陈纳研　刘素忠　刘慧清

一、形成背景

《教育部关于全面深化课程改革落实立德树人根本任务的意见》提出“把培育和践行社会主义核心价值观融入国民教育全过程。要立足中国国情，具有世界眼光，面向全体学生，促进人人成才。”2017 年 2 月 22 日，共青团中央、教育部、全国少工委联合印发了《少先队改革方案》，全国各地少先队组织开始轰轰烈烈的改革工作。

我校的办学理念是“让每一个孩子都成为闪亮的星”，培育具有可持续发展力的“未来之星”——在具有“谦和刚进”精神的基础上，会表达，有童心；会探究，有想法；会交往，有礼貌；会审美，有情趣；会运动，有自信。

以可持续发展教育理念和“竹文化”滋养下的“星教育”理念为指引，以《少先队改革方案》的第10 条要求“锻炼培养少先队员自主能力”为目标，结合我校少先队实际，我们开始了少先队工作改革，启动了以少先队自主教育活动促进队员自主发展的创新策略研究。

二、实施过程

充分尊重少年儿童的自主性，在少先队自我发展为主、辅导员指导为辅等理论指引下，我校少先队着力从“自己的组织自己管”“自己的阵地自己建”“自己的活动自己搞”“自己的课程自己编”四个方面来培养和提高队员的自主管理能力、自主教育能力、自主建设能力、自主活动能力、自主服务能力、自主创编能力等，提升其社会责任感、服务意识、创新精神和实践能力。

（一）组织自治——自主教育、自主管理、自主服务

自主教育。少先队员自主在组织建设过程中进行少先队组织教育和思政教育。如每年一年级的队前教育课，全部由学校大队委员会的委员们担任讲师，为预备队员讲授“六知”“六会”“一做”等知识。

自主管理。少先队大队、中队、小队、红领巾社团均进行自主管理，大队委对各个中队的少先队工作进行管理。各中队自主创建的“动感中队”开展理想信念教育活动以及富有自己中队特色的活动，坚持“一队一特色”。队干们每周都会在红领巾楼组织队内会议和培训活动，队员们自主策划会议，自己组织召开会议，自主进行安排和管理。

自主服务。在设置大、中队委员会和小队长岗位的基础上，大队部还创设了许多少先队服务岗位，让更多队员主动参与队内工作，人人都有服务的岗位、实践的机会、成功的

体验，锻炼提高队员自主服务意识、自主实践能力。

（二）阵地自建——自主建设、自主宣传、自主开发

“校内阵地我做主”，我校近700平方米的“红领巾楼”给队员们自主建设、自主管理、自主活动提供广阔的空间。

自主建设。队员们主动提出参与红领巾楼内部设计，红领巾楼分为上下两层，设有少先队队室、红领巾创客空间、红领巾微剧场、红领巾航模室、红领巾鼓号阵地等多个少先队活动室，队员们在辅导员的指导下建章立制，便于队员自主管理。队员们的主人翁意识在阵地管理中不断增强，管理能力、沟通协调交往能力得到培养，自主性和创造性得到提升。

自主宣传。红领巾楼是我们少先队员们的“得意之作”，队员们会主动向来宾宣传“我们学校的红领巾楼可是独一无二的！”“我们有自己的队员之家！”言语中透露出满满的自豪感和幸福感。在宣传阵地的同时，队员们也会大力宣传我校的“红领巾五小活动”“红领巾小社团”等活动。

自主开发。除了校内少先队活动阵地，我们的队员还提出“校外阵地我来建”，根据队员的需求和兴趣，善用社区资源，积极开拓校外活动阵地，有计划、有组织地开展校外实践活动。

（三）活动自导——自主策划、自主筹备、自主组织

少先队代表大会是我校少先队员自主发展的一大亮点，我们的少代会由队员自主策划、筹备和组织，包括启动仪式、预备会议、开幕式、全体会议、分团会议、闭幕式等环节。这些活动极大地激发了队员的自主性，从小培养队员参政议政的意识。

自主策划。少代会策划工作是少先队员在辅导员指导下主动参与的，2017学年大队部自主策划了“队部萌娃设计大赛”，创新少代会代表证，又创新工作报告（分为成人纸质版和队员彩绘版）。2018学年，少代会增加了大队委就职宣誓的环节，工作报告由少工委和大队部联合汇报。2019学年，大队委竞选增加了少先队标志礼仪技能展示环节，工作报告创新为少工委、大队委员会、家长委员会三方联合汇报。三年来，学校将少代会与校本活动紧密结合，形成了具有本校特色的少先队活动，儿童彩绘版工作报告更是得到市、区少工委的推广宣传。

自主筹备。两天的少代会需要两到三个月的筹备期，队员们将方案分解为具体工作，成立各工作小组统筹跟进各项工作。资料组负责工作报告相关事宜，宣传组负责宣传及场地安排，会务组负责参会人员及相关会务等。每天放学后，各组成员纷纷集中到红领巾楼，在组长的带领下对照计划落实相关工作。

自主组织。少代会筹备工作的后期是制定各阶段议程和具体实施方案并组织实施。在制定一份份实施方案的同时招募工作人员，让更多的少先队员参加少代会的组织工作中，在活动中得到历练和成长。除少代会外，少先队员自主设计和组织了“红领巾小健将”“红领巾小书虫”“红领巾小创客”“红领巾小主人”等活动。

自主策划、自主筹备、自主组织的过程，就是队员自主发展的过程。在活动自导、自主发展过程中，学校涌现了一批批校园小明星。

（四）课程自主——自主创编、自主排演、自主评价

少先队一贯主张队员才是队课的组织者和主体。队课经常走出课室，如有的小队将队

课安排在烈士陵园，有的安排在白云山植树造林等，这种创新的活动课模式在促进队员自主发展的同时，又真正达到队课育人的德育功效。我校少先队自2017年开始进行课程统整的课程改革，至今三至六年级的队员全部参与到该课程改革之中，校园剧课程也是少先队课程改革的亮点之一。

自主创编。队员们在编剧前展开“头脑风暴”，就选材定题、情节设计等进行探讨，选择多种方法或手段进行创作，队员们从零起步到现在已经自主创编了29个校园剧，其中26个为德育剧本。

自主排演。完成了剧本创编，进入自主排演阶段，根据队员们自己的特长、兴趣，开始进行自主分工——“导演小队”“监制小队”“演员小队”“音响小队”“舞美小队”“道具小队”“化妆小队”等，自主协调，团结合作，就这样一个个校园剧完美诞生，一颗颗小明星也冉冉升起。

自主评价。每次演出后，队员们还召开“影视评论会”，总结创编、排练、演出过程中的各种不足，征求观众们的意见，还评选自己心目中的各类小明星，如“明星导演”“明星编剧”“演绎之星”“制作之星”等，让每一个队员都体验到成功的快乐。

队员将一个校园剧产生的过程记录下来并形成课程设计，传承给低年级的队员使用，低年级的队员在使用过程中又进行修改和创新，这恰恰也是少先队“代代相传”精神的体现。

三、实施效果、经验总结

（一）科研兴队，促进学校少先队工作可持续发展

坚持可持续发展教育理念和“星教育”理念，在学校科研兴校策略引领下，“科研兴队”也让学校少先队工作找到了创新的可持续发展之路，培养了一批明星辅导员——研究型发展型辅导员，学校被评为“广州市红领巾示范校”“广东省红领巾示范校”，少先队大队被评为“广东省红旗大队”“广州市红旗大队”等。

2017年，“少先队‘金字塔’队干管理模式的探索与研究”获荔湾区立项并顺利结题，获区二等奖；2018年，“以校园剧为载体促进队员自主发展的策略研究”获广东教育学会立项，准备结题。

（二）课程改革，创新学校少先队活动内容和形式

“以校园剧为载体促进队员自主发展的策略研究”这项基于少先队课程改革进行的课题研究成果斐然，两年多来，共有约800名队员参与课程改革，创编了26个德育剧本并成功演出（详见表1）。在新冠肺炎疫情期间，队员制作的抗疫童话剧视频和广播剧《一副眼镜　万颗爱心》获得“联合国教科文组织‘青年眼’项目活动”的“全国青少年最佳方案奖”，五年级队员的STEM作品《太阳能旋转盆栽》，参加“中国教育科学研究院第三届综合实践活动展示活动”并荣获特等奖。

（三）星评价，促进队员自主发展、全面发展

在“星教育”理念指引下，学校以促进学生自主全面发展为导向，评选德育之星——爱国星、励志星、自信星、自主星、服务星、合作星等，此外还有学校评、家庭评、社区评等路径。在“星教育”浸润下，少先队自主教育活动蓬勃开展，涌现出一批又一批具有

可持续发展力的“星少年”。

表 1　学校少先队德育剧本清单

演出时间	校园剧名称
2018 年 6 月	《上学路》《森林仓库之谜》《昆虫失踪记》《拯救森林》《谁的声音最好听》
2018 年 12 月	《小竹笋奇遇记》《音乐和噪音》《神奇的溶解》《寻找生命的种子》《小迷萌奇幻记》
2019 年 6 月	《麻雀成长记》《小蜘蛛学织网》《寻找失落的拼图》《小龙学武记》《小蚂蚁生日会》《童谣唱响荔湾梦》《畅游西关》《梦萦西关童谣》《小螳螂历险记》
2020 年 5 月	《一副眼镜　万颗爱心》《春日奇遇记》《病毒走开》《爱护自然，保护野生动物》《和春天有个约会》《新型冠状病毒倒霉记》《2020 大战病毒》

（1）队员合作自主设计了少先队活动课例《传革命红旗，做时代新人》，远赴连州大路边镇中心小学进行送课交流，队员的组织力、领导力得到连州辅导员、队员的赞赏。

（2）队员自主接待到校观摩团队，观摩团来自香港、新疆、四川、河南、江门、杭州、贵州等地。

（3）少先队员参与少先队科研课题“少先队‘金字塔’队干管理模式的探索与研究”，自主设计出金字塔管理模式图，参与课题“以校园剧为载体促进队员自主发展的策略研究”，自主探究、创编、表演、合作等能力得到很大的提升。

（4）通过自主教育活动，每年均有超过五千人次获得“星少年”称号，队员近三年也不断获得省、市、区的各项荣誉，如广东省优秀少先队员、广州市十佳少先队员、广州市优秀少先队员等。

四、结语

三年的少先队改革，我们牢记少先队的使命，坚持政治性、先进性、群众性，坚持让每一个孩子都成为闪亮的星，坚持开展在“星教育”浸润下的少先队自主教育活动，“四自”引领，繁星闪烁，以少先队改革创新促进少先队员自主发展，激励队员立志做中国特色社会主义和共产主义事业接班人，准备着为实现中华民族伟大复兴的中国梦贡献力量。

以优秀班级文化引领活动，促进高三学生自主发展能力

广州市第五中学
主要贡献者：黄蕴怡　范文欣　江贤聪　姚　津

一、成果形成的背景

高三年级是高中学生至关重要的一个阶段。作为高三年级的班主任，既要用文化来引领学生，同时要做学生的心理导师，为高考保驾护航。近三年，项目组成员在高三毕业班担任班主任工作，发现在高考指标层层下压的今天，我们的教育教学存在着一些亟待解决的问题。一是长期以来，在班集体建设过程中，缺乏一种本班独有的精神价值观引领，学生总是在被动地接受各种规章制度，个人富有个性的价值观念和行为方式得不到认同，内心对班集体缺乏认同感。二是学习压力大等因素导致班级活动开展困难。繁重的学业导致学生错误地认为只能靠拼脑力、体力来应付，结果班主任在开展班级活动时得不到学生的积极参与，活动更多流于形式，学生的自主能力和内驱力并没有真正激发出来。

二、实践探索过程

针对上述问题，从2015年9月到2020年7月，项目组成员先后经历了两次小循环，带过三届高三毕业班，经历了5个不同层次、不同班情的班级。2017年5月，项目组申报的海珠区教育科学“十三五”规划课题“高三班级文化建设与学生自主发展能力培养研究”获立项，我们运用行动研究法、教育实验法和经验总结法，总结出一系列的策略和成果。

三、成果主要内容

（一）构建“文化引领活动，活动促进能力”教学模式

班级活动是一个重要的载体与手段，班级文化是本班师生为了完成教育、教学任务和满足每个学生自身发展需求为目的，而采取各种方法和措施进行管理，逐渐形成稳定的、发展的班级氛围。两者相辅相成，共同促进学生自主能力的发展。我们通过探索，构建了“文化引领活动，活动促进能力”教学模式（见图1）。

（二）高三班级活动实施途径

1. 构建班级文化建设架构

项目组以文化建设为核心，坚持目标和问题导向，从精神文化、活动文化、合作文化、环境文化、制度文化等五方面去构建班级文化建设体系（见图2）。

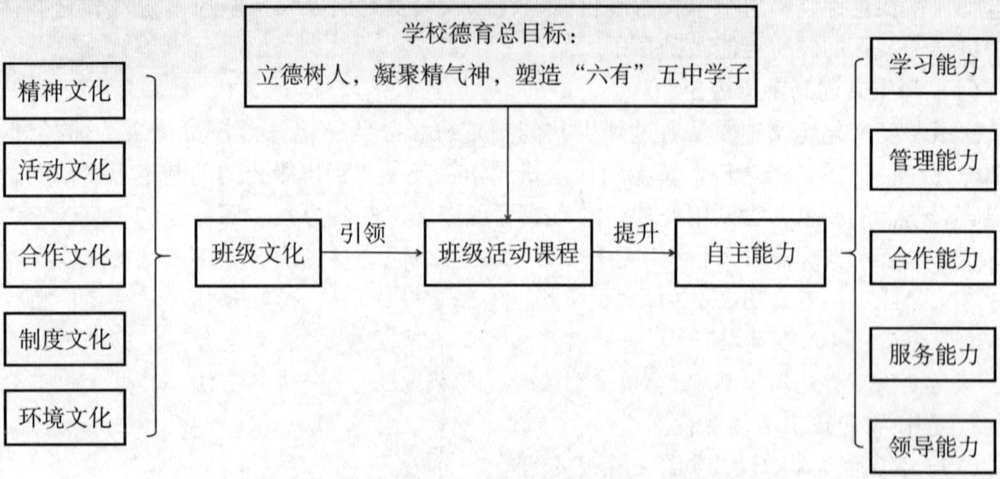

图 1 “文化引领活动，活动促进能力”教学模式

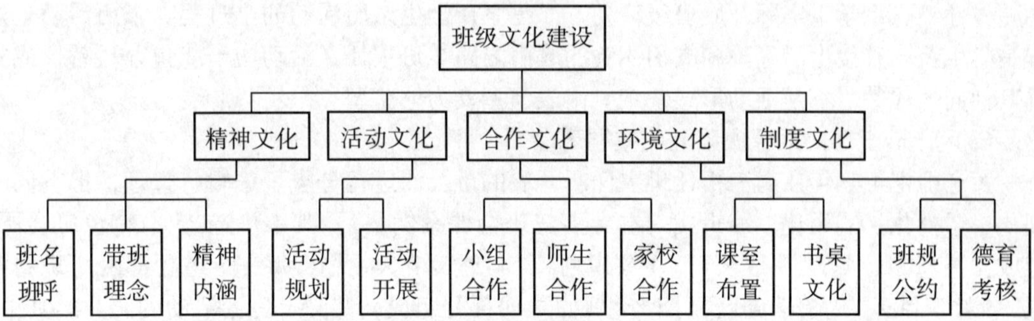

图 2 班级文化建设架构

（1）确定班级精神内涵

在这三年的研究过程中，项目组从班名、带班理念、班级发展规划的制定上，围绕班级精神这一主线去进行。例如 2016 级高三（8）班，班名为“战狼”，借鉴狼群中的团体协作、服从的精神，来打造一个团结奋进、温暖向上的班集体；2016 级高三（9）班，班名为“常春藤”，象征“坚强、友谊与感恩”，引导学生建立一种积极向上、阳光自信的形象；2017 级高三（2）班，班名为“迎晞”，“晞”字寓意着家校合力共育，给予孩子充分的发展平台，让孩子自然天成；2017 级“高山”班，“高山仰止，景行行止”，愿每位学生的品行才学像高山一样，拥有崇高的品德，学习生活就像攀登高山一样，永不言弃。

（2）制定班级发展规划

活动文化建设主要以制定班级发展规划为载体，以 2016 级高三（8）班为例，该班以“一起筑梦”“一齐追梦”“一同圆梦”三个主题为核心，依次开展“规划班级愿景”“我的班级我当家”“沟通从心开始”“相逢是首歌，同行你和我”“奇迹创造史册”“星星照我心”等班级活动。

（3）创建独特的家校合作模式

苏霍姆林斯基曾说过：“最完备的教育模式是‘学校——家庭’教育。”项目组成员范老师让家长进课堂，组织家长看晚自修，在家长会上开展家长头脑风暴游戏，这些活动能增进亲子关系的同时更能激励孩子。

（4）师生共同制定班级公约

班级制度文化建设主要是通过师生共同制定班级公约、德育考核量化表等途径进行。以2016级高三（9）班为例，黄老师让全班同学一起参与到班级公约的制定上。同时，提出语言表达上的要求，尝试用一种新的方式呈现班规，取名为九“四”公约。

仪容仪表	青春大方 /	言语文明	举止端庄 /	谈吐不俗	良好修养
尊重老师	友爱同窗 /	爱护公物	轻拿轻放 /	惜时守时	牢记不忘
自习课堂	公德考场 /	安静有序	无人守望 /	晨会集会	班级之窗
站姿挺拔	充满阳刚 /	慎交朋友	积极向上 /	诚实守信	勇于担当

2．创设特色班级活动课程

（1）班级活动课的设计贯穿三个基本理念

基本理念一是以学生发展为本。班主任要将学生发展的内在需求、可持续性发展的需求置于班级活动开发的核心地位；同时班主任要在活动中充分尊重学生，承认并关注学生的差异性，联系学生实际开展班级活动。二是坚持学生亲历活动的全过程。亲历活动全过程是学生获取直接生活经验和真切体验的必由之路。班主任在活动中不能包办代替，或安排其他同学代替。三是活动形式一定要由表演型变为体验型。

（2）让班干部协助开展系列化主题班会

黄老师把近三年在高三担任班主任所开展的班会课进行分类、编辑、整理，把它们序列化、系列化、实用化，编辑成一本《高三班会课案例集》。其中挑选25节特色班会课，分成“感恩”“学习”“成长”“生涯规划”“心理”五大主题，每一个主题都由“班会背景”“教学目标”“教学流程”“课后延伸”四部分组成，并附上班会活动的照片。其中，“感恩”主题班会有《我给老师颁个奖》《父母是你坚实的后盾》，“学习”主题班会有《如何上好自习课》《良好的学习习惯从整理试卷开始》，“成长”主题班会有《18岁，我成人了》《大学城徒步20公里》，“生涯规划”主题班会有《始于梦想，成于坚持》《我要考上大学的十大理由》，“心理”主题班会有《包容·欣赏·合作》《以平和的心态迎接高考》等。

（3）组织学习小组合作活动

以2017级高三（2）班为例，全班分为七大组，每个小组7人。其中副小组长负责每天及时登记作业情况给科代表。小组长负责语数英学科，副小组长负责物化生学科。然后尝试在每组中找到该学科的小组带头人，在小组内开展“一帮一”“多帮一”活动，改善部分同学薄弱学科的学习状况，推荐各科成绩突出者尤其是科代表带头组建班级学习委员会，设立学科难题攻关小组，班级开设微型讲座，介绍学习方法和学习经验。

（4）师生共同参与班级特色活动

活动是最好的教育，也是发展班级文化的最佳途径。以2017级高二（2）班为例，该班所有的班级活动均紧紧围绕“希望、阳光、爱的传递”这八个字的核心价值观组织。具体见表1。

表1 班级特色活动

核心价值观	相关活动	活动内容
希望	辩论赛	辩题：应制定高瞻远瞩的目标还是触手可及的目标
阳光	走近理想大学专题活动、三人篮球赛、校运会、学农、素质拓展	分小组走访大学，收集大学的背景介绍、历年的录取分数线、各科各专业的特点和招生情况；到野外，运用科学方法调查植物的种群数量
爱的传递	栽种小植物	让每位同学认领并栽培一种小植物

（5）利用“美篇”软件跟学生和家长交流，加强家校合作

在新冠肺炎疫情期间，黄老师给学生和家长写的信情真意切，给了学生很大的鼓励，“黄姑娘的美篇”累计阅读量达5110人次。其中，美篇《给2020届高三5班同学的第一封信》的浏览量达1171人次；以同学名字寓意为内容编写的美篇《美好名字，寓意情深》，浏览量达812人次；为纪念18岁成人宣誓而编写的美篇《18岁成人，感恩父母赋予我们生命，伴我成长》，浏览量达753人次。

四、实施效果

（一）学生表现方面

1. 特色班级活动培养了学生团队精神、管理能力

经过几年的实践发现，项目组所带的班级集体凝聚力特别强，学生干部的组织能力强，在校运会、艺术节及各项评比中取得优异的集体成绩。先后获得“校级先进班集体”“校运会团体总分前8名”“校运会出场式一等奖”“校级班级文化评比一等奖”等荣誉。

2. 小组合作活动激发学生内驱力，高考成绩优异

项目组在实践过程中坚持开展小组合作活动，学生在小组学习的过程中，内驱力和积极性得到调动，高考成绩优异。项目组成员所带班级合计132名同学被录取到武汉大学、北京航空航天大学、中央财经大学、哈尔滨工业大学、中山大学、华南理工大学等全国知名高校。

3. 丰富的班级活动培养学生的服务精神

通过班级文化建设，学生逐步培养高尚情操、优良品质及树立远大理想。近三年来，多名学生在填报志愿时主动填报军校，立志献身祖国的国防事业。如高三（8）班的巫佳霖同学，曾被评为“广东省优秀学生”的他以海珠区高考理科第一名的成绩被录取到中山大学本硕连读临床医学专业。

（二）兄弟学校推广方面

黄蕴怡老师曾在海珠区德育现场会上面向全区中小学校长作题为“从班级管理走向班级建设”的专题发言，也曾到海珠区第三实验小学进行专题讲座。在办学集团内的兄弟学校进行实践，虽然实践的时间不算长，但项目组的理念、具体的做法都给兄弟学校的老师带来新的角度、新的启发，有利于促进教育教学的进步。

五、创新之处

（一）构建出适合本校学生发展的教学模式

以学校育人目标为出发点，摸索出以班级文化建设为引领的班级活动实施途径，以及促进高三学生自主发展能力的实践模式。学生在这过程中，自身能力得到提升，这种能力的提升又会促进其学习能力，以更饱满的精神状态投入到备考中去，两者是相辅相成的关系。

（二）学科资源与班级活动相整合

项目组的老师注重将自身所任教学科知识融入其中，将学科主题和班级活动的教育主题进行对接，引导学生把课文中所体悟到的丰富感受用于班级活动之中。项目组将近年上过的班会分为十个专题加以整合，形成一本《高三班会课案例集》，图文并茂，将班会课系列化、序列化。在这些特色班会中，融入了很多心理辅导元素，运用心理学知识去对高三学生进行心理疏导，做孩子们的坚实后盾。

（三）家校合作，提升师生、家长积极乐观的生命状态

项目组开展的部分班级活动是把课堂拓展到社会领域，开阔师生的视野，改进学习方法，增强学生的学习积极性和自主性，启发思维的创造性和创新性，体验成长和成功。项目组黄老师善于利用“美篇”撰写书信给学生和家长，她把她的教育理念、教育目标用充满温情的文字表达出来，别样的方式收获不一样的感受。

六、反思和展望

高三学习任务那么繁重，当班级活动与学习任务冲突时，如何平衡两者的关系，即既要把班级文化建设好，同时也要控制好活动的频率，做到相互促进，这是一个值得思考的问题。通过几年的实践，项目组成员也意识到对于每种措施的策划一定要遵循策划精心、真正发挥学生主体性的原则，要考虑每一个细节，从策划到实施，每一个环节都要精心，在未来的日子里，可以在细节方面进一步优化。

作为一名老师，我们希望在传授知识的过程中带给学生更多的文化滋养，做他们的人生导师，共同成长。过去三年，我们脚踏实地，深耕细种；今天，我们用我们的成果抛砖引玉，仰望星空；明天，我们坚定信念，继续前行！

造一流团队　伴梦想飞翔

——广州市第七十一中学学生领袖冬季训练营

广州市第七十一中学

主要贡献者：龙宇翔　邓淑雯　李焰荣

《国家中长期教育改革和发展规划纲要（2010—2020年）》“高中阶段教育”中指出：“推进培养模式多样化，满足不同潜质学生发展需要，探索发现和培养创新人才途径。”发现与培养领袖型学生，为杰出的领袖型人才奠基，是中等学校的重要任务，更是中学德育的使命。学生领袖应当具备远大的理想与抱负，高尚的人格魅力，出色的组织、交流、合作能力，强烈的服务意识，出色的才华和超强的毅力。为达成学生领袖的培养目标，广州市第七十一中学定期举办学生领袖冬季训练营活动。

一、成果形成背景

广州市第七十一中学地处广州市白云区人和镇，六组生源，学生层次不高、起点能力弱、理想目标意识不强。学校德育部门及团委探索从意识形态抓起，通过励志教育塑造学生，利用体验式活动感染学生，先让部分学生立起来，继而以点带线，以线带面，推动全校德育工作的开展。

学校于2009年7月成立历奇培训团队，逐步在学校团委、学生会、年级、班级以及其他学校做培训活动，在此过程中加强成员的意识教育，培养具有良好沟通能力、高度责任感、高度团队精神，具有较高领导才能和创新能力的新型骨干学生干部。自2013年起，每年举办学生领袖冬季训练营活动，提升学生领袖综合素质，全方位打造高度团结的、具有强大责任感和团队凝聚力的学生德育管理队伍，并使之渗透到学校管理的各个方面，取得较好效果。

二、实施过程

广州市第七十一中学学生领袖冬季训练营活动从2013年举办第一期起，至今已经历时8年，共举办了七届，是广州市第七十一中学的德育品牌项目之一。该活动以学校“坚持素质教育，为学生的终身幸福奠基”的办学理念为指导，旨在加强学生干部队伍的建设，增强学生干部的责任意识、服务意识，以及培养学生的组织能力、创新能力和团队精神，提升学生的理论修养、实践能力及综合核心素养，促进学生自我管理能力的养成。

开展学生领袖冬季训练营活动，旨在为学校培养学生干部，以体验式学习为主要手段，形式新颖多样，活动项目主要由开营仪式、历奇教育课程、励志电影、远足拉练、学生干部工作汇报交流、结营仪式及晚会等环节组成。这一活动是集趣味性、思维性、挑战性和教育意义于一体的教育活动。

（一）开营仪式及营文化打造

为增强学生的主动参与意识，传递学校对学生领袖的重视和期望，每期学生领袖冬季训练营都会召开隆重的开营仪式。在开营仪式上，邀请校级领导进行开营动员，表明学校对培养优秀学生领袖的决心和立场，激发学生的主观能动性；组织学员学习营训、营歌、营口号、营旗等学生领袖冬季训练营的文化元素，建立学员营文化意识；通过开营宣誓仪式，强化学员的纪律意识、责任意识，加强学员的团队凝聚力。

营训：激发潜能、熔炼团队、勇担责任、真我飞扬。

口号：造一流团队　伴梦想飞翔

营歌：《真心英雄》

开营誓词：

我志愿参加广州市第七十一中学学生领袖冬季训练营。

我承诺：遵守纪律，听从指挥。主动参与，全情投入。积极思考，努力提升。激发潜能，超越自我。为达成团队目标全力以赴，为发挥干部作用百折不回，为成就青春梦想无怨无悔！

我努力，我优秀，我成功！我努力，我优秀，我成功！

（二）历奇教育课程

历奇教育课程是以沟通、责任、团队精神为主题，由学校历奇培训团队开发的体验式学习课程。该课程由破冰热身、小组文化建设、小组竞争环节、小组效能突破、团队融合、总结交流分享等六个环节构成，通过体验式活动项目，如“信任绳网”“潮起潮落”“N人N+1足”“飞夺泸定桥”“同心协力”等，让学生干部在团队目标引领下，积极主动地沟通交流，开拓视野，团结协作，克服困难，承受挫折，磨炼意志，达成成功的高峰体验，从而提升责任意识，激发作为学生干部的自豪感、责任感，提高其沟通能力、团队协作能力、服务意识、创新意识，拓宽学生领袖的格局，全面提升其整体素养。

（三）观励志电影——锤炼学生的品格

组织学生领袖观看《三傻大闹宝莱坞》《肖申克的救赎》《极速蜗牛》等励志主题的电影，撰写观影报告，唤醒学生领袖心中对美好人生的向往，让他们懂得今天的努力对于明天的意义。

从《三傻大闹宝莱坞》这部影片中，学生意识到乐观的心态很重要，不管遇到多大困难，“一切都要好”，并朝着梦想努力，追求卓越。从《肖申克的救赎》这部影片中，学生明白：希望只会给予那些心怀希望的人。安迪说过：“不要忘了这个世界上还有可以穿透一切高墙的东西，他就在我们的内心深处，他们无法达到，也触摸不到，那就是希望。”《肖申克的救赎》告诉我们：人生终有两件最重要的是，它们可以在我们最难熬无助时支撑我们坚强地走下去，那就是——希望和信仰。《极速蜗牛》激励学生：做人要有梦想，“梦想再大都不嫌大，追梦的人再小都不嫌小”。只要有梦想，只要肯付出，梦想就会可能实现。

通过一部部励志的电影，激励我们的学生如何做人，做一个怎样的人。基于我校生源薄弱的情况，学生困乏于家长的唠叨，不屑于教师的大道理。也许，一部电影可以让学生醍醐灌顶、大彻大悟。

（四）行远足拉练——磨炼学生的意志

“读万卷书，行万里路”。教师千百次说教，还不如放手让学生亲身实践体验一次。因此，在每届学生领袖冬季训练营，我们都组织学生领袖沿流溪河绿道，远足拉练12公里。这引领学生走出课堂之外，一次不平凡的远足经历让学生体会到了难得的欢乐，那份欢乐是建立在所有人的团结之上。只要他们肯坚持，所有人都是英雄。因为他们是一步一步地走到终点，是用汗水和坚持走到最后。即使路再长，也阻挡不了他们前进的脚步。因此，12公里的远足拉练，培养了学生坚韧的毅力、吃苦耐劳的精神以及团队意识。

（五）榜样引领——学生干部交流及业务培训

“播撒一种思想收获一种行为，播撒一种行为收获一种习惯，播撒一种习惯收获一种性格，播撒一种性格收获一种命运”。播撒一种榜样，我们能够时时看到奋斗的目标和参照物。榜样是一种向上的力量，是一面镜子，是一面旗帜。因此，在历奇培训中，最后一个环节就是由往届优秀学生干部分享他们的心路历程。

由往届优秀学生干部分享工作和学习的经历、心路历程，能广泛引起现任学生干部的共鸣。同时，由往届毕业的学生干部对新接手的学生干部进行业务培训，能发挥“传帮带”的“生一生”教育功能。这不仅让往届学生领袖的工作经验得以传承，而且对学生领袖后阶段开展各项工作提供了很好的参考，一定程度上提升了学生领袖的工作水平。

（六）拉下帷幕——结营仪式及晚会

通过为期两天的历奇培训，学生领袖的各方面综合素养得以提升。为展示学生在本次活动中的点滴感悟，我们举办了一场活动结营仪式和结营晚会，把整个学生领袖冬季训练营的气氛推上高潮，在学员的心里留下一个个美好感动的瞬间，让整个活动的效果得以升华。

三、实施效果

从项目成立至今，已开展学生领袖冬季训练营七期，培训对象近1000人次。培训的效果显著，影响越来越深远，获得良好的社会反响。

（一）对励志历奇团队的成员有深远影响

该项目是由学校历奇培训团队统一策划实施的。该团队架构完善，培训师、骨干学生干部以及团队的整体水平不断提升。从游戏的设计到实施，均能锻炼团队成员的能力，据班主任及其他教师反馈，参加励志历奇团队的成员普遍能成为具有良好沟通能力、高度责任感、高度团队精神，具有较高领导才能和创新能力的新型骨干学生干部，他们在高校或工作岗位都能脱颖而出，成为领军人物。

（二）对学生领袖冬季训练营参加者具有广泛且深刻的影响

通过参与一系列主题突出的活动，学生领袖在思想道德、工作能力、团队精神上有很大程度的提升，成就了团队的凝聚力与团队精神，形成合力，让学生领袖更好地投入到学习、生活中去。接受过学生领袖冬季训练营洗礼的学生干部，由于综合能力高，团队意识、服务意识强，不仅在班级管理中能得心应手，而且在大学的学生干部工作中往往也有出色的表现，担任要职，独当一面，甚至影响到学生的终身幸福观。

（三）提高学校影响力

学校通过在其他兄弟学校承办励志历奇志愿活动，不仅全面地锻炼了学生领袖们的综合能力，而且也扩大了我们学校在市、区的影响力，实现了更大的教育价值。

四、项目创新点

经过多年的积累和沉淀，广州市第七十一中学学生领袖冬季训练营活动，形成了一套对学生干部素养提升的有效方法，该活动以历奇教育为主要抓手，全面开设各项活动，内容丰富充实，既具有挑战性，又具有可行性，为学生所喜闻乐见，取得良好效果。

（一）活动内容上的创新

该活动由我校历奇培训团队开发，结合学生领袖培养的教育特点，符合本校学生的需求，各个环节环环相扣，从学生个人领导才能素质提升、责任意识强化、学校归属感形成、团队荣誉感升华、干部人脉搭建等各个方面，多维度地提升学生领袖的整体水平，发挥了很好的德育功能。

（二）活动形式上的创新

该项活动突破了传统的学生领袖培训模式，从单一的理论学习、课堂学习中解放出来，以体验式学习为载体，调动学生领袖的积极性，激发起内驱力，通过“学习—应用—反思—再学习—再应用—再反思”的训练模式，让学生领袖能够在实践中提升各项能力，为学生所喜闻乐见。

（三）组织形式上的创新

广州市第七十一中学学生领袖冬季训练营由学校的历奇培训团队承办，该团队由专任教师和学生干部组成，架构科学，梯队完善，有助教组、摄像音响组、后勤组等各个小组，合作分工合理，工作效率高，在紧凑的培训活动中有条不紊，配合默契。该团队经过多年实践，已经具备良好的专业素养，在活动的组织上可媲美专业团队，成为学校一支重要的德育干部力量。

五、结语

广州市第七十一中学学生领袖冬季训练营以体验式学习为主要手段，为学校学生干部开展形式新颖，集趣味性、思考性、挑战性和教育意义于一体的教育活动，学生领袖在活动中交流情感，提升能力，凝练团队，良性竞争；在平时学习生活中形成的既渴望交流又自我封闭的矛盾心态中，打破隔阂，主动融合；在提升自身素养的同时，强化了学生干部的责任感，增强了团队的凝聚力和荣誉感，凸显了学生领袖独特的精神面貌，树立了学校德育工作一个创新性的品牌。

“自华秀”让每个孩子都闪光

广州市白云区金沙小学
主要贡献者：谭燕清　邹　婷　林丽仪　吴贤炯　吴建连　陈智凤

一、实施背景

金沙小学位于美丽的金沙洲，是 2008 年广州市政府民心工程金沙洲新社区的配套学校。2015 年以来，学校开办了 3 个分校区，形成一校四区格局，学校迅猛扩大，从一个普通的学校发展为“白云区金沙小学教育微集团”。2019 年 9 月，北校区独立为金沙第二小学，目前金沙小学一校三区。

学校服务对象中约 50% 的生源是来自广州市第一批解困房、廉租房和公租房的新社区家庭孩子以及外来务工人员子女；同时，也有约 50% 的学生是来自教师、医生、公务员、警察等家庭。总体上，学生家长的家庭教育水平差异较为明显。为此，我们凝练了“践行自华教育，让每颗沙子都发光”的办学理念。

“自华”就是自主、自秀、自为、自我实现。学生群体尽管来自不同背景，底子不同，但都可通过提高自信心来满足持续发展的需要。秉承办学理念，我们着力从培养学生自信心、自主性等方面入手，开展“自华秀”主题特色活动，让学生在多样的活动平台、创新的活动方式、多元的评价激励等途径下展示自己的才华，体验成功的快乐，磨炼意志品质，促进自信心和自我成长内驱力，提升综合素养。

二、实施过程

（一）活动目标

通过各类活动，帮助学生在实践中体验，在合作中成长，从而增强自信心和自我成长的意志和能力。

1. 通过学生值日、文明班评比、升旗仪式、家长义工亲子日、班（校）会等常规的教学环节让学生担任角色，从中学习展示待人接物的礼仪、文明的言行、管理学校的当家本领、展示优势的才艺、亲子共进等“五秀”活动，做有责任、有担当的时代少年。

2. 通过学科、社团、科技、球类等“缤纷专项”活动，磨砺学生的意志，提升自信心和进取精神。

初级阶段目标：通过“自华秀”各项目，带动学生积极参与自我管理、自我展示、亲子融合等环节活动。

中级阶段目标：通过早上礼宾队的示范，让学生穿着整齐、相互问好、行队礼等，促使学生养成良好的习惯，形成稳定的校风、班风。

高级阶段目标：通过校园评比我当家、“自华之星”评选等项目，使良好的习惯和校风得以内化和生成，从而培养高素质的自信自华的学生。

（二）活动的内容及组织

“自华秀”由“五秀”活动和“缤纷专项”活动组成。

1．重锤打造品牌活动“自华秀”之常规类项目“五秀”活动

“五秀”活动是通过秀才艺、秀礼仪、秀当家、秀亲子、秀仪式，培养自信、自华、阳光的现代小公民。特别是秀才艺，我们“自华才艺秀”活动时间为每周二、四的午间十分钟，在每个班级的讲台上搭建一个“自华秀”舞台，每一个孩子都可以在舞台上轮流展示自己的才艺，内容不限；表现优秀的同学，还有机会被推荐到学校参与“自秀星”的角逐，每学期开展全校师生才艺展演，颁发证书及绶带。具体项目安排见表1。

表1　“五秀”活动安排

序号	项目	负责人	时间	要求
1	秀才艺	各班主任	每周二、四 午间十分钟	尽量人人参与，大胆展示自己，让学生从中学会多与人交流、合作、分享，并积极参与每月校园“自秀星”的角逐
2	秀礼仪	各班主任	每天早上和日常	主动问好，微笑示人，注重形象礼仪，遵守课堂、活动、集会等方面的礼仪，言行举止文明规范，彬彬有礼
3	秀当家	大、中队 辅导员	每天（每周由 一个中队当家）	与“沙娃志愿服务队”结合，每个当家队员（轮值队员）要熟悉评比规则并内化成行动，认真当好“小当家”，公平公正公开地完成文明中队评比工作
4	秀亲子	各班主任	每天上学时段及 大型、实践主题 活动	每天上学时间段要求：开展常态化义务执勤活动；开展志愿授课活动；参与学生社会实践活动；协助学校筹备组织
5	秀仪式	大队辅导员	每周一升旗仪式	轮值中队要总结上一周轮值当家的整体情况，谈谈感受，并给队员们做出合理的评价，提出合理的建议与希望，并举行“火炬”和绶带的交接仪式

2．重点打造“自华秀”之“缤纷专项类的活动项目”

这些项目通过每周各种特色的社团活动、竞赛，让学生不断学习、不断提高，展示各自的技艺特长，磨砺意志品质，促进个性特长的发展；多彩的校园活动平台，让学生有广阔的学习展示机会，让学生自我提升、增强自信心。技能的获得、信心的增强辐射到学生学习的方方面面，使得学生获奖数量和质量都相当高。学校实现了发展学生个性特长、全面提升学生综合素养的目的。具体内容见表2。

表2 “缤纷专项”活动安排

序号	项目	内容	时间
1	八大校园文化节	体育节、艺术节、科技节、英语节、读书节、数学文化节、社团节、灯笼节才艺汇演，展示自我和综合学习	原则上每年组织一次
2	七大传统节庆活动	国庆节、建队节、教师节、开笔礼、毕业礼、植树节、春节等传统节庆活动	结合重大节庆日或专题活动定期开展
3	缤纷学科活动	语数英等十大学科校级活动和参加各级竞赛展示活动	每学期每学科一个专项；参加各级各类比赛为不定期开展
4	重点打造的品牌项目	七彩大课间、手球、足球、科技、艺术	1. 团活动周二至周五社团活动课 2. 校际赛 3. 参加各级各类比赛特训与参赛

（三）运行机制

1.“自华秀”活动项目涉及类别多，参与人员广，因此，学校各部门分工管理，家长委员会协同合作，开展相应的主题活动，并成立了金沙小学“自华秀”项目管理委员会（图1），以起到更好的组织监管作用。

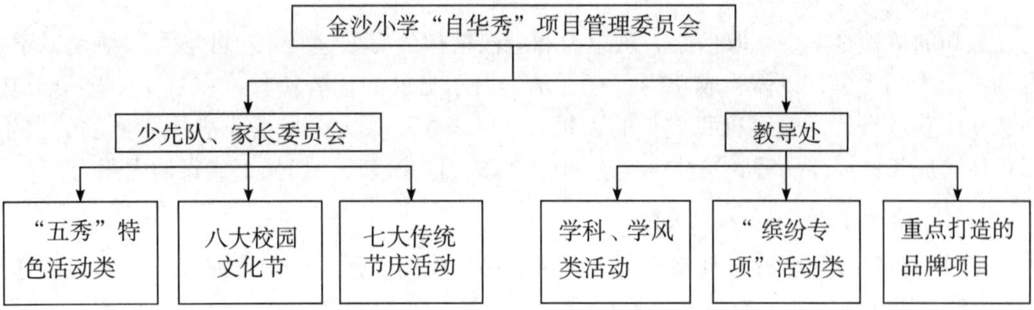

图1 “自华秀”项目管理委员会架构

2. 学校同时开展了广州市教育科学“十三五”规划课题“城乡接合部一校多区小学成长共同体建设行动研究”，建设校区、教师、学生、家长等四个共同体，促进家长参与学校的教育活动，通过亲子活动加强亲子关系，提高家庭教育水平。教师在行动研究中，为“自华秀”活动提供了优秀方案，优化了活动质量，为本活动保驾护航。

（四）评价体系

评价是促进学生发展的有效手段。“自华秀”活动采取了以学生为主体、家长参与、递进式评价、评价团队与评价个人相结合等多样性、多角度的评价，有效促进活动的持续进行，让激励制度变成了得心应手的育德手段。本领是练出来的，模范是夸出来的，通过树立“自华之星”典型，表彰优秀，充分发挥先锋模范作用，让孩子们有理想、有目标，同时也让优秀的同学带动身边更多的同学一起进步，变得越来越好。因为只有在不断的自我和他人的肯定、正面评价中，个性才能得到不断的张扬和发展。

1. 评价者多样化

通过自评、他评、师评、家长评等手段进行综合评价，择优推荐产生一批富有诗书气质内涵的金沙少年——“自华之星”，并颁发特制的“自华之星”奖杯，让学生产生荣誉感、向往感，充分发挥榜样引领的力量，引导学生不断正视自我、挑战自我、超越自我，从而带动更多的同学自信自华。

2. 评价方式多样化

纵向评价，如同一个班级开展“自华秀”活动以来，三年间班级和学生的发展变化进行跟踪评价；横向评价，同一年级的班际间参加“自华秀”各项活动的竞赛评比，形成你追我赶的良好氛围；递进式评价，学生在班里“自华秀”中脱颖而出，就可以参与到校区的展示。

3. 表彰对象多元化

“自华秀”活动的评价有学生个人评价、学习小组评价、学生团队评价等，目标是在更大程度上激励学生参与体验和自主成长。

4. 综合评价全面化

每学年进行“自华之星”的评选表彰工作，从“做学校的好学生”“做家庭的好孩子”“做社会的好公民”等三个方面（家、校、社三位一体）制定实施细则。

三、创新及成效

（一）激发了学生成长的内驱力

成功的体验是学生获取信心、意志力和进取精神的有效途径。“自华秀”活动以学生参与展示为切入口，以体验成功为目标，学生展示自己的优势特长，在展示中感悟成功，在成功中获取自信，获得自我成长的力量。“自华秀”大大激发了学生体验活动的快乐，反思体验成长的心路历程，自主参与，自觉反思，自我成长，加强了成长的内驱力。

（二）给予了弱小以人文关怀

学校地处城乡接合部，外来务工人员子女多、流动性强，他们普遍自信心不足。通过“自华秀”活动给予外来务工人员子女以关爱，提升他们的精气神，促进外来务工人员子女自我成长。

（三）创设了学生自主管理的有效机制

秉承“让每颗沙子都自华闪烁”的自华教育理念，“自华秀”活动受到了全体学生的喜爱和家长们的欢迎。学生亲身参与，不断自我反思、对照，不断规范自我行为，在体验中逐渐生成感悟，自我教育，加强了他们对日常行为规范的理解和主动性，唤醒了主人翁意识，学会了自我管理，提高了自我管理、自我约束的能力，真正给予孩子们一片属于自己的天空。我校少先队大队部在 2016、2017 学年先后荣获“白云区红旗大队”“广州市红旗大队”称号。

（四）培养了学生自信自华的气质

学生自信、阳光，朝气蓬勃，表现出更爱学校，更积极主动学习。学生参加的各级各类比赛获奖的数量一年比一年多，获奖的层次一年比一年高。如：学校男、女手球队分别获得广州市青少年手球锦标赛第一名和第二名的好成绩；科技类比赛项目，年年获得省级和市级奖项都有 20 多项；学生男、女足球队分别获得白云区第一、第四名的好成绩。

（五）助力了家校成长共同体的建设

活动为家校共建、家校成长共同体提供了一个良好的沟通平台。家长们通过参与学校各类志愿服务活动以及学生评价，不仅能让他们更理解学校，站在学校的角度去考虑问题，同时也为孩子树立了乐于奉献、积极投身志愿服务的榜样形象，有利于促进和谐的亲子关系。

（六）促进了教育教学成绩稳步提升

“自华秀”一系列的活动，不仅培养了学生学习主动、自信阳光的品质，形成了与人交流、合作、分享的良好习惯，让他们在丰富的学习平台中收获了成功和喜悦，还很有效地促进了学校教育教学成绩的稳步提升。近年来，学生在课堂上更愿意展示自己，更自信参与课堂，学校连续几年均获得白云区教育教学评价一、二等奖，2019 年更是获得“广州市教育教学先进单位”荣誉称号。

（七）提升了学校品牌知名度及美誉度

学校举行的“自华秀”及育人专项活动，切实培养了学生良好的核心素养，多次被广东广播电视台少儿频道、现代教育频道、珠江新闻、澳亚卫视、白云时事等媒体报道，为学校树立了良好的口碑，大大提升了学校品牌知名度、美誉度，扩大了影响力。学校于 2019 年通过了白云区特色品牌学校培育的评审，成为了第一批白云区特色品牌学校培育对象，获得了广州市教育先进集体称号。

四、结语

“自华秀”活动，让学生在展示、体验、反思中自我成长，取得了令人振奋的成果，弘扬了学生个体生命的活力。今后，我们将不断开阔思维，不断创新，扩大学生团队的建设领域，吸引更多家长的参与，进一步拓展校外活动基地，以更加科学的、适合学生发展的方式激励评价学生，引导其实现自我成长。

“研学式”德育实践基地活动模式的构建与实施

广州市黄埔区科峻小学
主要贡献者：黄红波　王莉曼　刘　桦　张桂芬　李瑞娇　黄柳霜

一、实施背景

（一）“研学实践”成为新型育人课程

“研学实践”是近年来兴起的一种新型综合实践活动，是学校教育和校外教育衔接的创新形式与有效途径，是校内书本教育教学内容向自然界和社会广阔天地的重要拓展和延伸。研学实践的体验性、课程性与开放性为中小学德育提供了广阔的空间，在研学实践活动的目标、主题、方法与评价等方面对学生进行德育渗透，有利于提高德育的有效性。

（二）学校德育出现知行脱节现象

知先行后、重知轻行、知行过程割裂是当前学校德育面临的主要问题，知行脱节更是当前学校德育面临的主要困境，已成为教育领域关注的焦点。为促进学生知行合一，学校把小学生德育基地实践与学校德育课程密切结合，通过校外德育实践基地开展一系列研学活动，引导学生走出教室，走向社会，在实践和体验中进行道德内化，提升综合素养。

（三）学校已建立多个特色德育实践基地

我校以“行而知德，研学成长”为活动理念，根据区域优势和企业单位合作，签署了德育实践基地协议书，建立了多个特色德育实践基地，为学生打造“行走的课堂”。学校依据学生年龄特点和成长需要，不同的年级对应不同的德育实践基地进行研学实践。如：一年级到黄埔区图书馆，二年级到善坑顶公园、香雪公园，三年级到广东太古可口可乐公司、励丰文化公司，四年级到广州市救助站，五年级到萝岗消防中队，六年级到黄埔军校。

二、实施内容

经过近四年德育实践基地活动探索，学校确定了多样主题的“研学式”德育实践活动内容。具体见图1。

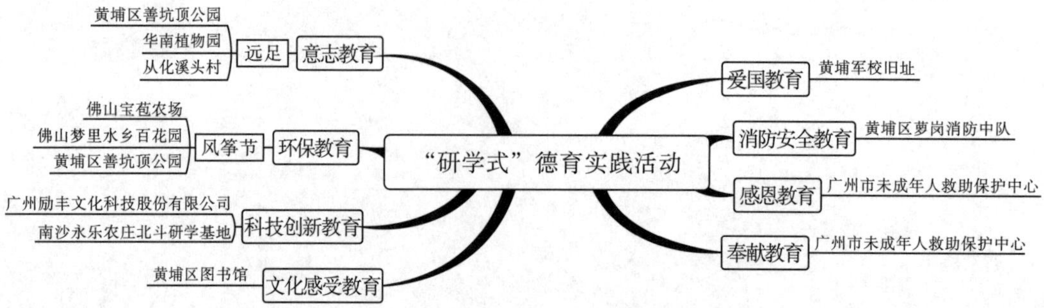

图1　“研学式”德育实践活动

三、实施策略

学校根据借助地域研学资源特色，紧密结合学龄需求，按照资源和时间最优化原则设置线路，明确研学实践的目标、主题，突出模块化、序列化，整体规划研学课程，构建具有独特性、趣味性的“研学式”德育实践活动策略，凸显新时代精神。

（一）设置合适的学习目标

学校和教师根据研学实践主题，结合德育实践基地的特点，制定明确的并具有可行性的学习目标，学生通过探究可以顺利达成。

（二）给予适当的学习指引

将教学融于研学实践，打造行走的课堂，教师要对学生进行必要的学习指导。教师对学生的指导应该偏向于两个方面：（1）知识上的指导。教师指导学生复习回顾所学知识或搜集相关资料，使其在研学实践过程中顺利应用。（2）方法上的指导。教师可以对学生进行适当的指导，掌握切实可行的方法，并在实践活动中得以强化。

（三）鼓励学生自主探究

在探究式学习过程中，学生可以结成学习小组，一起研究问题，发现规律，获取知识。在这一过程中，学生能够把自己的想法付诸实践，组员和组间的讨论也更加热烈。

（四）重视能力形成过程

研学实践活动除了要拓展学生实践知识外，还要重视能力的提升，通过德育实践基地提供的各种实践机会以及活动后的总结反馈，培养学生的综合实践能力。

在上述实践活动策略的指导下，学校开展了各种各样丰富多彩的德育实践基地活动。

四、实施过程及模式

为了顺利推进“研学式”德育实践活动，规范“研学式”德育实践程序，学校明确了具体的活动流程：确定主题—制定方案—组织活动—活动反馈。具体见表1。

表1 “研学式”德育实践活动具体实施过程

研学实践活动	德育基地	实施过程
红色教育活动	黄埔军校旧址	活动前：1. 指导学生搜集黄埔军校相关资料，明确活动目标。2. 做好出行安全、物资等方面的准备
		活动中：参观黄埔军校旧址，深入了解黄埔军校的发展史，近距离接触革命历史人物，体味黄埔学子那段艰苦奋斗的经历和黄埔将士在战场上浴血奋战的历史
		活动后：填写《黄埔军校研学任务卡》，学生主动与老师、同学分享活动后的体会、感受
消防安全教育活动 家国情怀教育活动	萝岗消防中队	活动前：1. 指导学生搜集消防相关资料，提前了解相关消防知识，明确活动目标；2. 做好出行安全、物资等方面的准备
		活动中：参观消防基地，直观、真实地了解消防车辆、消防装备器材，亲身参与消防安全演练实践，观看相关消防视频等

续表

研学实践活动	德育基地	实 施 过 程
	萝岗消防中队	活动后：填写《萝岗消防中队研学任务卡》，学生与老师、同学分享活动后的体会、感受
感恩教育活动 奉献教育活动	广州市未成年人救助保护中心	活动前：1. 活动人员提前了解广州市未成年人救助保护中心相关资料，了解救助对象的困难或需要，明确活动目标；2. 活动人员做好出行安全、物资等方面的准备
		活动中：1. 学生以中队参与的形式到广州市救助站献爱心；2. 亲子义工讲师团为站内的流浪儿童爱心助教；3. 教师送课到站，给流浪儿童送去不同方式的教育
		活动后：学校给参与活动人员颁发"善美之星"称号；学生写活动感想等
远足活动	善坑顶公园 香雪公园 华南植物园 从化溪头村 流溪湾风华生态园等	活动前：1. 指导学生提前了解研学目的地的相关资料，明确活动目标；2. 做好远足安全、物资等方面的准备
		活动中：通过"远足 + 研学实践""远足 + 劳动教育""远足 + 安全纪律教育""远足 + 生态文明教育""远足 + 红色教育"等延展方式，走近自然，亲身实践，在行走中挑战自我
		活动后：学校给参与远足的学生颁发远足证书及奖牌，学生填写活动感想或与老师、同学分享收获、体验等
魅力风筝节活动	宝苞农场 梦里水乡 百花园	活动前：1. 指导学生学习、了解风筝的相关知识，明确活动目标；2. 做好出行安全、物资等方面的准备
		活动中：1. 全校根据相关主题进行唱风筝、颂风筝、为风筝写诗、绘画风筝等活动或比赛；2. 到达研学地点进行放飞风筝
		活动后：展示风筝主题的相关作品，老师、同学进行评价反馈
科技主题活动	励丰公司 北斗研学基地 广东太古可口可乐公司	活动前：1. 指导学生提前了解研学目的地的相关资料，明确活动目标；2. 做好出行安全、物资等方面的准备
		活动中：参观研学地点，通过视觉、听觉、嗅觉、味觉、触觉等多重感官体验高科技产品，感受其科技文化的创新及神奇
		活动后：学生填写《研学任务卡》或进行相关主题实验，并分享实验成果
文化感受教育活动	黄埔区图书馆	活动前：1. 教师给学生提供相关学习指引；2. 做好出行安全、物资等方面的准备
		活动中：通过亲子阅读、绘画鉴赏、歌剧欣赏、专家主题讲座等多种阅读形式，品读多样文化
		活动后：学生完成《图书馆研学任务卡》，分享活动感受

学校通过开展德育实践基地活动，结合实践经验，从活动前“六备”、活动中“三看”“六感”和活动后“三环节”入手，创新地总结了德育研学实践活动模式。具体见图2。

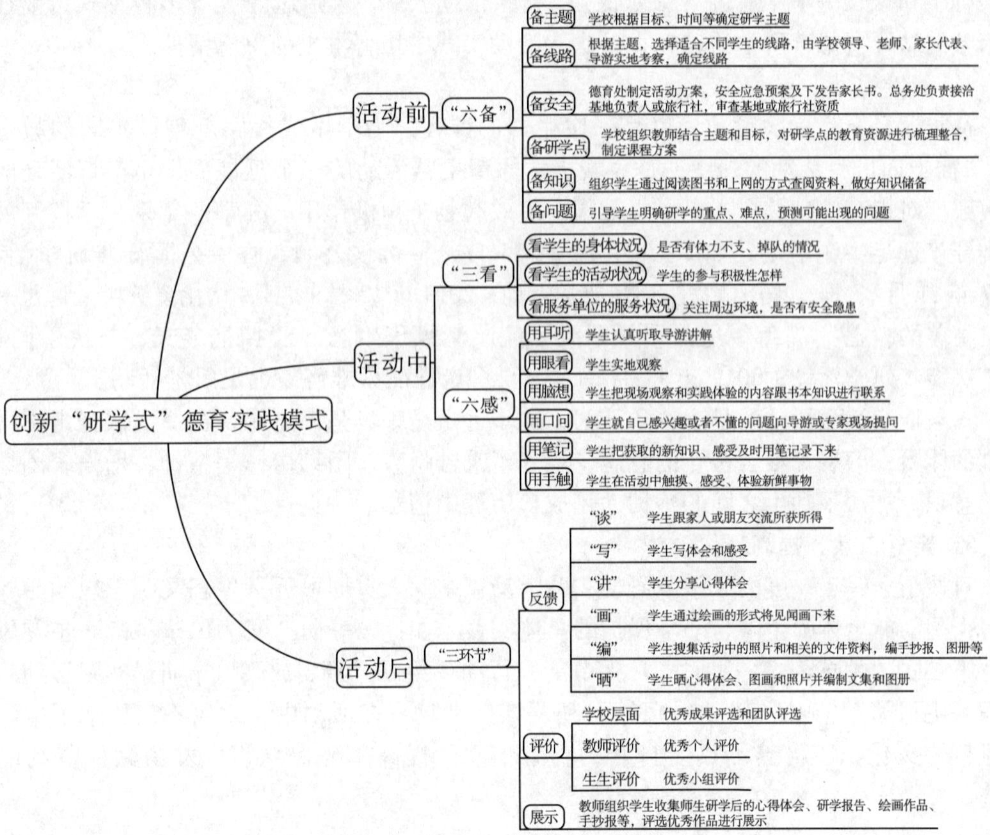

图2　“研学式”德育实践活动模式

五、实施成果

以德育实践基地为依托，学校开展了优质有效的研学实践活动，取得了良好的德育成效，具体体现如下。

（一）学生在研学中成长

1. 参观军校，厚植家国情怀

黄埔军校作为我校的德育实践基地，以其独具魅力的黄埔精神影响着学生。在参观黄埔军校的研学活动中，学生以革命先辈们作为自己的楷模，树立了远大志向，浓浓家国情怀油然而生。在爱国情感的激励下，学生积极参加爱国主题的征文、演讲等赛事活动，佳绩连连，并在活动中全面提升爱国意识和综合素质。

2. 消防体验，提高安全意识

学生通过直观地了解消防车辆、先进的消防装备器材，真实地感受到祖国日新月异的高科技技术；通过亲身体验消防演练、观看相关消防视频，增强了消防安全意识；通过聆听消防员叔叔的“舍小家为大家、先国家后个人”的英勇故事，深刻感悟到自己的岁月静好皆因有人负重前行，从而更加珍惜现在的幸福生活。

3. 救助探访，培育感恩精神

自2016年科峻小学建校以来，在黄红波校长的大力支持和刘桦主任的精心组织下，科峻师生和家长每学年通过“中队传爱”“亲子助教”“教师送课”等多种形式，前往广州市救助站开展德育研学活动，在一次次活动实践中培育学生的感恩精神。

4. 徒步远足，磨炼意志

徒步远足，是一次活动，也是一次生命的课程，为学生成长路上创设不同的教育体验。“徒步远足”活动的开展，是科峻小学德育主题活动的一个延展面，是德育活动的成功实践，对提高学生综合素养、提升德育实效起到了积极作用。办学四年来，学校开展了各类徒步远足主题活动，如2016年12月15日，善坑顶公园、香雪公园徒步研学活动；2017年11月27日，华南植物园远足研学活动；2018年12月12日，从化溪头村“远足——遇见更美的自己”高年级远足研学活动，流溪湾风华生态园“拥抱冬天，与快乐同行”低年级徒步研学活动；2019年11月21日，“重走长征英雄路”远足研学活动。

参与徒步远足活动的师生一致认为，徒步远足是一场坚韧之旅，在一次次行走中得到深刻的体验，磨炼了艰苦奋斗的意志，培养了吃苦耐劳、团结协作等精神，增强了团结协作的意识，加深了师生之间的感情，是成长历程中精彩的一页。

5. 亲近自然，提高环保意识

科峻小学一年一度的风筝节研学实践活动，是深入贯彻习近平生态文明思想的具体举措，也是动员全体师生参与环境保护的具体实践。如：第一届“我为风筝写诗”主题风筝节；第二届“地球熄灯一小时，环保节能齐行动”绘画风筝、放飞风筝研学实践活动；第三届“唱风筝”“颂风筝”“放风筝”研学实践活动。在活动中，学生不仅传承了中国非遗风筝的文化，还培养了热爱自然的朴素情感，提高了环保意识，发扬勤俭节约的好传统。

6. 参观企业，筑梦科技

在各类科技主题的研学活动中，学生走进企业，领略企业的科技文化，不仅亲身体验了先进的科技产品，感受到了科技的快速发展和科技给人类社会生活带来的巨大变革，而且开阔了科普视野，增强了科创兴趣，并激励自己好好学习，去发现和探索未知的世界。

7. 走进图书馆，悦读启慧

每学年，学校会定期组织学生去黄埔区图书馆进行多种形式的活动，如亲子阅读、绘画鉴赏、歌剧欣赏等，充分利用校外资源开展丰富多彩、形式多样的阅读活动，大大激发了学生的阅读兴趣，在活动中感受阅读的魅力，启发智慧。

（二）教师在研学中提升

在“研学式”德育实践活动中，教师走下讲台，走出教室，在行走的过程中备课、上课、反思，这也让老师们感触良多。有位班主任说道：“我们过去知道要把课堂还给学生，通过这次研学实践活动，我认为应该把自然还给学生，让他们进入自然，尽情地游玩，自由地活动，而他们在游玩中、在活动中会找到真正的学习。”

教师作为研学实践活动中的重要要素，研学实践活动的规划设计能力、沟通交往能力、组织管理能力、教育机制等均得到进一步提升。

（三）家长在研学实践中转变

最初，有些家长担心研学活动会影响学生的正常学习，但孩子们的变化让他们对研学活动有了正确的认识。在调查问卷中，家长们纷纷表示，教育不能仅仅关注考试成绩，更重要的是综合素质和实践能力的提升，并对下次研学活动充满期待。同时，通过活动中沟通合作，家长与学校、老师积极配合，进一步拉近了家校距离，形成了牢固的教育合力。

（四）学校在研学中发展

学校从办学开始，结合本区域实际，加强与周边区域的合作，积极挖掘研学活动资源，精心培植研发团队，努力开发特色德育活动课程，发展和创新了学校的人格教育模式，取得了良好的德育成效。

六、突破性成绩与影响

学校德育与研学实践相结合，活化了德育课程，提升了学生道德品质，培育了学生良好道德风尚，塑造了学生良好的学习品质。通过开展丰富多彩的德育实践基地活动，学校德育取得了一系列喜人的成绩。

（一）活动新闻多次在网络平台报道

活动中的相关信息多次在区电视台、澳亚卫视《少年看中国》栏目、《人民日报》等平台播出相关新闻，在社会引起巨大的反响，得到了各界人士的赞赏和肯定。

（二）活动新闻频繁刊登各大报刊

学校相关主题德育活动新闻刊登在《人民日报》《中小学德育》《新快报》《广东教学报》《广州日报》等报刊上，在社会产生积极影响。如：刘桦老师志愿支教事迹《广州道德模范宣讲志愿支教感人事迹》在《广州日报》刊登；特色德育实践活动相关图文刊登在《中小学德育》封面……

（三）“研学式”德育课题结题

科峻小学承担广州市中小学德育研究“十三五”规划2017年度课题“‘研学式’德育实践基地活动的研究”完成各项研究任务，达到预期研究目标，课题顺利结题。

（四）德育实践活动相关主题比赛活动佳绩连连

在学生方面，多名同学在黄埔区各类主题演讲、征文比赛中获奖；我校大雪中队荣获“2017—2018年度广州市少先队先进中队”称号。

在教师方面，刘桦老师荣获“广州市道德模范”称号；吕昭昕、叶梓潼老师在2018年黄埔区“弘扬高尚师德，潜心立德树人”师德征文活动中荣获二、三等奖；李瑞娇老师的《战疫情，爱与责任同行》在2020年“战疫情：教师在行动”师德好故事征集活动中荣获三等奖。

在家长方面，“科峻之声”家庭志愿服务队在广州市救助站开展“同是红色传人”的活动中荣获广州市黄埔区教育局“同是红色传人”活动一等奖。

“乡土文化行”师生远足活动

广州市从化区桃园中学
主要贡献者：刘海生　沈　峻　戚国红　陈伟容　钟阳星　徐锦涛

一、形成背景

（一）学校现状

广州市从化区桃园中学创办于1966年，位于从化区温泉镇，是一所公办乡镇初级中学。近几年，学校非常重视开发校本特色课程和组织学生各类活动，促进学生综合素质提升。2015年开始，我校与附近的高校合作，利用高校优质教育资源，开设篮球、足球、乒乓球、跆拳道、舞蹈等校本课程，同时积极挖掘温泉本地乡土文化资源，邀请本地非物质文化遗产传承人，开设舞鲤鱼和编织鲤鱼课程。2016年开始，每年举办“乡土文化行”师生远足活动，至今已举办四届，活动成果丰富，社会效应显著，这一活动已经成为我校最具特色、最受欢迎、最具影响力的校园活动。

（二）活动背景

2013年，我校教育教学质量走入低谷，学生厌学情绪严重。沈峻校长开始任我校校长，计划将活动作为克服学生厌学情绪的突破口，丰富学生课余生活，通过小活动，落实大德育。新校长的办学理念孕育了“乡土文化行”师生远足活动。我校位于从化区温泉镇，乡土文化氛围浓厚，镇内有一所高校，为我们举行“乡土文化行”师生远足活动提供了环境基础。

2016年，教育部等11部门联合印发《关于推进中小学生研学旅行的意见》（教基一〔2016〕8号），明确各中小学要结合当地实际，把研学旅行纳入学校教育教学计划，避免“只旅不学”或“只学不旅”现象。该文件的出台为我们举行“乡土文化行”师生远足活动提供了政策依据，为活动的设计提供了指导意见。

二、实施过程

（一）策划

为了顺利举办“乡土文化行”师生远足活动，提升活动的实施效果，保障活动的安全举行，我校非常重视活动的策划工作，一份优秀的活动策划方案等于成功的一半。

1．成立工作领导小组，加强组织领导

为了切实加强对“乡土文化行”师生远足活动的指导与组织，确保安全、有序、有效地举行活动，学校成立了以校长为组长，以德育副校长为副组长，全体行政、级长为成员的工作领导小组，工作领导小组负责活动的组织领导工作，具体策划工作由德育处与团委协作负责。下设四个工作小组，分别是指挥联络组、宣传报道组、安全保障组、后勤和医疗保障组，明确了各工作小组职责，将活动组织工作落实、落细。

2. 多渠道挖掘乡土文化，设计活动线路

温泉镇乡土文化氛围浓厚，但在市场化和现代化大潮中，乡土文化逐渐被边缘化和遗忘，而乡村学校作为乡土文化重要的传承场所，肩负乡土文化传承的使命。“乡土文化行”师生远足活动重点在于“乡土文化行”，培育学生的乡土情怀，推动乡土文化的传承。我校通过实地走访，查阅资料、探访乡贤等渠道，挖掘温泉镇现存的乡土文化和传承载体。目前挖掘出温泉镇的乡土文化和传承载体主要有：草塘村“水族舞”、龙岗村裕祚祥萧公祠、“八叶流芳”牌坊和王氏宗祠、源湖村祠堂文化和历史人物、广东温泉宾馆、温泉财富小镇、温泉湿地公园、宣星村刘氏祠堂、云台山战场遗址、中山大学南方学院（现更名为广州南方学院）。经师生共同研讨、论证，设计出 3 条经典“乡土文化行”师生远足活动线路，其中第一条线路：桃园中学—草塘村—源湖村—中山大学南方学院—乌土村—金鸡村—桃园中学，全程约 19 公里；第二条线路：桃园中学—源湖村—温泉交警中队—温泉牌坊—广东温泉宾馆—中山大学南方学院—乌土村—金鸡村—桃园中学，全程约 20 公里；第三条线路：桃园中学—宣星人家—温泉湿地公园—中山大学南方学院—桃园中学，全程约 23 公里。每三年循环一次，每一届学生刚好走完 3 条线路。师生行走于村野之间，发现家乡之美，领略优秀乡土文化，弘扬优秀乡土文化。

3. 编写策划书和应急预案，实地模拟演练

根据前期调研，编写本年度“乡土文化行”师生远足活动策划书和应急预案初稿，阐述活动主题、活动目的、行走线路、行程安排、活动准备、前期培训、安全告知、评比办法等事宜。初稿确定后，组织教师进行实地模拟演练，在演练的基础上进行研讨、论证，完善活动策划书和应急预案，形成正式稿。

（二）组织

1. 多部门联动，为活动保驾护航

“乡土文化行”师生远足活动因是校外活动，涉及范围广，还需要穿越省道、国道，需要向区教育局、温泉镇政府、温泉镇交警中队、派出所、各村居、中山大学南方学院等多部门报备，发活动洽商函，协助学校开展活动。因为有了他们，使我们活动的安全性得到更好的保障；因为有了他们，使我们活动的资源得到更好的保障；因为有了他们，使我们活动的内涵更加丰富。多部门联动，为活动保驾护航。

2. 组织师生学习，保障活动有序、有效进行

活动举行前，组织师生学习《“乡土文化行”师生远足活动策划书》《“乡土文化行”师生远足活动应急预案》《“乡土文化行”师生远足活动研学手册》等资料。通过学习，让师生明确活动目的、要求、线路、时间、安全事项等，明确各自的职责；通过学习，让师生加强对活动的了解，激发师生参与的热情；通过学习，让师生初步了解研学的内容，提前搜集研学中涉及的乡土文化，培养学生走进自然、亲近自然、热爱自然、热爱家乡、热爱祖国的情感。组织师生学习，让每一位参与活动的师生心中有数，保障活动有序、有效进行。

3. 互帮互助，一个也不掉队

出发前，全校师生集中进行出发前的动员，再由校长授旗宣布活动开始，拉开活动的

序幕。在党旗、校旗、共青团旗、会旗、会徽、班旗的引领下，以班为单位的活动队伍正式踏上征程。每班班旗在前引路，男女排成二纵队，沿着马路靠右行走。教师分到各班，行走在学生的左侧，维持班级学生行走秩序和保护学生安全。一路走来，时而欢声笑语，时而歌声满天。每到一站，组织学生参观景点，由接洽点的负责人介绍当地历史人物、文化掌故，学生认真听讲解，填写研学手册，每一站都收获满满。每次活动不管行走哪一条线路，中午时刻都进入中山大学南方学院站，参观大学校园，体验大学生活，在大学餐厅用餐。此站一举两得，既体验了大学生活，又解决了中午学生用餐问题。餐后，中山大学南方学院志愿者分班组织学生参与各类活动。在中山大学南方学院站，师生适度休整，补充体能，下午两点半准时返程，一般四点半回到学校。回到学校后整理队伍，清点人数，进行活动小结。当天活动期间，师生之间、生生之间互帮互助，克服重重困难，所有师生都能完成远足活动，一个也不掉队。

（三）总结与反思

1. 召开学生主题班会，在分享中总结，在聆听中反思

每次“乡土文化行”师生远足活动结束后，各班召开主题班会，分享活动收获、精彩瞬间，展示优秀的研学报告，表扬活动中表现优秀的学生，汇总存在的不足，让学生思考改进方法。在分享和展示中总结，在聆听中反思自己、认清自我，不断提升自我修养。

2. 召开教师专项总结会议，在总结中反思，在反思中提升

每次“乡土文化行”师生远足活动结束后，召开教师专项总结会议，在会议中各参会人员总结活动情况，指出好的地方，明晰不足之处，提出改进办法。会后，形成会议纪要，建立备忘录，为下一次活动添砖加瓦。

三、实施效果

（一）领略优秀乡土文化，激发建设家乡志向

我校大部分学生都是土生土长的本地人，但较少关注当地的乡土文化，大部分学生不了解当地的乡土文化，“乡土文化行”师生远足活动正好给全体学生补足了这一空白。让学生知道“蔚堂书舍”（林召棠题词），进而了解清朝道光年间癸未科状元林召棠；让学生知道“裕祚祥萧公祠”和“八叶流芳”牌坊，进而了解明代诗人黎民表；让学生知道“云台山战场遗址”，进而了解解放广州最后一战；让学生知道“广东省温泉宾馆松园一号”，进而了解从化的红色足迹；让学生知道“王氏宗祠”，进而了解春节期间的“烧炮”习俗。让学生知道，原来我们的家乡有如此深厚的文化底蕴，有如此丰富的乡土文化。“乡土文化行”师生远足活动让学生领略到优秀乡土文化，在今后的人生中，不断传承和弘扬优秀乡土文化，感受家乡之美，激发了学生热爱家乡和建设美丽家乡的志向。

（二）磨炼学生意志，增强班级凝聚力

读万卷书不如行千里路，约 20 公里的远足活动，对学生而言是一个不小的挑战，需要体力和毅力支撑才能完成活动；对班级而言也是一个不少的挑战，需要大家齐心协力、互帮互助、自觉遵守才能完成活动。个别学生在返程阶段脚底磨出血泡，走路一拐一拐，但都没有放弃，坚持走完全程。在整个远足活动期间，同学们都相互帮助，体质强的同学帮助体质弱的同学背包，大家分享美食、互拍照片等。“乡土文化行”师生远足活动很好

地磨炼了学生吃苦耐劳、坚持不懈的意志，增强了班级凝聚力。

（三）拉近师生距离，培养师生情感

“乡土文化行”师生远足活动全员参与，全体教师分配到任教的班级，师生成为一个团队，一路有说有笑，共同参与，完成挑战行走全程。一天的接触，拉近了师生距离，培养了师生情感和团队协作精神。

四、突破性成绩

（一）让优秀的乡土文化得以传承

在市场化和现代化大潮中，乡土文化逐渐被边缘化和遗忘，而我校开展的“乡土文化行”师生远足活动重点在于“乡土文化行”，让学生领略优秀乡土文化，弘扬优秀乡土文化，培育了学生的乡土情怀，推动当地乡土文化的传承。

（二）实现“立德树人”的育人目标

当下，学校因担心安全问题，几乎杜绝了大型校外活动，而我校开展的“乡土文化行”师生远足活动，将安全落到实处、细处，同时学生不需要任何费用，不加重学生经济负担，实现全员参与，得到了学生、教师、家长、社会的一致认同和一致好评。不仅体现了我校敢为人先的胆识和气魄，更践行了我校“办适合的教育，做最好的自己”的教育追求，实现“立德树人”的育人目标。

（三）引领区域活动潮流

由广州市教育研究院编印的《中小学德育研究》（2017 年第 1 期）刊登了我校 2016 年举办的“乡土文化行”师生远足活动剪影，使我校“乡土文化行”师生远足活动模式得到不断推广。2017 年，区内多所学校开始组织远足活动，远足活动已成为学校的潮流。2019 年，广州市从化区教育局开始在中小学校组织“走读从化”系列活动。

德育课程类

荔湾区家庭教育课程的开发与实施

广州市荔湾区教育局

主要贡献者：罗锦虹　麦云霞　黎颖桃　莫卓娜　安　然

古人崇尚“修身、齐家、治国、平天下”，中国传统文化强调家庭与社会的联系与和谐。近年来，习近平总书记在不同场合多次谈到家庭教育的重要性。在全面贯彻党的十九大精神和学习领会习近平新时代中国特色社会主义思想的大背景下，我们以家庭教育课程的开发与实施为抓手，将党的十九大精神转化为家庭教育发展的新思路、新做法，助推荔湾区家庭教育工作新征程、新气象，实现新作为、新突破。

一、形成背景

当前，中国特色社会主义进入新时代，提升家长素质，提高育人水平，家庭教育工作承担着重要的责任和使命。2015 年 11 月，教育部印发《关于加强家庭教育工作的指导意见》（教基一〔2015〕10 号），指出要从落实中央“四个全面”战略布局的高度，不断加强家庭教育工作，进一步明确家长在家庭教育中的主体责任。如何更有效助力家长提升自身素质和能力，与学校、社会形成教育合力，切实增强家庭教育的有效性，荔湾教育人一直在思考和探索。

20 世纪 80 年代以来，广州市荔湾区家庭教育一直走在全国前列：1983 年率先建立了国内首所家长学校，2014 年 1 月成立了全国首所家庭教育学院——荔湾区家庭教育学院。自此，加强指导我区各中小学幼儿园家长学校、家长委员会建设。荔湾区家庭教育学院平台建设不断发展、深化，建立了 2 个区家庭教育学院分院和 21 个家庭教育实验基地。制订了《荔湾区教育局关于进一步加强中小学幼儿园家庭教育工作的意见》等，每年面向区内学校下发《荔湾区家庭教育工作要点》，指导学校更扎实、深入、有效开展家庭教育工作。

如今，荔湾区已形成在家庭教育学院引领下，以学院实验基地为依托、以课题研究为抓手、以课程构建为基础、以创新活动为载体、以师资培养为核心的复合式家庭教育工作格局，为区域性家庭教育发展奠定了坚实基础。

二、课程内容与实施

（一）探索家庭教育理念上的变革和深化

荔湾区家庭教育学院以“不放弃一个孩子，面向家庭背景下社会全体公民”为工作宗旨，立足本区，构建“行政驱动——引领家庭教育课程的开发与实践；科研先导——支撑家庭教育课程的内涵发展；示范带动——力促家校社间的互联互通；区域推广——开展多维度课程实践辐射家庭教育”架构，展开一系列家庭教育课程的探索、开发与实施，从而面向社会全体成员深入铺开家庭教育，推动全民教育和终身教育。见图1。

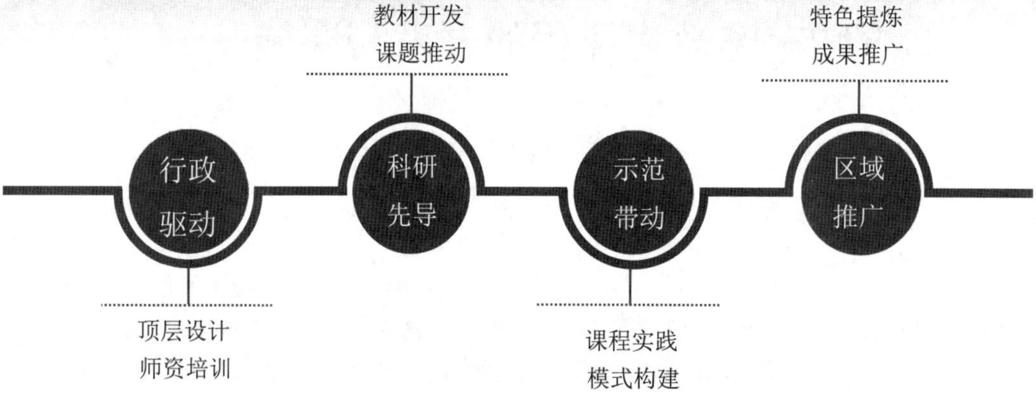

图1　家庭教育课程开发与实施路径

在探索家庭教育课程体系的开发和创新实践中，我们首先思考的是家庭教育理念上的变革和深化。围绕“多元协同，陪孩子一同成长”这一核心理念，其中“多元”指育人目标多层次、育人对象多主体、育人内容多维度、育人手段多途径；“协同”指多元的维度形成共育合力，构建家庭教育指导服务体系。通过家庭教育过程、方式、方法及管理的多元并举，引领家长做学习型家长，在家长成长带动孩子成长的良性循环中，实现多元协同共育，促进孩子健康成长。见图2。

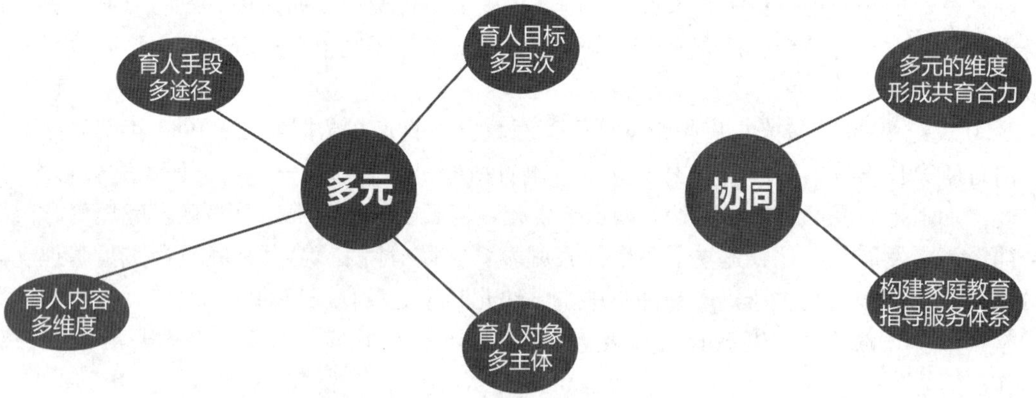

图2　核心理念：“多元协同，陪孩子一同成长”

（二）构建多元协同下的家庭教育课程体系

本着以生为本、因地制宜的原则，荔湾区家庭教育学院从地方课程、线上课程、实践课程三方面着手，去开发、构建多元协同下的家庭教育课程体系，并通过家庭教育课程的有效实施，提升家长科学教育子女的能力。

1. 基于课题研究，开发家庭教育地方课程

荔湾区家庭教育学院以问题为导向，以课题研究带动家庭教育课程的开发、设计与实施。自2016年起，学院以“协同理念下的家庭教育研究”课题研究为重点，融合区内系列市、区级家庭教育课题研究，积极探索研究“1+4”：家庭与学院、家庭与学校、家庭

与社区、家庭与媒体共同作用下的家庭教育新模式，先后编著了14套成果集，荔湾家庭教育系列丛书已初具规模。

自2019年起，在前期探索积累的支撑下，开展“荔湾区家庭教育教材的开发与应用实践研究”等课题的研究，同时引领区内5所小学、9所幼儿园立项子课题，区域课程的实践与研究更加深入，持续开发、完善和实施本土课程——《荔湾区家庭教育课程体系》，丛书全套5册，分为幼儿版一册、小学两册、中学两册三个阶段。在体例上，五册书均按案例—分析—建议—实践的逻辑关系来编写。这套家庭教育实用性工具书，融示范性、指导性、科学性、实用性于一体，颇有新意又彰显童趣，体现了新时代中国特色社会主义家庭教育的前进方向和指导方针。

课程实施阶段，我区向各学校（幼儿园）下发课程体系书籍，由子课题学校、学院分院、学院实验基地示范引领课程实施，并逐步辐射带动区内中小学（幼儿园）纷纷投入到该课程丛书的实践中。区内幼儿园更建立结对帮扶工作机制，以片长园带动片内幼儿园开展课程实施。家庭教育地方课程的全面铺开有效提高家庭教育指导的实效。

2. 基于新时代背景，丰富完善线上课程

荔湾区家庭教育学院于2014年创建了网站、微信公众号和微信工作群三个网络互动平台，微信公众号关注用户五万多人。在新时代背景下，2019年起，在家庭教育地方课程全面实施的基础上，同时推出网络课程。先后开通了“荔·家讲堂”“荔·家访谈”“荔·家锦囊”等微课专栏，推送包括音频、视频的网络课程共65期。网络课程与地方课程结合，线上线下整体推进的双线教学模式，及时全面回应家长关切的家庭教育热点问题。2020年新冠肺炎疫情期间，在学院微信公众号发布了相关课程推文79篇。截至2020年底，转发和发布原创家庭教育课程、信息共计863条。荔湾区家庭教育学院宣传片、家庭教育骨干教师培训花絮、线上课程等选送并发布在学习强国广州学习平台共计21篇。

自此，初步搭建了家庭教育课程的网络资源库，为学校、家长提供线上教育资源平台。线上课程的推送更方便家长利用碎片化时间参与学习，助力家长更及时了解掌握孩子各个成长阶段的特点、问题和应对策略，逐步实现家长从“要我听”向“我要听”到“随时听”“随时学”，逐步形成人人能学、处处可学、家家受益的荔湾家庭教育环境和氛围，为全民教育、终身教育提供重要保障。

3. 基于互动探索，拓展“行走课堂”亲子实践课程

荔湾区家庭教育学院一直在探索创新亲子实践课程，以实践课程研究为主旨、以传承优秀传统文化和家庭美德为内容、以亲子实践活动为形式的亲子实践课堂，让学生在行走的课堂中感于思、化于心、践于行。

近年来，家庭教育学院开展“荔家乐享”亲子实践系列活动，组织了近20期体验式的家庭实践活动课程，举办多期亲子共育课程、亲子社团、亲子趣味运动会、家园共育实践课程等。系列体验式的家庭实践活动进一步拓展家庭教育活动载体，加强家校社联动，构建家庭教育社会支持体系，积极推动多元协同共育。

（三）在课程实施中加强家庭教育团队建设

在各级领导的支持下，早在2011年，荔湾区便成立了荔湾区德育研究会家庭教育专业委员会，发挥专家型理事的专业能力。2015年，荔湾区整合科研院所资源，建立了近60人的家庭教育专家智库。借助专家的力量，培育本地人才。同年创建了由德育干部、

骨干教师和家长、志愿者和社会机构专业人士、“五老人士”等专兼职结合的家庭教育讲师团，现共计252人。制订《荔湾区家庭教育学院讲师管理规定》，明确讲师职责、星级讲师考核办法。出版了《荔湾区家庭教育讲师讲义集》（全套上、下集），结合家庭教育的热点、难点、重点，收录了中小学、幼儿园共138篇家庭教育讲座讲义，具有普遍推广和应用价值。

近年不断加强师资团队的培训。2016年，在中国科学院大学组织了为期7天的学习，2019—2020年，举办了两期分别六个半天的家庭教育骨干教师轮训，共计258人参加了培训。同时以《荔湾区家庭教育课程体系》为教材，以“多点开花”展示家庭教育讲师观摩课程，在12所学校展示了区家庭教育讲师21节示范课，录制了8节家庭教育微课，辐射推广家庭教育指导课。

三、课程的创新

（一）多元整合家庭教育课程资源

改变碎片化的家庭教育格局，通过开发有效的地方课程、线上课程、亲子课程等家庭教育资源，线上线下结合推进家庭教育课程实施，使家庭教育传播路径更加便捷，家庭教育内容更加丰富、系统、科学。

（二）开发线上线下家庭教育资源库

依托荔湾区家庭教育学院资源平台，发掘储备家庭教育资源库，《荔湾区家庭教育课程体系》等丛书和荔湾家庭教育学院微信公众号平台已成为家庭教育的亮丽名片。

（三）选树家庭教育试验点

区内建立2个区家庭教育学院分院、21个家庭教育实验基地、14所课题实验学校，引领课程实施，在全区范围内推行家庭教育课程，及时总结经验，改进不足，为家长提供专业指导，提升家庭教育的水平。

四、课程实施的成效与影响

（一）特色凝练，区域推广

荔湾家庭教育工作在开拓创新中形成了鲜明的区域特色，在广东乃至全国产生了一定的影响和辐射。现时，荔湾区家庭教育学院被确立为首批广州市学校家庭教育实践基地和首批广东省家庭教育研究实践基地。

近年来，家庭教育课程的开发与实施作为家庭教育学院的工作亮点之一，在各场合宣传推广。2016年，在中国家庭建设与教育高峰论坛上进行专题经验介绍；2017年，承办了《中国家庭教育指导服务规范》专家论证会和广州市家庭教育学术研讨会；2018年，在广东省首届“家校共育”高端论坛上进行专题经验介绍；2019年，受邀在由中国教育学会举办的“全国家校合作经验交流会议”上作专题经验介绍。近年来，广西柳州市、贵州省毕节市、四川省绵阳市、重庆市南岸区等10多个城区教育同行相继到荔湾学习交流家庭教育经验。荔湾家庭教育骨干也到潍坊市、青岛市、深圳市等多个地区进行考察、交流，构建了家庭教育资源大平台，延伸了家庭教育的大教育环境。

《荔湾区家庭教育课程体系（小学版）》由广东教育出版社推荐，经中国家庭教育学会联合中国出版协会组织专业评审评定为“全国百部家庭教育指导读物书目”。评选读物由全国18个省份报送的2016到2019年期间出版的优秀读物，获奖比例占总参评读物的34.8%，可以说是优中选优，其中家庭教育研究成果类读物仅占27本。

“荔湾家庭教育”品牌逐渐彰显。2017年，被评为全国中小学德育工作优秀案例；2018年，入选广东省大中小学德育工作成果展示；2020年，被评为广州市优秀学校家庭教育实践基地、广东省中小学家庭教育典型案例“中小学家庭教育指导品牌项目”。

（二）示范带动，循序渐进

“加快建设学习型社会，大力提高国民素质”。在家庭教育学院的引领下，学校家庭教育校本特色课程也是百花齐放，如协和幼儿园研发的“和乐”家长学校培训课程、乐贤坊小学实施的“乐·课程”、鹤洞小学开发的“父母学堂”课程等各具特色。课程内容涵盖荔湾本土文化、学校特色、家庭教育知识、技能与方法，凸显全面性和开放性，开设了各类特殊类型专题，兼顾特殊学生的家长群体。初步统计区内近20所学校（幼儿园）开发了家庭教育校本教材。

同时，鼓励各中小学、幼儿园在校园网络中设置家庭教育栏目，宣传家庭教育的新理念、新方法。如：广东实验中学荔湾学校打造“一期一会”系列云课；康有为纪念小学苏苑勋校长在公众号上设置专栏开讲“苏校聊家教”；金兰苑小学云端开办“金兰家长学堂”，家长线上学习，实时打卡、积学分。

党的十九大和习近平新时代中国特色社会主义思想所确立的教育发展战略和方针，为家庭教育的发展带来了新契机，也提出了新要求。荔湾区将继续坚持立德树人根本任务，深入探索家庭教育发展新思路，充实家庭教育新内涵，大力提升我区家庭教育指导和服务水平，共同为未成年人健康成长保驾护航，推进形成社会主义家庭文明新风尚，在新一轮发展浪潮中厚积而薄发，开创家庭教育新局面。

以教育戏剧为支点撬动小学德育正能量

——以广州市海珠区客村小学为例

广州市海珠区客村小学

主要贡献者：伍照恩　李红兰　简晓文　曹燕青　李　鹰　李世红

一、形成背景

2018年2月，教育部部长陈宝生在全国教育工作会议上的讲话中指出："党的十九大再次强调立德树人根本任务，这是教育系统坚持和发展中国特色社会主义核心所在。要把德育摆在更加重要的位置，丰富育人载体，创新育人方式，构建长效机制，写好立德树人新篇章。"

2019年6月，中共中央、国务院印发《关于深化教育教学改革全面提高义务教育质量的意见》，指出"要突出德育实效，提升智育水平，强化体育锻炼，增强美育熏陶，加强劳动教育。坚持'五育'并举，全面发展素质教育"。立德树人是新时期教育的根本任务，学校教育要全面贯彻党的教育方针，结合时代需求与特色，不断开拓与创新，赋予教育新的形式与内容。教育戏剧是一种集德育、智育、体育、美育目标于一体的综合有效的教育模式，对培养受教育者全方位能力具有独特的价值。教育戏剧依托有趣活泼的学习情境，促进角色选用与自我认知，培养解决冲突问题的能力，强化体验式学习的价值，创造多维度的对话，引导现实生活的改变。将这一创新的教育手段应用于学校教育教学活动中，是实现立德树人根本任务的有效载体。

客村小学自2016年引入教育戏剧项目，成为全市首所深度开设教育戏剧课程的小学。经过两年的发展，学校成为50所首批全国少儿教育戏剧联盟学校之一。在加强和改进学校德育工作的背景下，把教育戏剧纳入德育新体系当中，成为学校德育的一种新形式。学校教育戏剧的开展实现了全员参与，课程教学内容日趋丰富，师资力量也日渐充实，并在实践中不断总结反思。它让每一个孩子站上属于自己的舞台，演绎各自的生命精彩。一年一度的教育戏剧节已成为学校一张闪亮的名片，也为海珠区德育建设提供了一条新思路。

二、主要措施

（一）成立教育戏剧工作小组，率先研究与实践

激发年轻教师的教学热情，成立以年轻教师为主力的教育戏剧工作小组，工作小组教师率先进行理论与技能的学习。加强教师培养的同时，积极推进教育戏剧实验班的教学实践，为教育戏剧在客村小学大放异彩奠定了坚实的基础。

（二）借助外部专家和团队力量，助力课程全面实施

多次邀请教育戏剧方面的专家入校指导，尽最大努力为学校教师提供走出去学习的机

会，聘请外部专业的教育戏剧团队协助教学实施。在专家指导、专业团队协助、学校教师全方位参与的情况下，客村小学教育戏剧课程全面推行实施。

（三）教育戏剧渗透学科素养，为学校德育工作赋能

坚持道德与法治课程中以德育人的本色教学，将教育戏剧元素应用于学科教学活动中，形成以戏剧为手段的具有独立教育价值的特色课程。教育戏剧剧场项目中融合生活中的德育价值观念，学生在角色的世界里感悟德育的魅力。教育戏剧中特别的教育功能赋予学校德育工作新能量。

（四）调整德育课堂教学模式，立德树人客村人

借助教育戏剧手段，为学生创设接近真实的价值选择环境，学生在虚拟的戏剧中体验真实的生活，教学设计以过程戏剧的形式为主，为学生提供“知情行意”完整的学习路径，使学生在行动中产生道德观念，在戏剧实践中获得情感、态度与价值观，学校实现立德树人根本任务。

三、实施过程

（一）引进资源开启教育戏剧育人之路

学校在各项教育政策的指引下寻求新时代教育变革创新的发展思路，将教育戏剧引进学校，首先引进了教育戏剧拓潜班、一人一故事班、英语教育戏剧班，其次引进专家和团队资源协助课程实施，学生经过教育戏剧的学习，不仅在艺术表演能力上得到显著提高，在思想品德上也得到良好的熏陶。见图1。

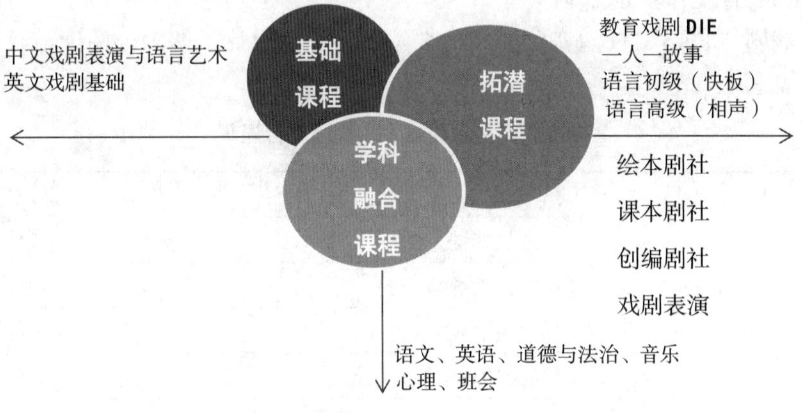

图1　客村小学新时代“童星”教育戏剧课程

（二）教育戏剧“1+3”校园实践模式形成

设置教育戏剧实验班，并在教育戏剧中进行学科融合，校园全面实施教育戏剧育人模式，形成“1+3”校园实践模式。其中“1”为基础层面，通过对教育戏剧习式等的学习，养成良好的规则意识、行为习惯和学习兴趣；“3”是能力层面，包含创作、改编、表演的能力和技巧，“3”的能力培养体现了教育戏剧课程的学科整合性。见图2。

（三）剧场项目研发渗透生活中的德育内容

学校在低年级部开展《隐形的我》项目，在中年级部开展《弃儿》项目，项目中以

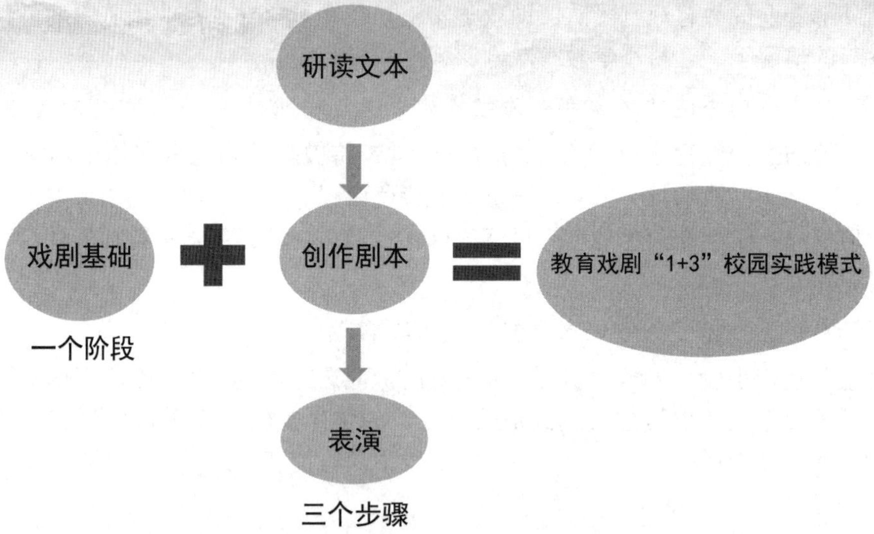

图2 教育戏剧“1+3”校园实践模式

虚拟的故事背景展现真实世界里的德育内容，学生在剧场排练的过程中，走进角色，走入生活，走向价值观的选择。

（四）儿童阅读为教育戏剧中的德育实施打基底

早在全面引进教育戏剧之前，学校就部署了让学生利用在校期间的碎片时间进行“晨读、午诵、暮省”的阅读计划，让学生每天坚持，日积月累，通过书香陶养，丰富学生的精神基底，为德育工作奠定基础。

在教育戏剧“1+3”校园实践模式的带领下，学校设计了课内外阅读与教育戏剧融合课程，具体见表1、表2。

表1 课内阅读与教育戏剧融合课程

序号	课　文	适用年段
1	《一块奶酪》	三年级
2	《小木偶的故事》	四年级
3	《那一定会很好》	三年级
4	《渔夫的故事》	五年级
5	《大禹治水》	二年级
6	《卖火柴的小女孩》	六年级
7	《急性子顾客和慢性子裁缝》	三年级
8	《方帽子店》	三年级
9	《漏》	三年级
10	《Module 2 Abilities》教育戏剧与英语课文融合课	五年级
11	《海的女儿》	四年级
12	《咕咚》	一年级

表2 课外阅读与教育戏剧融合课程

序号	课　文	适用年段
1	课例《西游记》	六年级
2	《粤剧小百科——广播与接收广播》	六年级
3	《方舟》	二年级
4	《苏菲的世界》	五年级
5	《隐形的我》	一、二、三年级
6	《弃儿》	三、四、五年级
7	《皇帝的新装》	二年级
8	《神笔马良》	二年级
9	《小绿狼》	二年级
10	《我要买什么都没有》	三年级
11	《喷火龙》	四年级
12	《Let's talk》教育戏剧与英语绘本阅读融合课	五年级
13	《Can I help you》教育戏剧与英语绘本阅读融合课	五年级

（五）教育戏剧让德育课堂焕发新魅力

将义务教育阶段道德与法治课变成儿童可以参与的教育戏剧课程，学生通过他人的故事、扮演的角色，去收获真实的经验，在这个过程中进入意义和构建自我的层次上学习，最终建构一个完整的价值观念。学生在戏剧中探索一个又一个的道德问题、公民的权利与义务，主动在课堂场景中演绎出社会场景中的正确道德行为，德育课堂从静态的获得转变为动态的探索，焕发出不一样的魅力。

四、实施效果

（一）学生综合素质得到提高

教育戏剧在客村小学的落地生根，主要给学生带来三方面的影响：解放天性、规范行为习惯、积累语文素养。一是在教育戏剧的课堂里，学生更加自信，敢于表现自己，个性也逐渐释放出来。二是教育戏剧让孩子们实现自我和社会的“集体观看”，在模拟中看见自己也看见他人，行为习惯变得更加规范。三是我校的教育戏剧分为传统教育戏剧课和学科融合课，从不同程度上肯定和发展了学生的语文素养，不仅最大化地挖掘了学生口头表达、想象和肢体多层面的语言技能，更提升了学生融入社会、自我发展的综合文明素养。

（二）教师专业素养获得提升

自我校引进教育戏剧项目后，从2017年开始成功立项的与教育戏剧相关的市、区级课题就有六个之多。我校申报的课题“新时代‘童星’教育戏剧课程构建的行动研究”于2017年开题，在2019年4月顺利结题，并被评为优秀等级；“智慧型成长阅读与教育戏剧有效整合的实践研究”于2019年3月立项；市级课题“教育戏剧与小学高年部语文课堂教学有机整合的研究”于2017年结题；开展了市级课题“教育戏剧在道德与法治教学中的运用研究”。与此同时，我校教师发表有关教育戏剧的论文达9篇，一大批教师承担区级以上的课例展示以及讲座，可谓硕果累累。见表3。

表3 论文发表

序号	成果名称	主要作者	发表刊物	发表时间
1	巧用教育戏剧，融入英语课堂	黄璐璐	《新课程》	2018年4月
2	“戏”说“新”语，立德树人，关照未来——浅论教育戏剧的育人魅力	黎肖红	《高考》	2018年7月
3	教育戏剧进课堂，一泓清泉活水来	黄璐璐 孔梅	《新东方英语》	2018年8月
4	让戏剧之光闪亮孩子个性	伍照恩	《广东教育》	2018年12月
5	让我们的课堂更有戏——浅析客村小学教育戏剧与语文学科教学的融合	叶梦娜	《广东教育》	2018年12月
6	教育戏剧融入小学语文课堂教学例谈	邓彩红	《广东教育》	2018年12月
7	小学语文教育戏剧课程开发的策略	李红兰 黎肖红	《新课程》	2019年1月
8	一人之辩，重于九鼎之宝	伍凌韵	《读与写》	2019年3月
9	教育戏剧应用于阅读教学的研究	叶梦娜	《新课程》	2017年2月

（三）学校戏剧展演屡创佳绩

学校开展教育戏剧特色课程，重点打造原创环保音乐童话剧《花城护卫队》，获得广东省第六届中小学艺术展演活动一等奖、第二届羊城美育节一等奖、区语言艺术比赛一等奖的好成绩，小演员们还荣获国际儿童电影配音节配音资格，已在中央人民广播电台“华夏之声”栏目、全国教育戏剧节、海珠区各小学等平台展示，影响力极大。我校周秋玲老师获得了广东省中小学生艺术展演活动的优秀指导教师奖。

（四）赢得了社会的广泛好评

2017年12月，我校举办了首届客村小学教育戏剧节——“入戏·品戏·成大器”，接待了来自全国各地约350位与会者，得到了与会老师和专家的一致好评，南方都市报、广州广播电视台、《信息时报》《羊城晚报》《孩子》杂志社对本次教育戏剧节也进行了大力报道，取得了良好的社会反响；2018年12月，我校承办“戏剧·人生——以教育戏剧促进学科素养培育与行为习惯养成的融合”海珠区德育现场会；2019年12月，我校策划了“童星闪亮炫风采，艺术舞台筑梦想”的戏剧节活动，低、中、高三个年部的戏剧表演班学生的展演，打动人心，获得了热烈的掌声。

五、创新之处

（一）构建教育戏剧课程体系，创新德育内容，完善学生人格

我校通过构建教育戏剧课程，丰富德育课程资源，拓展德育内容。教育戏剧与戏剧教育不同，是通过戏剧的方法和手段，让学生更好地认识自己，帮助学生更好地生活。这与

我校的办学理念“童星飞扬，星光闪耀”，育人目标培养“个性闪亮、童心飞扬”的明日之星相一致，也与我校的德育目标相契合，培养学生成为一个完整的人。我校将教育戏剧纳入德育内容，将德育目标与教育戏剧主题相互融合，根据德育主题和工作的需要来选择教育戏剧主题，根据学生认知、心理、品德等发展的不同阶段，制定有针对性的教育戏剧课程内容和标准，从而在横向和纵向两个方面全面保障学生的人格发展。

（二）创建教育戏剧教学模式，创新德育路径，点亮明日之星

教育戏剧在与学校德育内容产生联动的过程中，打破原有德育的教学模式，形成了教育戏剧“1+3”教学模式，其中“1”为基础层面，通过对教育戏剧的学习养成良好的规则意识、行为习惯和学习兴趣；“3”是能力层面，包含创作、改编、表演的能力和技巧；形成“体验—创造—生成”的实践过程和教学路径。教育戏剧是一种体验型、创造型的教学模式；是一种以学为中心的教学；是一种在知、情、意、行和谐并举的基础上进行智慧性超越的教学；是一种双向互动性的教学，让学生自主地感受、思考、领悟、生成，用生活和艺术创造生活。

（三）落实教育戏剧课程组织实施，创新德育形式，提供多元平台

教育戏剧课程通过不同的组织实施方式对学生德育进行创新性组织和实施。首先，在课堂上，教师将德育目标与戏剧主题相结合，通过“激发动机—呈现故事—戏剧化—反思与评估”的一系列流程，指导学生开展教育戏剧创作与表演的方法；其次，教育戏剧通过“戏剧节”欣赏专业而经典的课本剧展演；然后，在学科活动中搭建学生表演与交流、演员与观众互动、家庭与学校携手的广阔平台，拓展德育空间；另外，在社团活动中，学生们进行自主创作和编演精品剧目，为学生德育成果提供更多展示平台。以上四个主要组织实施方式，将欣赏与创新表演相结合，将德育拓展到学生生活的不同方面。

六、今后设想

伴随着教育戏剧在客村小学的不断深入，留下的绝不仅仅是学生心血来潮的“精彩瞬间”，更多的是学生通过教育戏剧，被潜移默化地改变，乐在其中的每一个个体都得到了个性与人格上的正向发展。客村小学的教育戏剧，让每一个孩子站上属于自己的舞台，演绎各自的生命精彩，而学校也必将坚定不移地在这条道路上继续前行。

《走进广汽》研学实践样板课程

广州市番禺区教育局教学研究室
主要贡献者：张树峰　陈燕专　刘燕环　高志荣　莫焕枝　郭　婧

一、课程开发与实施背景

（一）落实教育部开展中小学生研学旅行的需要

随着教育部等 11 部门印发《关于推进中小学生研学旅行的意见》，研学旅行成为各界热议的话题，成为一个新兴名词，它传承了中国传统“行万里路，读万卷书”的精神，也与陶行知先生所倡导的“生活即教育，社会即学校”理念相契合。

对于研学旅行，大家除了热情的追捧外，还有很多困惑。例如：如何开展研学旅行？如何挖掘研学旅行资源？如何基于研学旅行课程资源进行课程开发与实践？如何实现研学旅行与学科教学相融合？如何实现研学旅行课程化？……

为了解决这些研学实践困惑，番禺区在推进文化德育社会大课堂的过程中，基于广汽研究院和广州汽车集团乘用车有限公司研学实践基地资源，开发了《走进广汽》研学实践样板课程。

（二）推动番禺区“文化德育大课堂”项目实施的需要

作为全国重要中心城市、国际商贸中心、历史文化名城和综合交通枢纽的广州，在新时代的征程中绽放出新的光彩。作为中小学生，有必要通过研学实践活动感受广州的历史文化，领略广州的独特魅力，传承广州开放与创新的城市精神。

为此，广州市番禺区教育局成立“文化德育大课堂”项目，旨在通过整合和利用丰富的自然、人文资源，发展“文化德育基地”，基地通过提供免费或优惠的场所条件、安全的活动环境、相适应的教育教学内容，为学生提供研学实践的平台。文化德育基地的建立，有利于动员社会各方面力量为青少年学生健康成长创造良好的环境，形成全社会共同育人机制。

为推动“文化德育大课堂”项目的落实，番禺区通过课程建设引领研学实践活动，让学生走出课堂，走进身边的高新企业，感受自主品牌企业的建设发展，了解国家科学技术的进步，领略城市发展的基础成就，进而深刻感受城市发展新气象，感悟国家进入新时代的伟大意义。

二、课程开发与实施过程

（一）课程开发过程

课程开发过程见图1。

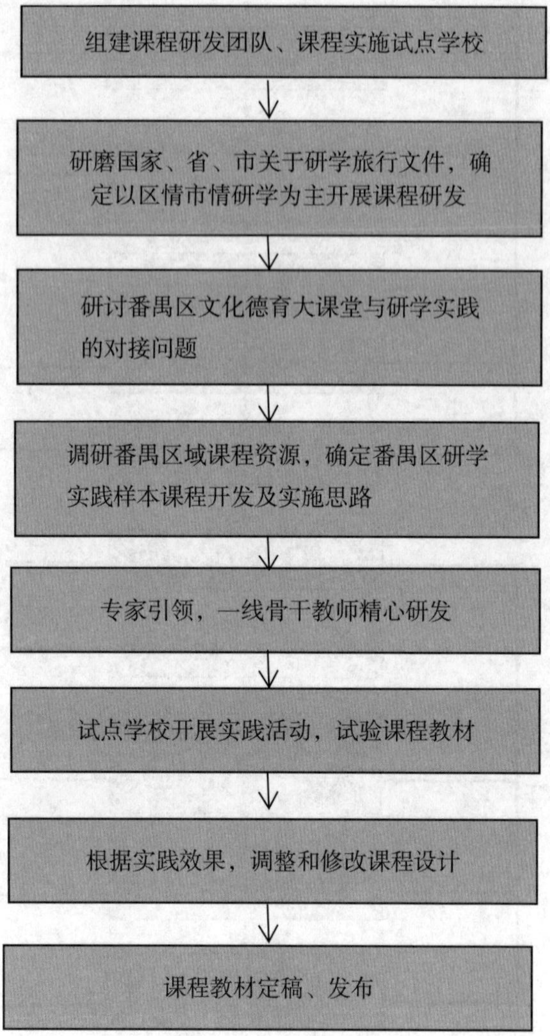

图1　课程开发过程

（二）课程实施流程

课程实施流程如图2。

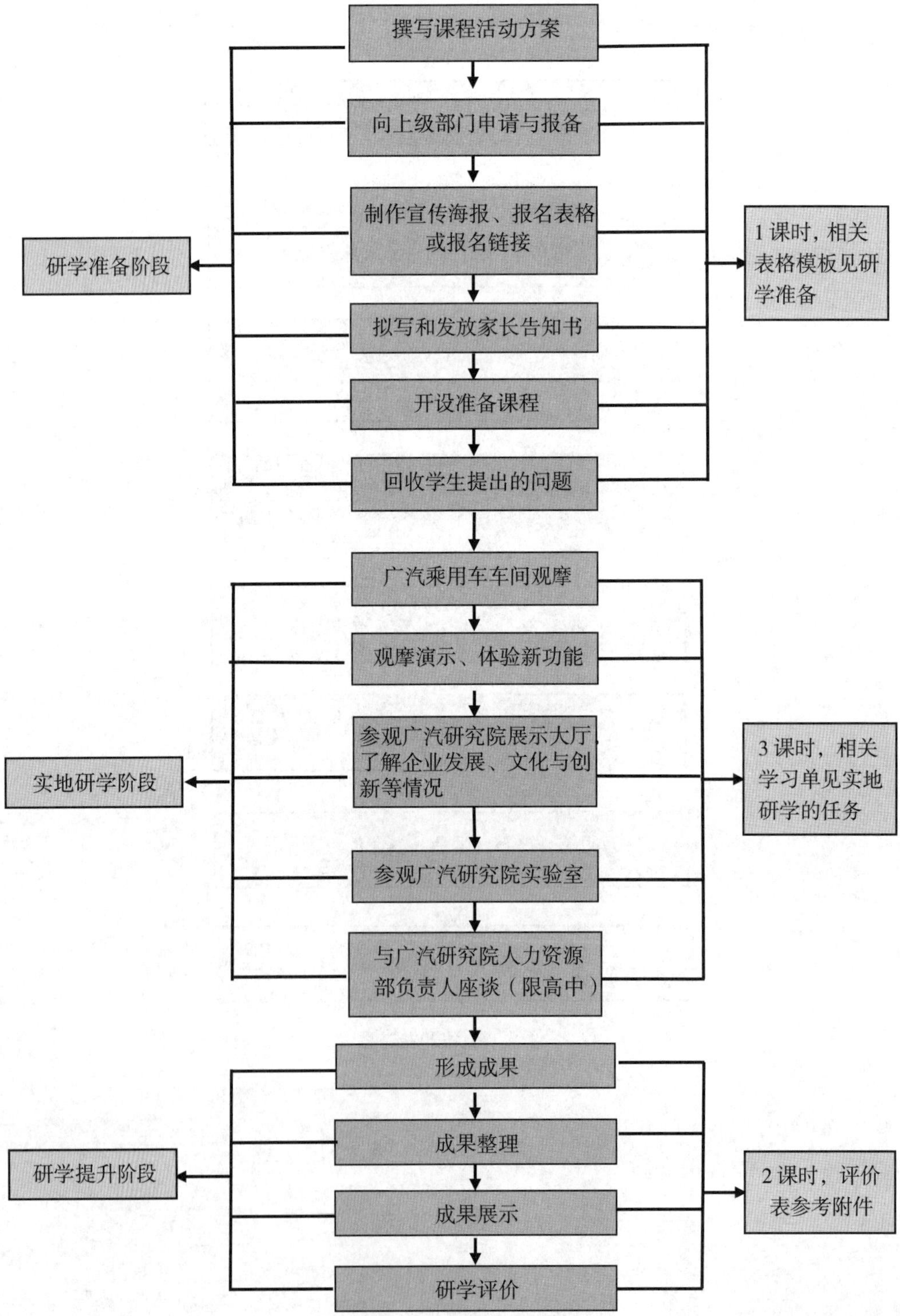

图2　课程实施流程

三、课程实施效果

（一）课程实施达成研学实践目标

在试点学校实施过程中，从学生研学精神状态、成果的展示和评价等方面发现不同学段的研学实践很好达成了课程预设的目标。

1. 小学学段

（1）价值体认：通过参与广汽研究院的研学实践，了解广汽发展历史和广汽精神，获得有积极意义的价值体验，自觉践行社会主义核心价值观。

（2）问题解决：在教师的引导下，独立思考、独立判断，发现并提出自己感兴趣的问题，勇于探究，大胆尝试，初步掌握有效获取、鉴别、使用信息的能力，积极寻求有效的问题解决方法。

（3）创意物化：通过参与研学，培养研究科学技术的兴趣和意愿，能够根据不同情境和自身实际，选择或调整学习策略；能够将创意和方案转化为有形物品或对已有物品进行改进与优化，拓展和升华活动内涵。

2. 初中学段

（1）价值体认：通过参与广汽研究院的研学实践，了解广汽发展历史和广汽精神，获得有积极意义的价值体验，自觉践行社会主义核心价值观。

（2）责任担当：通过开展广汽研究院的研学活动，了解新能源新技术的发展，了解地区产业结构，培养关心社区和社会发展的社会责任意识，形成热爱家乡、服务社会的情怀。

（3）问题解决：在教师的引导下，独立思考、独立判断，发现并提出自己感兴趣的问题，并勇于探究，大胆尝试，初步掌握有效获取、鉴别、使用信息的能力，积极寻求有效的问题解决方法。

（4）创意物化：通过参与研学，培养学习掌握各学科技术的兴趣和意愿，能够根据不同情境和自身实际，选择或调整策略；能够将创意和方案转化为有形物品或对已有物品进行改进与优化，拓展和升华活动内涵。

3. 高中学段

（1）价值体认：通过参与走进广汽番禺汽车城的研学实践，体悟个人成长与职业选择、社会进步、科技创新、国家发展的关系，增强根据自身兴趣专长进行生涯规划和职业选择的能力，自觉践行社会主义核心价值观。

（2）责任担当：通过参观、访问、操作体验、实地考察等形式，到访广汽研究院和广汽承重车车间，了解广汽发展历史和广汽精神，感受家乡的变化、时代的进步、现代文明的发展，增强热爱家乡、为家乡的经济飞速发展自豪的情感，进而培养建设家乡的社会责任感和使命感。

（3）问题解决：通过参与本课程的研学实践，在教师的引导下，独立思考、独立判断，发现并提出自己感兴趣的问题、观点、思路、想法，并勇于探究，大胆尝试，初步掌握有效获取、鉴别、整理、使用信息的能力，积极寻求有效的问题解决方法。同时增加对社会的了解、对行业及职业的体验和认知，激发兴趣与热情，为今后的高校专业选择、职业规划奠定基础。

（4）创意物化：通过参与研学，完成创意作业、成果展示，培养学习掌握各学科技术的兴趣和意愿，能够根据不同情境和自身实际，选择或调整策略；能够将创意和方案转化为有形物品或对已有物品进行改进与优化，拓展和升华活动内涵。

（二）课程推广突出样本化功能

2019 年 12 月，随着《走进广汽》研学实践样本课程教材在番禺文化德育现场会沙湾镇“文化立根，课程育人”专场会发布、推广，整个番禺研学实践课程和线路设计掀起了一股热潮。广州市番禺区教育局借此良机，开展了首届研学实践种子教师线上培训，举办了首届番禺区研学实践课程和线路设计大赛，促进了番禺区教师开展研学实践的能力提升，推动了番禺区研学实践活动的课程化，初步规划了番禺区研学实践线路和课程建设。

1．规划基地辐射式研学线路

各区属学校和各镇街教育指导中心推动以研学实践教育营地为核心，周边基地为辐射圈，创建研学旅行实践基地群。如以历奇山庄营地为核心，联合沙湾古镇、滴水岩森林公园、龙湾绿道、宝墨园、南粤苑和紫泥堂等实践基地，进行辐射式研学旅行线路设计。教育局积极推动跨区域合作和资源共享，形成布局合理、互联互通的研学实践基地网。

2．规划主题串连式研学线路

各中小学校结合中华优秀传统文化、革命文化、社会主义先进文化，结合镇街乡土特色或粤港澳大湾区地域特色，按一定主题精心筛选，打造三至五条面向本区域的示范性研学旅行精品线路。例如：围绕“红色之旅”主题，利用丰富的红色资源，开展“寻访红色足迹，传承红色基因”的研学实践；围绕“生态之旅”主题，利用丰富的绿水青山、海洋资源、美丽乡村、特色小镇、生态保护区等开展研学实践；围绕“文化之旅”主题，利用丰富的文化遗产、非遗传承、名人足迹、地域风情、博物馆藏等开展研学实践；围绕“活力之旅”主题，利用市、区或粤港澳大湾区改革开放、科技创新的生动样板和高等院校、研发机构、科普基地、市场港口、知名企业等资源开展研学实践。

3．建立区域性研学课程体系

各镇街教育指导中心和中小学校加强与有关部门的联动合作，根据研学实践育人目标，根据学段特点和地域特色，把握粤港澳大湾区建设重大历史机遇，结合域情、校情、生情，依托自然和文化遗产资源、红色教育资源和综合实践基地、高等院校、科研机构、特色景区等，逐步开发我区研学实践课程范式，体现研学实践层次性、多样性、特色化特点，建立小学阶段以乡土区情为主、初中阶段以市情省情为主、高中阶段以省情国情为主的研学实践活动课程体系。

4．构建学校研学课程模式

各中小学校把研学实践与综合实践活动统筹考虑，促进研学实践与学校课程有机融合，避免“只旅不学”或“只学不旅”现象，建构“走下课堂、走出校园、走进社会、走向未来”的研学实践课程模式。

四、课程实施经验

研学实践是一项面向中小学生开展的校外实践教育，具有鲜明的主题性、活动性、体验性、隐喻性和生活性等教育特征。作为一种全新的校外教育形式，师资水平和课程品质是评价研学实践教育质量的核心要素。为此，必须在师资培养和课程开发上下大力气，真抓实干，才能确保研学实践健康持续发展，实现实践育人的目标。

（一）高品质研学课程是研学实践目标达成的重要保障

研学是实践教育的重要组成部分。研学旅行是由教育部等 11 部门联合发文制定的具有完整体系和多方联动的中小学生校外实践育人的重要载体。

课程是规范教育教学行为的载体。研学实践课程是活动式课程，是以学生为主体，学习为中心，强调切身体验和融通多元经验的体验教育。研学实践课程设计是对教育目标、教育情景、教学体验、教学活动互动等环节的整体化设计。针对研学实践特点，其课程开发的基本程序包括：主题设定——调查分析，形成教育目标；主题释义——寻找依据，形成教育思路；思路设计——发现关联，形成课程结构；活动选择——对接体验，形成教学体系；行程编排——整合要素，形成教学目标；学案编写——规范教学，形成教育过程。

在研学实践课程中，既要深入把握问题导向法、情境导入法、体验带领法、分享引导法和价值澄清法等方法系统，也要让课程教材、教师教学和学生体验形成整体，从而做到教学做合一，使学生的身体素养、心理素养、技能素养、道德素养、习惯素养高度统一，培养中小学生的综合素质，实现立德树人。

（二）多元融合的师资队伍是开展高质量研学实践的基本条件

研学实践是一项具身学习，不仅关乎头脑，更关乎机体、心理和思想。研学实践是整合融通式教育，要让学生在研学活动课程中产生对价值的体验、体悟，直至体认。

达到这一目标就需要高水平的教师队伍围绕教育主题思想和研学目标，开展富有成效的课程设计、教学组织、活动带领、分享引导和价值澄清等工作。因此，本课程的研发者首先是课程的实施者，而且他们一定是多元融合、跨学科思维强的一线老师，如此才能保证研发和实施理念的相统一，才能保证研学实践高质量实施。

（三）有序有力推进是高品质提升研学实践实效的必要条件

在前期精选试点学校的基础上，为了样本课程对区域研学实践的指导性更强，确保研学实践工作有计划、有目的、有步骤地推进，番禺区在 2019 年 12 月文化德育现场会沙湾镇“文化立根、课程育人”的专场会上进行了样本课程教材的发布，同时强调了研学实践课程推进的具体要求，随后在 2020 年 4 月开展了番禺区研学实践种子教师的培训以及优秀研学实践课程和线路征集活动，一系列有序、有力的推进措施提升了番禺区各中小学研学实践实施的品质。

“走读广州——博物馆真奇妙”德育课程

广州市荔湾区西关实验小学

主要贡献者：梁敏玲　谢慧菁　叶　萍　冯宇颖　麦泳欣　戚东俊

一、项目背景

推进课程综合设置，加强课程内容与学生生活及现代社会的联系，是全面推进素质教育改革、实现中国教育现代化的重要举措。帮助青少年认识源远流长、博大精深的中华文化，正是为增强学生文化自信提供了强有力的支撑。

作为广州市荔湾区的传统名校，西关实验小学结合西关源远流长的地域文化，设计了一套具有广州特色、广州风格、广州气派的德育特色课程“走读广州——博物馆真奇妙”，该课程从2018年开始实施。

二、项目内涵

（一）课程理念

“走读广州——博物馆真奇妙”德育特色课程以培育和践行社会主义核心价值观为最终目标，充分利用博物馆资源，有机整合德育活动、家校合作、社会实践等多方教学形式，力求做到“授业于馆校之间，树人于实践之中”。

小学生正处于身心发展的重要时期，自我意识开始萌芽。囿于生活经验有限，小学生对历史人文了解尚浅。因此，在小学阶段帮助学生了解历史，树立对历史负责的积极态度，激发其对广州的历史认同感是必要的。这对促进学生成长为一名负责任、有担当的广州少年具有极重要的基础性作用。

历史文化遗产凝结着中国劳动人民从古至今的智慧。基于学生心理发展及认知特点，本课程结合博物馆资源，带领学生进入社会生活中积极实践，在知识学习、认知实践中接触广州本土文化，激发学生独立思考、知行合一，从而在鲜活的社会实践中认识中华文明起源、历史的发展脉络，不断增强民族凝聚力、自豪感。

（二）课程目标

基于国际博物馆协会的分类标准，我校“走读广州——博物馆真奇妙”课程从“历史、自然科学、艺术、人类学”四大课程主题展开。

第一，学生通过校内主题知识学习，结合书籍阅读，了解建筑史、美食与美器、骑射、考古等多学科综合知识，初步认识茶文化、中药文化、中国建筑史等课程主题，产生学习博物馆课程的兴趣。

第二，在家长导师的指导下，学生通过小组合作完成设计陶器花纹、设计古人服饰、制作手鞠等实践活动，形成综合运用多学科知识的能力。

第三，学生走进博物馆亲身体验感知历史文明，在研学实践活动中理解体悟人与自然的和谐关系。结合所学所感整理研学笔记，产生对古老文明和智慧的敬畏之心，潜移默化地形成尊重历史、热爱历史的思想品德。

第四，学生结合课堂所学、实践所造、研学所感，根据所在小组的不同主题进行故事创编、皮影戏创作等，完成学习成果展演，在互相学习、鉴赏、交流中，产生热爱和传承中华优秀传统文化的思想意识。

“走读广州——博物馆真奇妙”德育特色课程，旨在让每个学生在学校丰富多样的博物馆课程中个性生长。该课程重在培养学生综合核心素养，注重多维度评价学生，尤其是学习过程的参与度、合作力、创造力及方式方法等。

三、创新之处

我校因地制宜，开发利用广州博物馆资源。“走读广州——博物馆真奇妙”课程立足新时代，为学生提供了开放的、公共性的、多元化的学习平台。

（一）凸显地方特色，传承地方文化

西关大屋、骑楼老街、千年古道、广州美食、南越文明……拥有2200多年历史的广州有着丰富的历史文化遗产和讲不完的“广州故事”。“走读广州——博物馆真奇妙”旨在串联“海丝风情”和“广州味道”的文化资源，带领学生沿着这些路径走读广州，品美食、看风情、长知识，帮助学生了解历史，树立对历史负责的积极态度，激发学生的广州历史认同感，从而成长为一名负责任、有担当的广州少年。

（二）项目导向为活动形式，拓展学习空间

我校博物馆课程打破了传统课堂的教学形态，让学习真实地发生，注重引导学生在体验、探索和实践中反复体悟感知广州的历史文化。学习空间的延伸也促进了学生思维的延伸，与社会生活接轨，与历史文明接轨，真正做到让学生走出校门，走进生活，走到哪里便学到哪里。学生在每一次真实的学习实践中，增长经验和见识，从被动学习到主动探究，从孤军奋战到小组合作学习，潜移默化地培育和践行社会主义核心价值观。

（三）整合家、校、馆资源，创新设计课程

博物馆课程充分利用了本校的家长及社区资源，把博物馆展览和藏品资源转化为各项研究项目，在同一主题下渗透各学科的学习。家长代表作为志愿者导师，参与课程的开发与实施，进一步密切了家校联系。三大资源整合，让学生得以走进社会，亲近自然，获得丰富的体验和深刻的认识。

我校重点开发了广州的博物馆资源，针对小学生的认知水平及德育心理发展规律，创新设计了系列课程，将博物馆的育人作用最大化。同时，本课程设计具有较强的可操作性，详细展示了“如何在众多的博物馆中，选择适合小学生参观学习的场馆？如何在一座展品繁多、内容专业化的博物馆中，为小学生设计、选择适合的学习主题和学习方法？”等问题的解决策略及方案。

四、实施过程

基于国际博物馆协会的分类标准，我校“走读广州——博物馆真奇妙”课程分为

“历史、自然科学、艺术、人类学”四大模块，项目组结合学校特色、年级学情共同商讨各模块主题，具体实施见表1。

表1　“走读广州——博物馆真奇妙”德育课程

活动主题	活动简介	活动目标	活动内容	课程活动内容
历史类	以广州人文历史博物馆和代表性历史景区为主，学生在老师引导下走读历史，用直观、立体的方式探索与创造	多元识读能力 自主学习能力 审美能力 团队合作能力	2019年博物馆课程“大自然的馈赠”	（1）介绍课程大纲、分组选课 （2）何以解忧——酒瓶的制作 （3）农业大国——茶、茶与瓷器 （4）云山珠水·羊城——考古发现的广州记忆 （5）粤剧艺术中心研学 （6）餐具与饮食——赵昧的盛宴制作 （7）成果整理及展示
科学类	学生通过参观博物馆进行项目研究，感受古人的科学智慧，培养科学素养	多元识读能力 多媒体表达能力 自主学习能力 团队合作能力	2019年博物馆课程“技术与艺术”	（1）介绍课程大纲、分组选课 （2）中国建筑史、鲁班与工具 （3）榫卯结构介绍、榫卯的制作 （4）云山珠水·羊城——考古发现的广州记忆 （5）粤剧艺术中心研学 （6）榫卯的制作 （7）成果整理及展示
艺术类	从博物馆的艺术典藏中，感受古人的艺术成就，帮助学生从多元化的视觉欣赏艺术，在生活中发现美、欣赏美、创造美、追求美	多元识读能力 审美能力 自信与共情能力	2019年博物馆课程“古人之娱”	（1）介绍课程大纲、分组选课 （2）手鞠的制作 （3）马背上的娱乐 （4）云山珠水·羊城——考古发现的广州记忆 （5）粤剧艺术中心研学 （6）玩个球——手鞠的制作 （7）成果整理及展示
人类学	学生在实地考察中近距离了解墓葬的形状、结构、发展演变。由一线考古工作者为学生介绍考古工作流程，学生直观地了解广州古城的发展变迁，感受沧海桑田的环境变化	多元识读能力 自主学习能力 团队合作能力	2019年博物馆课程“考古广州·羊城记忆”	（1）介绍课程大纲、分组选课 （2）走近考古 （3）“广州文物径”西关线 （4）云山珠水·羊城——考古发现的广州记忆 （5）粤剧艺术中心研学 （6）参观考古工地 （7）成果整理及展示

五、经验总结

“走读广州——博物馆真奇妙”德育课程创新了学习方式，拓宽了学科边界，整合家长、社区资源，以博物馆作为载体，让收藏在博物馆中的文物、陈列在广阔大地上的遗产、书写在古籍中的文字活起来，走入校园，走近学生。该课程始终以学生为主体，引导其激发潜能，发展自我，融入博物，以馆育心灵，以馆拓眼界，以馆炼才能。

（一）双师课堂模式

学校教师负责制定该课程整体框架及主题，家长导师结合相关资源策划某些具体的研究内容及活动。我校充分利用家长资源，结合博物馆主题邀请具有专长的校外家长导师，带领学生走出去，走进文化海洋中。一般来说，专业的家长导师负责某一主题的专业知识的讲解和专业技能的展示；校内教师负责协助和组织学生完成相关活动，互相协作。这既保证了活动的有效开展，又落实了专业性的内容学习。

（二）课程框架

学校根据国际博物馆协会的分类，将博物馆课程分为四大类：历史、自然科学、艺术、人类学。

历史类博物馆课程模块的开发基于一个城市的人文历史主题博物馆和具有代表性的文化历史景区。核心强调引领学生走读历史，让学生在老师的引导下用立体的方式探索和创造。

科学类博物馆课程模块的开发基于学生喜欢的、感兴趣细节入手，一步步带着他们把细节拼凑成“思维”，通过参观博物馆，进行项目研究，感受古人的科学智慧，成为真正具有科学思维的人。

艺术类博物馆课程模块的开发基于与学生分享博物馆的艺术展藏，了解古人的艺术成就，帮助学生从多元化视角欣赏艺术，更有创意地去对待生活。

人类学博物馆课程模块的开发基于历史考古学，借由复原和分析物质遗存及环境资料来研究人类文化，让学生近距离了解墓葬的形状、结构、发展演变，观察最真实的考古发掘场景，认识广州古城的发展变迁。

（三）核心素养目标及评估

“走读广州——博物馆真奇妙”课程目标的重点在于培养学生的核心素养，而非单纯的知识与技能。课程评价主要采用形成性评价的方式，重视过程性评价。同时，强调评价的激励性，鼓励学生发挥个性特长，施展才能。

在具体的课程评价中，可采用多种形式。例如，书面材料的评价与对学生口头报告、活动、展示的评价相结合；教师评价与学生的自评、互评相结合等。指导教师可依据某个主题活动的需要，灵活确定评价的内容、方法、工具、标准，但不可拘泥于某种固定的模式。

由微到博，体验成长

——“体验式”德育活动课程的建构与实施

广州市江南外国语学校

主要贡献者：娄红玉　郑泽如　郑晓敏　王洪洲　欧志强

一、课程缘起

德育必须是回归生活的德育，道德本身就是源于社会生活，并且随着社会生活的发展而发展。只有根植于生活土壤，贴近学生个人生活与现实社会生活，才能提高德育的可感度和可信度，提高学生的道德判断力、社会适应力和道德践行力。党的十九大报告指出要全面贯彻党的教育方针，落实立德树人根本任务。《中小学德育工作指南》强调德育工作要符合中小学生年龄特点、认知规律和教育规律，努力增强德育工作的吸引力、感染力和针对性、实效性。这给新时代体验式德育活动课程的建构与实施指明了方向。

二、课程内容及实施

体验是一种心理过程和心理状态。体验式德育就是以组织和引导学生在亲身实践中，把做人做事的基本道理内化为健康的心理品格，转化为良好的行为习惯的过程。强调学生要回归生活，亲自参与，在体验中感悟，在感悟中内化，提高思想认识，促进道德行为的成长。体验式德育的终极目标是受教育者在体验的基础上获得人的德行的自然、和谐发展，达到自我“情感升华”和“个性完善”的内化和外显，实现知、情、意、行相统一。

体验式德育活动课程主要通过“主题月”等德育“微活动”的开展，由微到博，开发德育资源，研发教学模式，创新评价方式，进而建构广博德育课程体系，建设博大润泽型教育生态场。让学生经历活动的、体验的、反思的教育过程，使其见微知著，养成良好行为习惯，内化个性精神品格，健康成长。

（一）活动体验，在感悟中以美育人

初中阶段正是青少年形成良好思想品格、养成文明行为的关键时期。学校应围绕学生发展需要，基于学生心理特点，探究学生身边遇到的个性化问题，精心设计德育“主题月”活动，运用美育的内容、美育的形式、美育的手段、美育的规律，使德育具有吸引力，促进学生的全面和谐发展。

如：结合9月份“我的目标我的梦”德育主题，初一级设计“身边小故事”“交友秘诀”等活动，初二级设计“推迟享受”“情绪30秒”等活动，初三设计“鹰的重生”“让优秀成为习惯”等活动；结合10月份国庆节、体育节“感恩与健康”德育主题，初一级设计“感恩一瞬间”“我健康，我快乐”等活动，初二级设计“义卖善举”“体能王”等活动，初三级设计“志愿服务”“毅力与勇气”等活动；结合11月份“美育美德”德育主题，初一级设计“美文诵读”“粤剧欣赏”等活动，初二级设计“舞蹁跹”“粤剧悠扬”等活动，初三级设计“戏剧节”“小小演说家”等活动。

如此丰富多彩的“主题月”，将教育问题化大为小，巧妙分解在一个个德育“微活动”中，让学生在形式多样的体验过程中，体会良好行为之优雅、高尚品德之魅力，在潜移默化中激励、净化、升华其精神，实现美育的熏陶、感发功能，也让育人方式更巧妙、更灵活、更便捷，更富有情趣。

（二）课堂体验，在反思中内化成长

班会课、心理课是体验式德育具体落实和学生深度反思成长的重要途径。学校应依据学生的年龄及心理特征，精心设计体验活动，让学生在体验中内化成长。我校“体验式”班会课、心理课的基本模式为：活动体验—反思感悟—分享交流—延伸拓展。其目的是让学生在活动中体验，在体验中反思，在感悟中内化，进而提升思想认识，促进其道德行为的养成，促进学生健康成长。

如：《专心专注我能行》班会课中，首先通过“同画方圆”的游戏导入，引入生活话题，贴近学生实际，激发其探究兴趣。接着观看学生录制的自编自导小品《课堂囧事》，还原课堂场景，引发学生思考班会课主题，深入思考如何提高注意力。然后进行不同环境下背诵活动的现场体验，让学生体验感悟，交流分享，自主提炼活动后的思考。再以小组为单位总结切实可行的提高注意力的方法。最后观看家长视频，记录家长为大家提供的提高学习注意力的好点子，完成自己的时间安排表，并确定下次的系列班会课主题、时间等。

体验式班会课、心理课强调让学生在真实的情境中以“身”体之，以“心”验之，在活动中获取经历和感受，追求一种由内到外的情感体验与升华。这种体验与升华中，不仅有学生视野与胸襟的拓展，也有潜能与素养的提升，更有过程与个性的交融。

（三）成长体验，在评价中个性飞扬

班级岗位角色体验。以班级活动为载体，加强共青团、少先队、班委、学生会及其他学生组织建设，设置更多的管理与服务岗位，实行竞岗与轮岗。如学生干部实行轮换制，让每个学生都有机会做干部，让更多的学生参加学校各项管理，自行组织各项活动，促进学生形成自理自省自控能力，增强主体意识和责任意识。为学生创设道德情境，设岗位、创环境、演角色、多体验，使学生动情践行，渐成修养，内化品格。

学生领袖领航行动。学校不断创新德育工作管理机制，加强过程管理，科学考核评价，促进学生健康发展。加强对班级和学生个人的德育发展评价，评选学校“校园大使”“优秀团干”“最美少年”等，通过自评和他评，评出一批批文明班级和文明学生，学习身边先进典型，不断提高学生的是非辨别力、自我约束力，增强前进动力。

素养发展成长勋章。学校根据现有课程、活动等，围绕“核心素养”“三个维度”“十五个基本点”，形成多元评价体系。如：有才学系列（经典勋章、礼仪勋章、才艺勋章、思辨勋章、智慧勋章）；有行动系列（阅读勋章、管理勋章、科技勋章、志愿勋章、实践勋章）；有梦想系列（诚信勋章、服务勋章、创新勋章、环保勋章、社团勋章）。为更好地推进落实评价体系，学校利用大数据采集，使用多样化、开放性的评价方法和手段，对学生的争章过程进行成长记录与分析，使评价真正走向真实，走向多元，走向综合。

（四）家校协同，“四位一体”共育共建

构建家校协同育人体系包括：构建自主管理体系，建立“班级、年级、学校”三级自主管理模式，实现学生自我管理、自我服务、自我发展的“成长教育”；搭建德育互联网+教育平台，推出家长大讲堂、专家进校园、德育微研究、家风我传承、亲子话沟通等栏目，充分利用校园网、微信公众号、班主任工作微信群、班级家长微信群等，实现家校信息共享，增强家校合作的针对性和时效性；定期举办班主任漫谈、团体心理辅导培训等活动，促进德育工作者的内涵发展；联系博物馆、档案馆等共同开发博物馆教育课程，设计基于学习实践的旅游研学、社会实践活动，助推学校德育特色资源建设；积极与社区、街道联系，开展“文明共建”“志愿共帮”“文化共享”等活动，形成学校、家庭、社会、学生“四位一体”的育人网络，实现德育资源的广博化。按照“四位一体、家校互动、资源共享、实现多赢”的原则，对德育资源化零为整、连点成线，进行系统整合，和社区、社会建立健全德育“资源库”，提高教育资源的社会效益。见图1、图2。

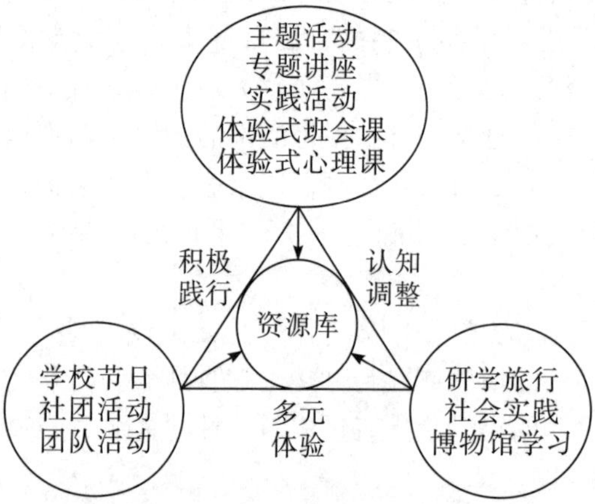

图1 “体验式”德育活动资源库

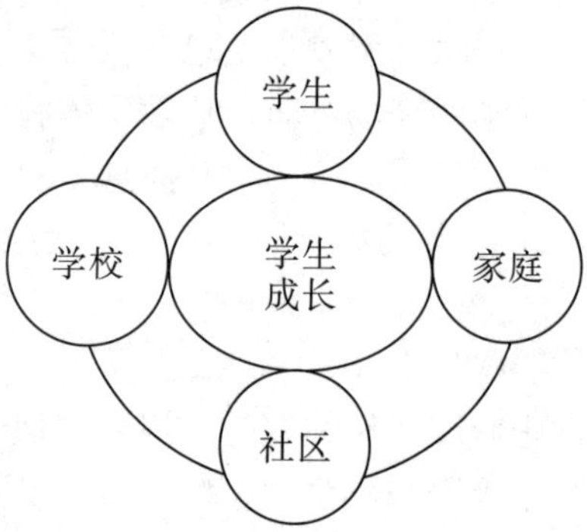

图2 “四位一体”育人网络

（五）课程建设，在心灵浸润中重建教育生态

“体验式”德育活动课程强调让学生在活动中获取经历和感受，追求一种由内到外的情感体验。评价不光是激励，更是一种方向。真实有效、生动活泼的体验式课程能营造良好的德育氛围，突出学生的主体地位，使其在体验中演绎着心与心的碰撞，性与情的交融，从而获得精神领域的一次次升华，形成大德育格局和体验式教育生态场。德育不再是师生之间单纯的知识灌输过程，而演进为一种浸润心灵的生态化德育，释放出融会道德知识、开启生态智慧、优化生命样态的人格陶养功能和价值。“体验式”德育活动课程基本框架见图3。

三、课程的创新之处

（一）链接生活，遵循学生认知水平

体验式德育活动课程让德育活动与学生的现实生活境遇发生关联。通过活动体验—反思感悟—分享交流—延伸拓展，让学生回归生活，亲自参与，在体验中感悟，在活动中体

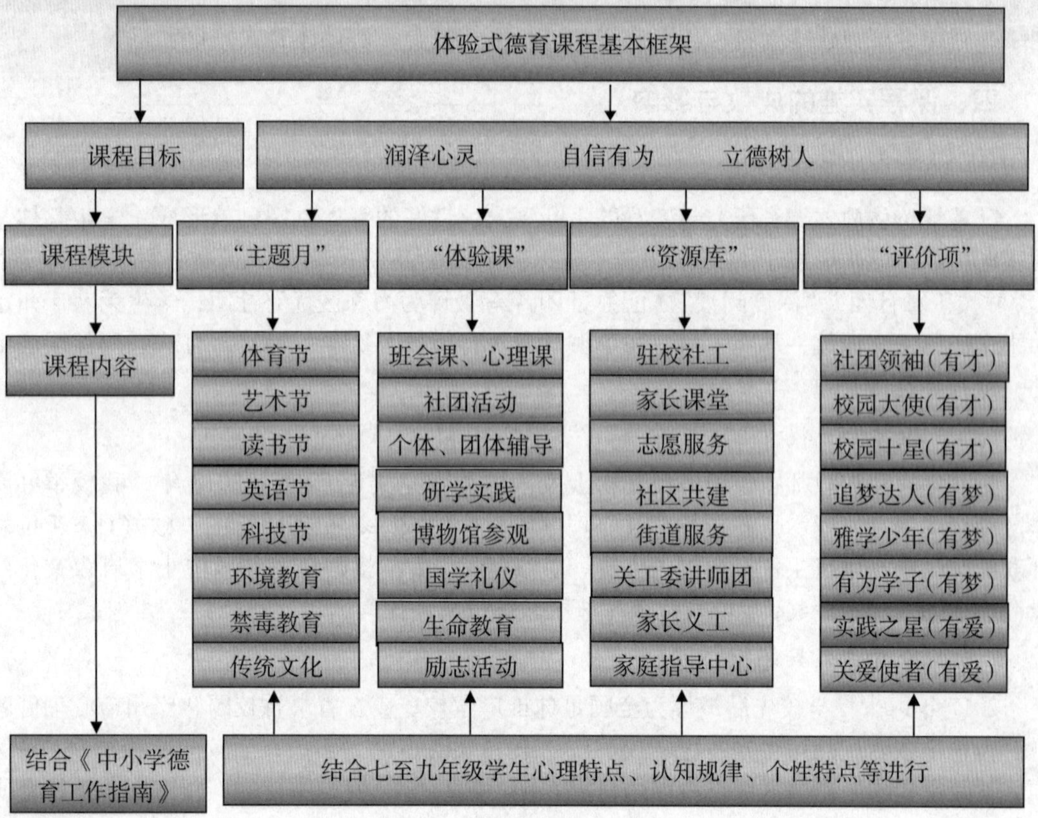

图3　体验式德育课程基本框架

验，在体验中反思，在反思中内化，进而提升认知水平，促进道德行为的成长。使用多样化、开放性的评价方法，使评价真正走向真实、多元和综合。

（二）内化提升，实现学生生命意识的觉醒

体验式德育活动课程注意引导学生在亲身实践中把做人做事的基本道理内化为健康的心理品格，转化为良好的行为习惯。理解学生所面临的问题，关注发展人的情感，改变学生的生存状态、生活方式，促使学生自主管理、自我成长，形成健康人格，提升他们的生活质量、生命价值。

（三）美育熏陶，探索美育与德育融合的策略

探索美育的情感体验策略，提炼出德育与美育融合的五大策略：德育内容化经典为时尚，德育主题化直白为含蓄，德育方式化抽象为形象，德育活动化形式为人文，德育手段化强制为艺术，德育方式化说教为情感。让德育轻轻地、悄悄地、快乐地走进学生的心灵，成为其人生需要，达成立德树人的教育目标。

（四）课程实施，拓展家校共育的有效路径

建构全员育人体系，搭建德育互联网 + 教育平台，推出家长大讲堂、专家进校园、德育微研究、亲子话沟通等栏目，充分利用校园网、微信公众号等增强家校合作的针对性和时效性；定期举办班主任漫谈、团体心理辅导培训等活动，促进德育工作者的内涵发展；

联系博物馆，积极与社区、街道联系，形成学校、家庭、社会、学生“四位一体”的育人网络，对德育资源化零为整、连点成线，进行系统整合，建设体验式教育生态场。

四、课程实施的成效与影响

（一）学生健康成长

随着学校体验式德育研究与实践的不断深入，良好的育人氛围已然形成。学生整体素质不断提高，逐步形成了文雅、自信、豁达、坚韧的品质。学校“天文社团”“美文诵读”“拉丁舞社团”“深度阅读”“醒狮社团”等被评为海珠区优秀社团；学生荣获广州市中小学经典美文诵读一等奖，第三届羊城学校美育节舞蹈比赛一等奖，海珠区环保展演活动一、二等奖等奖项。

（二）教师专业提升

近几年，我校教师在各级各类刊物上发表的德育论文近 20 篇；2018 年，我校举办海珠区德育现场会，展示了我校德育及心理健康教育的成果，受到同行的一致好评。4 位教师获海珠区中小学班主任专业能力大赛一、二等奖，2 位教师获海珠区中小学班级文化建设展示活动一、二等奖，6 位教师获海珠区教育故事评比一、二、三等奖。

（三）德育成果凝练推广

2017 年以来，学校先后被评为全国足球推广学校、广东省书香校园、广州市心理健康教育特色学校、广州市粤剧特色学校、广州市“戏剧心育”学校；学校获省级德育成果 4 项，学校承担省、市、区级德育课题研究 6 项。2020 年，我校主持的广州市中小学德育研究“十三五”规划课题“‘体验式’德育的探索与实践”以优秀等级结题。

近几年，香港沙田崇真学校、西藏波密地区校长、韶关回龙中学、山东省寿光县等 30 多所学校领导、教师来访；到我校跟岗学习的省、市骨干教师近 20 批。我校“体验式”德育活动课程的研究成果辐射到广东省乃至全国，赢得了专家、同行的一致好评。

城乡接合部初中学校生涯规划与指导校本课程开发与实施

广州市番禺区市桥沙头中学
主要贡献者：沈文斌　潘彦蕊　林贤丽　李晓霁　陈楚园

一、实施背景

初中阶段是世界观、人生观、价值观形成的关键时期，也是学生选择未来人生发展方向的探索期，是进行生涯教育的重要时期。《国家中长期教育改革和发展规划纲要（2010—2020 年）》在坚持能力为重的战略主题中提出：要促进学生主动适应社会，开创美好未来。广州市教育局印发的《关于全面开展中学生涯发展教育工作的意见》对于初中阶段开展生涯教育也提出了明确具体的要求。

我校位于番禺区城乡接合部，生源基本上都来自周边农村小学，学生的生涯规划意识非常薄弱。初中毕业时，有部分学生进入中职学校学习，在报考专业时盲目跟风、草率选择，三年毕业后往往待业在家或者从事与专业无关的工作，人生发展上面临着一个尴尬的“空窗期”；进入高中学习的同学，很快就会面临与未来职业相关的选择问题：文理分科，而很多学生根本不清楚文理分科对自己未来职业有何影响，在缺乏生涯准备下就开始做决策，增加了将来就业的难度。作为从事初中教育的老师，我们明显感觉学生需要培养生涯规划方面的意识，越早接触生涯教育越有利于他们对自身未来发展的规划，减少人生分岔路上（初中、高中毕业）的困惑和迷茫。

因此，我校把生涯教育作为学校德育工作的重要突破口，在深入贯彻落实《中小学德育工作指南》基础上，一是发挥课程的主导作用：着力于《生涯规划与指导》校本课程开发与实施，明确课程目标，深挖课程内容，深化课程实施与评价；二是重视科研引领支撑作用：建立健全科研组织，积极参加与生涯教育相关的课题研究，成功立项并完成区级课题一项、市级课题一项，提高教师的生涯教育能力；三是确立“三位一体”立体实施模式：由学校、班级、学生三位一体，立体实施。根据三方提供的不同资源，采取不同的方式予以实施，丰富课程的实施途径和方式。

二、实施过程

（一）课程开发

1．成立课程开发小组

成立课程开发小组，明确分工、职责。同时，通过知网等工具检索具有权威性、代表性的文献并编辑成册，组织课程开发小组进行理论学习，同时聘请专家来校进行理论指导。

2. 设计调查问卷，了解初中生生涯发展现状与需求

使用自编的《生涯规划调查问卷》，对七、八、九年级学生共300人进行了问卷调查，收回有效问卷289份，将回收的有效问卷进行数据统计分析。

调查结果显示：①初中生对自我的认识程度不高，尤其是对自身能力的了解不足，仅有43%的学生对自己的能力处于有所了解和非常了解之间。对自己兴趣的了解程度更低。②对“是否清楚自己的未来目标和规划”这一问题的回答，近70%的学生对自己未来的目标和规划不清楚；对“是否听说过生涯规划”的回答中，高达90%的学生根本就没有听说过生涯规划；对“什么时候开始进行生涯规划”的回答中，仅有9%的学生认为初中阶段就应该开始生涯规划。对这些问题的回答，充分说明初中生的生涯规划意识是非常薄弱的，有待进一步提高。③对“你希望未来从事的职业是什么？”的回答中，79%的学生选择公务员（21%）、教师（28%）、警察（18%）、医生（12%）。④对于“是否了解自己未来从事职业的知识和技术要求”，57%的学生回答不是很清楚，只有15%的学生能够简单地写一下从事未来职业的具体要求。这说明初中生对职业知识是非常陌生的，都是一知半解，甚至是不了解，但90%的学生愿意学习生涯规划方面的知识。

调查结果进一步明确了开展生涯规划教育的意义，为课程开发提供了重要的依据。

3. 建构课程体系框架

学校生涯规划与指导课程包括：生涯通识课、生涯体验课、生涯综合实践课，建构了课程体系框架，具体如图1所示。

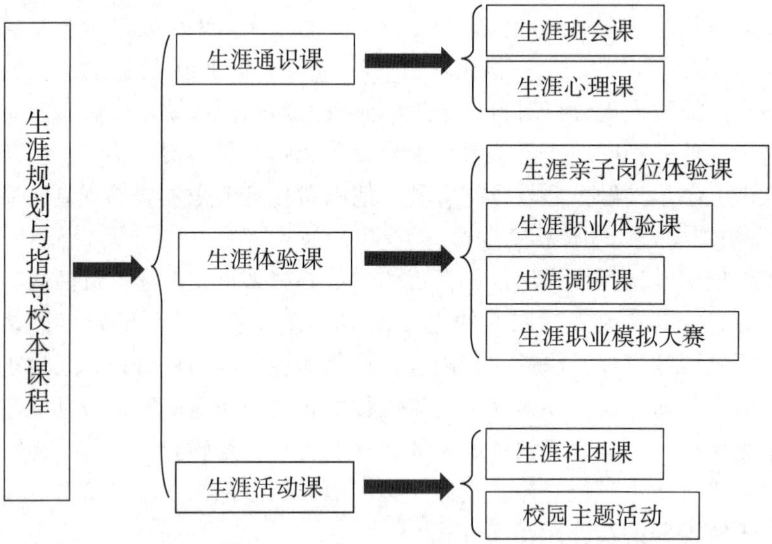

图1 生涯规划与指导课程体系框架

4. 明确课程目标、内容

依据中小学德育的培养目标、心理发展理论、生涯发展理论以及我校学生的生涯发展现状、三个年级学生发展的不同需求，确定了课程的总目标：培养学生的生涯规划意识，提高学生的生涯规划能力、自我探索能力，促进学生健康人格的形成和社会化发展。在总目标引领下，根据各年级学生心理发展的特点和生涯发展的需求，确定了各年级分级目标

和具体内容，如表1所示。

表1　生涯规划与指导校本课程的目标与内容

年级	分级目标	目标内涵	内容	内容说明
七年级	能力衔接	帮助学生更好地适应初一的生活，包括心理适应、行为规范和学习习惯的适应、人际关系的适应、环境适应等	适应	认识生涯与生命的差异，了解生命的起源、发展与意义，尊重、关爱生命，为理想启航做好准备。认清自我，理解父母期望、自我期望，了解、理解并尊重同伴的差异，了解自己的兴趣爱好并发展特长
八年级	不负青春	帮助学生从学业、生活、情绪、人际关系、法律底线等方面进行调适，使他们更加明确人生的意义和目标	调适	从情绪认知、情绪管理中学会照顾自己的人生。学会积极地表达自己，主动与他人沟通，妥善处理与他人的不当言行，接纳跟自己不同的人，并正确对待与异性的友谊，学会有效地与他人相处
九年级	奠基人生	帮助学生树立具体、明确的目标，提升动力系统的支持，给予学习方法的指导	定位	通过了解职业世界，获得生涯意识，完成生涯初探。培养主动收集资料、了解社区环境、社会环境的意识；根据自己的学习需求制定学习计划、有效管理目标；鼓励学生多参与可以拓展个人兴趣、能力发展的课外学习，通过家校合作、社区合作，指导学生寻求有效帮助，构成有利于学生学业提升的支持性环境，为初中升学考试做好积极的准备

（二）课程实施

1．设立实验班，进行跟踪调查

从每个年级选择一个班级，作为实验班，通过班会课和心理课进行为期一年的跟踪研究。在课程实施的过程中，老师集中进行备课、听课、评课，不断调整教学内容、组织方式、实施策略等。

2．课程常态化

生涯通识课程常态化。全校三个年级，每个班每学年开展10个课时的生涯班会课，初一共开展8个课时的生涯心理课。

3．课程评价

建立《学生生涯成长记录册》，进行阶段性评估。阶段性评估包括对学生心理健康水平评估、精神面貌评估、学习态度评估、个人学业状态评估等。定期对学生的需求情况和发展变化进行了解和跟踪记录，及时对有需求的学生进行个性化的辅导，对生涯自我认知发展缓慢的学生予以积极的关注和指导。

（三）“三位一体”立体实施

除了常态化的生涯通识课以外，还需要拓宽课程实施的途径和方式，充分挖掘学校、班级、学生三方的资源，依据“三位一体”立体实施模式，根据各方提供的不同资源，采用不同的途径和方式，见图2。

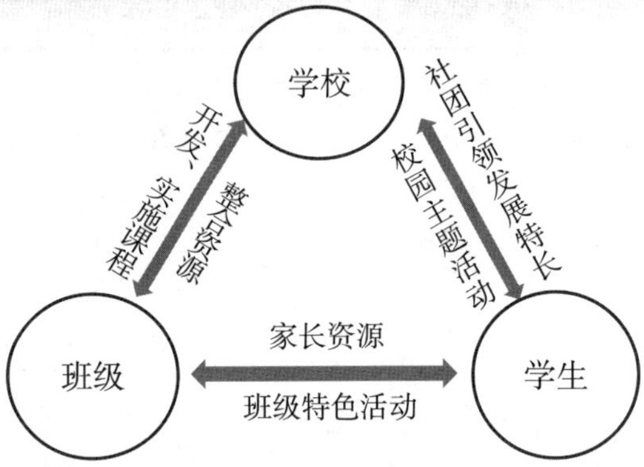

图2 “三位一体”立体实施模式

在此模式下，充分挖掘各种资源，“引入走出”，开设了生涯体验课（生涯亲子岗位体验课、生涯职业体验课、生涯调研课、生涯职业模拟大赛）、生涯活动课（生涯社团课、生涯主题日活动），并通过活动体验、职业调研、职业访谈、家校合作、教练进校园、校园主题活动等方式来实施课程。

三、实施效果

1．促使学生生涯观念和行为发生改变

学生由被动接受生涯教育到主动参与生涯教育活动，由消极等待自我成长到积极参与生涯活动，学生不断挖掘自身的潜能，增强个人的综合能力，人生规划能力得到了提升，培养了一批批优秀的崇文之星、尚礼之星、尚德之星学生。

2．促进了德育教师专业化发展和科研能力的提升

在探索过程中充分发挥科研的引领作用，两项区级以上课题成功立项并顺利，以点带面，带领和推动全校教师都能够参与生涯课程的开发与实施，促使教师深刻理解当前生涯教育开展的意义，进一步明确如何有效开展生涯教育，促进了德育教师的专业成长，真正成为学生成长的导师。

3．德育成果丰硕

番禺区教育科学“十三五”规划课题“初中生生涯规划与指导校本课程开发与实施的研究”和广州市中小学心理健康教育“十三五”规划课题“生涯规划与心理健康——初中生心理健康教育校本课程开发与使用研究”成功立项，并顺利结题；发表论文两篇，开发出四本生涯规划与指导学生读本，多项教学设计和课例荣获区级以上奖励等。

4．扩大了学校的社会影响力

成为番禺区初中学校开展生涯教育的样本学校，带动引领区域内其他学校积极参与到生涯教育中。2019年5月，我校成功承担了番禺区初中生涯教育实施现场会，学校代表在现场会上介绍了在生涯课程建设方面的经验、成果。2018年4月，2019年3月，南昌一中教育集团和江门市第十一中学到我校交流学习生涯规划教育经验。2018年5月，2018年11月，我校代表分别在全国校长培训班和上海生涯教师研修班上进行生涯教育的经验分享。

四、突破性成绩

1. 建立完整的初中生涯规划与指导校本课程体系

初级中学开展生涯教育方面的尝试比较少，我校生涯课程目标明确，课程内容详尽、具体：分单元、按年级、主题化、系列化，课程实施途径、方式丰富多彩，评价体系多维度，并且常态化、规范化，成为区域内初级中学开展生涯教育的样本学校，扩大了社会影响力，取得了显著效果。

2. 创立了“三位一体”的课程实施模式

生涯教育的开展，必须盘活各方面的资源。我校充分挖掘学校、班级、学生三方的资源，确立了“三位一体”立体实施模式。学校层面，开发课程，安排师资，保障课程实施，对生涯班会课进行指导，挖掘社会资源，通过各种形式进行生涯知识的宣传；班级层面，根据学生的不同特点、习惯，以及家长各行各业的资源，通过家校合作、亲子职业体验、职业调研等形式，形成生涯教育合力；学生层面，通过生涯社团、校园主题活动的引领，创造机会发展学生特长。

五、经验总结

1. 专家引领，团队合作

专家指引对于项目的开展起着重要的引领作用，而分工明确、团结合作的研究团队更是保障项目顺利开展、实施的关键。

2. 面向全体，关注个体

在开展课题研究的过程中，我们通过课堂教学及开展系列活动，营造良好的生涯教育的氛围。同时，我们还关注特殊群体的需求，通过生涯社团课、个别生涯辅导、小团体辅导等形式，给予支持、鼓励和引导。

3. 拓展资源，形成生涯教育合力

整合学校、家庭、社区等资源，“引入走出”，多渠道、多途径保障生涯规划与指导课程的实施。

本项目受到同行、专家的肯定，取得一定的成绩和经验，但也存在不足，我们将继续进行探索和完善！

好品格，与真好人生相遇

广州市黄埔区下沙小学
主要贡献者：彭翠桑　邹福良　张　武　宋丽斌　何婉媚

品格是一个人在生命中建立起来的具有稳定性和特殊性的品质，它能决定人生命运。高尚的品格能最大限度地展现出人生的价值，是个人最宝贵的财富。“好品格”系列课程关注孩子的现实生活，重视生活的教育价值，以儿童的生活为基础，通过丰富多彩的活动寓教于乐，形成品格成长阶梯，逐个培养习得，帮助孩子形成好品格、找到正确的发展方向，才能让孩子积蓄竞争力，在人生的道路上与真好人生相遇。

一、好品格课程的背景

我校校园内有两棵高大挺拔、历经三百年沧桑的红棉树（即木棉）。学校以她“阳光、高尚、独立、向上”的形象，融合学校、社区的人文历史，构建了“阳光、向上——下沙有你真好”的学校文化。“下沙有你真好”文化引领老师、家长、社区珍惜孩子的成长时光，做到——我必须是孩子近旁的一株红棉树，作为红棉树的形象和孩子在一起成长。我校因此提出学校教育哲学——真好教育。

依据“真好教育”之哲学以及学校文化和办学方向，学校提出以下办学理念：开启阳光向上的人生。期望孩子在六年的小学生活中，通过品格与健康、语言与交际、数学与科技、艺术与审美等红棉花季课程，逐步达成“十好”育人目标，人人争做最好的自己。

“好品格”课程是学校“红棉花季”课程的组成部分，它的理念是“关注孩子的现实生活，重视生活的教育价值，形成品格成长阶梯，逐个培养习得”。我们的课程重视、关注怎样去改善、促进孩子正在进行中的生活。我们争取通过系列课程的实施，让儿童学会营造一种属于他们自己的健康、积极、快乐、负责、有爱心、有创意、肯动脑的生活，力求做到从儿童自己的世界出发，用自己的眼睛观察社会，用自己的心灵感受世界，用自己的方式研究社会，促进他们在快乐的、积极的、有意义的生活中发展，在发展中形成品格成长阶梯，并逐个培养习得。

二、好品格课程内容

我校开设的《好品格：与真好人生相遇》系列课程的目标是以社会主义核心价值（爱国、诚信、坚强、友善等）和人类共同崇尚、追求的价值为基础，梳理少年儿童基础的品格特质，形成品格成长阶梯，逐个培养习得。

“好品格”课程以儿童的生活为基础，用“三条轴线”和“四个方面”组成课程的基本框架，其中“三条轴线”是：儿童与自我、儿童与学校、儿童与社会；“四个方面”是：健康、安全地生活，愉快、积极地生活，负责任、有爱心地生活，动脑筋、有创意地生活；健康、安全地生活是儿童生活的前提和基础，愉快、积极地生活是儿童生活的主调，负责任、有爱心地生活是儿童应当遵循的基本道德要求；动脑筋、有创意地生活是时代对儿童提出的要求。

“好品格”系列课程包含伟人课程、健康大讲堂、春秋实践、我的人生规划、我是小学生、做一朵美丽的红棉花等课程。根据孩子的年龄特点及课程目标，把各个课程分布到各个年级。如：《我是小学生》放在新生入学和一年级第一学期实施，主要指导新生及家长做好入学准备，培养新生良好的日常行为习惯。《毕业季》安排在六年级下学期实施，指导学生感恩同学情、师生情、母校情，树立新的人生目标。而《做一朵美丽的红棉花》课程，则根据孩子的年龄特点，有所侧重地放在一至六各个年级中实施，培养孩子“敬、静、净、雅”的个人素养。

三、好品格课程实施

“好品格”系列课程以儿童直接参与的丰富多彩的活动为主，强调寓教育于活动之中；以儿童的年龄特征、经验背景和学习兴趣等为设计基础，将知识、技能教育的要求与情感、态度、价值观的培养融为一体；在形式上不拘一格，因地制宜地选择各种不同的活动类型。课程活动形式可以是单一的，也可以几种形式结合使用；活动时间的安排比较灵活机动，根据主题、内容，可在一课时内完成，也可持续几课时或一段时间；可在课堂上完成，也可安排必要的课前准备活动或课后延伸活动来配合。具体实施途径与方法有：

1．学科教学

课堂教学包括道德与法治课与其他学科教学，这是学校有目的、有计划、系统地对学生进行品格养成的基本途径。通过教学传授科学文化知识，以实现德育的目的。各科教材中都包含有丰富的教育内容，只要充分发掘教材本身所固有的德育因素，把学科的科学性和思想性统一起来，就能在传授和学习科学文化知识的同时，使学生受到科学精神、社会人文精神的熏陶，形成良好品格。

2．校会、班会

校会是指全校性的大会，是对全体学生进行教育的一种途径。校会有定期的和不定期的。如开学典礼，在开学初举行，一般是向全校师生报告本学期的工作计划，对学生提出要求，使学生明确本学期的任务，激励他们在思想和学业上努力上进。又如毕业典礼，在期末进行，欢送毕业同学，总结一个学期的工作，表彰优秀学生，号召同学向优秀学生学习。国庆节、劳动节及传统节日清明、端午、中秋、重阳等节日，也是通过集会向学生进行传统文化教育和思想品德教育的重要契机。班会则是比校会更频繁和更有针对性的集体教育形式。

3．班队活动

班级是组成学校的基础单元，是教师组织实施德育活动课程的基本组织，也是学生在老师带领下实施自主管理、自主活动的实践基地。学生根据少先队章程，组建自己的团队、组织；在辅导员的指导下，学会自己组织开展各项活泼、有趣、有意义的实践活动，实践少年先锋队的职责。同学之间互帮互助，团结合作，树立认真学习、学好本领、建设强大祖国的远大理想；在形式多样的班队活动中，学生学会自强、自立、自主、自理、自律。

4. 课外活动

课外活动是指学校在学科教学任务之外，利用课余时间对学生实施的各种有意义的教育活动。它包括了兴趣小组活动、社团活动的方式，将个性、特长相近的一群孩子聚集在一起，做感兴趣的事情，发挥孩子的创造力、想象力，培养孩子的个性与特长。

5. 校外活动

校外活动是指由学校以外的家长、教育机构组织和指导学生开展的教育活动。校外教育是学校教育的有效组成部分，能有效保障和促进学校教育的成效，促进学生全面发展，体现学校文化的自觉；更能体现出家校之间信任、合作、感恩的学校文化价值观，形成和谐的家庭教育环境及家校协同育人的和谐氛围。

四、好品格课程的实施成效

“好品格”系列课程经过8年的实施及不断完善，积累了一定的经验，探索出一系列相对完整的品格教育课程，优化了学校“红棉花季”课程的架构；确定了“下沙有你真好”文化体系下以“真好教师、真好课堂、真好学生、真好家长、真好环境”为主体的学校课程结构，较显著地提升了学校的整体发展。

1. 形成“下沙有你真好”的文化自觉

学生在小学六年的学习生活中，浸润在“红棉花季”课程中，体验成功的快乐、成长的苦与甜；初步认知人的一生应当怎样度过——做最好的自己，做多元化好的自己，做学校、社区、父母、老师、同学眼中“有你真好”的阳光少年。老师作为孩子身边的一株红棉，怀揣着教育的梦想，遵循教育规律，恪尽职责；积极探究教学之道，提高专业素养；在播种爱的路上与孩子共同成长，做孩子眼中的“有你真好”老师。家长作为孩子人生路上的护航者和支持者，在陪伴孩子成长的时光中，能够根据孩子的特长为孩子的前程做好初步规划；言传身教，做有远见、有担当、好习惯、乐读书、善沟通的“有你真好”家长。老师与学生，家长与孩子，学校与家庭，自觉地朝着“阳光、独立、信任、合作、感恩”的价值取向方向行走，并以做“下沙人”为荣。

2. 构建“好品格”系列课程

课程实施之初，以项目活动的方式进行，继而以学科内的整合、学科与学科之间整合的方式推动学校课程的改革，形成了学校的特色，如伟人课程、健康大讲堂、春秋实践、我的人生规划、我是小学生、做一朵美丽的红棉花等课程；形成校本教材《先行者　孙中山》《我是小学生》，出版课程成果集《聚焦育人目标的课程设计》。一年级新入学的孩子家长通过《我是小学生》校本教材，了解学校文化，了解新生入学要求，做好相应准备，帮助孩子减少对未来的焦虑。新入学的孩子则能够通过新生课程的学习，很快地了解学校的环境，学习小学生日常行为规范，培养自我管理的意识，树立我是小学生的自信和自豪感。通过六年的《做一朵美丽的红棉花》课程学习，每个孩子都养成“敬、静、净、雅”的文化素养。所有课程突出了对“红棉”成长的关注，突出了对学生“全人”的培养，落实学校的培养目标——有品格、有体魄、有智慧的学生，形成阳光、独立、信任、合作、感恩等良好品格。

3. 形成有生命力的学科团队

在学校教师年龄结构失衡的情况下，学校组建了“好品格”课程实施领导团队、名班主任工作室，组织和带领教师们实施课程，提升教师们对课程的执行力。教师们结合学校的办学理念、课程理念和学科核心目标开展教育、教学、教研活动，实现学校的育人目标，有效提升学生的综合素养，同时促进了自身的专业成长。

4. 形成了和谐的家校合作方式

家长们意识到家庭教育对学生成长的重要性和必要性，积极参与到学校日常的教育教学活动中来，涌现出一批热心于学校工作和班级工作的家委、志愿者，孕育了一个优秀的家长委员会组织。家长们以其群体背景资源丰富的优势为依托，向学校提供物质、人力资源的协助，在学校特色课程的建设、发展中发挥了重要作用。通过家校交流合作，家长们系统地了解学校的理念，有效推广学校文化，促进了家校关系的和谐发展，为学生提供了更贴心、有力的精神支持。

由于学校的坚持，大胆实践，“下沙有你真好”的学校文化扎根在师生的心田，学校呈现出阳光向上的良好氛围，校园育人环境得到进一步优化，学生的素养得到全面的提高，教师们的教育科研能力明显进步，学校的文化底蕴、综合办学水平得到进一步提升，促进了学校的内涵发展，得到了社区、同行、上级部门的肯定和赞誉。2018—2019 年期间，我校师生参加关于德育类的征文、演讲、歌咏、朗诵等活动，共获得市级荣誉 45 项，区级荣誉 48 项。

只有养成良好的品格，才能创造个人幸福和社会繁荣，才能提升国家竞争力。小学品格教育任重而道远，我们将继续为孩子系好人生第一粒扣子，实实在在实施好“好品格”课程。

《可爱的中国》项目式学科统整德育课程

广州市荔湾区花地中学

主要贡献者：罗艳芬　卢焯雄　张光怡　邓　秋　卢碧云　马少薇

2019年初，荔湾区花地中学启动《可爱的中国》项目式学科统整德育课程的创建。课程基于同一主题，以学科融合为统领，围绕大主题，以学科项目主题为依托，开展“主题+项目”“学科+融合”“导师+学员”“导学+研学”“必修+自选”“体验拓展+综合展示”的全学科、全员推进，旨在启“知”、感“意”、成“行”，厚植家国情怀。

一、成果形成背景

2019年，广州市城市热点不断升温，习近平总书记视察广州时提出了“老城市、新活力”的期望，广州市创建全国文明城市，广州市喜迎世界“财富论坛”盛会，更重要的是举国欢庆中华人民共和国成立70周年，华章盛世催人奋进……也是厚植家国情怀不可多得的机会。2019年初，我校启动了《可爱的中国》项目式学科统整德育课程的创建。

《可爱的中国》课程主要包括三个系列：一是2019年4—5月的“红色基因　薪火相传”全校主题党团队日的红色教育系列活动；二是2019年8月—2020年2月的《从〈可爱的中国〉认识“可爱的中国”》项目式学科统整德育课程，此为整个统整课程的核心部分；三是2020年9—11月的《我和我的家……（祖国、家乡、家庭、家人……）》主题德育系列活动，贵州教育帮扶专项。全员参与、学科统整、学生自主选项、教师全员导学，混龄学习、小组合作、研学体验，自上而下、自下而上、贯穿全学年。

二、课程的具体实施

《可爱的中国》统整课程的核心部分主要分为七个阶段：确定主题—启动主题—主题阅读—自选主题—主题研学（重点）—主题展示—主题评价。意在为学生提供与“爱”“中国”“发展”相适应的学习环境，鼓励学生在生活情境中探索不同的角度，深度认识“中国”和积累“发展”事实，进而形成更深厚“爱”的家国情怀。该课程核心架构见图1。

（一）启动主题

别开生面的“开学第一课”。2019年8月30日，举行开学第一课——从《可爱的中国》认识“可爱的中国”。以方志敏烈士的《可爱的中国》中对未来国家描述的精彩文段为切入点，以85载峥嵘岁月，中华人民共和国成立70年翻天覆地的变化……时光穿越，引领师生认识“我们可爱的中国”，拉开全员项目学习《可爱的中国》的序幕。

（二）主题阅读

基于主题阅读，进行全员深度阅读学习。我们把阅读贯穿作为底层支持之一，从全员

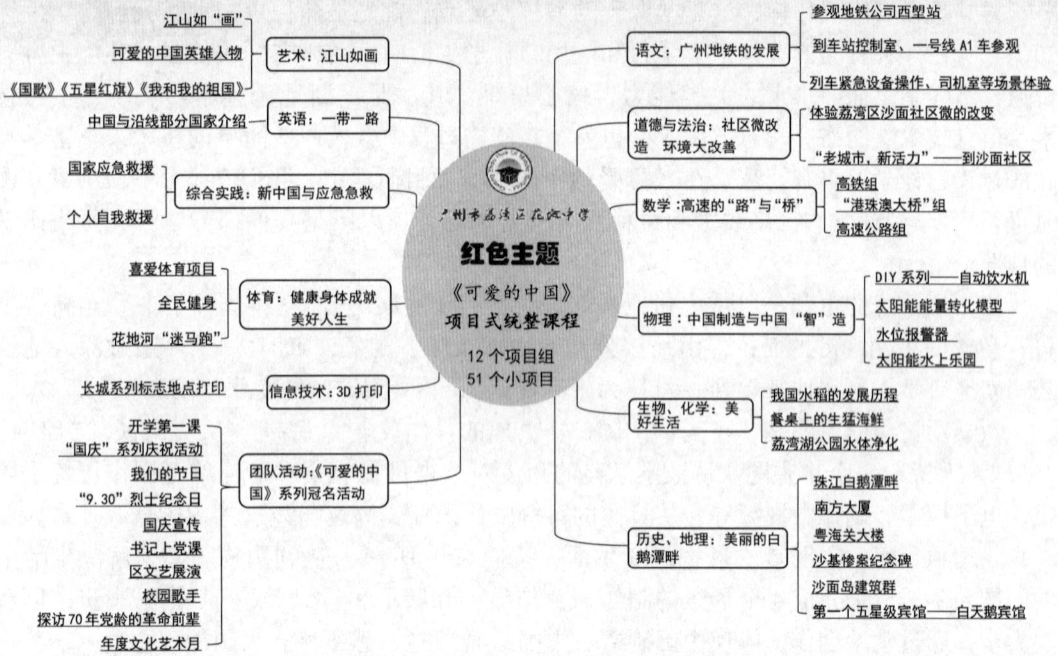

图 1　《可爱的中国》课程核心架构

学习方志敏烈士《可爱的中国》文本“大”阅读入手，允许不同的学习形态。按照课程计划，史地科和语文科全体老师利用两周时间，在每个班分别进行了 4 课时的《可爱的中国》原文全员导学，通过通读、精读、跳读等形式多角度阅读，同时推荐了十多篇相关文本资料给学生自主阅读。

同步推进平衡阅读，产生阅读链接。也就是读一篇、带多篇，推动整本书阅读，还有学科阅读和跨学科阅读，把文本与真实生活产生链接，创造多元化的阅读链接，让阅读走向实践。经过综合研评，我们在方志敏烈士《可爱的中国》文本中选定了“核心文段”进行“深度细读”，生成“核心索引”，将文中描述的内容与今天建设成就进行“链接”，形成鲜明感性认识。

（三）主题研学

主题研学是本课程最重要的环节。以方志敏烈士《可爱的中国》中的“核心文段”作“核心索引”，奠定了所有学科项目主题研学的起点。所有学科项目组围绕“70 周年建设成就”，通过深度阅读原文，尤其是从“核心文段”中找到线索，凝练具有本学科特色的项目主题和分项目主题，并由此开启“可爱的中国”的研学之旅。

1. 多学科并行研学

《可爱的中国》项目式主题研学，全校 76 位教师变身为“导师”，共 82 人次参与 12 个学科组和部门的导学；学生为学员，学员与导师比例不高于 7∶1，经过 3 周的调研和讨论，共拟出 51 个小项目，并作为必修课，全校 489 名学员通过校本选修的网上选课系统自主选定项目和导师。由于项目主题的设定贴合“生情”、贴近生活，“网上抢课”“秒杀”，成就了不少“网红项目”和“人气导师”。

2. 跨学科融合研学

得其要领、终其目标，这是本课程的最核心环节。首先是课程重构上，我们将学生和知识置身在一种真实的背景中去学习和应用，让学生面向生活，在开放的学习环境中融会贯通，培养学生面向未来的关键能力、核心思维。其次是不断地调整学习环境、学习技术、信息技术、网络、学习方法等，也就是在实施过程中融入一些简单的技术来丰富学与教的过程，让学习更有智慧。在《可爱的中国》分项目研学中，我们安排分三段（共6课时进行），学科研学中许多线索和材料互为支持和延伸。以下是我们部分学科项目组研学的情况。

语文项目组的主题是“从广州地铁1号线看广州发展”。语文科选择了一个充满“工科”色彩的主题，借力而行，由地铁公司专业“大咖”进行“助学”……通过深入地铁公司实地研学，真实地感觉到“科技为生活提速”，感受到城市的变化与发展。

数学项目组的主题是“可爱的中国——高速的‘路’与‘桥’”。从“高铁”“路网”“港珠澳大桥”三个小主题，从数学学科的角度对数据进行收集和对比等，制作传统手抄报、电子板报，制作微视频等，从具体的案例中认识到“高速”发展的中国。

物理项目组的主题是“科技改变生活，我们一起DIY”。从利用物理知识解决生活中的问题入手，分别完成4个场景的制作，及作品公开展示和“试验”。制作一小步，创新一大步，通过动手创作，体现中国制造、中国“智”造，感悟科教兴国的理念。

英语项目组“蹭热度”带领学员走“一带一路”。发扬学科特色，用中、英文在一幅幅手抄报和思维导图上，特色鲜明、图文并茂，如数家珍地展现“一带一路”国家与中国在共商、共建、共享的不同成果。

道德与法治项目组的导师牢记习近平总书记视察广州时提出“老城市、新活力”的寄语。以广州“城市微改造”为主题，选取了经典的城市名片之一——沙面岛作为考察点，师生们两到沙面社区，把一个个画面和特色标志逐一回放到重新焕发亮丽新光彩的现实场景中，感受历史的厚重、文化的精髓、发展的重要，研学中还完美地融合了本学科“时政题”的背景进行分析，相得益彰。

体育项目组的主题是“全民健身与生活质量”。有“市民最爱的体育活动项目”数据收集，关注居民对国家发展、生活改善与国民身体素质提升的愿景和期盼；身体力行到“花地河”沿岸跑“迷马”，感受“河长制”带来的水清景美，感悟“绿水青山就是金山银山”的发展理念。

艺术项目组的主题是“江山如‘画’”，师生用爱去画“我心中的方志敏”，用情去画“贵州的桥”；用心去歌唱，音乐老师带领全校师生在国庆前夕进行了《我和我的祖国》校园“快闪”活动，心中有爱、声中颂爱。

三、实施效果及突破性成绩

（一）实施效果

1. 冠名活动，提升印记

由于《可爱的中国》课程项目推出的“时节点”恰如其分，2019学年上学期学校各线的活动都纷纷“靠拢”中心主题“冠名”活动。全学期有11个《可爱的中国》冠名系列主题活动，包括了《可爱的中国——2019学年文化艺术月》等，集“天时”“地利”

“人和”于一体。

2. 跨校统整，延伸辐射

2020 年 9 月，我校将《可爱的中国》课程的部分项目，因校制宜地教育帮扶“输出”，帮助贵州毕节桂花中学创建《桂树回龙出　桂花拔萃生》的“一校一品一特色”方案，并通过了贵州毕节金沙科教局第一批学校特色建设的审核。目前已经分三级推进《养育·乡土地缘文化》项目、《拔萃·班级花语文化》项目、《热爱·可爱的中国》STEM 项目的落地建设，初见端倪。

3. 生活课程，生成素养

纵观整个课程的实施过程，每个分项目贴合“生情”、贴近生活，导师团队既有跨学科的、又有跨年级的统整，促成了课程项目的动态生成，又提升了生态德育的效能。

历史、地理科“美丽的白鹅潭畔”项目组中有“第一个五星级宾馆——白天鹅宾馆”的分项目，导师团队顺势统整了“霍英东先生与白天鹅”、改革开放大潮、“五星级酒店的标准”“故乡水”的赤子情怀、“室内植物种养”、馆藏艺术品、文化产物价值，书中有事、事中有意。

生物、化学科“我国水稻的发展”项目组，除了让学生知道袁隆平院士为什么能获得“共和国勋章”荣誉，还特意到全市最接地气的“芳村中市农贸市场”看看真实的“谷子”，外加“谷子 + 脱壳（物理） + 谷糠（饲料） + 大米价格 + 家庭支出（经济学：价值规律、恩格尔系数）”等“一条龙”跨界融合学习，贴近生活的场景，收获生活应有的常识和知识。本项目学员们所制作的成果展板被评定为“全校最优秀成果作品”。

（二）突破性成绩

《可爱的中国》统整德育课程，先后获得以下专项评比奖励：2020 年 7 月，参加“中国教育科学研究院基础教育研究所全国未来学校实践研究案例征集”，是荔湾区唯一通过评审的案例；获得 2020 年度荔湾区中小学、幼儿园德育创新成果一等奖；2021 年 1 月，获得第十三届全国教育系统教育教学成果大赛二等奖；2021 年 3 月，获得广州市第六届中小学德育创新成果“德育课程类”三等奖。

四、经验总结及创新之处

通过一年多的实践摸索，我校结合“校情”和“生情”，构建起了基于同一主题，以学科融合为统领，围绕大主题，以学科项目主题为依托，全学科、全员推进项目式统整德育课程。

（一）多元统整，多元赋能

首次将项目式学习（PBL）、学科融合（STEM）等新教育技术，系统地投放到校本德育统整课程创建上，推进中把握了三个关键点：一是突出主题的统整，融合推进；二是项目式学习（PBL），纵深拓展；三是学习面向生活，开放领域。通过这种统整的、项目的、综合的、跨界的学习方式，促进师生有不同的学习形态，多元智能，多元赋能。

（二）兴趣驱动，内化融会

《可爱的中国》统整课程推进中强化学员的自主学习，从“兴趣驱动”自主选课、选导师、选“同学”到选研学点、选学什么和怎样学……外在于“兴趣”，内化于“融会”，评价焦点由学生“知道什么”转向学生“能做什么”，在“有自主情感选择”的真实生活情景中深度学习、生成学习收获。

（三）德育统整，校本品牌

从创建校本德育品牌到品牌延伸。2021 年，喜迎中国共产党成立 100 周年。在总结《可爱的中国》统整课程成功的基础上，2020 年 10 月，我校延伸创建了《可爱的中国》的系列篇——《强大的中国》统整项目。《强大的中国》以班级为统整单位，由班主任作为本班项目负责人，与导师团队带领学生组成学习共同体；以“红心向党，传承百年红色基因”为主题，进行系列的“红色印记”活动，目前已经进行了五个分主题项目学习教育。其中，2021 年 4 月 2 日，全校师生分项目组进行了“行走红色广州”的红色主题研学。

教育面向未来，教育“人”走向未来，我们在期待，更是在努力！

"麻雀"学校的华丽转身

——红葱文化浸润下的"新苗教育"课程建设与实施

广州市白云区水沥小学
主要贡献者：李建华　张彩莲

习近平总书记在2018年全国教育大会上强调：坚持中国特色社会主义教育发展道路，培养德智体美劳全面发展的社会主义建设者和接班人……作为一所只有14名教师的"麻雀"学校，在教育教学都落后于城镇学校的情况下，只有因地制宜，走德育特色之路，才能改变现状。

一、红葱文化、新苗教育德育特色的形成背景

水沥小学建于1949年，坐落于广州市白云区江高镇水沥村社区的中央。水沥村以红葱闻名，总面积4.19平方公里，耕地面积260多公顷，村内有红葱种植基地。2004年被定为广州市十大农业蔬菜基地之一，2004年10月，成立了广州市白云区水沥村红葱协会，并领取了"红葱王"和"香葱王"两个商标。2005年3月，国务院副总理回良玉，省委书记张德江，省长黄华华以及市、区主要领导视察了水沥村的红葱基地。2012年2月4日上午，温家宝总理来到白云区江高镇水沥村与村民进行了亲切的交流。

红葱，既养育了水沥人，给人带来财富；又承载着各级领导的关爱，使得水沥村声名显赫。但是，学校的教学质量低下，长期处于镇的中下水平。老教师安于现状，年轻教师由于没有竞争氛围，工作亦毫无动力。学校缺乏德育系列性的管理，缺乏合理的评价及激励体制，农村孩子并没有形成良好的学习习惯和行为习惯。

二、红葱文化、新苗教育德育特色的实施过程

国无德不兴，人无德不立。水沥小学要因地制宜，为243个学生提供合适的教育。如何实现"麻雀"学校的华丽转身呢？水沥小学红葱文化浸润下的新苗教育课程的建设及实施过程如下。

（一）挖掘红葱文化，凝练德育特色

红葱红红绿绿、清清白白。红的泛紫、绿的碧翠、白的无暇；红葱生命旺盛，郁郁葱葱，生机勃勃；红葱乐于奉献，成就别人，装扮朋友；红葱生命顽强，不择气候而栖，不嫌土壤贫瘠。红葱的高贵，贵在它从小到大始终向上孜孜不倦的追求；红葱担当，担当悦人生活、添人口福的重任；红葱内涵醇美，它在遭受刀碎的时候，散发出沁人口福的芳香。红葱的一生，与育葱人和睦相处，不辜负育葱人辛勤的汗水和不辞辛劳的付出，在园丁的呵护中勤奋上进，快速生长。这就是红葱文化，就是学校的德育特色。

（二）定位新苗教育，形成德育体系

学校从红葱文化中挖掘育人的元素，将顽强、正直、纯洁、进取、奉献、担当等品格作为学校育人的追求，进而定位“新苗教育”。

1. 形成新苗教育价值体系

陶行知先生说过：“真的教育是心心相印的活动，唯独从心里发出来的，才能达到心的深处。”水沥小学在“教育从心开始”的核心理念引领下，逐步形成了独具特色的新苗教育价值体系，见图1。

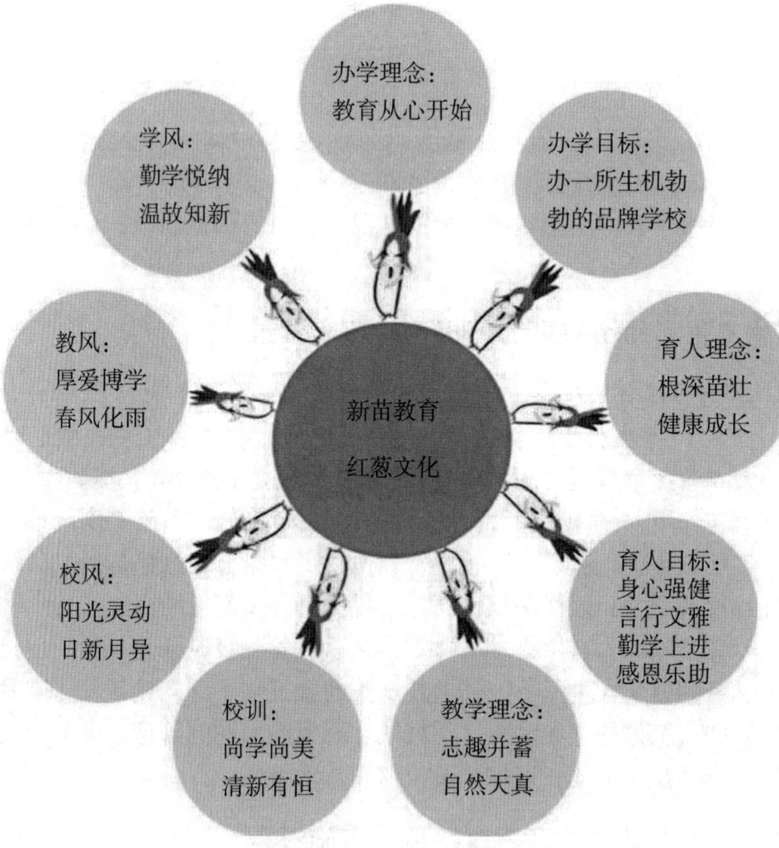

图1　新苗教育价值体系

2. 建设新苗教育课程体系

要实现学校的办学目标和育人目标，必须以学校文化底蕴为基础，以特色课程为载体。为此，学校成立了课程创建工作小组，围绕“新苗教育”特色主题，以基础课程为依托，构建了既有宏观设计，又能紧接地气的“新苗教育”课程体系，见图2。

（三）整合课程资源，搭建德育平台

1. 整合文本资源

学校在“新苗教育”这一特色定位的引领下，为促进“新苗教育”课程体系的落实，在开发校本课程环节中，充分利用校内外课程资源，自主开发了三套校本教材《新绿》《新知》《新秀》以及一本《我的阅读财富》阅读小册子。

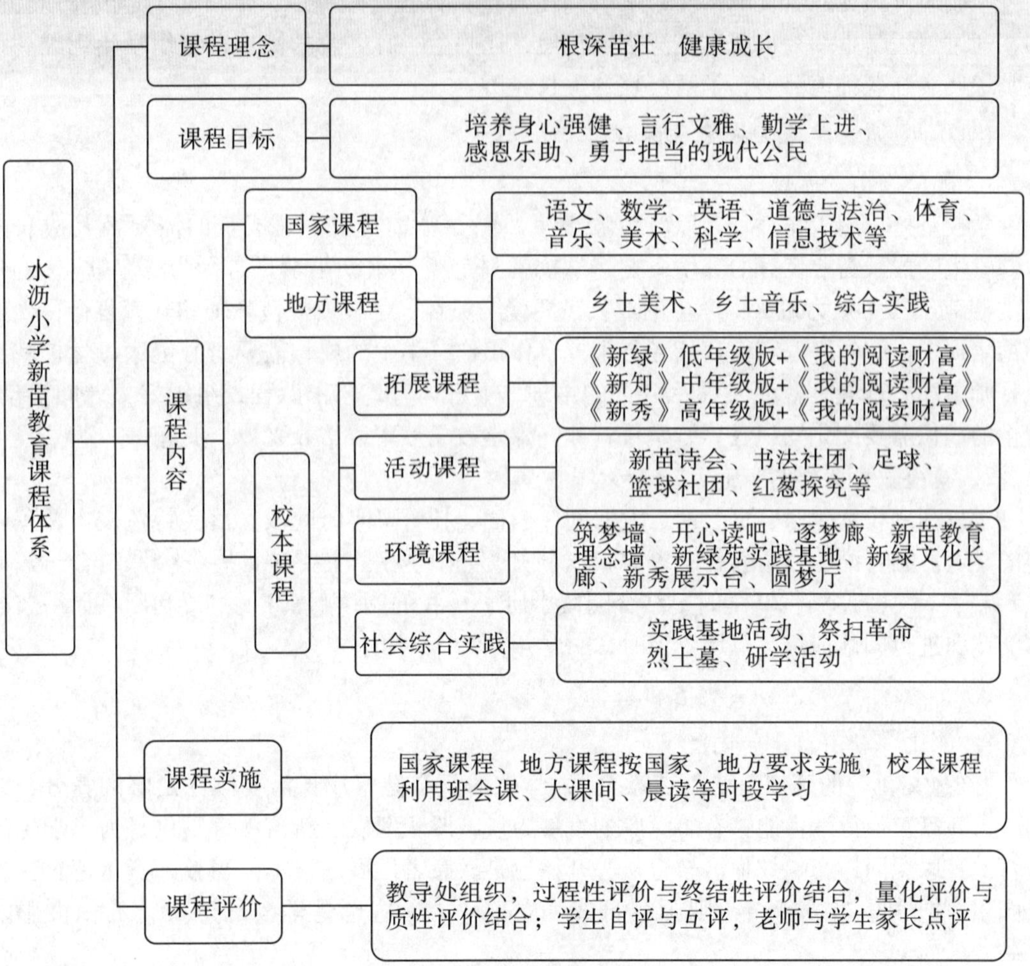

图2　新苗教育课程体系

《新绿》是低年级校本教材，着重开展适应小学生活，养成热爱学校、热爱生活、热爱大自然的教育。

《新知》是中年级校本教材，着重开展热爱祖国、热爱家乡以及感恩、环保、尊重等教育。

《新秀》是高年级校本教材，着重引导学生了解世界，开阔视野，掌握本领建设新农村，心怀理想，斗志昂扬。

《我的阅读财富》是一本课外阅读记录本，着重引导学生在阅读中感悟经典，树立社会主义核心价值观，做身心强健、言行文雅、勤学上进、感恩乐助、勇于担当的现代公民。

2. 整合人力资源

学校充分调动全体教师的积极性，全体教师参与到“新苗教育”课程的实施中。此外，学校还聘请了专家学者及专业人士为“新苗教育”课程的建设添砖加瓦，如聘请水沥村村民为学生讲解红葱的生长特性，与广东省技术师范大学合作开展书法、诗歌社团等。

3. 整合实践基地资源

学校通过拓展社区资源，建立了“新苗教育”课程实践基地，带领学生走出校门。例如，通过组织学生调查水沥村红葱市场基地，让师生了解红葱的销售；组织学生到红葱种植基地开展红葱种植活动，了解红葱的生长经历。

（四）遵循规律，实施德育课程

1．顺应新苗发展规律

学校坚持以园丁喻教师，以新苗喻学生，倡导尊重新苗生命成长的需要及其成长规律。学生的成长需要良好的环境影响，学校就制定了“水沥小学日常行为三字歌”，创建了“晓荷班”等魅力班级；学生的成长需要爱与关怀，学校就规范教师的教育言行，做好师德培训工作，做好家庭教育指导与家校合作工作；学生的成长需要身心健康，学校就组织教师参加心理健康教育A证及B证的培训，上好体育、艺术课程，组织好大课间活动；学生的成长需要文化知识滋养，学校就提高课堂教学效率，培养兴趣，上好每一堂课。

2．新苗教育课程的实施

学校利用校本课时、班会课、大课间、晨读、托管班等时间段，落实特色校本课程内容的学习。结合配套校本教材《新绿》《新知》《新秀》，主要与每周班会课结合，每周0.5课时，一学年共计20学时；结合阅读小册子《我的阅读财富》，主要利用每周一节校本阅读课进行阅读训练，每周1课时，一学年共计36学时。

（五）多元评价，夯实德育根基

1．深化“新苗教育”内涵

“红葱文化”的延伸是“新苗教育”，学生的身心健康成长需要倾注足够的养分，并用心去灌溉，使得学生能够有着深厚的发展力量，厚积薄发。新苗教育不仅是为了学生的教育，其思想同样影响教师。教育从心开始也是教育者发展之根本。当教师真正把自己当成园丁，把学生当成新苗，则师德自成，立德树人，这也是学校红葱文化的积极影响之一。

2．优化课程评价体系

本课程体系的评价主要从“新苗课堂教学评价”和“德育”评价两方面进行，辅以观察、访谈等方法。“新苗课堂教学评价”以《新绿》《新知》《新秀》和《我的阅读财富》等课程内容为依托，利用“新苗露头角”开展有本校特色的“体育新秀”“艺术新秀”“实践新秀”评奖活动。课堂教学评价从师生互动的课堂到学生知识的形成对基础学科教学的实效作评价，对教师进行“教坛新秀、德育新秀”等评比。两者的整合更优化了“新苗教育”课程的评价体系。

三、实施效果及突破性成绩

（一）农村孩子德智体美劳全面发展

在新苗教育课程的规范下，昔日无所事事的“野孩子”逐渐形成了良好的行为习惯及学习习惯，变得文明有礼、勤学上进，如红葱般担当，自信勇敢了。近五年来，学生参加各项评比获得市、区、镇级奖励共70多项，农村孩子真正实现了德智体美劳全面发展。

（二）农村教师专业化快速成长

随着“红葱文化”不断深入人心和“新苗教育”课程的不断深化，学校凝聚力、内驱力和影响力明显增强，各项管理逐步规范化和精细化，年轻教师带动老教师做探究、写论文……水沥小学的教育教学质量稳步提升。

从死气沉沉到阳光灵动，从一盘散沙到凝聚育人特色，学校始终立足本土资源，坚持立德树人的教育方针。近五年来，教师参加各项评比获得市级奖励 6 项，区级奖励 15 项，镇级奖励 39 项；另有广州市优秀教师 1 人，白云区政府嘉奖教师 4 人，区优秀班主任 2 人，镇优秀教师 8 人。仅有 14 名农村教师的水沥小学出现了教师专业化快速成长的良好势头。

（三）农村学校焕然一新

2017 年 6 月，水沥小学顺利通过白云区特色学校的评审。在新苗教育的引领下，“麻雀”学校实现了华丽转身，学校面貌焕然一新。在这让人心旷神怡的校园里，德育活动异彩纷呈，校园日益和谐，达到润德无痕的目的。

四、创新之处

（一）以劳育德，课程建设具有前瞻性

劳动教育是中国特色社会主义教育制度的重要内容，中共中央、国务院于 2020 年 3 月印发了《关于全面加强新时代大中小学劳动教育的意见》。在水沥小学新苗教育的德育课程建设中，其特色课程囊括了小学生的校内劳动、校外的家务劳动及社区的公益劳动。水沥小学以劳育德，与现今国家提倡的劳动教育的目的不谋而合。

新苗教育课程最大的亮点就是能根据地域特色，开展红葱种植的探究活动，在劳动中育德。学生在种植探究过程中体会到劳动的艰辛和乐趣，懂得了粮食来之不易，懂得劳动不分贵贱，懂得珍惜劳动成果。

这种具有水沥特色的以劳育德的模式，特别具有前瞻性，实现了知行合一，促使学生形成正确的世界观、人生观、价值观，和我国现行劳动教育的指导思想是一致的。

（二）整合资源，课程育人独具匠心

在育人过程中，学校注重整合资源，依托实践基地开展社会实践活动课程，既为“新苗教育”拓宽了育人渠道，同时又培育了学生的坚毅坚忍性格及勇于担当的品质。

同时，学校德育特色项目融舞蹈、朗诵、运动、种植等内容为一体，以提高全体师生的文艺素养、表现能力、生活技巧、认知水平为目标，以社团活动和家校活动为平台，以校内人力资源和校外人力资源为师资，是一项反映学校文化和教育特色的普及型与专业性相结合的特色活动课程，可谓独具匠心。

（三）由眼入心，育德成效水到渠成

学校环境是熏陶师生心灵并潜移默化融入学校文化的最好载体。学校精心布局校园景观，把红葱文化血脉呈现在校园的不同角落，让红葱挺拔向上的精神和学校文化时刻警醒和激励着新水沥人。学校还将人文性与环境绿化、美化结合起来，着力打造具有本土特色的“新苗八景”等景观。这些特色景观融艺术性与实用性于一体，一墙、一廊、一树、一地都发挥育人功能。学校的特色景观还加入“践行社会主义核心价值观”的元素，以祖国大力倡导的“我的梦，中国梦”为主题，如：筑梦墙、逐梦廊、圆梦厅，层次分明，由眼入心，育德成效水到渠成。

“三生教育”研学实践课程的探索与实践

广州市番禺区南村镇南华小学
主要贡献者：卢　智　刘静雅　苏铭婷　黄秀芬　张军营　李淑盈

南华小学自创校以来，一直朝着追求“品牌学校”的方向而努力。近年来，我校在“品味、品质”上进行了深度探索，以创建特色学校为导向，立足番禺区“研学后教”课堂教学改革模式，在国家大力推进研学旅行的形势下，遵照广东省教育厅等12厅局《关于推进中小学生研学旅行的实施意见》的精神，根据我校“博古开新”的办学育人理念，结合学生知情意行的身心发展特点，开展“三生教育”研学实践课程，有计划、分系统地推进研学实践课程化、项目化、常规化、活动化。借助“三生教育”研学实践，以“课程＋研学＋反思”为途径，开展“生命·安全教育”“生活·帐篷节”“生存·荒野求生”活动，逐步提升学生的自理、自律、自信、自主、自立、自强的品质，培育具有人文情怀、责任担当、优雅气质、乐观豁达的南华学子。

一、项目背景

（一）“三生教育”研学实践课程符合立德树人的要求

党的十九大报告提出：“把立德树人作为教育的根本任务”“要培养具有国际视野和中国情怀的新时代人才”，进一步明确了教育的任务和目的，同时强调“全面实施素质教育”。而研学实践是推进素质教育的一项重要举措，是课堂教学的延伸扩展，又是社会实践的崭新要求。作为中小学课程体系中的必修课，它对于培养中小学生的生活技能、集体观念、创新精神和实践能力有着重要意义。

（二）“三生教育”研学实践课程与我校文化理念相契合

南华小学以“博古开新”作为校园文化建设的核心，提出了“五个于”的校本课程实施路径，其中包括“启于书”“博于文”“约于礼”“游于艺”“成于德”，这当中的“游于艺”课程系列下的幸福移动课堂旨在借助社会力量及资源使学生实现全面发展。“三生教育”作为幸福移动课堂的一个项目，保证了学校文化德育理念能以学生乐于接受的形式渗入学生的心灵，通过研学实践内容和形式的不断更新发展，可以不断丰富学校文化德育的内容和目标，为其发展提供可持续的动力。

（三）“三生教育”研学实践课程利于提升学生综合素质

我校位于华南碧桂园小区内，是小区配套的公办小学，生源以业主子女为主，他们大多来自城市，生活条件好，父母重视孩子兴趣、爱好的培养，但比较忽视劳动实践方面的教育，导致很多孩子“四肢不勤、五谷不分”。基于我校的生情，结合我校“博古开新”课程理念体系和学生知情意行的身心发展特点，我们提出了校本幸福移动课程——“三生教育”研学实践课程。“三生教育”即“生命教育”“生活教育”“生存教育”。

我校的“三生教育”研学实践课程是以“三生教育”为主题，通过设立生命教育——生命安全教育研学实践课程，生活教育——“拥抱大自然”帐篷节研学实践课程，生存教育——“荒野求生”研学实践课程，有计划、分系统地开展课程化、项目化、常规化、活动化的研学实践，让学生明白如何利用大自然和社会中的资源为自己的生命安全提供保障，并让学生在社会各界共同保障他们生命安全的幸福感中实现“幸福德育”；还通过让学生回归到日常的生活情境，在真实可感的生活场景中思考和学习基本的生活技能以及生活的真谛，实现“生活德育”；引导学生把学校教育背景中习得的社会道德认知，通过研学实践的现场实景性体验转化为个人的道德品质，从而实现“实践育人”。

二、项目开发策略

（一）明确“三生”研学实践目标原则

“三生教育”中的“生命教育”让每一位教师和学生“认识生命、尊重生命、珍爱生命，关心自己和家人”；“生活教育”，提倡“珍视生活，了解生活常识，掌握生活技能，养成良好生活习惯，关心他人和集体，树立正确的生活目标”；“生存教育”，强调“学习生存知识，保护珍惜生态环境，关心社会和自然，强化生存意志，提高生存的适应能力和创造能力”。

（二）组建“三生”研学实践教学团队

我校自开展该项目后，组建了由校长为组长，由专任教师、班主任、辅导员、学生家长、社会有关方面人士、学生代表等组成的“三生教育”教学团队，共同研究课堂教学、实践活动、家庭教育、社会教育的分工合作问题，以及各方面力量的统筹协调问题。我们积极探索课堂教学与班、团、队活动和专题讲座、小组学习、个人自学等相结合的有效形式，着力实现课内学习与课外学习、校内教育与校外教育、学校生活与家庭生活、教师指导与学生自学、认知教育与行为实践的有机统一。

（三）构建“三生”研学实践课程体系

课程是学校教育的主体，南华小学积极构建“博古开新”理念下的校本课程体系。为了充分发挥研学课程的积极作用，落实“立德树人”的根本任务，我校因地制宜，从实际出发，自主研发并积极打造“幸福移动研学实践教育”系列活动，形成了独具南华特色的“三生教育”研学实践课程体系（图1）。

三、项目主要内容

（一）课程实施目标明确、可行

1. 通过生命教育，让学生养成良好的行为习惯，塑造阳光活力的个人形象；开拓学生视野，提升学生们的安全意识，锻炼学生应对突发性事件的应变能力及专业的急救知识；在团队活动中让学生学会对话自然的同时，感悟生命的可贵。

2. 通过生活教育，让孩子走出去，接近大自然，体验户外露营的乐趣，拉近亲子距离，去发现更好的自己。在注重培养学生的科学素养的同时，培养学生的生活技能；在加强亲子情感交流的同时，提升学生的实践能力，培养同学们独立思考、解决问题的能力；

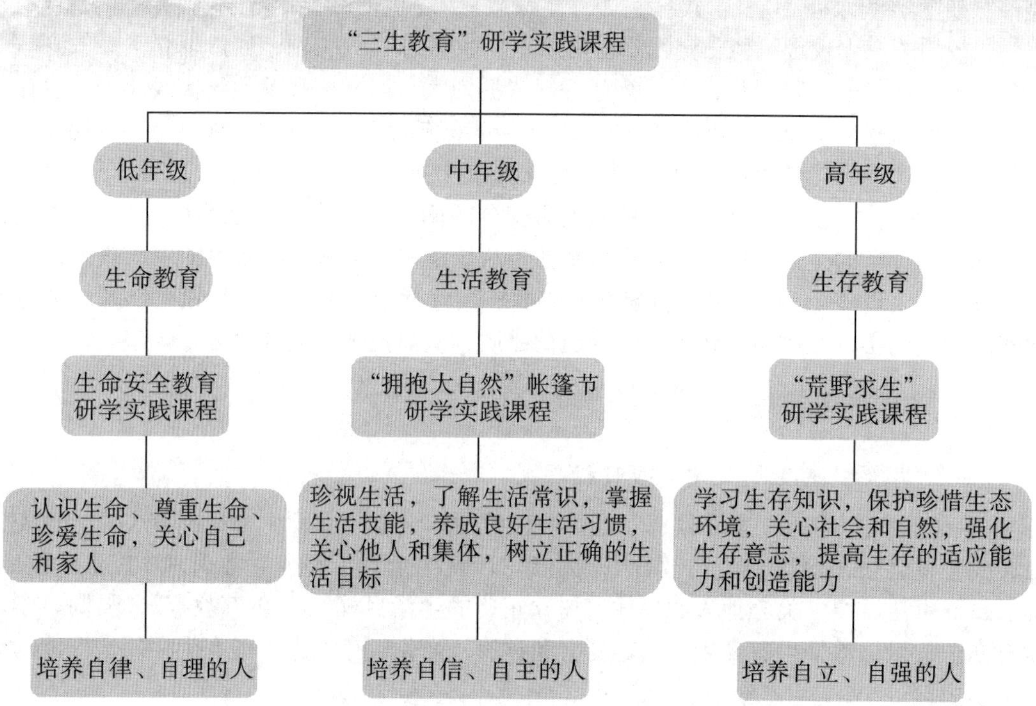

图1　“三生教育”研学实践课程体系

在表达爱、感受爱、拥抱爱的同时，学会对话自己，感受精神的富足。

3. 通过生存教育，让学生们掌握户外技能，帮助学生提高生存能力；学会真诚地与他人沟通，锻炼自己的动手能力，增强团队之间的合作精神。帮助学生提高生存能力，培养学生的良好品德和行为习惯，培养学生的爱心和感恩之心，培养学生的社会责任感，形成立足现实、着眼未来的生活追求。

（二）课程内容结构清晰、完整

南华小学“幸福移动研学实践教育”课程下包括三大系列。“生命安全教育”课程让学生及其家人在实践体验中掌握一生有用的本领，使大家在实践中认识灾难的发生，学习各类安全知识，通过实践操作熟悉掌握灾难来临时的避难、逃生技巧。“拥抱大自然”帐篷节活动围绕厨艺锻炼、亲子交流、户外生存等环节开展一系列活动，旨在加强亲子之间的情感交流，促进双方换位思考，培养学生的创新意识、感恩意识、环保意识、合作意识，锻炼学生的动手能力、生存能力、沟通能力、反思能力。“荒野求生”研学实践课程，让孩子远离城市的喧嚣，抛开电子游戏的牵绊，一起来探索大自然的奇妙，学会野外生存的技能，探究生存的智慧与本质。

（三）课程实施内容及措施

1. 低年级生命教育：“生命安全教育”研学实践课程（表1）

表1 “生命安全教育”研学实践课程

	研学途径	研学课时	研学内容	研学意义
生命教育·低年级	理论学习	第一课时	保护自己，守护生命	让学生学习维护生命安全与健康的知识与技能，学会科学预防，学会应急自救，学会养成健康文明的生活方式，守护好生命
		第二课时	热爱生命，珍惜生命	让学生学会感恩，领悟生命的意义，努力让自己成为一个有价值、有担当的人，体现生命的价值
	研学实践	第三课时	消防安全之烟道逃生 交通安全之大巴车逃生	让学生掌握消防、交通应急逃生知识，能够保护自己和身边的人
		第四课时	防踩踏事件自救与他救 防震小知识地震 VR 体验壳	增强学生安全意识，具备危机面前独立思考与应对的核心技能，提高自救能力
		第五课时	止血包扎 心肺复苏急救	增强学生急救与安全防范意识，掌握基本的急救知识与操作技能，提高应急自救互救能力
		第六课时	高空模拟攀爬，速降课程介绍 高空绳结学习，双套结，蝴蝶结	扩展学生的视野，让学生挑战自我，提高野外生存技能
	反思总结	第七课时	记录研学手册和制作小组活动手抄报	有利于学生思考、感悟，进行自我总结，沉淀自己的经历
		第八课时	班级总结和研学活动分享	有利于学会分享，学会表达

2. 中年级生活教育：“拥抱大自然”帐篷节研学实践课程（表2）

表2 “拥抱大自然”帐篷节研学实践课程

	研学途径	研学课时	研学内容	研学意义
生活教育·中年级	理论学习	第一课时	生活教育宣讲会，学生分组进行头脑风暴，制定方案；小组合作，罗列研学物品清单	有利于锻炼学生的注意力和耐心，促进学生合作沟通、互帮互助能力
		第二课时	校内学习和体验搭建帐篷技巧；学习和掌握户外生存技巧，如结绳、打火石生火、伤口包扎等技能	有利于提高学生观察能力，锻炼他们的动手能力，增强安全意识，学会保护自己
	研学实践	第三课时	破冰团建；亲子搭建帐篷，评选“最具创意帐篷造型”	有利于增强竞争意识，激发孩子们的创新精神，提高班级凝聚力
		第四课时	书香帐篷夜：读书分享会、故事接龙、互赠书籍 亲子帐篷夜：家庭才艺表演、燃放“仙女棒”、亲子对话“读给你听”	有利于增加学生的阅读量，培养表达能力以及想象能力 有利于增强勇气、提高自信心，有利于亲子交流，增进亲子双方的了解

续表

生活教育·中年级	理论学习	研学课时	研学内容	研学意义
	研学实践	第五课时	亲子运动会：大脚板、珠行万里、穿越呼啦圈、节节高、茫茫人海	有利于打破亲子间的隔阂、促进亲子关系
		第六课时	亲子零距离：家庭野炊、共绘蓝图、创意航拍	有利于培养独立自理能力，体验父母的不易，学会珍惜粮食
	反思总结	第七课时	记录研学手册和撰写研学感悟	有利于学生思考、感悟，进行自我总结，沉淀自己的经历
		第八课时	班级总结和研学活动分享	有利于学会分享，学会感恩；亲子间深入沟通，增进感情

3．高年级生存教育："荒野求生"研学实践课程（表3）

表3　"荒野求生"研学实践课程

生存教育·高年级	研学途径	研学课时	研学内容	研学意义
	理论学习	第一课时	生存教育宣讲会，学生分组进行头脑风暴，制定方案； 小组合作，罗列研学物品清单	有利于锻炼学生的注意力和耐心，促进学生合作沟通、互帮互助能力
		第二课时	团队建设：共同进退、节节高、信息传真机、孤岛求生、地雷战	有利于培养学生的团队精神、协作能力、沟通能力、互助意识、互相信任
	研学实践	第三课时	学习和掌握户外急救知识：急救包扎、心肺复苏、制作简易担架	通过此任务，让学生了解并掌握实用的户外急救技能，以备不时之需，同时培养学生关心和帮助他人的意识，以及面对危险时自我保护的能力
		第四课时	学习和掌握户外急救知识：制作简易担架、罗马炮架	
		第五课时	学习和掌握户外求生知识：钻木取火、辨别方向、学习绳结	通过此任务，让学生了解并掌握实用的户外求生技能，锻炼自立能力与生存能力
		第六课时	学习和掌握户外求生知识：制作滤水器、搭建帐篷	
	反思总结	第七课时	记录研学手册、制作小组活动手抄报和撰写研学感悟	有利于学生思考、感悟，进行自我总结，沉淀自己的经历
		第八课时	班级总结和研学活动分享	有利于学会分享，学会表达，学会总结，反思不足

四、项目特色与成效

(一)项目创新之处

1. 寓教于游，掌握生活技能

“行是知之始，知是行之成。”我校始终以教育为本，创新人才培养模式，积极开展多种形式的研学实践活动，引导学生在研学实践活动中亲身实践、体验后获得知识，将学生的间接体验与直接体验相结合，实现书本知识与生活经验深度融合。

2. 实践育人，培养综合素质

我校积极开展独具特色的研学实践活动，学生走出校园，拓展了视野，丰富了知识，了解了社会，亲近了自然，同时锻炼了实践能力、团队协作能力、处理问题能力，还培养了社会责任感、创新意识和对“美”的欣赏能力，从而不断提高国民素养。学生展现出了积极向上、文明有序、互帮互助、永不放弃、勇于探索的精神风貌和优良品质。

3. 独具一格，形成课程体系

我校因地制宜，从实际出发，自主研发并积极打造“幸福移动研学实践教育”系列活动，形成了独具南华特色的课程体系，以“课程+活动+研学”的途径，逐步提升学生的自理、自律、自信、自主、自立、自强的品质，培育具有人文情怀、责任担当、优雅气质、乐观豁达的南华学子，落实立德树人的根本任务。

(二)项目成效及推广

近几年，我校一直致力于“三生教育”研学实践课程的开发和实施，除了通过“课程+研学+反思”系列课程外，我们还借助课题拓宽该项目的研究，课题“基于文化德育背景下的小学研学实践课程建设与发展路径研究”已在2019年度广州市中小幼学校思想政治理论课教学专项研究课题中成功立项并稳步推进。由“三生教育”研学实践课程引申出来的教研活动也大获成功，苏铭婷老师《野外生存探究》综合实践成果展示课例在番禺区综合实践活动学科教研中广受好评，苏铭婷老师的《体验荒野求生》成果展示课和袁丽英老师的《金色童年夜·亲子帐篷节》方案设计课分别荣获番禺区南村镇综合实践活动学科录像课评选一等奖和三等奖的好成绩。

此外，我校积极做好“三生教育”研学实践课程的推广和实践，与香港圣公会青衣邨何泽云小学形成粤港姊妹结对学校，与南村镇市头小学形成番禺区文化德育结对学校，与新疆维吾尔族自治区喀什地区疏附县明德小学形成支教结对学校，多次与各学校进行文化交流和研学交流，在交流中促进“三生教育”课程的改进和完善，促进各地学生对“生命、生活、生存”的正确认识和提高“三生”技能，实现了区域范围内的有效辐射。

“三生教育”在研途，天地万物皆可读。如今，我校的研学实践课程开展得如火如荼，南华学子研学实践的足迹已经踏遍诸地，一路观赏，一路求知；一路繁华，一路丰满。我们坚信，研学实践课程带给我们的不仅仅是视觉盛宴的享受，也是文化的洗礼，更是给学生带来精神世界的富足，对全面实施素质教育，促进德智体美劳全面发展和提升学生核心人文素养必将起到极大的正面促进作用。但是，我们也深知，要实现有效的研学实践效果还需要我们根据不同学生的身心特点和知识结构特点，设计不同主题的研学实践课程，灵活调整研学难度和教学方法，完善课程评价体系，使研学实践课程更具科学性和趣味性，让学生们真正做到“兴起旅行，乐在研学”。

“翰墨立品·书道育人”书法特色校本课程

广州市花都区新华街第五小学

主要贡献者：徐志波　毕雪莹　徐敏华　张帼敏　黄锦成　毕玉莲

一、课程开发背景

党的十八大以来，习近平总书记多次强调要传承中华文化、坚定文化自信，他指出：“我们要坚持道路自信、理论自信、制度自信，最根本的还有一个文化自信。”文化自信是一个民族、一个国家以及一个政党对自身文化价值的充分肯定和积极践行，并对其文化的生命力持有的坚定信心。我们有博大精深的优秀传统文化，它能“增强做中国人的骨气和底气”，是我们最深厚的文化软实力，是我们文化发展的母体，积淀着中华民族最深沉的精神追求。

书法艺术是中华传统文化的精髓，不仅有着鲜明的艺术性和广泛的实用性，而且自身蕴含和积淀着德育、心育、智育、美育等因素，可以拓展学校“立德树人”的渠道和视野，能促进学生开发潜能，磨炼意志，健全人格，传承中华民族世世代代在生产生活中形成的世界观、人生观、价值观、审美观、荣辱观。

通过多次家校联合调研、分析和论证，我校确立了发挥师资优势和地域优势，着力发掘中华民族文化的深层意蕴和生命之根，以书法特色教育为切入点，开发《书道》书法特色校本课程并予以实施，让学生从小接受书法文化的熏陶，最终培养学生成为一个有根的民族人、有情的现代人、有义的高尚人、自信的中国人。

二、课程的内容与结构

《书道》书法特色校本课程以全面发展学生的能力素养、行为素养、审美素养，促进学科知识间的迁移运用为目的，为每一位学生的成长基础服务。通过学习书法，使学生能很好地了解中华民族的历史及灿烂的民族文化，增强民族自尊心和自信心，更加热爱我们伟大的祖国；写好铅笔字、钢笔字和毛笔字，掌握书写的基本方法，培养学生书写汉字的能力，巩固语文识字教学，做到书写正确、规范、整洁。培养学生书法兴趣和素养，使他们吸收民族文化智慧和人类优秀文化的营养；培养学生热爱祖国语言文字的情感，使他们充分认识学习和继承书法艺术的重要意义。本课程分低、中、高三个梯度进行设置，要求严格按照年级培养目标进行练习，为每一位学生一生发展奠基，彰显学生的个性。

一、二年级培养目标：

侧重于基本笔画的学习，学习铅笔字；学习写字姿势；铅笔的执笔方法；认识书写工具和田字格及其使用；笔顺规则；学习各种基本笔画及与笔画相关的字的写法。教学过程中结合一二年级语文识字、写字教学内容和已学的基本笔画，适当进行偏旁部首、间架结构的学习和练习。预设目标为初步写像，形成良好的书写习惯。

三、四年级培养目标：

侧重于学习偏旁部首、间架结构的写法；三年级完成从使用铅笔写字到使用钢笔写字的过渡（包括毛笔书法的启蒙）；四年级学会使用钢笔和毛笔写字。学习偏旁部首的写法，进一步规范基本笔画，同时渗透间架结构的知识，初步进行行款知识的学习和练习。巩固练习使用钢笔、毛笔写字，学会保管钢笔、毛笔的方法和用笔方法以及各种笔画的写法。

五、六年级培养目标：

侧重于篇章行款的训练；继续加强对汉字间架结构的指导、练习；继续学习钢笔、毛笔字；提高书法在学习生活中的实用性。本段教学内容以篇章横写训练为主，同时加强对汉字间架结构的指导，使学生在掌握各种结构字的写法的基础上，达到能熟练、流畅、快速地书写。进一步强化行款练习，能够写出一幅符合行款要求且具有一定艺术水平的作品。

三、课程的实施

1. 健全组织，明确分工，成立校本课程实施小组。组长为徐志波，副组长为张帼敏、胡演兵，中心组成员有刘颖妍、黄燕梅、罗丽珍、梁伟英、梁柳婷、侯丽云、陈冬娜、刘惠玲、吴淑茹、罗敏红、杜丽贤、刘碧华，书法教师有张帼敏、胡演兵、杜丽贤、刘颖妍及全体语文教师。

2. 在1—6年级开设校本书法课，精心安排校本课程课时计划，将书法课纳入课表，每周一节。要求教师按课程表进行教学，确保校本课程落实。见图1。

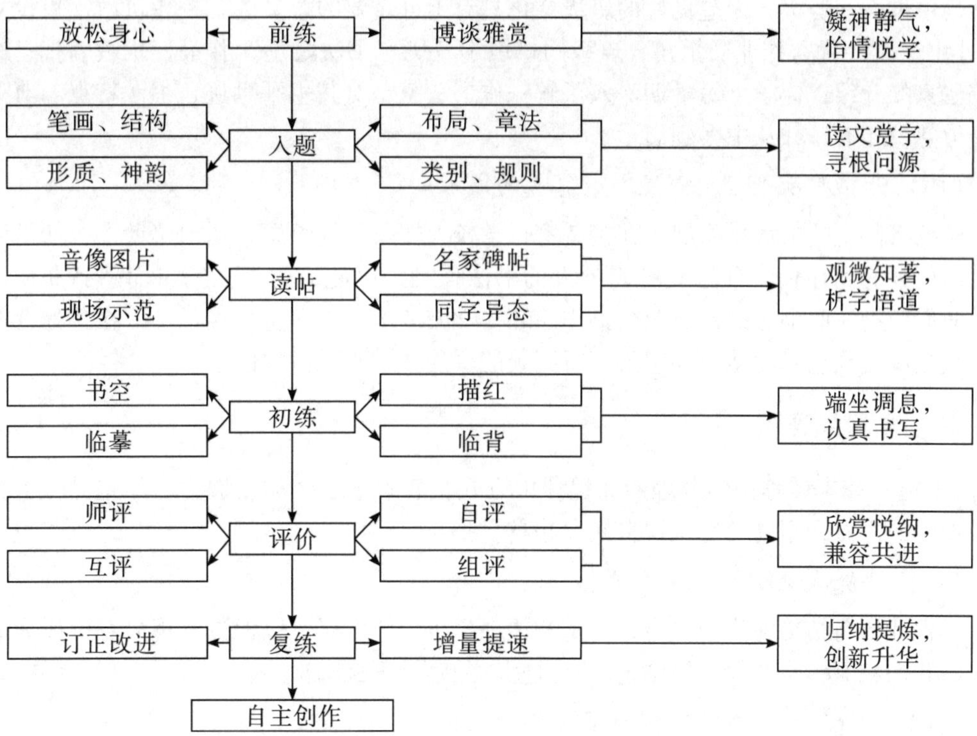

图1 书法校本课堂教学模式

3．聘请书法教师为学生指导，规范训练，悉心指导。各班主任积极与书法教师配合，共同精心管理和指导学生，学校领导轮流听课巡视，确保校本书法课达到“三好”，即管理好、落实好、效果好。

4．开展丰富多彩的展示活动，以激发学生的学习兴趣，如进行全校性的书法竞赛、书法班级评比、书法特长生评比、召开学生作品展示会等。

四、课程的管理

（一）严格课程落实，发挥书道育人的实效性

每位教师树立“写字育人”的意识，严格遵守学校书法教学方案，落实每周一节校本书法课，两校区都会有领导进行巡堂、打分，校本课程的质量作为期末优秀书法班集体评比的重要依据。

（二）加强教研活动，提高书道育人的科学性

1．开展书法优质课展示活动，组织书法组教师开展研讨、观摩，探讨一套较为科学的课堂教学模式，优化书法课堂教学。

2．组织教师走出去，学校鼓励教师上网找资料，看实况录像，组织教师出去交流、听讲座，增强教师们对书法教学的信心。

3．将专家请进来，鼓励教师进修深造，提高学历层次，培养高层次的书法骨干教师。

（三）优化班级布置，营造书道育人的氛围

班级内外环境浓浓的墨香沁人心脾，真真的书情动人心魂。作为学校教育教学的最基本活动单位——班级，创造良好的班级文化具有十分重要的意义。我校各班教室里设立了“小小书法家”优秀作业展示角，班级门口展示各班“书法之星”作品，班级墙报上有历代书法家的介绍，让学生每学期深入了解一位书法家，对其生平事迹、书法特点、典型故事能够熟稔于心，并从中得到启示。

（四）开拓展示平台，彰显书道育人的成果

学校将师生的书法作品展示在接待室、学校大厅及各处长廊、通道墙壁上，使学生能够时时处处看到师长、自己或者同龄人的书法作品，以能成为书法明星而感到骄傲。此外，我们还把一些书法的精品及名家作品装在学校墙上，让学生耳濡目染，在各处营造的书法氛围中受到艺术的熏陶和感染，得到美的享受和赏心悦目的体验。

五、课程的评价

《书道》校本课程构建合理的课程评价方式，着眼于学生的发展，承认差异，了解学生发展中的需要，帮助学生认识自我、超越自我。

（一）评价体现以人为本的思想

过程评价与结果评价相结合，尊重和体现学生个体发展，以促进实现自身价值为最终目标。我们把对学生的评价原则定为：鼓励、鼓励、再鼓励！

（二）评价过程动态化，给予多次评价机会

每学期进行书法优秀班集体、“小小书法家”评比和教师“三笔字”比赛等活动；定

期举行大型师生书法作品展和出版《书道文化师生书法作品集》，定期出版校刊《墨韵心桥》，增加网络平台的师生作品展示等。

（三）评价方式多样化

通过作业本、试卷、书法十佳学生、书法大课堂、午间快乐习字等形式，用生动形象、适合于学生接受的语言评价学生，包括教师评、学生自评与互评、家长评。

六、创新之处

学校的核心是教育教学，教育教学的核心是课程。学校科学规划书道文化特色课程，积极落实课程的开发与实施，建立“学科基础课程渗透—书道文化校本特色课程强化—活动课程拓展—环境课程融合”的课程体系，彰显学校文化特色，从而实现学校的整体发展创新。

（一）书道文化形成校本教材

书道文化工作小组结合学生的年龄特点，以硬笔书写为主线，以毛笔书写为深化，制定各年级的书法教学目标，编写校本书法教育系列教材和教师用书。

（二）书道文化凝练课程特色

为实施有效的书道文化教育，我们加大教师培训的力度，成立书道文化课程教研小组，采取请进来、走出去的方法，学习全国最新的书法教学方法，立足本校扎实开展书道文化校本教研，提高特色课程的教学质量。以科研课题做引领，引导全校教师多维度地去挖掘书道文化的内涵和途径，丰富课程内容体系，进行课堂教学模式的研究；同时，促进教师专业化发展，进一步彰显教育特色。开设书法校本课、午间快乐习字，在面向全体的基础上，学校开设书法培优班。

（三）书道文化走进基础学科

将办学理念融入学校教育的各个方面。加强书法在各学科教学中的渗透，根据学科自身特点，利用课堂环节有机地融合相关的教育，使学生在课堂中认识到汉字的美，从情感上理解汉字、爱上汉字，体会书法经久不衰的独特魅力，树立写好字的信心。

（四）书道文化创新品牌活动

学校在“书道文化”的特色课程里提炼及衍生出品牌项目活动，如开展“中国文化中国年”等具有地区影响力的大型展示活动，在活动课程的开发与利用过程中，努力拓宽和挖掘课程的广度和深度，引导学生向社会延伸、向社区延伸，优化组合课程资源，弘扬书道文化，打造特色教育品牌。

（五）书道文化缔结家校联盟

学校以“家长进课堂”形式邀请有书法特长的家长参与校本课程开展和书法特长生的培尖教学。定期向家长宣传有关书法的意义与知识，及时向家长反馈学生的书写情况。利用社区优势，与社区协商建立各项服务基地，为学生进行实践锻炼提供条件，使学生走出校门，展示自我，体现书道文化的作用与好处。

七、特色与成效

传统文化是一个民族发展的不竭动力，是文明的创造力所在，只有立足于优秀传统文化之根，才能保证中华民族的持续健康成长。在书法特色校本课程的推动下，学校得以朝气蓬勃地发展，先后获得广东省规范汉字书写特色学校、广东省中小学艺术教育特色学校、广东省书香校园、广州市首批义务教育阶段特色学校（书道文化）、广州市红旗大队、广州市语言文字先进单位、花都区德育示范学校、花都区书法特色实验学校、花都区书法家协会新华五小教育培训创作基地等荣誉称号。

学校多项书法课题先后立项，有国家级课题“‘让墨香浸润人生’小学书法教育研究”，省级课题“‘练字炼品书道育人’校本行动研究”“小学写字教学评价策略研究”，市级课题“在小学书法教育中推行阅读的策略”等。现有校本书法教育《书道》系列教材和教师用书《书法校本课程使用手册》，定期出版了《“书道”师生书法作品集》、校刊《墨韵心桥》。

近几年，学校先后有398人次在国家、市、区各级各类书法展评中获奖。学生参加各科各类竞赛成绩大幅度攀升，获区级一等奖以上奖励的452项，获市级以上奖励的156项，获省级以上奖励的45项，获国家级奖励的36项。

《我的人生我做主》德育活动校本课程的开发与实施研究

广州市增城区增江街第二小学

主要贡献者：何丽云　江伯权　钟伟娟　尹成振　杨玉萍　唐本昭

一、形成背景

《中小学德育工作指南》提出中小学德育的“五项主要内容”：理想信念教育、社会主义核心价值观教育、中华优秀传统文化教育、生态文明教育和心理健康教育；并提出了“六大实施途径”：课程育人、文化育人、活动育人、实践育人、管理育人、协同育人。在学校的德育实践中，如何才能把《中小学德育工作指南》中的内容与学校的特色理念、德育目标内容融合实施？如何有效实施六大路径？这引发我们进行德育校本课程综合开发实施的研究实践。

德育课程是实现德育效果的有效载体，如果单独开发德育校本课程仍受制于集中的课程管理体制，因缺乏课时无法列入课程表，仅成为师生的课外读本，发挥不了德育课程的独特作用。而综合实践活动课程正好有课时但却缺少课程。基于以上认识，学校探讨开发基于本校特色的综合实践活动校本课程，正好解决德育课程缺“位置”与综合实践活动缺“课程”的问题，让综合实践活动与德育发展相得益彰。

二、实施过程

（一）德育活动校本课程的内容开发

为了更好地落实《中小学德育工作指南》中提出的五大实施内容和六大实施路径，我校于2017年借助增城区教育科学“十三五”规划课题“基于学校小主人特色教育的综合实践活动校本课程开发研究”，开发了一套基于小主人特色教育的德育校本课程《我的人生我做主》，共7本，一主本，一到六年级各一本。具体内容如表1所示。

（二）德育校本课程项目的实施

1. 成立综合实践活动与德育课程开发实施研究组，以科研保障德育内容、实施方式的科学有效。

2. 学校围绕“我的人生我做主”这一总课题，通过综合实践活动的考察探究、社会服务、设计制作、职业体验等主要方式来实施德育活动，构建了“以动育德”模式，实现了从“知识传授”转向“知识获得”，从“灌输”转向“获取”，从“大道理”转向“亲经历”，从“道德记忆”转向“道德实践”，从“受爱”转向“创爱”，真正做到了课程育人、文化育人、活动育人、实践育人、管理育人、协同育人。

表1　《我的人生我做主》德育活动校本课程内容

学校主题	年级课程	所属	活动目标	供学生参与的活动主题	活动建议
我的人生我做主	一年级 我的习惯我做主	我与自己	1. 关注校园环境，了解观察的一般方法 2. 通过活动帮助学生转换角色，体验我是小学生了的角色，熟悉校园，熟悉老师和同学，熟悉新的学习生活环境 3. 培养学生自我管理、劳动、学习的初步习惯，养成良好的学习、生活习惯 4. 锻炼学生制作、劳动、创造的基本能力 5. 通过活动，让学生获得亲身参与研究探索的体验，形成善于质疑、乐于探究、努力求知的积极态度	单元一　研究准备 单元二　我是二小小主人 1. 我和我的校园 2. 我和我的老师 3. 我和我的同学 4. 我为学习做准备 单元三　我是自我管理小达人 1. 我的学习我做主 2. 我是整理大王 单元四　我是清洁小达人 1. 洗洗刷刷我能行 2. 教室清洁我能行 单元五　拓展与延伸 1. 我有一双小巧手 2. 职业体验	1. 根据初入学学生的状况，指导学生选择观察对象 2. 初步引导学生制订观察计划，做好观察准备 3. 观察我的老师，了解我的老师 4. 观察我的校园、班室，了解我新的学习环境 5. 观察我的同学，了解我的同学 6. 我的学习我做主 7. 我是劳动小能手 8. 我的巧手善制作 9. 我的职业体验
	二年级 我的文明我做主	我与自己	1. 通过调查、观察等实践方法引导学生关注好习惯的养成，培养学生良好习惯，培养文明习惯 2. 教育学生遵守学校的各项规章制度和纪律，遵守课间活动的秩序，让学生熟知《小学生守则》和《小学生日常行为规范》内容，知道践行的方法 3. 通过调查学生的行为，规范学生的纪律，做个文明有礼貌的小学生 3. 通过劳动实践活动，培养学生劳动的习惯、劳动的基本技能 4. 培养学生班级归属感，用行动建设班级 5. 锻炼学生制作、劳动、创造的基本能力	单元一　好习惯小调查 1. 你说我说，好习惯有什么 2. 学习习惯大调查 单元二　做讲文明、守纪律的好学生 1. 校园文明小调查 2. 合作探究《小学生守则》 单元三　集体是我家 1. 班级布置齐规划 2. 班级荣誉齐争取 单元四　我是劳动小能手 1. 劳动调查活动 2. 我是劳动小能手 单元五　拓展与延伸 1. 设计与制作：我有一双小巧手 2. 职业体验：红领巾心向党	1. 好习惯调查活动 2. 设计调查问卷的方法；采访的一般方法 3. 守规矩，我能行 4. 我的班级我做主活动 5. 我爱我班级 6. 争优有法，我能行 7. 我是劳动小能手 8. 我的巧手善制作 9. 我的职业体验

续表

学校主题	年级课程	所属	活动目标	供学生参与的活动主题	活动建议
我的人生我做主	三年级 我的健康我做主	我与自己	1. 逐步掌握基本的生活技能，形成生活自理的习惯，初步培养独立、安全的生活基本技能和技巧，养成健康的生活习惯 2. 注重生活卫生，料理自己的日常起居 3. 端正劳动态度，形成良好的劳动习惯 4. 形成自尊自主、热爱生活、热爱劳动、勤俭节约的态度 5. 学会感恩父母、感恩社会、感恩大自然，有家庭和社会的责任感 6. 尝试科学探究一般过程，初步掌握获取信息和处理信息的能力	单元一 做时间的小主人 单元二 做健康饮食小达人 单元三 家务劳动我能行 单元四 做运动小达人 单元五 拓展与延伸	1. 调查健康有益的生活 2. 观察父母长辈日常生活中的辛苦操劳 3. 自己能做的家务劳动，坚持去做 4. 了解家庭的开支收入情况，体会父母的辛苦 5. 收集孝敬父母故事，召开故事会，交流心得体会 6. 家长孩子沟通日。漫画总动员之一，漫画表现生活 7. 健康生活我来创 8. 我的巧手善制作 9. 我的职业体验
	四年级 我的学习我做主	我与自我	1. 培养学生乐学、爱学的情感，树立正确的学习观，端正学习态度 2. 学会选择适合自己的学习方法，明确学习的目标 3. 培养解决学习困难的能力，遇到困难不退缩，体验克服困难取得成功的乐趣，初步形成积极上进的生活态度 4. 激发学生阅读的兴趣，养成阅读的习惯，感受阅读的快乐 5. 发展主动获得知识和信息的能力，养成主动获取信息的学习习惯和主动探究态度，发展信息素养、探究能力和创新精神 6. 学会主动提出问题，制定方案，并组织实施方案	单元一　身边学习榜样的访谈活动 1. 走进访谈 2. 设计访谈 单元二　小学生课外阅读调查活动 1. 了解调查问卷 2. 制定调查计划 3. 调查结果的展示与交流 单元三　世界读书日 1. “世界读书日”知多少 2. 书的变革 3. 书的家园 单元四　多彩的读书活动 1. 报纸伴我快乐行 2. 名人伟人故事伴我行 3. 走近中国四大名著 4. 读经诵典 5. 我是朗读者 单元五　拓展与延伸 1. 创建我们的阅读银行 2. 创建我们的阅读存折	1. 调查、访谈系列活动 2. 收集古今中外的故事，在班内进行交流 3. 开展书市活动，推荐一本好书 4. 制作好书推荐卡 5. 参观学校图书馆，阅览室阅读活动 6. 展示优秀读书笔记，争当学习小主人 7. 学校阅读宣传活动 8. 书香班级活动 9. 社区宣传活动 10. 社会实践活动 11. 基于主题探究的拓展延伸活动

续表

学校主题	年级课程	所属	活动目标	供学生参与的活动主题	活动建议
我的人生我做主	五年级 我的环境我做主	我与自然、社会	1. 进行环保教育，增强环保意识 2. 培养调查访问的能力 3. 培养学生热爱学校、家乡的思想感情，树立为学校、为社会服务的主人翁意识 4. 培养学生观察社会现象，学会初步主动提出问题，制定方案，并组织实施方案 5. 形成主动收集信息和处理信息的能力 6. 养成主动探究的习惯，形成问题意识，发展探究能力和创新能力	单元一 身边环境调查活动 单元二 我是生活垃圾分类小能手 单元三 我是小小“环保酵素”师 单元四 我是种植小能手 单元五 我是小小栽培师 单元六 拓展与延伸	1. 调查校园及周边环境现状 2. 了解学校规划，设计校园的绿化区 3. 了解学校植物给师生带来的好处 4. 观察周围的环境和设施，如何合理使用和爱护它变废为宝工艺制作大赛 5. 利用漫画作品装饰校园 6. 规划你心中美丽的社区 7. 环保酵素系列探究活动 8. 社区宣传活动 9. 社会实践活动 10. 基于主题探究的拓展延伸活动
	六年级 我的心情我做主	我与自我	1. 通过活动，帮助学生树立正确的生命观，树立积极上进的人生观，懂得珍惜生命，关爱健康 2. 知道心理健康知识，学会管理自己的情绪，培养积极稳定的情绪，避免出现各种情绪障碍 3. 帮助学生学会正确认识自我和周围世界，使其拥有完善的认知体系，避免因错误归因而导致种种失败 4. 培养学生健全的人格，摆脱自卑、自恋、自闭等不良心态，从而身心健康地投入到学习和生活中去，树立生命质量意识 5. 知道不良情绪的危害性，学会调整好心情的方法	单元一 我是情绪的小主人 单元二 我是心理健康小卫士 单元三 我是珍爱生命小卫士 单元四 我爱最好的我 单元五 拓展与延伸	1. 小学生心理健康情况调查，收集心理健康知识 2. 心理健康黑板报评比及表彰 3. 调整情绪的方法 4. “生命教育”漫画作品展示 5. 制作心理健康知识书签 6. 组织心理健康知识竞赛 7. 情绪与健康的关系分析 8. 我的形象我关注，我要展现最美的我 9. 社区宣传活动 10. 社会实践活动 11. 基于主题探究的拓展延伸活动

3．在综合实践活动课程主题中系统实施德育，促进德育常态化。《我的人生我做主》德育活动校本课程根据年龄特点，在系列化的课程体系中包含着多样化的活动主题，不同的主题蕴含不同的德育活动，呈现出多样性和丰富性。在课程课时安排中，每周都有固定课时，而且是以主题项目形式开展，具有课程的连贯性，便于德育目标的达成。

4．与其他主题德育活动相结合，丰富“以动育德”校本资源。在综合实践活动课堂中系统地落实学校的德育外，我校活用“以动育德”的校本模式，开发与实施德育的其他活动课程，如升旗仪式课程、新生入学仪式课程、毕业仪式课程、入队仪式课程、游学活动课程、节日活动课程等，让常规的其他团队活动、德育主题活动等以课程项目实施的方式落实，取得了满意的效果。

三、实施效果

1．构建了德育活动课程，解决德育、综合实践“上什么”的问题

德育课程是实现德育目标的有效载体，《我的人生我做主》系列校本课程的开发实施正好综合解决了学校基于特色的德育、综合实践活动课程“上什么”和“怎样上”的问题。

2．课程保障，有效培养了主动有为的“五星少年”

经过2年多《我的人生我做主》系列活动课程的实施，在“我”系列课程引领下，围绕“三大主轴”——学校小主人、家庭小主人、社会小主人和“五大培养目标”——文明小主人、学习小主人、运动小主人、艺术小主人、劳动小主人，开展了以文化环境熏陶“小主人”、校本课程彰显“小主人”、多彩活动激活“小主人”、特色评价成就“小主人”、和谐校园温暖“小主人”等系列教育活动，让每一位学生展现自我，体验成功的快乐，打造了一批批“文明之星、学习之星、运动之星、艺术之星、劳动之星”等“主动有为的五星少年”，有效培养了全面发展的新时代小主人。

3．珍视实践智慧，促进教师专业化发展

在德育活动校本课程的开发实践中，教师从执行课程到建设课程，教师的课程能力得到了最大化的锻炼。他们在“做课程”的经历中，课程理解力、开发力、执行力全方位得到提升；他们的视野从关注一节课的教学提升为关注一门课程甚至一类课程的价值立意；他们自我发掘潜能，将自己的教育创意无拘无束地在“我的课程”中表达出来，将来自真实的教育实践变成一个个生动的课程故事，他们获得了最真实的专业发展。

4．践行办学哲学，促进学校特色化发展

“以动育德”模式的实施，为学生提供了丰富的“合作、探究与实践”的机会，让“活动育人”成为我校的一张名片，形成了鲜明的学校活动课程特色和文化氛围。《我的人生我做主》课程造就了教师、家长、学生自主自信、主动有为的精神风貌，学校呈现出一派主动担当，积极创新的实干景象。

《我的人生我做主》德育活动校本课程的实施，让学生在生活化的系列活动中亲历、感悟、体验、成长，遵循了儿童爱活动的天性，增强了德育的趣味性，摆脱了以成人为中心的德育思维模式，开启了“以动育德”的新思路，更有利于唤醒学生的情感，深入学生的生活世界，激发学生的热情与共鸣，提升道德认知、激发道德情感、完善道德行为。

四维一体助力高中生涯规划

广州市从化区第四中学
主要贡献者：黄长新　王贵华　詹志勇　谢春华　谢镜瑶

一、实施背景

“生涯规划”是指学生在校期间通过对主客观因素的分析，探索人生可能的发展形态，确定发展目标，通过合理的策略和持续的努力，逐步实现目标的活动过程。它是人的自我认知、自我探索、自我成长、自我实现的过程。高中生可塑性强，观念、兴趣、性格、特长都在不断调整中，思想和心理经过教育趋于稳定，迫切需要全面了解自己，思考未来人生道路。对高中生进行生涯规划教育，可以促进学生实现更好的成长发展。

《国家中长期教育改革和发展规划纲要（2010—2020年）》指出，高中阶段教育要建立学生发展指导制度，采取多种方式对学生提供职业指导教育。我校高中生源构成复杂，优生比例小，入学成绩处于全市最低档次，外区学生占比大，大多数学生表现出令人担忧的“无目标、无自信、无规划”状态。如何正确引导学生做好人生规划，是值得我们思考的问题。

二、实施过程

我校提出了“全面发展，立美扬长”的办学理念，“全面发展”是重点，重在强调学生的多维同步发展、综合提高，“立美扬长”是补充，重在强调学生特长的差异化发展。在此理念的指导下，我们以广州市中小学德育研究“十二五”规划2014年度课题“以高中生涯规划为中心的四位一体主动发展模式的建构研究”为抓手，以研究性学习课程为载体，搭建“四位一体”教育平台，对高中生进行生涯规划教育。“四位一体”是指利用学生、伙伴、教师、家长四个因素的相互作用，对学生生涯规划进行主动引导和正面激励，形成责任分担而目标统一的教育形式，将自我认知、生涯规划、主动进取等概念融入学生学习中，促成学生创造性地实现“主动发展”。

（一）先顶层后底层，构建教育实施路径

我校于2014年成立了“高中生生涯规划教育”课题组，由时任从化区第四中学德育副校长黄长新为课题组负责人。课题的中心任务是明确研究思路，制定研究目标，分解目标环节，构建具体实施路径，实施生涯规划教育。课题组广泛学习借鉴，分析我校高中生涯规划的教育现状，评估对学生生涯规划有重要影响的各种因素，确定了“四维”模式顶层研究方向。根据研究任务需要，分解出包含课程设计、教材编选、课程开设、拓展活动、跟踪回访在内，并有四类群体参与的七个基本环节，再将各个环节细化为底层具体的可执行任务，从而构建起完整的高中生涯规划教育实施路径（如图1）。

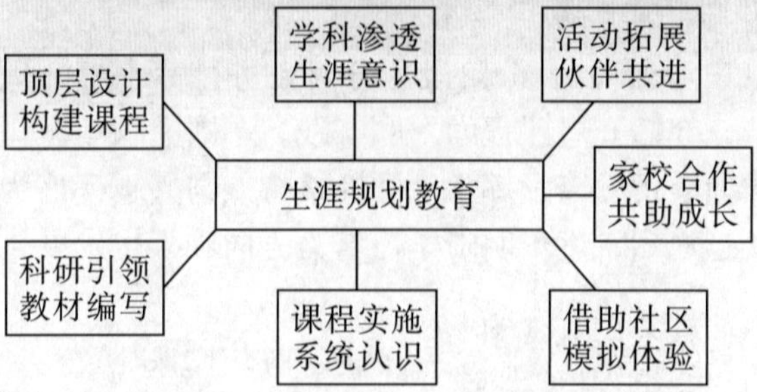

图 1　高中生涯规划教育实施路径

“顶层设计构建课程”和“科研引领教材编写”主要由课题组完成，其他学科教师深度参与；“学科渗透”和“课程实施”则是该路径的主体，主要参与者为教师和学生，通过学科教育、德育培养、美育培养、特长培养来实现；“伙伴共进”和“家校合作”侧重于发挥伙伴和家长协作、互助作用；“社区体验”环节主要作用是评估学生从生涯规划教育中取得的效果，通过学生扮演社会角色、毕业生回访等方式实现。

（二）变配角为主角，提高导师专业能力

以往，教师大多居于幕后，担当“咨询师”角色，对专业程度要求不高。要实现生涯规划教育，就要让教师的导师角色更为突显。为此，我校聘请教育专家对学校的生涯规划教育工作进行专业的指导，对具有主要“导师”作用的校领导层、班主任、心理教师、综合实践教师进行专业培训，夯实“导师”理论基础。

我们要求，在学生生涯规划课程中，各个“导师”要主动靠前，授人以渔。班主任制定好“生涯规划工作方案”，利用班会课定期开展生涯规划主题教育活动，比如“怎样树立现实可期的理想目标”。心理教师利用专业知识对学生进行优缺点分析，提供职业体验，引导学生探寻未来道路。综合实践教师开展研究性学习指导，躬身参与学习互助过程，融合学生、教师、伙伴等力量，让学生始终在人生正轨上前进。

“导师”的另一个主角作用在于建立一套关于学生“品德行为、学业水平、身心健康、人文艺术素养、社会实践能力、自我认识程度”等方面的生涯规划指导指标体系，通过粗略量化打分绘制雷达图（如图 2），为学生在优势学科选择、兴趣培养、志愿填报和未来职业就业提供指导性意见，避免学生陷入盲区。

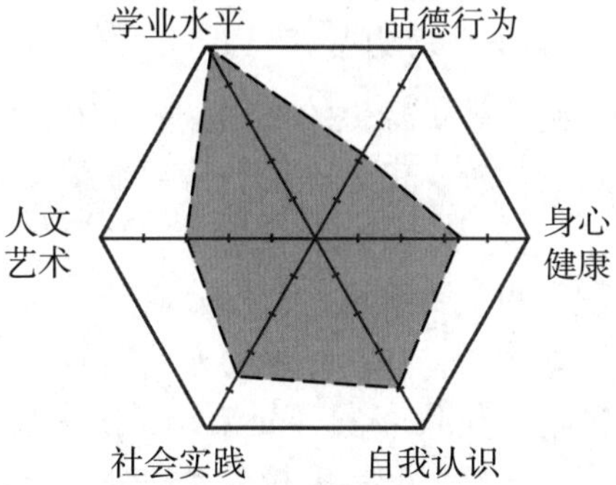

图 2　生涯规划指导雷达图

（三）从入口到出口，特色课程贯穿始终

我校开设“研究性学习课程”，分阶段区分对象进行高中生涯规划教育，从学生入校到毕业的每个关键环节，穿插开展课程学习和实践，不断灌输生涯规划理念，多元角度指导学生进行人生发展取向分析，以发挥学生的性格特点与兴趣爱好为根本原则，引导学生高起点、宽视野做好长远规划，逐步明晰学习努力方向和人生发展目标。课程模型如图 3。

- 高中生涯规划研究性学习课程
  - 通识培训（1课时）
  - 方案设计（1课时）
  - 生涯意识探究
    - 职业调查（2课时）
    - 职业初定（1课时）
    - 绘制生涯彩虹图（1课时）
    - 个人展示（1—2课时）
  - 中期汇报
    - 阶段成果展示（1—2课时）
    - 下阶段计划（1—2课时）
  - 生涯准备探究
    - 生涯准备的内容（1—2课时）
    - 生涯选择指导（1—2课时）
    - 生涯准备（1—2课时）
    - 角色扮演（1—2课时）
  - 成果整理（1—2课时）
  - 完成研究性学习报告（1课时）

图 3　高中生涯规划研究性学习课程

“通识培训”和“方案设计”一般在高一年级完成，主要是让学生了解生涯规划的目的和意义，对生涯规划建立初步认识。“生涯意识探究”和“中期汇报”在高二年级完成，主要是开展连续性生涯规划课程，铺设成长发展基石，使学生找准努力方向，形成成熟的人生规划。其他环节在高三年级完成，主要是为学生面临毕业时做好“人生选择题”提供指导。

（四）化外力为内力，携手伙伴共同成长

在生涯规划课程中，“伙伴共进”是一个很重要的方式。导师根据学生兴趣爱好组成“伙伴共进”小组，围绕“美德、责任、学习”等主题开展各种探究活动，制定可量化操作和评估的短期任务目标，督促学生按计划进行任务“打卡”，成员之间定期展示阶段成果，分享过程和经验，从而相互促进和提高，获得超出独自学习思考的额外乐趣和动力。

（五）让后台上前台，家校合作助力梦赢

家长在学生的人生规划中起着举足轻重的作用，突显家长的参与与强调学校的主体责任并不矛盾，让家长更多地走进学校、走近师生，从某种意义上来说，也是促进学生成长发展的重要方式。

传统的家长会仍是家校联系的重要渠道，微信公众号、家长微信群等也为家校沟通搭建了便捷的桥梁。我校通过这些途径，宣扬正确的人才培养观念，阐释高考新动向，介绍往届优秀毕业生成功案例，邀请家长代表发言交流，促使家长更加关注孩子的身心发展、全面发展和终身发展。成立家长学校，开展家校联系活动，定期邀请具有广泛社会阅历的家长进课堂做演讲，用家长视野来拓宽学生视野，用家长经历来拓宽学生选择，用家长的谆谆告诫来纠正学生的认识误区，让学生能更好地进行自我评价定位、目标选择和人生规划。

三、实施效果

“以高中生涯规划为中心的四维一体主动发展模式的建构研究”是我校申报的广州市中小学德育研究课题，2016 年 6 月已顺利结题。生涯规划教育课题实施以来，在各方面取得显著效果。

（一）生涯规划理念得到师生认同

高中生涯规划教育来源于职业生涯规划，我校于 2014 年引入该课题，学校参与课题研究的教师有 28 人，在研究过程中，课题组负责人撰写的论文《四维一体助力高中生涯规划》发表在《教学管理与教育研究》（2018 年第 5 期），《活动体验　文化育德　立美育人　促进学生多元和谐发展》《以综合实践活动为载体开展高中生生涯规划的探索》《以高中生涯规划为中心的四维一体主动发展模式的建构研究》等多篇论文获得市、区优秀论文奖项。在这些研究中，教师们普遍认为，让所有孩子走相同的发展道路是不现实的，对师资相对落后的中学而言，与名校比成绩、比升学率也不具备公平性，引导学生从其他地方寻求学习动能，会取得事半功倍的效果。通过生涯规划教育课程的实施，越来越多家长更加重视孩子的早期人生规划，一些孩子成绩不理想的家长不再抱着“挤高考独木桥”的心态为孩子划设人生标线，孩子的梦想之光触手可及。

（二）形成一套生涯规划校本课程

课题研究之初，没有完全适合我校学生特点的理论书籍，课程开设都是探索式的。课题组邀请专家梁杏玲老师做讲座，积极组织成员开展进行理论学习，与其他学校进行交流，再根据我校自身特点，选择以综合实践活动课程和班会课为重点突破口，开展生涯规划教育的尝试。经过两轮生涯规划教育校本课程的实施和探索，我校逐步充实了符合自身教学特色的生涯规划课程，并完成校本教材的编写，为生涯规划教育的实施提供了保障。

（三）四维一体生涯规划教育成效逐渐显现

针对高中生的一项调查统计结果显示，伙伴影响力和家长影响力对于生涯规划的正面促进作用比较大，导师影响力对于群体的引领带动作用也令人鼓舞，虽然“四位一体”教育模式和具体实施过程尚有值得改进提高的地方，但它的作用不容忽视。近三年跟踪研究结果表明：通过实施生涯规划教育，教育理念深入人心，在校差生转优率有乐观变化，艺术、体育等特长生本科率由原来的不足 50% 提升到近 60%；毕业生不囿于所学专业，发展取向多元，自我认同感高，与高中阶段的人生规划有较高的契合度，有的学生成长获得感不亚于市级名校毕业生。

四、创新之处

（一）内部职能部门的创新

学校德育处成立生涯规划部和家校联系部，一方面，通过班级家长委员会、学校家长委员会微信交流群，帮助家长深入了解新高考改革背景下的学业要求、课业安排、知识储备、学科学情，反映学生在校学习情况；另一方面，在课堂上、课余生活中引导孩子形成生涯规划意识，在人生理想、学习动力、选科决策和未来职业选择等方面形成科学的规划，让学生逐步形成积极向上的心理特征。

（二）生涯规划课程的创新

完善了“课程—活动—研究”一体的高中生涯规划课程体系，并将之列为高中生的选修课程。在高一期间，为学生开设生涯规划研究性学习理论课程，在高二期间，开设了旨在开阔视野、激发进取心、提高分析判断能力的实践活动课程。同时，借鉴大学生涯规划课程，结合学校的实际，设计出了18课时的生涯规划课程，这门课程既是高中研究性学习“自我设计”主题的完善和延伸，也是一门独立的教育类课程。此外，编写了《我的人生我规划》校本教材和《高中生涯规划校本教材及教案集》，有一定的传承性和借鉴性。

（三）教育模式扩展的创新

高中生涯规划课程对初中学生也能起到一定的借鉴作用。初中生面临中考的筛选，部分学生不能进入高中接受学历教育，这部分学生需要更早正视个人的生涯规划，家长也因孩子年龄尚小而未重视这个问题。对兼具初中、高中的学校而言，可以将有效的高中生涯规划课程延伸到初中阶段，并进行深入探索研究。

附　录

附录一

广州市教育局关于开展广州市第六届中小学德育创新成果展示活动的通知

各区教育局，局属各单位：

近年来，我市各级教育行政部门和中小学校认真贯彻落实党的十九大精神和全国教育大会精神，认真学习贯彻习近平新时代中国特色社会主义思想，坚持立德树人，全面培育和践行社会主义核心价值观，在德育课程、德育活动、校园文化、心理健康教育、家校合作、社会实践等方面进行了积极探索，涌现出了一批创新性强、效果显著、推广价值高的好经验、好做法。

为进一步总结交流全市德育创新成果，引导和鼓励各级教育部门和广大中小学校积极开展德育创新，破解德育工作难题，不断提升德育工作的针对性和实效性，市教育局决定开展广州市第六届中小学德育创新成果展示活动。

本届德育创新成果展示分为综合类和单项类两类，其中单项类包括德育课程和德育活动两个系列，请在申报表上注明申报类别。请各区教育局和局属各单位按照《广州市第六届中小学德育创新成果展示活动方案》（附件1），切实做好本次活动的宣传、发动、组织和推荐工作。各区教育局限报16个项目（综合类限报8项，单项类限报8项），局属各单位分别限报1个项目（综合类、单项类任选一项），每个单位限报1个项目。

请各申报单位认真填写《广州市中小学德育创新成果申报表》（附件2）和《广州市中小学德育创新成果申报汇总表》（附件3），并于2020年11月30日（星期五）前将参评项目相关材料统一报送至市中小学德育研究与指导中心（地址：广州市越秀区中山四路172号广州市教育研究院901室，邮编：510030，电话：84354064）。电子版同时发送至gzdeyu@163.com，逾期将不予受理。

附件：1. 广州市第六届中小学德育创新成果展示活动方案
2. 广州市中小学德育创新成果申报表
3. 广州市中小学德育创新成果申报汇总表

广州市教育局

2020年9月16日

附件 1

广州市第六届中小学德育创新成果展示活动方案

一、展示目的

深入贯彻落实习近平新时代中国特色社会主义思想和党的十九大精神，落实《中共中央国务院关于进一步加强和改进未成年人思想道德建设的若干意见》（中发〔2004〕8 号）及《中小学德育工作指南》，总结交流各地中小学校德育创新成果，引导和鼓励中小学校通过积极开展德育创新，破解德育难题，提高德育实效；建立起有利于调动广大教育工作者求真务实创新、加强学校德育工作的激励机制；进一步强化德育在促进学生素质发展、教师专业成长和建设和谐校园中的作用。

二、展示内容

广州市中小学德育创新成果展示活动是对中小学校（含中等职业学校）遵循德育规律、体现创新精神、反映时代特征、取得显著实效的德育工作优秀成果的集中展示。申报中小学德育创新成果的项目，必须是所取得的具有实验性、实践性、实效性的德育创新成果，并符合以下条件要求：

（一）具有正确价值导向，符合思想道德教育教学规律和未成年人身心发展特点，反映先进德育理念。

（二）呈现和展示学校在德育实验研究、德育工作管理和评价、德育课程建设、班主任工作、德育专题教育和实践活动、校园文化建设、学校家庭社会三结合教育网络建立等方面的创新成果。

（三）在解决德育热点和难点问题上有一定突破并取得实效，在理论和实践上具有创新意义。

（四）对促进未成年人思想道德素质发展和提高学校思想道德教育质量效果显著。

（五）原则上经过一年以上的实践检验，具有应用推广价值，并在一定区域范围内产生影响。

（六）下列成果不列入本次展示范围：

1. 已获得往届广东省或广州市中小学德育创新成果的项目，近年无明显创新内容的成果。

2. 广东省和广州市中小学德育课题尚未结题的研究成果。

三、申报要求

（一）申报范围

我市各级教育行政部门、教育教学研究部门、各中小学校（含中等职业学校）和教育工作者均可申报。

（二）申报形式

申报项目以成果总结报告为主件，包括反映成果形成背景、实施过程、实施效果及突破性成绩、经验总结等方面的内容，字数在5000字以内。同时附相应的说明成果的实物及有关图片、音像资料等佐证材料（以丛书、教材和纯理论研究等形式呈现的德育相关成果不在本次展示范围之内）。

（三）申报程序

申报单位或个人填写《广州市中小学德育创新成果申报表》，提交成果总结报告（均为一式2份），同时附相关佐证材料（一式1份）。

各区教育局负责组织初评工作，受理所属单位创新成果的申报，在区级评选的基础上，推荐参加市级评选。各区教育局分别限报16个项目（综合类限报8项，单项类限报8项），局属各单位分别限报1个项目（综合类、单项类任选一项），每个单位限报1个项目。

（四）申报时间

2020年11月30日前，各区教育局和局属各申报单位将申报材料及汇总表直接送至广州市中小学德育研究与指导中心（地址：广州市中山四路172号广州市教育研究院901室，邮编：510030，联系人：戴育红，联系电话：84354064）。电子文本请同时发送至gzdeyu@163.com。逾期将不予受理。

四、成果评审

（一）评审组织

本次成果展示活动由市教育局宣传与思想政治教育处组织实施，市中小学德育研究与指导中心具体承办，并将邀请有关专家组成评审委员会进行评审。

（二）评审程序

评审包括初评、复评、公示和终审4个阶段。各区教育局组织初评，市中小学德育研究与指导中心组织复评，经公示无异议后，最终由广州市教育局确定为展示成果。

五、成果展示

本次成果展示活动综合类、单项类均设一等奖、二等奖、三等奖各若干个，并将汇编出版德育创新成果集。

附件2：广州市中小学德育创新成果申报表（略）

附件3：广州市中小学德育创新成果申报汇总表（略）

附录二

广州市教育局关于公布广州市第六届中小学德育创新成果评审结果的通知

各区教育局，局属各学校：

根据《广州市教育局关于开展广州市第六届中小学德育创新成果展示活动的通知》，各区教育局和局属各学校共申报 172 项，有效申报 159 项，其中综合类 81 项、活动类 46 项、课程类 32 项。市教育局组织专家进行了评审，现将评审结果予以公布。

附件：广州市第六届中小学德育创新成果获奖名单

广州市教育局

2021 年 3 月 5 日

附件

广州市第六届中小学德育创新成果获奖名单

一、“综合类”获奖名单

	单 位	项目名称	项目负责人	主要贡献者
一等奖				
1	广州市执信中学	新高考背景下的高中生涯教育课程设计与实践研究	林间开	何院琴、林少惠、卢雷、黄泽锋、欧阳怡
2	广州大学附属中学	基于“教育创新成果评价体系（SERVE 模型）”视野下的广大附中“活动德育”课程实践	黄翠婉	左虹、杨长军、郑伟河、袁伟军、郑娟
3	广州市番禺区教育局	聚焦文化德育：创新推进区域德育一体化发展	伍清文	陈燕专、徐高岭、唐恩莹
4	广州市花都区花东镇七星小学	幸福是奋斗出来的——七星小学“以绳育人”的探索与实践	张有连	赖宣治、王国钊、江永滔、彭嘉敏、冯天佑
5	广州石化中学	创新班级管理：构建团队制班级管理模式	朱穗清	叶园园、张科、林洁霞、陈华晴、廖庆新
二等奖				
1	广州外国语学校	广州外国语学校“雅育”的研究和实践	刘红梅	郭坤峰、郝琳琳、丁妍、曾文平、陈芳
2	广州市越秀区建设大马路小学	新时代背景下传统文化综合实践活动课程的创新性实施	叶丽诗	马颖琳、曾立衡、林小玲、张皓莹、林鸿
3	广州市越秀区养正小学	密集商圈地区小学生财商教育实施策略研究	李燕红	谭燕葵、廖金连、林惜卿、谢燕玲、许柏林
4	广州市海珠区晓港湾小学	课题引领，实践驱动——以“名师工作坊”领航学校德育工作建设	方燕玲	金乐云、房金义
5	广州市天河区教育局思想政治教育科	正面教育区域化推广实践研究	林菁	关迎雷、罗婷
6	广州市天河区昌乐小学	“两为主”协同管理家长学校的实践探索	郑蕙	潘秀琼、吴华、张帆、梁韶军

续表

单 位		项目名称	项目负责人	主要贡献者
7	广州市白云区沙凤小学	承乡贤文化　育现代新贤——乡贤文化在学校德育创新管理中的实践研究	黄智贤	谭翠姗、付娟、苏巧玲、刘列仪
8	广州市番禺区市桥东城小学	小学“军魂教育”理论建构与实践	关玉华	陈帼雄、黎文苑、方小莹、温婉霞、黄睿
9	广州市番禺区市桥富都小学	生涯辅导促进理想信念教育的校本行动研究	梁叶华	余伟航、崔玲、梁健铭、姚东平、林燕玲
10	广州市番禺区北片教育指导中心	区域协同育人的创新与实践	潘展文	黄逸玲、郭镜华、黄小玲、邓铁文、张焱夏
11	广州市番禺区毓贤学校	家校大讲堂　和谐共成长	周振蜀	钟满生、张秋雨、刘梦然、全敏、魏晓丹
12	广州市花都区狮岭镇育华小学	农村小学思政课“自主四构”教学模式建构与实践	钟丽香	李惠红、李小玲、欧紫平、梁伟燕、黄桂芳
13	广州市花都区狮岭镇新民小学	农村小学“四新”教育的实践探索	李惠红	邓志芬、刘文丽、邓尧珍、江晓晴
三等奖				
1	广州市铁一中学	高中生有效学习的现状、影响因素及策略研究	郑晓虹	陈文轩、查超、赵雄玉、殷建红、吕娜
2	广州市旅游商务职业学校	传承传统文化，塑造职业品性——基于传承弘扬中华传统茶文化的职业美育的探索与实践	王朝晖	陈丽敏、白碧珍、齐冬晴、管宛嫦、张鸣秋
3	广州市越秀区育才学校	国防教育探析新时代爱国主义教育新路径	梁奇志	曹毅儒、蒋颖宁、唐珍子、朱雪梅、孔韵枝
4	广州市何香凝纪念学校	香凝正气文化背景下的校园文化实践探究	冯艳云	陈燕丽
5	广州市美华中学	学校心理健康教育信息化管理平台的设计与应用	黎智	刘敏锐、邓丽雯、顾文君
6	广州市五中滨江学校	探索家庭教育新思路　构筑家庭教育新样态	陈恕珍	吴朝晖、章志为、温俊卿、杨瑞云、雷隽欣
7	广州市天河职业高级中学	构建以提高学生职业素养为主线的期望教育育人模式	陈丽萍	戚韶梅、吴健、肖新权、徐谊广、唐燕君
8	广州市广外附设外语学校	打造生涯教育多元化体验平台	吕晓波	罗兰、周小燕、王悦真、张志华、宾婷

续表

单位		项目名称	项目负责人	主要贡献者
9	广州市白云区同和小学	粤精彩　悦小和　越人生	唐芬	钟满群、陈泽梅、谢露娟、钟燕银
10	广州市番禺区南村镇梅江小学	非遗文化润德育人的创新与实践	黎懿行	陈淑勤、麦旭其、江素庆、罗鉴萍、冼锡和、郭妹女
11	广州市番禺区大石小学	传承灯草文化　促进学生个性发展的行动研究	植结崧	梁淑冰、卢盛流、何伯勤、陈文敏、肖文静
12	广州市黄埔区深井小学	灰塑文化育人的研究与实践	潘文英	欧丽萍、朱智萍、黎业峰、梁越盈、凌雨铿
13	广州市南沙东涌中学	扎根水乡文化，以"润泽教育"育创新人才	麦树荣	刘将、喻振南、冯子君、熊翠梅、张新功
14	广州市增城区荔城街第二小学	开发游踪课，激活新德育	刘映桃	刘成燕、吴黎明、吴淑姬
15	广州市从化区第五中学	农村中学心理健康教育"三心两意"模式探索	韩少凤	李辉云、林芬、李燕芳
16	从化希贤小学	"尚贤教育"的研究与实践	陈志辉	郑文敏、郑颖渝、谢镜新、邱梦桦、张旭丽
17	广州市从化区太平镇信诚木棉小学	以"红棉卡"激励机制，培养五育并举学生的实践研究	李结群	冯国辉、卢焕明、邱婉云、邓绮华、郭质贤

二、"德育活动类"获奖名单

单位		项目名称	项目负责人	主要贡献者
一等奖				
1	广东广雅中学	融服务·重指导·促发展——关于广雅校园一站式学生服务中心的实践探索	王穗芳	陈一鸣、翟曦、吕旻、吴小建、范婉贞
2	广州市启聪学校（广州实验教育集团花城实验学校）	大湾区时代主题研学融合实践活动	马丽	周慧怡、马利敏、麦剑芳、平欣瑶
3	广州市越秀区文德路小学	一颗想飞的蒲公英——"你讲我讲"中队论坛活动的组织与实施	陈茾璇	李霓施、薛强、区惠玲、邓丽灵、彭素娟

续表

单 位		项目名称	项目负责人	主要贡献者
4	广州市番禺区市桥先锋小学	基于立德树人视域下的财经素养教育实践与探索	蔡汉棠	陈锦花、林绿苗、陈顺开、范俊斌、陈旭明
二等奖				
1	广州市海珠区启能学校	志愿同行，社区共融，携手进步——海珠区启能学校“与天使同行”普特德育共建的创新实践	徐永海	黄健发、陈瀚凌、董嘉良、石育清、蒋东华
2	广州市白云区槎龙镇泰小学	粤语讲古　传承文化	黄结萍	李幸平、刘春燕、孙慧、陈文健、何丽平
3	广州市番禺区东怡小学	基于教育教学改革下创新假期作业的实践研究	冯柳芳	郭小玲、张冬琳、薛路芳、陈妙媛
4	广州市番禺区石碁镇小龙小学	“啸侠小子”特色德育活动的探索与实践	肖园萍	罗继俭、曾佩仪、陈东娜
5	广州市花都区圆玄中学	飘扬蓝丝带，助力亲子情——初中亲子活动的校本研究	陆俊	杨美英、邓巧玲、朱江
三等奖				
1	广州市第二中学	核心素养背景下的中学生领导力培养：以《守正创新——让潮绣穿越时光》项目为例	江婷	陈慧慧、杨海荣、梁粱、邝翠清、聂清清
2	广州市荔湾区詹天佑小学	“家校公约”扬家风	郭裕坚	陈敏、吴敏婷、陈嘉瑜、冼卉、罗承智
3	广州市荔湾区环市西路小学	在“星教育”浸润下的少先队自主教育活动	陈表香	姜少伟、李燕琼、陈纳研、刘素忠、刘慧清
4	广州市第五中学	以优秀班级文化引领活动，促进高三学生自主发展能力	黄蕴怡	范文欣、江贤聪、姚津
5	广州市第七十一中学	造一流团队　伴梦想飞翔——广州市第七十一中学学生领袖冬季训练营	龙宇翔	邓淑雯、李焰荣
6	广州市白云区金沙小学	“自华秀”让每个孩子都闪光	谭燕清	邹婷、林丽仪、吴贤炯、吴建连、陈智凤
7	广州市黄埔区科峻小学	“研学式”德育实践基地活动模式的构建与实施	黄红波	王莉曼、刘桦、张桂芬、李瑞娇、黄柳霜
8	广州市从化区桃园中学	“乡土文化行”师生远足活动	刘海生	沈峻、戚国红、陈伟容、钟阳星、徐锦涛

三、“德育课程类”获奖名单

	单 位	项目名称	项目负责人	主要贡献者
一等奖				
1	广州市荔湾区教育局	荔湾区家庭教育课程的开发与实施	罗锦虹	麦云霞、黎颖桃、莫卓娜、安然
2	广州市海珠区客村小学	以教育戏剧为支点撬动小学德育正能量——以广州市海珠区客村小学为例	伍照恩	李红兰、简晓文、曹燕青、李鹰、李世红
3	广州市番禺区教育局教学研究室	《走进广汽》研学实践样板课程	张树锋	陈燕专、刘燕环、高志荣、莫焕枝、郭婧
二等奖				
1	广州市荔湾区西关实验小学	“走读广州——博物馆真奇妙”德育课程	梁敏玲	谢慧菁、叶萍、冯宇颖、麦泳欣、戚东俊
2	广州市江南外国语学校	由微到博，体验成长——“体验式”德育活动课程的建构与实施	娄红玉	郑泽如、郑晓敏、王洪洲、欧志强
3	广州市番禺区市桥沙头中学	城乡接合部初中学校生涯规划与指导校本课程开发与实施	沈文斌	潘彦蕊、林贤丽、李晓霁、陈楚园
4	广州市黄埔区下沙小学	好品格，与真好人生相遇	彭翠桑	邹福良、张武、宋丽斌、何婉媚
三等奖				
1	广州市荔湾区花地中学	《可爱的中国》项目式学科统整德育课程	罗艳芬	卢焯雄、张光怡、邓秋、卢碧云、马少薇
2	广州市白云区水沥小学	“麻雀”学校的华丽转身——红葱文化浸润下的“新苗教育”课程建设与实施	李建华	张彩莲
3	广州市番禺区南村镇南华小学	“三生教育”研学实践课程的探索与实践	卢智	刘静雅、苏铭婷、黄秀芬、张军营、李淑盈
4	广州市花都区新华街第五小学	“翰墨立品·书道育人”书法特色校本课程	徐志波	毕雪莹、徐敏华、张帼敏、黄锦成、毕玉莲
5	广州市增城区增江街第二小学	《我的人生我做主》德育活动校本课程的开发与实施研究	何丽云	江伯权、钟伟娟、尹成振、杨玉萍、唐本昭
6	广州市从化区第四中学	四维一体助力高中生涯规划	黄长新	王贵华、詹志勇、谢春华、谢镜瑶